이클립스 4 플러그인 개발

Korean edition copyright ⓒ 2013 by acorn publishing Co. All rights reserved.

Copyright ⓒ Packt Publishing 2013.
First published in the English language under the title
'Eclipse 4 Plug-in Development by Example'

이 책은 Packt Publishing과 에이콘출판(주)가 정식 계약하여 번역한 책이므로
이 책의 일부나 전체 내용을 무단으로 복사, 복제, 전재하는 것은 저작권법에 저촉됩니다.

이클립스 4 플러그인 개발

알렉스 블루윗 지음
신은정 옮김

BIRMINGHAM - MUMBAI- SEOUL

acorn+PACKT 시리즈 출간 도서 (2013년 11월 기준)

- Unity 3D Game Development by Example 한국어판
- BackTrack 4 한국어판
- Android User Interface Development 한국어판
- Nginx HTTP Server 한국어판
- BackTrack 5 Wireless Penetration Testing 한국어판
- Flash Game Development by Example 한국어판
- Node Web Development 한국어판
- XNA 4.0 Game Development by Example 한국어판
- Away3D 3.6 Essentials 한국어판
- Unity 3 Game Development Hotshot 한국어판
- HTML5 Multimedia Development Cookbook 한국어판
- jQuery UI 1.8 한국어판
- jQuery Mobile First Look 한국어판
- Play Framework Cookbook 한국어판
- PhoneGap 한국어판
- Cocos2d for iPhone 한국어판
- OGRE 3D 한국어판
- Android Application Testing Guide 한국어판
- OpenCV 2 Computer Vision Application Programming Cookbook 한국어판
- Unity 3.x Game Development Essentials 한국어판
- Ext JS 4 First Look 한국어판
- iPhone JavaScript Cookbook 한국어판
- Facebook Graph API Development with Flash 한국어판
- CryENGINE 3 Cookbook 한국어판
- 워드프레스 사이트 제작과 플러그인 활용
- 반응형 웹 디자인
- 타이타늄 모바일 앱 프로그래밍
- 안드로이드 NDK 프로그래밍
- 코코스2d 게임 프로그래밍
- WebGL 3D 프로그래밍
- MongoDB NoSQL로 구축하는 PHP 웹 애플리케이션
- 언리얼 게임 엔진 UDK 3
- 코로나 SDK 모바일 게임 프로그래밍
- HBase 클러스터 구축과 관리
- 언리얼스크립트 게임 프로그래밍
- 카산드라 따라잡기
- 엔진엑스로 운용하는 효율적인 웹사이트
- 컨스트럭트 게임 툴로 따라하는 게임 개발 입문
- 하둡 맵리듀스 프로그래밍
- RStudio 따라잡기
- 웹 디자이너를 위한 손쉬운 제이쿼리
- 센차터치 프로그래밍
- 노드 프로그래밍
- 게임샐러드로 코드 한 줄 없이 게임 만들기
- 안드로이드 데이터베이스 프로그래밍
- 아이폰 위치 기반 애플리케이션 개발
- 마이바티스를 사용한 자바 퍼시스턴스 개발
- Moodle 2.0 이러닝 강좌 개발
- 티샤크를 활용한 네트워크 트래픽 분석
- Ext JS 반응형 웹 애플리케이션 개발
- 아파치 톰캣 7 따라잡기
- 제이쿼리 툴즈 UI 라이브러리
- 코코스2d-x 모바일 2D 게임 개발
- 노드로 하는 웹 앱 테스트 자동화
- 하둡과 빅데이터 분석 실무
- 아이폰 애플리케이션 성능 튜닝
- JBoss 인피니스팬 따라잡기
- 이클립스 4 플러그인 개발

acorn+PACKT 시리즈를 시작하며

에이콘출판사와 팩트 출판 파트너십 제휴

첨단 IT 기술을 신속하게 출간하는 영국의 팩트 출판(PACKT Publishing, www.packtpub.com)이 저희 에이콘출판사와 2011년 5월 파트너십을 체결하고 전격 제휴함으로써 acorn+PACKT Technical Book 시리즈를 독자 여러분께 선보입니다.

2004년부터 전문 기술과 솔루션을 독자에게 신속하게 출간해온 팩트 출판은 세계 각지에서 시스템, 애플리케이션, 프레임워크 등을 도입한 유명 IT 전문가들의 경험과 지식을 책에 담아 새로운 소프트웨어와 기술을 업무에 활용하려는 독자들에게 전문 기술과 경쟁력을 공유해왔습니다. 특히 여타 출판사의 전문기술서와는 달리 좀 더 심도 있고 전문적인 내용으로 가득 채움으로써 IT 서적의 진정한 블루오션을 개척합니다. 따라서 꼭 알아야 할 내용은 좀 더 깊이 다루고, 불필요한 내용은 과감히 걸러냄으로써 독자들에게 꼭 필요한 심층 정보를 전달합니다.

남들이 하지 않는 분야를 신속하고 좋은 품질로 전달하려는 두 출판사의 기업 이념이 맞닿은 acorn+PACKT Technical Book 시리즈의 출범으로, 저희 에이콘출판사는 앞으로도 국내 IT 기술 발전에 보탬이 되는 책을 열심히 펴내겠습니다.

www.packtpub.com을 둘러보시고 번역 출간을 원하시는 책은 언제든 저희 출판사 편집팀(editor@acornpub.co.kr)으로 알려주시기 바랍니다.

감사합니다.

에이콘출판㈜ 대표이사
권 성 준

지은이 소개

알렉스 블루윗 Alex Blewitt

1996년, 자바 버전 1.0이 릴리스된 이후부터 지금까지 자바 애플리케이션 개발자로 활동 중이며, IBM 웹스피어 스튜디오 WebSphere Studio 제품군의 일부로 이클립스 플랫폼이 처음 릴리스된 이후부터 이클립스 플랫폼을 사용하고 있다. 그는 디자인 패턴의 자동 검증에 대한 자신의 박사 논문에서 '비주얼 에이지 포 자바 Visual Age for Java' 플러그인 몇 가지를 웹스피어 스튜디오/이클립스로 마이그레이션하기도 했다. 맥 OS X용 이클립스 2.1을 릴리스할 때는 테스터로서 오픈소스 커뮤니티에 참여했으며, 이후 이클립스존 EclipseZone 편집자로 활동했다. 2007년, 이클립스 앰버서더 Eclipse Ambassador의 결승 진출자이기도 하다

최근에는 제너릭 자바 generic Java, 특히 이클립스와 OSGi를 다룬 기고문을 InfoQ에 실었으며, 2011 OSGi 커뮤니티 행사에서 OSGi의 과거와 현재, 미래를 주제로 기조 연설을 했다. InfoQ 홈페이지에는 이클립스 플랫폼의 릴리스 소식과 이클립스 프로젝트에 대한 보도뿐만 아니라 이클립스 프로젝트 리더의 비디오 인터뷰도 있다. 이런 공로를 인정받아 알렉스는 2012년, 이클립스 최고 기여자 시상식 Eclipse Top Contributor 2012 award에서 상을 수상했다.

현재 런던의 투자 은행에서 근무 중이며, 밴들렘 리미티드 Bandlem Limited를 통해 애플 앱스토어에 많은 앱을 등록하기도 했다. 기술 분야에서 일하기 전에는 날씨가 좋으면 가까운 크랜필드 공항에서 비행을 즐겼다.

정기적으로 블로그 http://alblue.bandlem.com에 글을 기고하고 있으며, @alblue라는 아이디로 트위터와 앱넷 App.Net에도 글을 기고하고 있다.

감사의 글

이 책을 쓰는 동안 나를 지지해 준 나의 아내 에이미[Amy]에게 감사의 말을 전하고 싶다(특히, 책을 마무리하는 데 시간을 보낸 늦은 밤과 주말에). 그리고 우리의 결혼 생활에 대해서도 진심으로 감사하다. 일생 동안 많은 경험을 할 수 있게 독립심과 신념을 심어준 나의 부모님, 데릭[Derek]과 앤[Ann]에게도 감사한다. 내 아이들 샘[Sam]과 홀리[Holly]에게도 그만큼의 자신감과 신념을 키워주고 싶다.

책의 모든 장과 예제에 대해 자세한 검토 의견을 준 앤 포드[Ann Ford]에게 특별히 감사한다. 그녀의 성실함과 주의 깊은 검토 덕분에 많은 오류를 발견하고 수정했다. 남아 있는 모든 오류는 모두 내 잘못이다. 그 밖에도 각 장의 초기 버전을 검토하고 다양한 의견을 제안해 준 토마스 플레처[Thomas Fletcher]와 제프 모리[Jeff Maury]에게도 감사한다.

책을 마무리하는 단계에는 이클립스 4 플랫폼에서 상당히 많은 부분에 참여한 폴 웹스터[Paul Webster]와 라스 보글[Lars Vogel]의 귀중한 검토 의견과 충고를 받을 수 있는 기회가 주어지는 행운도 있었다. 이클립스 4와 관련된 내용에 대한 그들의 의견 덕분에 내용이 많이 개선됐다.

마지막으로 이 책을 만들어준 OD와 DJ, JC에게도 감사한다.

기술 감수자 소개

앤 포드 Ann Ford

이클립스 기술 접근성 도구 프레임워크 Eclipse Technology Accessibility Tools Framework(접근성 도구 프레임워크는 장애인을 위한 애플리케이션과 콘텐츠 개발을 위한 도구를 제공하는 프레임워크다 - 옮긴이) 인큐베이터 프로젝트의 초기 커미터로 참여해 상당히 많은 부분을 기여한 이클립스 플러그인 개발자다. IBM에서 30년 이상 프로그래밍을 해오면서 도구와 OS/2 컴포넌트, IBM JDK와 관련된 업무를 수행했고, 유용성, 접근성, 현지화와 관련된 문제에서 폭넓은 경험을 했다. 최근에는 자바 스윙과 이클립스 SWT, JFace를 이용한 데스크톱 애플리케이션과 도구의 GUI 설계와 개발을 전문으로 하고 있으며, 모바일 애플리케이션에도 관심을 갖고 있다.

토마스 플레처 Thomas Fletcher

실시간 임베디드 소프트웨어 개발 분야에서 10년 넘게 일했으며, 업계 컨퍼런스에서 발표자로 자주 활동한다. 임베디드 시스템 아키텍처와 설계, 실시간 성능 분석, 전력 관리, 고가용성에 대한 기술 전문가이며 선구적인 사상가다.

크랭크 소프트웨어 Crank Software에서 일하기 전에 QNX 소프트웨어 시스템의 도구 개발 팀을 지도했다. 멀티미디어관련 선임 설계자이며, Core OS의 팀 리더이고, 기술과 고객의 요구 사항을 연결하는 능력을 바탕으로 영업과 마케팅 분야에서도 일했다. 이클립스 커뮤니티의 적극적인 참여자로서 C/C++ 개발 도구 CDT, C/C++ Development Tools 프로젝트의 커미터였으며, 이클립스 아키텍처와 멀티코어 협의회에 QNX 대표로 참여했다. 칼턴 대학 Carleton University에서 임베디드 시스템의 계측 및 성능 분석 분야를 집중적으로 학습하고 컴퓨터 공학 석사 학위를 받았으며, 빅토리아 대학 University of Victoria에서 전기공학 학사 학위를 받았다.

제프 모리 Jeff MAURY

현재 메인 프레임 통합 도구를 제공하는 프랑스 ISV 회사인, SYSPERTEC에서 자바 팀 기술 리더로 근무 중이다.

SYSPERTEC 이전에는 애플리케이션 서버 개념의 선구자이며, J2EE 기반 통합 도구를 제공하는 SCORT라는 프랑스 ISV를 공동 설립했다.

1998년 통신 프로토콜에 특화된 프랑스 통합 회사인 MARBEN에서 업무를 시작했다. MARBEN에서 소프트웨어 개발자로 시작해서 X.400 팀의 기술 리더와 인터넷 분야 전략가로도 일했다.

> 이 책을 나의 멘토 장-피에르(Jean-Pierre) ANSART에게 바치며, 많은 것을 희생하고 참아준 아내 줄리아(Julia)와 세 아들 로빈슨(Robinson)과 폴(Paul), 우고(Ugo)에게도 감사한다.

옮긴이 소개

신은정 sullynboo@gmail.com

아주대학교 정보 및 컴퓨터 공학부를 졸업하고, 2001년 LG CNS에 입사해 다양한 산업의 SI 프로젝트를 수행했으며, 웹서비스와 BPM, SOA 등에 대한 연구 개발 프로젝트를 수행했다. 또한 개발 생산성 향상을 위한 이클립스 기반 개발 도구와 스프링 기반 엔터프라이즈 프레임워크를 개발했으며, 클라우드에도 관심이 많아 한국정보화진흥원의 클라우드 관련 연구 과제와 OAuth 지침서 작성에도 참여했다. 이런 경험이 기반이 돼 93회 정보관리기술사에 합격했고, 현재는 KT에서 중소기업의 참신하고 기술력 있는 소프트웨어를 발굴하고 평가하는 업무와 IT 거버넌스 관련 업무를 수행 중이다.

옮긴이의 말

이클립스는 다양한 플랫폼에서 자바, C 등 다양한 언어로 애플리케이션을 개발, 빌드, 배치할 수 있게 지원하는 통합 개발 도구다. 웹스피어 스튜디오(WebSpheare Studio)에서 애플리케이션 개발자(Application Developer)라는 멀티플랫폼을 지원하는 IBM의 통합 개발 환경을 오픈소스로 공개하면서 이클립스는 시작됐다. 2003년, 이클립스의 첫 번째 버전이 릴리스됐고, 2004년 6월에 OSGi로 런타임 기반 구조를 변경한 이클립스 3.0이 릴리스되면서 이클립스는 가장 큰 변화를 겪었다. 이클립스 플러그인뿐만 아니라 OSGi 번들도 쉽게 사용할 수 있게 됨으로써 더욱 강력해진 이클립스를 사용하는 개발자의 수가 증가했고, 자바 개발에 있어서는 사실상 표준 도구가 됐다.

나도 간단한 편집기를 이용해 자바 기반의 웹 애플리케이션을 개발하다가 이클립스 3.2 버전부터 이클립스를 사용했다. 이클립스 플러그인 개발은 2008년 J2EE 프레임워크 기반의 애플리케이션 개발 지원 도구를 이클립스 플러그인으로 개발하면서 시작했다. 탄탄한 컴포넌트 아키텍처 기반의 이클립스 플러그인을 개발하면서 단순히 이클립스 사용자일 때는 몰랐던 진정한 CBD(Component Based Development)를 경험하고 매우 감탄했으며, 이클립스 내부 설계 사상과 적용된 디자인 패턴을 이해하면서 플러그인 개발뿐만 아니라 OO/CBD 기반 개발에 대해서도 많이 학습하는 기회가 됐다. 이 책을 읽는 독자들도 이클립스 플러그인 개발을 통해 나와 같은 경험을 하게 되리라 확신한다.

이클립스 3.x는 2011년 인디고(Indigo)를 마지막으로 릴리스하고, 2012년 6월 이클립스 4 모델 기반의 주노(Juno)(4.2)를 릴리스했다. 이클립스 4의 초기에는 무겁고 느리다는 평을 많이 받았지만, 이런 문제를 상당 부분 개선해서 케플러(Kepler)(4.3)를 릴리스했다. 이클립스 4는 이클립스 3을 기반으로 해 호환성을 지원하며, 이클립스 UI를 EMF 모델을 기반으로 정의함으로써 런타임 시에 모델 변경이 가능하다. 뿐만 아니라 CSS 파일을 통해 스타일을 설정함으로써 친숙한 화면 구성이 가능하고,

DI$^{\text{Dependency Injection}}$를 지원해 테스트나 빌드 자동화의 수준을 높였다. 이 책을 통해 이클립스 4 모델 기반의 플러그인 개발을 시작하고 이런 장점을 직접 경험해보길 바란다.

이 책은 이클립스 플러그인 개발을 위한 환경설정에서부터 테스트, 빌드까지 플러그인 개발 전반을 다룬다. 전 세계의 시계를 보여주는 뷰 플러그인 만들기와 같이 실제 개발에 활용 가능한 예제를 따라 하는 방식으로 설명함으로써 초보자도 쉽게 개발할 수 있다. 가장 많은 부분을 할애한 7장은 이클립스 3.x와 이클립스 4 모델 기반의 개발이 어떻게 다른지를 설명하고, 앞서 언급한 이클립스 4 모델의 좋은 기능을 소개한다.

예제의 시나리오에 집중하다 보니 SWT/JFace와 이클립스 플랫폼 내부의 자세한 동작 원리에 대한 설명이 다소 부족하게 느껴질지도 모른다. 이와 관련된 자세한 내용은 Eclipse.org 기술 문서나 『SWT/JFace 인 액션』, 『이클립스 SWT』, 『이클립스 RCP』 등을 참고하길 바란다.

목차

지은이 소개   6
감사의 글   7
기술 감수자 소개   8
옮긴이 소개   11
옮긴이의 말   12
들어가며   23

1 첫 번째 플러그인 작성   31

시작하기   32
실습 예제 | 이클립스 SDK 환경설정   32

첫 번째 플러그인 작성   36
실습 예제 | 플러그인 생성   36

플러그인 실행   41
실습 예제 | 이클립스에서 이클립스 실행   41

플러그인 디버깅   45
실습 예제 | 플러그인 디버깅   45
실습 예제 | 디버거에서 코드 수정   49

단계 필터로 디버깅   51
실습 예제 | 단계 필터 설정   51

다른 유형의 중단점 사용   53
실습 예제 | 메소드 진입과 종료 시에 중단   53

조건부 중단점 사용   55
실습 예제 | 조건부 중단점 설정   55

예외 중단점 사용   57
실습 예제 | 예외 잡기   57

| 실습 예제 | 변수 검사와 표현식 사용 | 61 |
정리 66

2 SWT로 뷰 작성   67

뷰와 위젯 생성   68
| 실습 예제 | 뷰 생성   68
| 실습 예제 | 사용자 정의 뷰 작성   72
| 실습 예제 | 초점 그리기   75
| 실습 예제 | 초침 꾸미기   77
| 실습 예제 | UI 스레드로 실행   79
| 실습 예제 | 재사용 가능한 위젯 생성   80
| 실습 예제 | 레이아웃 사용   83

자원 관리   87
| 실습 예제 | 색상 꾸미기   88
| 실습 예제 | 누수 탐지   90
| 실습 예제 | 누수 방지   93

사용자와 상호작용   96
| 실습 예제 | 포커스 얻기   96
| 실습 예제 | 입력에 응답   98

기타 SWT 위젯 사용   101
| 실습 예제 | 트레이에 아이템 추가   101
| 실습 예제 | 사용자에 응답   104
| 실습 예제 | 모달과 기타 효과   107
| 실습 예제 | 그룹과 탭 폴더   110

정리   118

3 JFace 뷰어 작성   119

왜 JFace인가?   120
트리 뷰어 생성   120

실습 예제	트리 뷰어 생성	120
실습 예제	JFace에서 이미지 사용	126
실습 예제	스타일이 적용된 레이블 프로바이더	130

정렬과 필터링   133

| 실습 예제 | 뷰어에서 정렬 | 134 |
| 실습 예제 | 뷰어에서 필터링 | 136 |

상호작용과 속성   139

| 실습 예제 | 더블 클릭 리스너 추가 | 140 |
| 실습 예제 | 속성 보여주기 | 144 |

테이블 데이터   150

| 실습 예제 | 시간대를 테이블로 보여주기 | 150 |
| 실습 예제 | 선택 항목 동기화 | 156 |

정리   160

4 사용자와 상호작용   161

액션과 커맨드, 핸들러 작성   162

실습 예제	컨텍스트 메뉴 추가	162
실습 예제	커맨드와 핸들러 작성	164
실습 예제	커맨드에 키 연결	167
실습 예제	컨텍스트 변경	169
실습 예제	메뉴 항목의 활성화/비활성화	172
실습 예제	표현식 재사용	174
실습 예제	팝업 메뉴에 커맨드 추가	176

작업과 진행 상황   181

실습 예제	백그라운드로 작업 실행	181
실습 예제	진행 상황 보고	184
실습 예제	취소 기능	186
실습 예제	하위 작업과 하위 진행 상황 모니터 사용	187
실습 예제	null 진행 상황 모니터와 하위 모니터 사용	190
실습 예제	작업 속성 설정	192

오류 보고 197
  실습 예제 | 오류 표시 197
정리 202

5 환경설정과 설정 저장 **203**

환결설정 저장 204
  실습 예제 | 설정 값 유지 204
  실습 예제 | 환경설정 페이지 작성 206
  실습 예제 | 경고와 오류 메시지 생성 208
  실습 예제 | 목록에서 선택 209
  실습 예제 | 그리드 사용 212
  실습 예제 | 환경설정 페이지 배치 213
  실습 예제 | 다른 필드 편집기 사용 215
  실습 예제 | 키워드 추가 217
  실습 예제 | IEclipsePreferences 사용 219
IMemento와 DialogSettings 사용 221
  실습 예제 | Time Zone 뷰에 메멘토 추가 222
  실습 예제 | DialogSettings 사용 224
정리 227

6 자원 다루기 **229**

작업 공간과 자원 사용기 230
  실습 예제 | 편집기 작성 230
  실습 예제 | 마크업 파서 작성 233
  실습 예제 | 빌더 작성 236
  실습 예제 | 자원 반복 처리 239
  실습 예제 | 자원 생성 242
  실습 예제 | 증분 빌드 구현 245
  실습 예제 | 삭제 처리 246

네이처 사용 249
    실습 예제 | 네이처 생성 250
마커 사용 255
    실습 예제 | 빈 파일인 경우 오류 마커 표시 255
    실습 예제 | 마커 유형 등록 257
정리 260

7 이클립스 4 모델 261

E4 모델로 작업 262
    실습 예제 | E4 도구 설치 262
    실습 예제 | E4 애플리케이션 작성 265
    실습 예제 | 파트 생성 271
    실습 예제 | CSS로 UI 꾸미기 277
서비스와 컨텍스트 사용 285
    실습 예제 | 로그 추가 286
    실습 예제 | 윈도우 얻기 288
    실습 예제 | 선택 항목 알아오기 290
    실습 예제 | 이벤트 처리 293
    실습 예제 | 필요시 값 계산 297
    실습 예제 | 환경설정 사용 300
    실습 예제 | UI로 상호작용 303
커맨드와 핸들러, 메뉴 아이템 사용 305
    실습 예제 | 핸들러를 가진 커맨드에 메뉴 연결 306
    실습 예제 | 커맨드에 매개변수 전달 310
    실습 예제 | 다이렉트 메뉴와 키바인딩 생성 313
    실습 예제 | 팝업 메뉴와 뷰 메뉴 생성 316
주입 가능한 사용자 정의 클래스 생성 319
    실습 예제 | 간단한 서비스 작성 319
    실습 예제 | 하위 유형 주입 321
정리 323

8 피처, 업데이트 사이트, 애플리케이션 제품 생성   325

피처로 플러그인 그룹 생성   326
실습 예제 | 피처 생성   326
실습 예제 | 피처 내보기   330
실습 예제 | 피처 설치   332
실습 예제 | 업데이트 사이트에 카테고리 지정   336
실습 예제 | 다른 피처에 의존 관계 설정   341
실습 예제 | 피처 브랜드 적용   343

애플리케이션과 제품 빌드   346
실습 예제 | UI 없는 애플리케이션 작성   346
실습 예제 | 제품 생성   352

정리   357

9 플러그인 테스트 자동화   359

테스트 자동화를 위한 JUnit 사용   360
실습 예제 | 간단한 JUnit 테스트 케이스 작성   360
실습 예제 | 플러그인 테스트 작성   362

사용자 인터페이스 테스트를 위해 SWTBot 사용   363
실습 예제 | SWTBot 테스트 작성   364
실습 예제 | 메뉴로 작업   367

SWTBot으로 작업   369
실습 예제 | 환영 화면 숨기기   370
실습 예제 | SWTBot 런타임 오류 방지   371

뷰 테스트   372
실습 예제 | 뷰 보여주기   372
실습 예제 | 뷰 정보 획득   373

UI와 상호작용   375
실습 예제 | UI로부터 값 획득   375

실습 예제 | 조건 대기	376
정리	380

10 티코를 이용한 빌드 자동화 — 381

티코로 플러그인 빌드하기 위한 메이븐 이용 — 382
실습 예제 | 메이븐 설치	382
실습 예제 | 티코로 빌드	385

티코로 피처와 업데이트 사이트 구성 — 389
실습 예제 | 부모 프로젝트 생성	390
실습 예제 | 피처 빌드	393
실습 예제 | 업데이트 사이트 빌드	395
실습 예제 | 제품 빌드	397

테스트와 릴리스 — 404
실습 예제 | 자동화된 테스트 실행	404
실습 예제 | 버전 번호 변경	409

업데이트 사이트에 서명 적용 — 411
실습 예제 | 자체 서명 인증서 생성	411
실습 예제 | 플러그인 서명	413
실습 예제 | 업데이트 사이트 제공	417

정리 — 418

부록 깜짝 퀴즈 정답 — 419

찾아보기 — 434

들어가며

이클립스 플랫폼 기반의 플러그인 개발 방법을 소개하는 책이다. 자바를 사용할 줄 안다면 책의 예제를 따라 하는 데 무리가 없다. 이 책을 다 읽고 나면 이클립스 플러그인을 생성할 수 있고 플러그인의 자동 빌드 체계를 만들 수 있게 된다.

이 책의 구성

1장, 첫 번째 플러그인 작성에서는 이클립스를 다운로드해 플러그인 개발 환경을 설정하는 방법과 샘플 플러그인을 생성해 실행하고 디버깅하는 방법을 살펴본다.

2장, SWT로 뷰 작성에서는 시스템 트레이와 자원 관리 같은 사용자 정의 SWT 컴포넌트와 SWT를 사용해 뷰를 생성하는 방법을 소개한다.

3장, JFace 뷰어 작성에서는 테이블 뷰어(TableViewer)와 트리 뷰어(TreeViewer)를 사용해서 JFace로 뷰를 생성하는 방법과 속성 뷰에 사용자와의 상호작용을 연결하는 방법을 설명한다.

4장, 사용자와 상호작용에서는 커맨드와 핸들러, 메뉴를 사용해서 사용자와 상호작용해보고 작업Job과 진행Progress API도 사용해본다.

5장, 환경설정과 설정 저장에서는 환경설정 정보를 저장하는 방법과 환경설정 페이지에 이런 정보를 표현하는 방법을 설명한다.

6장, 자원 다루기에서는 워크벤치에서 자원Resource을 로드하고 생성하는 방법을 알아보고, 자동화된 프로세스로 빌더와 네이처를 생성해본다.

7장, 이클립스 4 모델에서는 이클립스 3.x와 이클립스 4.x 모델 간의 주요 차이점과 기존 콘텐츠를 새로운 모델로 마이그레이션하는 방법을 설명한다.

8장, 피처, 업데이트 사이트, 애플리케이션, 제품 생성에서는 책을 따라 하며 생성한 플러그인을 묶어 피처로 만들고 업데이트 사이트에 게시하는 방법과 애플리케이션과 제품을 사용해서 독립적인 객체를 생성하는 방법을 다룬다.

9장, 플러그인 테스트 자동화에서는 UI 컴포넌트와 non-UI 컴포넌트 모두를 포함한 이클립스 플러그인을 자동으로 테스트하는 코드 작성법을 설명한다.

10장, 티코를 이용한 빌드 자동화에서는 이클립스 플러그인과 피처, 업데이트 사이트, 애플리케이션, 제품을 메이븐 티코^{Maven Tycho}를 이용해서 자동으로 빌드하는 방법을 자세히 살펴본다.

준비물

이 책의 실습을 수행하려면 최신 운영체제(윈도우나 리눅스, 맥 OS X)가 깔린 컴퓨터가 필요하고, 물론 자바도 필요하다. JDK 1.7이 현재 릴리스된 최신 버전이며, 예제는 이후 릴리스될 버전에서도 실행될 것이다.

이 책의 예제는 이클립스 SDK(클래식^{Classic}/표준^{Standard}) 주노^{Juno}(4.2) 버전과 케플러^{Kepler}(4.3)에서 테스트했지만, 이후 릴리스될 이클립스의 새로운 버전에서도 실행될 것이다.

'RCP와 RAP 개발자용 이클립스^{Eclipse for RCP and RAP Developers}'를 사용하면 7장과 8장에서 오류가 발생할 수 있으므로 주의하라.

이클립스와 자바를 다운로드해 설치하는 방법과 이클립스를 시작하는 방법은 1장에서 설명한다.

이 책의 대상 독자

이 책의 주요 독자는 이클립스 플랫폼 기반의 플러그인과 제품, 애플리케이션의 개발 방법을 배우고자 하는 자바 개발자다. 이 책은 플러그인을 빌드하고 디버깅하기 위한 이클립스를 설치하고 사용하는 방법을 시작으로 사용자 인터페이스 유형을 설명하고 업데이트 사이트를 생성하며, 플러그인 빌드와 테스트를 자동화하는 방법을 설명하고 마친다.

이클립스 플러그인 개발 경험이 있으면서 메이븐 티코^{Maven Tycho}를 이용해 빌드를 자동화하고자 하는 개발자에게도 유용하다. 메이븐 티코는 이클립스 플러그인 개발에서 사실상 표준처럼 사용된다.

마지막으로 이클립스 3.x 모델에는 익숙하지만 이클립스 4.x 모델에서 변경된 내용에 관심이 있는 개발자도 대상으로 한다. 이와 관련된 내용은 7장에서 주로 다루며, 새로운 모델이 제공하는 유익한 기능을 요약해서 설명한다.

☞ E4: 이 책은 이클립스 3.x와 4.x 모델을 모두 다룬다. 이클립스 4 플랫폼은 이클립스 3.x API에 대해 하위 호환성을 지원하는 런타임을 포함한다. 이클립스 3.x API가 4.x API와 다른 부분을 ☞ E4 아이콘으로 표시했다. 이클립스 4 개념에 대한 전반적인 설명은 7장에서 다루므로, 앞쪽의 E4 노트는 그냥 지나쳐도 된다.

오래된 이클립스와 새로운 버전의 이클립스 모두에서 동작하는 이클립스 IDE 기반 플러그인을 개발 중이라면 이클립스 3.x API 사용을 고려해야 한다. 반면 오래된 버전의 이클립스를 지원하지 않는 이클립스 RCP 기반 애플리케이션을 개발한다면 이클립스 4 기반으로 애플리케이션을 개발하라. 이클립스 플랫폼의 향후 버전(4.4 루아와 그 후속 버전)은 IDE에서 이클립스 4 API를 사용 가능하게 만들 계획이다.

🌐 이 책의 편집 규약

이 책에는 다양한 표제어가 자주 등장한다.

작업 과정이나 절차를 설명할 때는 다음 표제어를 사용한다.

실습 예제	표제어

1   설명 1

2   설명 2

3   설명 3

부연 설명이 필요한 부분에는 다음과 같은 '보충 설명'이 이어진다.

보충 설명 |

여기에서는 바로 전에 다룬 실습 예제에 대해 자세히 설명한다.

추가로 학습에 도움이 되는 다음과 같은 '도전 과제'도 볼 수 있다.

깜짝 퀴즈 | 제목

스스로의 이해도를 측정해볼 수 있는 간단한 선다형 문제들이 있다.

도전 과제 | 제목

실전 예제를 통해 배운 내용을 직접 활용해 볼 수 있는 기회를 제공한다.

제공되는 정보에 따라 몇 가지 형식의 텍스트를 사용한다. 다음은 텍스트 형식과 그 의미를 설명한다.

텍스트 내에서 코드를 사용하는 경우 다음과 같이 표현했다.

예   Drush 디렉토리를 삭제하기 위해 도스 del 명령어 대신 유닉스 rm 명령어를 사용했다는 사실을 알게 될 것이다.

코드 블록은 다음과 같이 표기한다.

```
# * Fine Tuning
#
key_buffer = 16M
key_buffer_size = 32M
max_allowed_packet = 16M
thread_stack = 512K
thread_cache_size = 8
```

```
max_connections = 300
```

코드 블록의 특정 부분을 강조하고 싶은 경우에는 해당 부분을 굵게 표현한다.

```
# * Fine Tuning
#
key_buffer = 16M
key_buffer_size = 32M
max_allowed_packet = 16M
thread_stack = 512K
thread_cache_size = 8
max_connections = 300
```

커맨드라인의 입력이나 출력은 다음과 같다.

```
cd /ProgramData/Propeople
rm -r Drush
git clone --branch master http://git.drupal.org/project/drush.git
```

화면, 메뉴, 대화상자 등에 출력된 단어는 고딕체를 사용한다.

예 Select Destination Location에서 기본 값을 그대로 수용한다면 Next 버튼을 클릭한다.

 경고나 중요한 사항은 이와 같은 박스로 표시된다.

 팁과 트릭은 이렇게 표시된다.

독자 피드백

독자의 의견은 언제나 환영이다. 이 책에 대한 여러분의 생각(좋은 점이든 나쁜 점이든)을 알려주기 바란다. 더 유익한 책을 만들기 위해 독자의 의견은 무엇보다 중요하다.

일반적인 의견은 메시지 제목을 책의 제목으로 작성해서 feedback@packtpub.com으로 메일을 보내면 된다.

자신의 전문 지식을 바탕으로 책을 집필하거나 기여하는 데 관심이 있다면 www.packtpub.com/authors에 있는 저자 가이드를 참조하기 바란다.

고객 지원

팩트 출판사의 구매자가 된 독자에게 도움이 되는 몇 가지를 제공하고자 한다.

예제 코드 다운로드

http://www.PacktPub.com에 등록된 계정으로 로그인한 다음에 구입한 모든 팩트 책에 대한 예제 코드 파일을 다운로드할 수 있다. 다른 곳에서 이 책을 구입했다면 http://www.PacktPub.com/support를 방문해 이메일 주소를 등록하면 예제 코드 파일을 다운로드할 수 있는 링크를 받을 수 있다. 이 책의 샘플 코드는 깃허브(GitHub) 저장소 http://github.com/alblue/com.packtpub.e4에서도 다운로드할 수 있다. 각 장이 끝날 때 예제 코드의 상태가 달라서 열 개의 브랜치로 분리해 저장돼 있다. 한국어판의 소스코드는 에이콘출판사 도서정보 페이지 http://www.acornpub.co.kr/book/eclipse4-plugin에서 다운로드할 수 있다.

오탈자

정확한 내용을 담으려 노력했지만, 실수가 있을 수 있다. 책의 텍스트나 예제 코드에서 잘못된 부분을 발견하면 출판사에 오류 내용을 보내주길 바란다. 오류 보고는 http://www.packtpub.com/submit-errata를 방문해 책을 선택하고 errata submission form 링크를 클릭한 후 잘못된 내용을 상세하게 입력하면 된다. 보고된 내용이 오류가 맞다면 해당 내용을 웹사이트에 게시하거나 Errata 영역의 오류 데이터 목록에 추가해 게시할 것이다.

책의 깃허브^{GitHub} 저장소 http://github.com/alblue/com.packtpub.e4도 살펴보라. 예제 코드를 수정해야 한다면 수정한 코드를 이 저장소에 업데이트해서 올려둘 예정이다. 한국어판은 에이콘출판사 도서정보 페이지 http://www.acornpub.co.kr/book/eclipse4-plugin에서 찾아볼 수 있다.

저작권 침해

인터넷에서의 저작권 침해는 모든 매체에서 벌어지고 있는 심각한 문제다. 팩트 출판사는 저작권과 라이선스 문제를 아주 심각하게 인식하고 있다. 어떤 형태로든 팩트 출판사 서적의 불법 복제물을 인터넷에서 발견한다면 적절한 조치를 취할 수 있게 해당 주소나 사이트 명을 즉시 알려주길 부탁한다. 의심되는 불법 복제물의 링크를 copyright@packtpub.com으로 보내주기 바란다.

저자와 더 좋은 책을 위한 팩트 출판사의 노력을 배려하는 마음에 깊은 감사의 뜻을 전한다.

질문

이 책에 관련된 질문이 있다면 questions@packtpub.com을 통해 문의하기 바란다. 최선을 다해 질문에 답해 드리겠다. 한국어판에 관한 질문은 이 책의 옮긴이나 에이콘출판사 편집팀(editor@acornpub.co.kr)으로 문의해주길 바란다.

1 첫 번째 플러그인 작성

이클립스는 수많은 플러그인으로 구성된 매우 잘 모듈화된 애플리케이션으로, 플러그인을 추가 설치해서 확장할 수 있다. 플러그인은 플러그인 개발 환경(PDE, Plug-in Development Environment)으로 개발하고 디버깅한다.

1장에서는 다음과 같은 내용을 다룬다.

- 플러그인을 개발하기 위한 이클립스 환경설정
- 새 플러그인 마법사로 플러그인 생성
- 플러그인이 활성화된 새로운 이클립스 인스턴스 실행
- 이클립스 플러그인 디버깅

시작하기

플러그인을 개발하려면 이클립스 개발 환경이 필요하다. 이 책에서는 이클립스 4.2 주노Juno와 4.3 케플러Kepler를 이용해서 개발하지만, 가장 최신의 버전을 사용해도 된다.

그루비Groovy나 스칼라Scala 같은 다른 JVM 언어로도 이클립스 플러그인을 개발할 수 있지만, 일반적으로 자바 언어를 이용하므로 이 책에서도 자바 언어를 사용한다. 이클립스 다운로드 페이지에는 각기 다른 플러그인 조합을 포함한 다양한 패키지가 있다. 이 책에서는 다음 패키지를 이용한다.

- 이클립스 SDK   http://download.eclipse.org/eclipse/downloads/
- 이클립스 클래식(Eclipse Classic)과 이클립스 표준(Eclipse Standard)
  http://www.eclipse.org/downloads/

이 두 가지 패키지에는 플러그인 개발에 꼭 필요한 플러그인 개발 환경PDE, Plug-in Development Environment과 소스코드, 도움말 문서, 다른 유용한 피처가 있다(RCP와 RAP 패키지는 7장의 예제를 실행할 때 오류를 발생시킬 우려가 있으므로 사용하지 말기 바란다).

이미 사용 중인 이클립스 인스턴스에 이클립스 PDE를 설치해 사용해도 된다. Help 메뉴에서 Install New Software를 선택한 후 업데이트 사이트에서 General Purpose Tools를 선택해 PDE를 설치한다. 이클립스 플러그인 개발 환경 피처는 새로운 플러그인을 개발하는 데 필요한 모든 요소를 포함한다.

실습 예제 | 이클립스 SDK 환경설정

이클립스는 자바 기반 애플리케이션이므로 먼저 자바를 설치해야 한다. 이클립스는 압축해서 배포되므로 설치 과정 없이 압축만 해제하면 된다.

1. http://java.com으로 가서 가이드에 따라 자바를 다운로드해 설치한다. 자바는 32비트와 64비트용 설치 파일이 있으므로, 실행 중인 운영체제가 32비트이면

32비트 JDK를 설치하고, 64비트 운영체제를 사용한다면 64비트 JDK를 설치하라.

2 설치가 끝나면 java -version을 실행해서 다음과 같은 결과가 출력되는지 확인한다.

```
java version "1.7.0_09"
Java(TM) SE Runtime Environment (build 1.7.0_09-b05)
Java HotSpot(TM) 64-Bit Server VM (build 23.5-b02, mixed mode)
```

3 http://www.eclipse.org/downloads/ 페이지로 이동해 이클립스 클래식^{Eclipse Classic}이나 이클립스 표준^{Eclipse Standard}을 선택한다.

4 설치한 JDK 버전과 일치하는 패키지를 다운로드한다. java -version을 실행하면 다음 두 가지 중 하나가 화면에 나타나야 한다.

- **32비트 JDK인 경우**

  ```
  Java HotSpot(TM) Client VM
  ```

- **64비트 JDK인 경우**

  ```
  Java HotSpot(TM) 64-Bit Server VM
  ```

리눅스에서 이클립스를 사용하려면 GTK2를 설치해야 한다. 대부분의 리눅스 배포판은 GTK2를 제공하는 그놈(GNOME) 기반의 윈도우 관리자를 포함한다.

5 이클립스를 설치하려면 이클립스 설치 파일을 다운로드한 후 적당한 위치에 압축을 푼다. 이클립스는 아카이브 형태로 배포되며, 관리자 권한 없이도 설치 가능하다. 다만 성능 문제가 발생할 수 있으므로 네트워크로 연결된 드라이브에는 설치하지 말기 바란다.

이클립스는 압축을 해제한 폴더 밑에 폴더를 생성하기 때문에 압축을 푼 폴더는 쓰기 가능해야 한다. 일반적으로 관리자 권한으로 로그인해서 /Applications 또는 C:\Program Files 폴더 밑에 설치하는 방식은 권장하지 않는다.

6 이클립스 아이콘을 더블 클릭하거나 eclipse.exe(윈도우) 또는 eclipse(리눅스), Eclipse.app(OS X)로 이클립스를 실행한다.

7 이클립스가 시작되면 다음과 같은 스플래시splash 화면이 나타난다.

8 작업 공간workspace을 선택하고 OK 버튼을 클릭한다. 작업 공간은 프로젝트 파일을 저장할 파일 시스템상의 위치다.

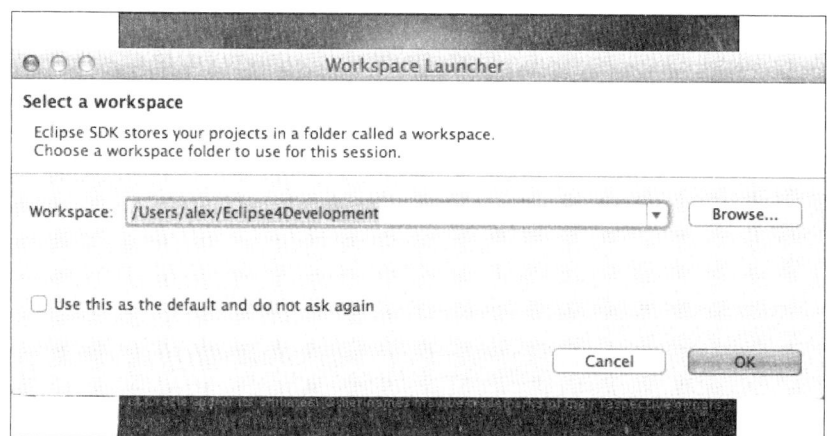

9 탭의 환영^{Welcome} 글자 옆에 있는 십자 ⊠ 아이콘을 클릭해서 환영 화면을 닫는다. 환영 화면은 Help > Welcome 메뉴를 통해 다시 열 수 있다.

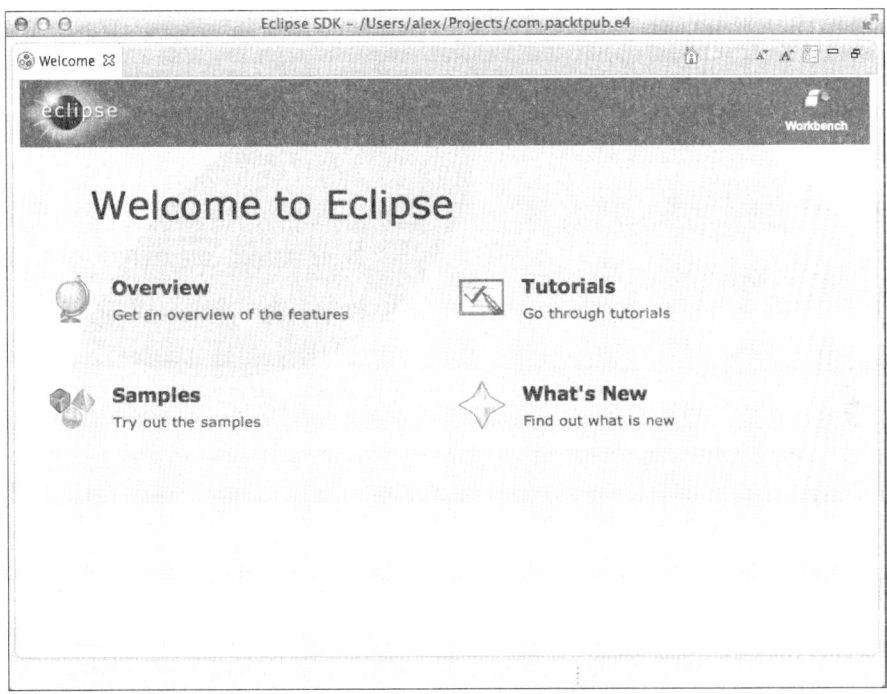

보충 설명

이클립스는 실행하려면 자바를 실행해야 하므로, 이클립스를 설치하는 첫 번째 단계에서 최신 버전의 자바를 사용할 수 있는지 확인했다. 기본적으로 이클립스는 환경 변수에 설정된 곳이나 표준 설치 위치 중 한 곳에서 자바를 찾지만, -vm 커맨드라인 인수를 사용해 원하는 버전의 자바를 지정하는 방법도 있다.

64비트 JDK에서 32비트 이클립스를 실행하거나, 그 반대의 경우와 같이 이클립스 버전이 JDK 버전과 맞지 않으면 스플래시 화면이 나타나지 않으며, 런처는 적절한 런처를 찾을 수 없다. 또는 SWT 라이브러리를 찾을 수 없다는 난해한 메시지를 화면에 표시한다.

윈도우에는 콘솔 화면에 로그 메시지를 보여주는 eclipsec.exe라는 추가적인 런처가 있다. 이클립스가 로드되지 않고 아무런 오류 메시지도 나타나지 않을 때 매우 유용하다. 다른 운영체제에서는 eclipse 명령어와 -consolelog 인수를 사용하면 된다. eclipse.exe와 eclipse는 모두 -consolelog 인수를 넘겨받으면 이클립스를 실행하는 동안 발생한 문제에 대한 자세한 정보를 제공한다.

이클립스 작업 공간은 두 가지 목적으로 사용한다. 기본 프로젝트 위치이며, 이클립스의 설정 정보와 환경설정, 다른 런타임 정보를 보관하는 .metadata 디렉토리가 위치하는 디렉토리다. 이클립스 실행 로그는 .metadata/.log 파일에 저장된다.

작업 공간 선택 대화상자의 File > Switch Workspace를 통해 기본 작업 공간이 아닌 다른 위치로 작업 공간을 변경할 수 있다. 이클립스 실행 커맨드라인의 인수 중 -data를 이용해 작업 공간을 지정하는 방법도 있다.

마지막으로 환영 화면은 이클립스를 처음 사용하는 사용자에게 유용하지만, 이클립스를 실행하고 나면 최소화하기보다 닫아 두는 편이 낫다.

첫 번째 플러그인 작성

이클립스 플러그인 마법사를 이용해서 플러그인을 만들어보자.

실습 예제 | 플러그인 생성

플러그인 개발 환경[PDE]에서 모든 플러그인은 고유한 프로젝트를 갖는다. 이미 존재하는 자바 프로젝트에 PDE 네이처와 필요한 파일을 추가해서 플러그인 프로젝트로 업그레이드하는 방법(Configure > Convert to plug-in project를 이용함)도 있지만, 일반적으로 새 프로젝트[New Project] 마법사를 사용해 플러그인 프로젝트를 생성한다.

1 File › New › Project 메뉴를 이용해 Hello World 플러그인을 생성한다.

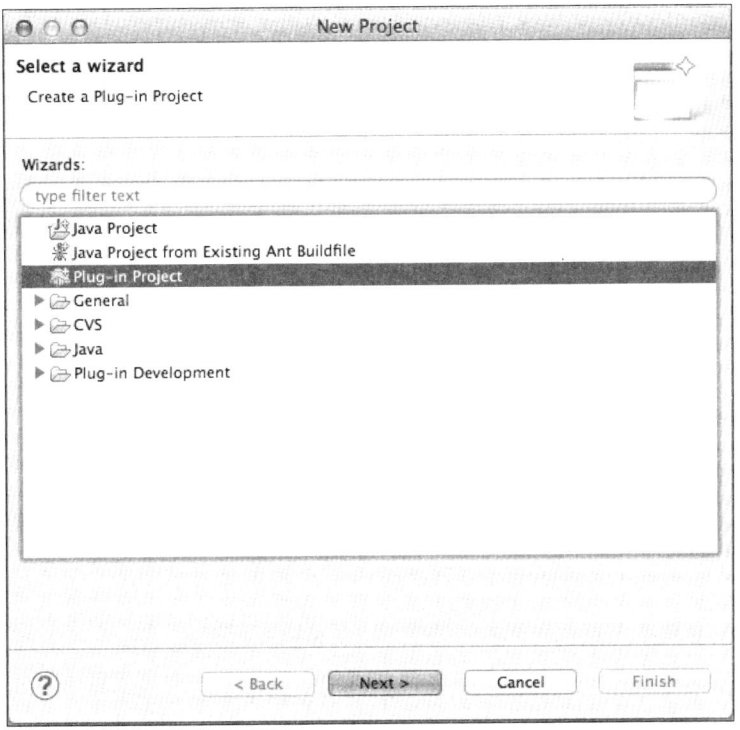

2 화면에 보는 프로젝트 유형이 그림과 다르더라도 플러그인 프로젝트^{Plug-in Project} 유형이 있으면 된다. File › New 메뉴 밑에 아무것도 없다면 Window › Open Perspective › Other › Plug-in Development를 찾아 선택해보라. 그러면 File › New 메뉴 밑에 Plug-in Project가 나타난다.

3 플러그인 프로젝트를 선택하고 Next를 클릭한 후 다음 내용을 대화상자에 입력한다.

- 프로젝트 이름^{Project name}은 com.packtpub.e4.hello.ui로 지정한다.
- 기본 위치 사용^{Use default location} 체크박스를 선택한다.
- 자바 프로젝트 작성^{Create a Java project} 체크박스를 선택한다.

1_ 첫 번째 플러그인 작성 | 37

- 대상 이클립스 버전^{Target Eclipse Version}은 3.5 or greater로 지정한다.

4. Next를 클릭한 후 다음과 같은 플러그인 속성을 입력한다.
   - 플러그인 ID   com.packtpub.e4.hello.ui
   - 플러그인 버전(Version)   1.0.0.qualifier
   - 이름(Name)   Hello
   - 벤더(Vendor)   PacktPub
   - 실행 환경(Execution Environment)   기본 값 사용(예: JavaSE-1.6 또는 JavaSE-1.7)
   - 플러그인의 라이프사이클을 제어하는 액티베이터 생성^{Generator an Activator} 체크박스를 선택한다.
   - 액티베이터(Activator)   com.packtpub.e4.hello.ui.Activator
   - 이 플러그인이 UI에 제공^{This plug-in will make contributions to the UI} 체크박스를 선택한다.
   - 리치 클라이언트 애플리케이션을 작성하시겠습니까?(Rich client application)   No

5. Next를 클릭하고 제공되는 템플릿을 선택한다.
   - 템플릿 중 하나를 사용해 플러그인 작성^{Create a plug-in using one of the templates} 체크박스를 선택한다.
   - Hello World Command 템플릿을 선택한다.

6. Next를 클릭해 샘플에서 다음 항목을 변경한다.
   - 자바 패키지 이름^{Java Package Name}, 프로젝트 이름을 기본 값으로 한다.
   - 핸들러 클래스 이름^{Handler Class Name}, 액션과 관련된 코드다.
   - 메시지 상자 텍스트^{Message Box Text}, 화면에 보여줄 메시지다.

7. 마지막으로 Finish를 클릭하면 프로젝트를 생성한다.

8. 플러그인 개발 관점으로 전환할지 묻는 대화상자가 나타나면 Yes를 선택한다.

보충 설명

플러그인 프로젝트 생성은 이클립스 플러그인을 제작하는 첫 번째 단계다. 프로젝트를 생성할 때 샘플 템플릿을 이용하기 위해 새 플러그인 프로젝트^{New Plug-in Project} 마법사를 사용했다.

일반적으로 플러그인 이름은 도메인 이름의 역방향 형식^{reverse domain name format}을 따른다. 예제에서도 `com.packtpub.e4`를 앞에 붙여 사용할 예정이다. 이런 명명 규칙을 사용하면 이클립스 SDK 내의 440여 개 플러그인 사이에서 자신의 플러그인을 식별하기 좋다. 이클립스에서 개발한 플러그인의 이름은 `org.eclipse`로 시작한다.

 UI에 기능을 추가하는 플러그인의 경우에는 이름에 .ui.를 붙이는 경향이 있어, UI를 포함하지 않는 플러그인과 구별하는 데 도움이 된다. 실제로 이클립스 SDK를 구성하는 440여 개의 플러그인 중 120개는 UI와 관련이 있고 나머지는 그렇지 않다.

프로젝트에는 마법사에 입력한 정보에 따라 많은 파일이 자동으로 생성된다. 그 중 이클립스 플러그인에서 핵심적인 파일은 다음과 같다.

- **META-INF/MANIFEST.MF** OSGi 매니페스트^{manifest}는 플러그인의 의존 관계와 버전, 이름을 기술한다. 이 파일을 더블 클릭하면 매니페스트 편집기가 열리고 마법사를 통해 입력한 정보가 화면에 보인다. 가끔 표준 텍스트 편집기가 열리기도 한다.

  연속된 문장은 하나의 공백 문자 뒤에 새로운 행으로 표현되고, 파일은 새 행으로 끝나는 것과 같이 플러그인 매니페스트는 표준 자바 규약을 따른다(예를 들어 대부분 무시될지라도 한 줄의 최대 길이는 72문자다).

- **plugin.xml** plungin.xml 파일은 플러그인이 이클립스 런타임에 제공하는 확장^{extension}을 선언한다. 모든 플러그인에서 pluin.xml이 필요하지는 않다. 특히 UI

가 없는 플러그인의 경우 이 파일이 필요 없는 경우가 있다. 확장점$^{\text{extension point}}$에 대해서는 나중에 좀 더 자세히 다룬다. 예제 프로젝트에서는 커맨드와 핸들러, 바인딩, 메뉴 확장점에 대한 확장을 생성한다(이클립스 3.7 이전 버전의 Hello World 템플릿을 선택했다면 actionSets 확장만 사용한다).

커맨드나 액션, 메뉴의 텍스트 레이블을 프로그램이 아니라 plugin.xml 파일에 선언하면 코드를 로드하거나 실행하지 않고도 메뉴를 보여준다.

클래스를 로드하거나 실행하지 않고도 메뉴를 보여줄 수 있기 때문에 이클립스가 빨리 구동된다. 이런 특징 때문에 필요한 때 필요한 요소를 보여줌으로써 확장이 가능하고, 사용자가 액션을 호출할 때 클래스를 로드할 수 있다. 자바 스윙(Swing) 액션은 프로그램적으로 레이블과 툴팁을 제공함으로써 사용자 인터페이스를 늦게 초기화해서 화면 구동이 늦다.

- **build.properties** 개발 시점과 빌드 시점에 PDE가 사용하는 파일이다. 보통은 이 파일을 무시해도 되지만 플러그인을 활성화하는 데 필요한 자원(이미지, 프로퍼티 파일, HTML 콘텐츠 등)을 추가하면 build.properties에도 항목을 추가해야 한다. 그렇지 않으면 해당 자원이 화면에 나타나지 않는다. build.properties 파일의 빌드^{Build} 탭은 프로젝트 콘텐츠를 트리 구조로 보여주므로 항목을 추가하기 쉽다.

이 파일은 Ant 빌드를 사용하던 시절의 산물로, 메이븐 티코$^{\text{Maven Tycho}}$ 같은 최신 빌드 도구를 사용할 때는 필요 없다. 티코는 10장, '티코를 이용한 빌드 자동화'에서 설명한다.

깜짝 퀴즈 | 이클립스 작업 공간과 플러그인

Q1. 이클립스 작업 공간이란?

Q2. 이클립스 플러그인 프로젝트의 명명규칙은 어떠한가?

Q3. 이클립스 플러그인에서 세 가지 핵심적인 파일의 이름은 무엇인가?

플러그인 실행

이클립스 플러그인을 테스트하기 위해 플러그인이 설치된 새로운 이클립스 인스턴스를 실행하거나 디버깅한다.

실습 예제 | 이클립스에서 이클립스 실행

이클립스의 Run 버튼을 클릭하거나 Run 메뉴를 클릭해서 새로운 이클립스 애플리케이션을 실행한다.

1 작업 공간에서 플러그인 프로젝트를 선택한다.

2 Run ▶ 버튼을 클릭해서 프로젝트를 실행한다. 버튼을 클릭하고 나면 처음에는 다음과 같은 대화상자가 나타나지만, 다음부터는 이전에 선택한 애플리케이션 유형을 기억해서 애플리케이션을 실행하므로 나타나지 않는다.

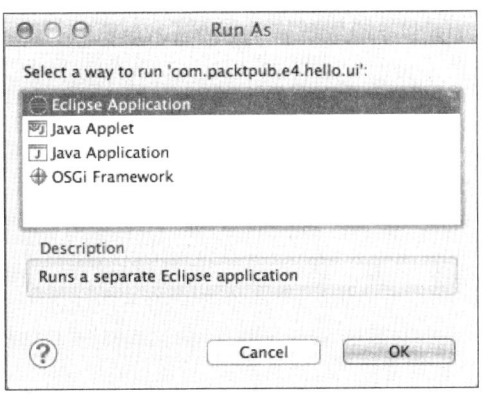

3 이클립스 애플리케이션^{Eclipse Application} 타입을 선택하고 OK을 클릭하면 새로운 이클립스 인스턴스가 실행된다.

4 새로 실행된 애플리케이션에서 환영Welcome 페이지가 나타나면 환영 페이지를 닫는다.

5 메뉴 바의 Hello World 아이콘이나 Sample Menu > Sample Command 메뉴를 클릭하면 마법사를 통해 생성한 대화상자가 나타난다.

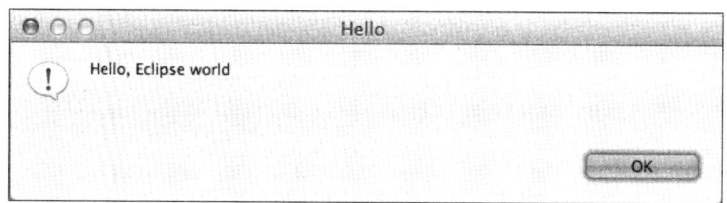

6 윈도우를 닫아 테스트용 이클립스 인스턴스를 닫는다. OS X라면 Cmd+Q 단축키, 윈도우라면 Alt+F4 단축키로도 인스턴스를 닫을 수 있다.

보충 설명

툴바의 Run 이나 Run > Run As > Eclipse Application 메뉴를 클릭하면 실행 환경설정launch configuration 정보가 생성된다. 실행 환경설정은 작업 공간 내에 열려있는 모든 플러그인을 포함한다. 이클립스에서 실행한 두 번째 이클립스는 자신만의 임시 작업 공간을 가지며, 테스트하려는 플러그인을 활성화시켜 플러그인이 원하는 대로 동작하는지 확인할 수 있게 도와준다.

작업 공간에서 선택한 항목이 무엇이냐에 따라 애플리케이션을 실행하기 때문에 실행 작업은 매우 복잡하다. 플러그인을 선택했다면 이클립스 애플리케이션을 실행해야 하고, main 메소드를 가진 자바 프로젝트를 선택했다면 표준 자바 애플리케이션을 실행한다. 뿐만 아니라 프로젝트 내에 테스트 코드가 있다면 테스트 런처를 실행해야 한다.

실행 작업이 예상과 다르게 동작하는 경우도 있다. 다른 프로젝트 문맥상에서 실행 작업을 두 번째 클릭하면 예상과는 다른 동작을 실행하기도 한다.

실행 가능한 실행 환경설정 목록은 Run 메뉴에서 확인하거나 Run 아이콘 오른쪽의 드롭다운 목록에서 확인한다. Run > Run Configurations 메뉴는 앞서 실행한 환경설정을 포함해 실행 가능한 유형 모두를 보여준다.

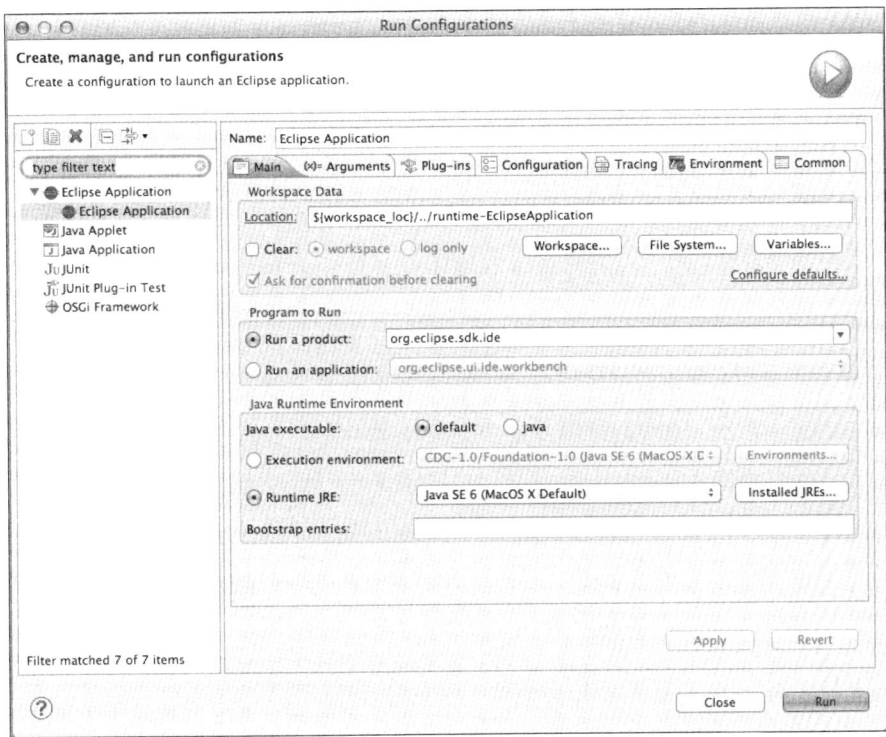

기본적으로 실행할 때마다 동일한 런타임 작업 공간을 사용하지만, 이클립스 애플리케이션을 위한 실행 환경설정의 사용자 정의 옵션으로 작업 공간을 변경할 수 있다. 앞의 실행 환경설정 화면에서 메인Main 탭의 **작업 공간 데이터**Workspace Data 영역에서 작업 공간의 위치와 실행할 때 (사용자 확인 후 또는 사용자 확인 없이) 작업 공간을 초기화할지 여부를 설정하는 옵션이 있다.

실행 환경설정은 왼쪽 상단의 Delete 아이콘으로 삭제하며 새로 생성 아이콘을 클릭해시 새로운 실행 환경설정을 생성한다. 실행 환경설정 유형은 다음과 같다.

- 이클립스 애플리케이션 Eclipse Application
- 자바 애플릿 Java Applet
- 자바 애플리케이션 Java Application
- JUnit
- JUnit 플러그인 테스트 JUnit Plug-in Test
- OSGi 프레임워크 OSGi Framework

실행 환경설정은 다른 유형의 프로그램을 실행하기 위한 상품화 이전의 스크립트로 생각하면 된다. 메인 탭 외의 다른 탭은 환경 변수나 시스템 프로퍼티, 커맨드라인 인수와 같이 실행 환경을 변경하는 데 사용한다. 실행 환경설정의 유형에 따라 필수 매개변수와 실행 방법이 다르다.

Run 아이콘을 클릭해서 프로그램을 실행하고 나면 프로젝트 소스코드의 변경 사항은 반영되지 않는다. 하지만 다음에 살펴볼 Debug 아이콘을 이용해 프로그램을 실행하면 변경 사항이 반영돼 표시된다.

테스트 이클립스가 멈춰서 응답하지 않을 때는 호스트 이클립스의 **콘솔**Console 뷰 (Window > Show View > Other > General > Console 메뉴에서 확인 가능함)에서 **종료** ■ 아이콘을 눌러 테스트 이클립스 인스턴스를 종료하면 된다.

깜짝 퀴즈 | 이클립스 실행

Q1. 실행된 이클립스 인스턴스를 종료하는 두 가지 방법은 무엇인가?

Q2. 실행 환경설정은 무엇인가?

Q2. 실행 환경설정은 어떻게 생성하고 삭제하는가?

도전 과제 | 플러그인 변경

실행 가능한 플러그인을 만들었으니 다음 과제를 수행해보자.

- 대화상자의 레이블과 제목을 다른 내용의 텍스트로 변경하라.
- plugin.xml에 정의한 키보드 단축키를 이용해서 액션을 호출하라.
- 액션의 툴팁 텍스트를 변경하라.
- 액션 아이콘을 다른 이미지로 변경하라(파일명이 다른 이미지를 사용한다면 build.properties도 반드시 변경해야 한다).

플러그인 디버깅

한 번에 모든 기능이 잘 동작하는 경우는 드물기 때문에 기능을 추가해 가면서 점진적이고 반복적으로 개발할 필요가 있다. 버그를 수정할 때는 특히 NullPointerException처럼 원인을 찾기 어려운 예외를 처리하려면 내부적으로 어떤 일이 발생하는지 알아야 할 경우가 있다.

이클립스는 자바 애플리케이션뿐만 아니라 이클립스 플러그인도 디버깅하는 수준 높은 디버깅 기능을 제공한다.

실습 예제 | 플러그인 디버깅

중단점breakpoint을 사용하고 프로그램의 상태를 변경하며, 코드에 사소한 변경이 가능하다는 점을 제외하면 이클립스 플러그인 디버깅과 이클립스 플러그인 실행은 거의 동일하다. 플러그인을 개별적으로 디버깅하기보다는 이클립스 실행 환경설정 전체를 디버그 모드로 구동해 모든 플러그인을 동시에 디버깅한다.

실행 모드가 빠르긴 하지만, 변경을 반영하는 유연성 때문에 디버그 모드를 기본으로 사용하는 편이 편리할 수도 있다.

Debug > Debug As > Eclipse Application 메뉴 혹은 툴바의 디버그 아이콘을 클릭해서 테스트 이클립스를 구동한다.

1 테스트 이클립스를 실행하고 Hello World 아이콘을 클릭해서 대화상자가 나타나면 OK 버튼을 클릭해 대화상자를 닫는다.

2 호스트 이클립스에서 `SampleHandler` 클래스 파일을 열고 `execute()` 메소드로 이동한다.

3 수직 자(줄번호가 표시되는 편집기 왼쪽의 회색/파란색 바)를 더블 클릭해서 중단점을 추가한다. **Ctrl + Shift + B**(OS X에서는 **Cmd + Shift + B**) 키를 눌러 중단점을 추가하기도 한다. 그러면 중단점을 나타내는 파란색 점이 수직 자에 나타난다.

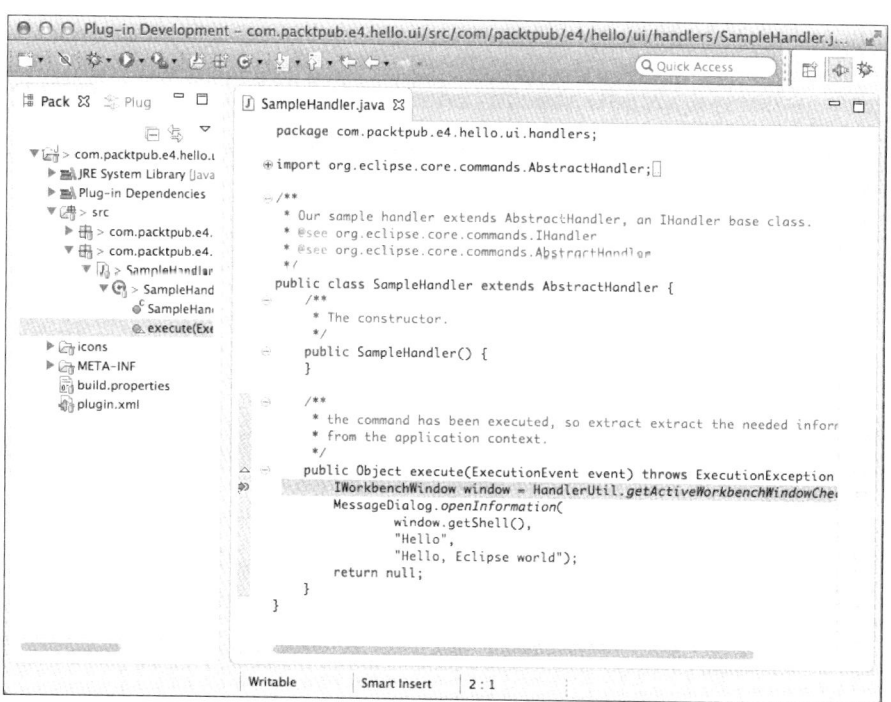

4 테스트 이클립스에서 Hello World 아이콘을 클릭하면 디버거가 호스트 이클립스에 표시한 중단점에서 스레드를 멈춘다.

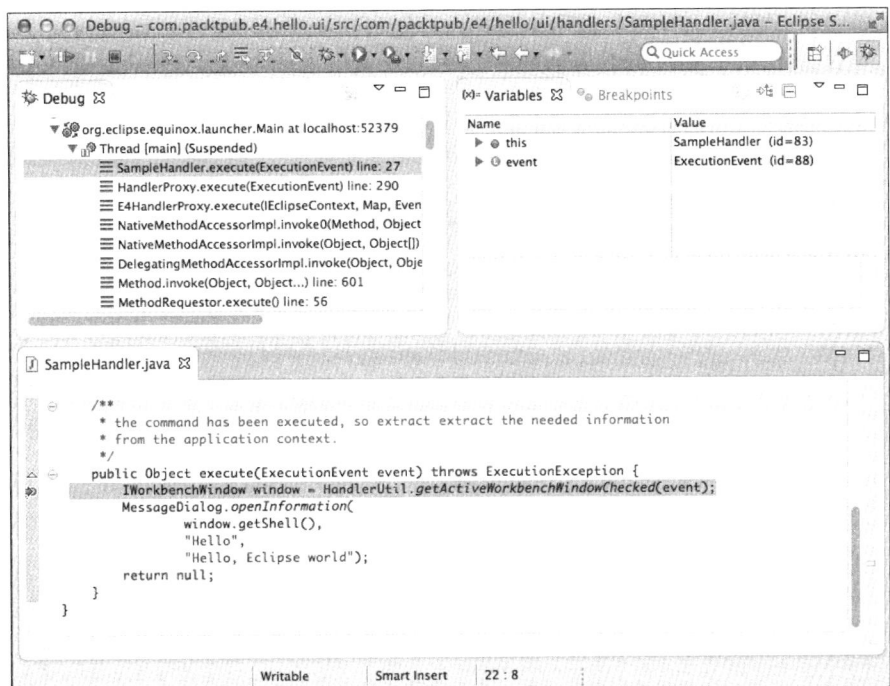

 중단점에 도달하거나 프로그램을 정지시킬 때마다 디버거 퍼스펙티브가 열린다. 프로그램이 멈추면 테스트 이클립스는 응답하지 않는다. 테스트 이클립스 애플리케이션을 아무리 클릭해도 반응이 없고 커서는 모래시계 상태가 된다.

5 오른쪽 상단에는 코드의 해당 줄에서 활성화된 변수를 보여준다. 그림에는 내포된 변수인 this와 지역 변수(아직 아무것도 없다), 함수의 매개변수 event가 보인다.

6 Step Over 아이콘을 클릭하거나 F6을 누르면 변수Variables 뷰에 활성화된 변수 목록이 보인다.

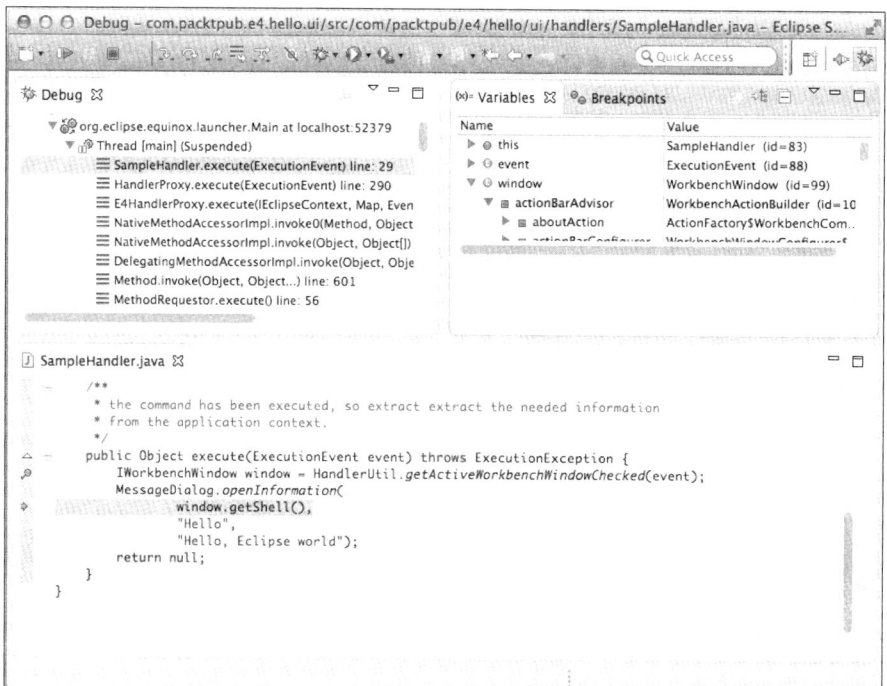

7 동작을 계속 수행하려면 재개Resume 아이콘을 클릭하거나 F8을 누른다.

보충 설명

디버그 모드로 이클립스를 실행하기 위해 내장된 이클립스 디버거를 사용했다. 중단점이 연결된 액션을 수행할 때 디버거는 지역 변수의 상태를 확인할 수 있게 도와준다.

디버거에는 코드의 실행 단계를 따라가면서 검사하는 다음과 같은 여러 가지 옵션이 있다.

- Step Over 　 메소드 내에서 줄 단위로 실행 단계를 확인한다.
- Step Into 　 실제 실행되는 메소드 호출을 내부로 이동해서 확인한다.

> 툴바에는 없는 Run > Step into Selection 메뉴도 있다. 단축키 Ctrl+F5(OS X에서는 Alt+F5)로도 실행 가능하며, 특정 수식이 처리하는 단계를 확인할 때 사용한다.

- Step Return 　 메소드의 끝으로 이동한다.
- Drop to Frame 　 연산을 다시 실행하기 위해 스레드 내의 스택 프레임으로 돌아간다.

실습 예제 | 디버거에서 코드 수정

실행 모드로 이클립스를 실행하면 소스코드를 변경해도 실행 중인 인스턴스에는 반영되지 않는다. 그러나 디버그 모드로 실행한 테스트 이클립스 인스턴스는 소스 코드의 변경 사항을 반영해서 보여준다.

1 디버그 아이콘을 클릭해서 디버그 모드로 테스트 이클립스를 구동한다.

2 테스트 이클립스에서 Hello World 　 아이콘을 클릭하고 대화상자가 나타나면 OK 버튼을 클릭해 창을 닫는다. 실행을 계속하려면 호스트 이클립스의 중단점을 제거하거나 중단점에서 다시 시작하면 된다.

3 호스트 이클립스에서 `SampleHandler` 클래스 파일을 열고 `execute()` 메소드로 이동한다.

4 대화상자의 제목을 Hello again, Eclipse world로 변경하고 파일을 저장한다. Project > Build Automatically 옵션을 설정했다면 변경한 내용이 다시 컴파일 된다.

5 테스트 이클립스에서 Hello World 아이콘을 다시 클릭한다. 변경한 텍스트가 대화상자의 제목으로 보이는지 확인한다.

보충 설명

이클립스는 Project > Build Automatically 옵션을 활성화해서 배포한다. 자동 빌드는 자바 파일이 변경될 때마다 변경된 파일과 그 파일의 영향을 받는 파일을 다시 컴파일한다.

자바 프로그램을 실행 모드로 구동하면 자바 프로그램은 필요할 때 클래스를 로드하고, JVM이 종료될 때까지 클래스를 로드할 때의 형상으로 유지한다. 클래스가 변경되더라도 JVM은 변경 알림을 받지 않으므로 실행 중인 애플리케이션에서는 변경에 따른 어떤 차이도 확인할 수 없다.

하지만 자바 프로그램을 디버그 모드로 실행하면 클래스가 변경될 때마다 가능하면 새로운 코드로 실행 중인 JVM을 변경한다. 대체 가능한 요소는 JVMTI를 통해 JVM이 제어한다. 예를 들어 가상 머신의 `canUnrestrictedlyRedefineClasses()` 호출이 `true`를 반환하는지 판단해서 새로운 클래스로 대체한다. 이미 존재하는 메소드의 변경과 새로운 메소드나 필드 추가는 JVM에 반영되지만 인터페이스와 상위 클래스의 변경은 반영되지 않는다(http://en.wikipedia.org/wiki/Java_Virtual_Machine_Tools_Interface 참조).

이전의 Sun Hotspot JVM에서는 메소드를 추가하고 인터페이스를 변경한 경우 클래스를 교체할 수 없었지만, 원할 때 더 많은 코드를 대체하는 부가 기능을 가진 JVM이 일부 등장했다. JRockit(Appeal Virtual Machines에서 개발한 JVM으로, BEA 사에 인수됐다가 BEA 사가 Oracle에 합병된 이후 JDK 8을 릴리스할 때 Hotspot과 통합됐다. – 옮긴이)과 Hotspot을 통합한 후 런타임 시에 전보다 더 많은 항목이 대체 가능해졌다. JRebel(자바 프로그램일 때 프로그램을 재시작하지 않고도 변경을 반영해주는 JVM 플러그인이다. – 옮긴이)이 대표적인 예다.

plugin.xml 파일에 새 확장 추가와 같이 디버그 모드에서도 변경이 반영되지 않는 경우도 있음을 명심하라. 이런 경우 변경을 확인하려면 커맨드라인 OSGi 콘솔에서 플러그인을 시작하고 종료하거나 호스트 이클립스 내외에서 이클립스를 다시 구동한다.

단계 필터로 디버깅

디버깅할 때 Step Into를 선택하면 자바 콜렉션 클래스의 구현체나 JVM 내부 클래스 같은 내부 자바 코드로 들어가는 경우가 종종 있다. 이런 클래스는 디버깅해도 큰 도움이 되지 않는다. 따라서 이클립스에서는 관심이 없는 클래스를 건너뛰는 방법을 제공한다.

실습 예제 | 단계 필터 설정

단계 필터Step filters는 실행 단계별로 디버깅할 때 확인하고 싶지 않은 패키지와 클래스를 건너뛰기 위해 사용한다.

1 테스트 이클립스 애플리케이션을 디버그 모드로 실행한다.
2 `SampleHandler` 클래스의 `execute()` 메소드가 시작하는 부분에 중단점을 설정한다.
3 Hello World 아이콘을 클릭하면 이전과 동일하게 첫 번째 줄에서 디버거가 열린다.
4 Step Into 아이콘을 5~6번 클릭한다. 클릭할 때마다 수식에 있는 다음 메소드로 코드가 이동하고, 결국 `HandlerUtil` 내의 다양한 메소드를 거쳐 `ExecutionEvent`로 이동한다.
5 재개Resume 아이콘을 클릭해서 계속 실행한다.
6 환경설정Preferences 메뉴를 열고 Java 〉 Debug 〉 Step Filtering을 선택한다.
7 단계 필터 사용Use Step Filters 옵션을 체크한다.

8   패키지 추가 Add Package를 클릭하고 org.eclipse.ui를 입력한 후 OK 버튼을 클릭한다.

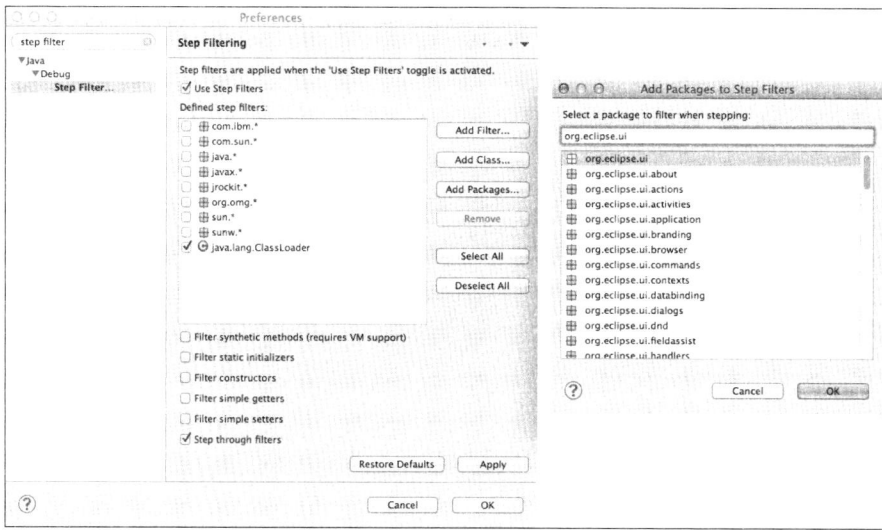

9   다시 Hello World 아이콘을 클릭한다.

10 전과 동일하게 Step Into 아이콘을 클릭한다. 이번에는 Execution Event 클래스의 getApplicationContext() 메소드로 디버거가 바로 이동한다.

11 재개 Resume 아이콘을 클릭해서 계속 실행한다.

12 접근을 생략해서 좀 더 효율적으로 디버깅하려면 다시 단계 필터 Step Filters 환경 설정 페이지로 이동해서 간단한 getter 메소드 필터 Filter Simple Getters를 선택한다.

13 Hello World 아이콘을 다시 클릭한다.

14 전과 같이 Step Into 아이콘을 클릭한다.

15 디버거는 getApplicationContext() 메소드가 아닌 ExpressionContext 클래스의 getVariable() 메소드로 이동한다.

> **보충 설명**

단계 필터^{Step Filters} 환경설정을 이용해 디버깅 시에 확인을 생략하고 싶은 패키지를 설정한다. 보통 `sun`이나 `sunw`로 시작하는 JVM 내부 클래스는 디버깅할 때 도움이 되지 않으므로 무시해도 되며, 클래스 로더도 디버깅할 필요 없다.

JVM 라이브러리 개체(내부 혹은 공개 인터페이스)를 디버깅해야 할 경우는 매우 드물기 때문에 단계 필터에 모든 기본 패키지를 설정해두면 좋다. 이렇게 하면 `List.toString()` 같이 흔히 사용되는 메소드를 호출할 때 구현 내부의 각 단계를 디버깅하지 않는다.

단순히 변수에 값을 설정하고 설정된 변수의 값을 반환하는 간단한 setter와 getter 메소드도 필터로 설정하면 도움이 된다. 이 필터를 설정했더라도 예제의 `getVariable()` 메소드와 같이 내부 로직이 매우 복잡한 경우에는 디버거가 멈추고 실행 단계를 확인한다. 생성자와 정적 초기화 메소드도 필터링 가능하다.

다른 유형의 중단점 사용

중단점은 메소드의 어느 곳에나 위치할 수 있지만, 메소드의 시작과 끝 아니면 양쪽 모두에만 설정 가능한 특별한 중단점도 있다. 특정 상황이나 어떤 조건을 만족할 때만 중단점이 실행되게 설정할 수도 있다.

> **실습 예제** | **메소드 진입과 종료 시에 중단**

메소드 중단점^{method breakpoint}은 메소드에 진입하거나 종료돼 빠져나갈 때 나타난다.

1 `SampleHandler` 클래스를 열고 `execute()` 메소드로 이동한다.
2 메소드 시그니처에서 수직 자를 더블 클릭하거나 아웃라인^{Outline} 또는 패키지 탐색기^{Package Explorer} 뷰에서 `execute()` 메소드를 오른쪽 클릭해 메소드 중단점 토글^{Toggle Method Breakpoint}을 선택한다.

3 중단점이 `public Object execute(...) throws ExecutionException {` 줄에 나타나는지 확인한다.

4 중단점에서 오른쪽 클릭하거나 디버그 퍼스펙티브에 있는 **중단점**Breakpoints 뷰를 통해 **중단점 속성**breakpoint properties 페이지를 열고, 메소드의 진입과 종료 시에 중단점이 실행되게 설정한다.

5 Hello World 아이콘을 다시 클릭한다.

6 메소드 진입 시 디버거가 멈추면 **재개** 아이콘을 클릭한다.

7 메소드 종료 시 디버거가 멈추면 **재개** 아이콘을 클릭한다.

보충 설명

중단점은 메소드가 시작되고, 이어서 메소드가 return문에 도달했을 때 실행된다. 다만 메소드 종료 시점에 중단점이 실행되려면 메소드가 정상적으로 종료돼야 한다. 메소드를 종료시키는 예외가 발생하면 정상 종료가 아니라고 판단해 중단점을 실행하지 않는다.

중단점의 유형은 달라도 메소드 진입부에 메소드 중단점을 설정하는 방법과 메소드의 첫 문장에 중단점을 설정하는 방법에는 큰 차이가 없다. 둘 다 메소드의 다른 문장을 호출하기 전에 디버거를 실행해 메소드의 매개변수를 검사하게 해준다.

반면 메소드 종료 중단점은 return문에서 메소드를 빠져나갈 때만 실행된다. 따라서 종료 중단점이 끝나기 전에 메소드의 반환 값을 이용해 몇 가지 표현식을 확인해야 한다. return문을 검사하기 위한 줄 단위 중단점과 메소드 종료 중단점을 비교해보라.

이클립스의 Step Return 아이콘은 메소드 종료 중단점과 같은 기능을 한다. 즉, 메소드의 return문을 실행하자마자 실행을 멈춘다. 하지만 메소드가 종료되는 시점을 확인하려면 메소드 종료 중단점을 사용하는 편이 줄 단위 중단점이나 Step Return을 이용하는 방법보다 빠르다.

조건부 중단점 사용

코드의 줄 어디에나 중단점을 설정하고 실행할 수 있어 편리하지만, 특별한 옵션을 설정하거나 값을 부정확하게 초기화할 때와 같이 특정 액션에 대해서만 중단점을 실행하고 싶은 경우도 있다. 이런 경우 조건부 중단점conditional breakpoint을 사용한다.

실습 예제 | 조건부 중단점 설정

중단점을 설정한 위치마다 중단점을 실행하지만, 어떤 조건을 만족할 때 중단점을 실행하게 중단점 속성을 설정할 수 있다.

1 SampleHandler 클래스의 execute() 메소드로 이동한다.

2 앞에서 설정한 모든 중단점을 지운다. 중단점을 더블 클릭하거나 **중단점** 뷰에서 **모든 중단점 제거**Delete all breakpoints 메뉴를 사용하면 된다.

3 execute() 메소드의 첫 번째 줄에 중단점을 추가한다.

4 중단점에서 오른쪽 클릭해 **중단점 속성**Breakpoint Properties 메뉴를 선택한다(중단점에서 **Ctrl**+더블 클릭해도 되며, OS X에서는 Cmd+더블 클릭한다).

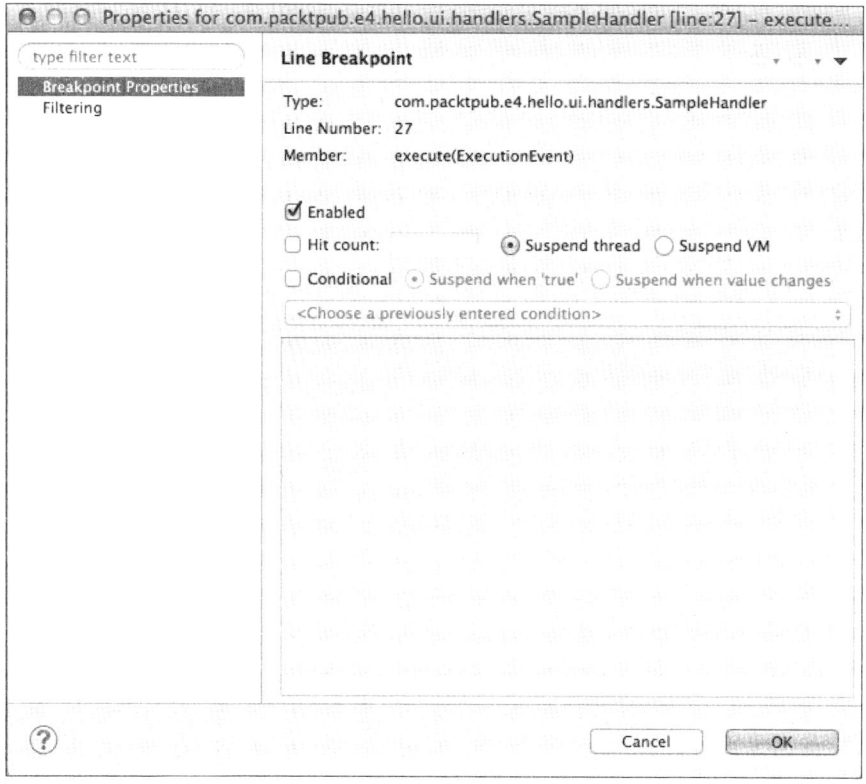

5 Hit Count 필드를 3으로 설정하고 OK 버튼을 클릭한다.

6 Hello World 아이콘을 세 번 클릭한다. 세 번째 클릭에서 디버거는 중단점을 추가한 코드를 연다.

7 중단점 속성 페이지를 열어 Hit Count 체크를 풀고 사용Enabled 체크박스와 조건부Conditional 체크박스를 선택한다. 조건 트리거 입력 필드에 다음 코드를 넣는다.

   ((org.eclipse.swt.widgets.Event)event.trigger).stateMask == 65536

8 Hello World 아이콘을 클릭해보라. 중단점이 실행되지 않는다.

9 Alt 키를 누른 채 Hello World 아이콘을 클릭하면 디버거가 열린다(65536은 SWT.MOD3의 값으로 Alt 키를 의미한다).

> 보충 설명 |

중단점을 생성하면 중단점은 기본적으로 사용 상태가 되지만, 일시적으로 중단점을 사용 안 함 상태로 변경할 수 있다. 중단점을 사용 안 함으로 변경하면 중단점에서 멈추지 않고 실행을 진행한다. 사용 안 함 상태의 중단점은 중단점별로, 혹은 중단점 뷰를 통해 다시 사용 상태로 쉽게 변경된다. 코드상에 정의된 여러 개의 중단점이 있으면 도움이 되지만, 동시에 모든 중단점을 활성화할 필요는 없다.

Run 메뉴의 **모든 중단점 건너뛰기**$^{Skip\ All\ Breakpoints}$를 사용해서 모든 중단점을 일시적으로 사용 안 함 상태로 변경할 수도 있다. 중단점 뷰의 아이콘으로도 가능하다. 이 아이콘을 토글하면 어떤 중단점도 실행되지 않는다.

조건부 중단점에는 문장이나 문장의 집합 대신 불리언 수식$^{Boolean\ expression}$을 사용해야 한다. 따라서 복잡한 조건을 설정하지 못하는 경우에는 정적 메소드를 가진 유틸리티 클래스로 좀 더 복잡한 코드를 조건으로 설정할 수 있다(단, 확인하고자 하는 모든 데이터를 메소드의 매개변수로 전달해야 한다).

예외 중단점 사용

프로그램을 디버깅할 때 예외가 발생하기도 한다. 일반적으로 예외가 발생해서 사용자가 예외 메시지를 확인해야 예외 발생 여부를 알게 된다.

> **실습 예제** | **예외 잡기**

catch 블록에 중단점을 추가하는 일은 어렵지 않지만, catch 블록은 실패가 발견된 위치일 뿐 실패가 발생한 곳은 아니다. 실패가 발견된 위치는 실패가 발생한 곳과는 완전히 다른 플러그인일 가능성이 높으며, 예외에 포함된 정보의 양에 따라 발견하기 어려울 수 있다. 특히 다른 유형의 예외로 변경된 경우에는 문제의 발생지가 감춰져 더 찾기 어려워진다. 이클립스는 자바 예외 중단점$^{Java\ Exception\ breakpoint}$으로 이런 어려움을 해결하게 도와준다.

1. `MessageDialog.openInformation()` 호출 전에 다음 코드를 추가해서 SampleHandler 클래스의 execute() 메소드에 버그가 발생하게 한다.

   `window = null;`

   예제 코드 다운로드
   구입한 모든 Packt 책의 예제 코드는 http://www.PacktPub.com에서 다운로드할 수 있다. 또는 http://www.PacktPub.com/support에 방문해 사용자 등록 후 예제 코드를 요청하면 등록한 이메일로 직접 보내준다. 이 책의 예제 코드는 에이콘출판사의 도서정보 페이지 http://www.acornpub.co.kr/book/eclipse4-plugin에서도 다운로드할 수 있다.

2. Hello World 아이콘을 클릭한다.

3. 테스트 이클립스는 아무런 동작도 하지 않지만, 호스트 이클립스의 콘솔Console 뷰에는 다음과 같은 오류 메시지가 출력된다.

   ```
   Caused by: java.lang.NullPointerException
     at com.packtpub.e4.hello.ui.handlers.SampleHandler.execute(SampleHandler.java:30)
     at org.eclipse.ui.internal.handlers.HandlerProxy.execute(HandlerProxy.java:293)
     at org.eclipse.ui.internal.handlers.E4HandlerProxy.execute(E4HandlerProxy.java:76)
   ```

4. 디버그 퍼스펙티브의 중단점Breakpoints 뷰에서 자바 예외 중단점Java Exception breakpoint 을 생성한다. 다음과 같은 예외 대화상자가 화면에 나타난다.

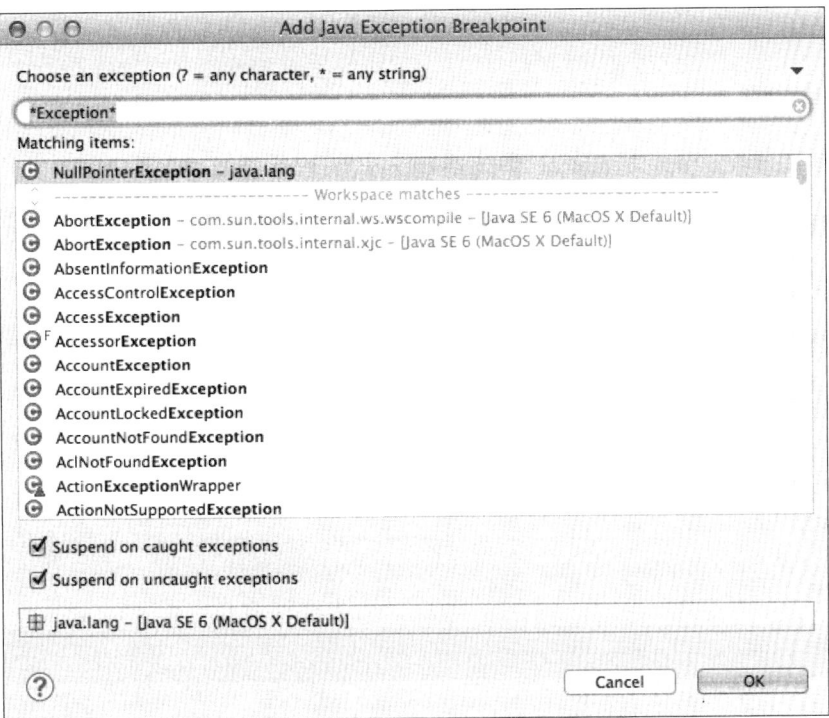

5 검색란에 `NullPointerException`을 입력하고 OK 버튼을 클릭한다.

6 Hello World 아이콘을 클릭한다. 디버거는 예외를 잡는 위치가 아니라 예외가 발생한 곳에서 멈춘다.

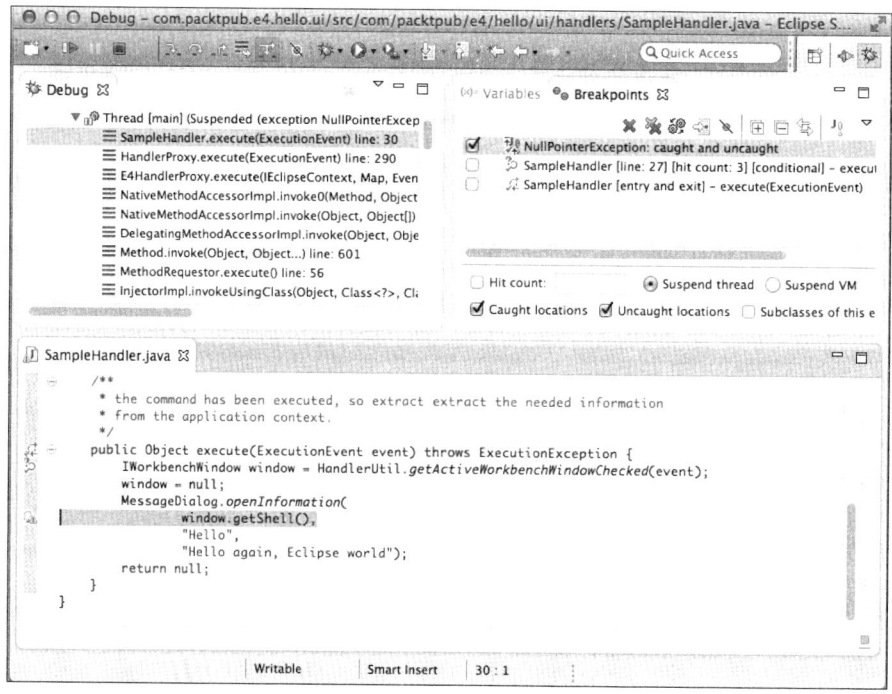

보충 설명

자바 예외 중단점은 예외를 감지했을 때가 아니라 예외가 발생할 때 멈춘다. 예외 대화상자에는 이름에 *Exception*이 있는 모든 클래스가 미리 검색돼 보이지만, 기본적으로 하나의 예외만 설정하게 돼 있다. 검색란에는 어떤 이름(또는 필터)도 입력 가능하므로, FileNotFoundException을 축약한 FNFE를 입력해도 동작한다. 와일드카드 패턴도 사용 가능해 Nu*Ex나 *Unknown*로도 검색할 수 있다.

기본적으로 예외 중단점은 특정 클래스의 인스턴스와 관련된다. NullPointer Exception 같은 예외에 유용하지만, IOException 같이 클래스 계층 구조가 복잡한 예외에는 부적합하다. 이런 경우를 대비해 **중단점 속성**Breakpoint properties **창**과 **중단점 뷰** 하단에 특정 클래스만이 아니라 예외의 모든 하위 클래스에 대해 중단점을 설정하게 하는 체크박스가 있다.

예외를 감지하거나 감지하지 않았을 때 디버거를 중단할지 결정하는 두 가지 체크박스가 더 있다. 이 두 가지 옵션은 기본으로 선택돼 있으며, 둘 다 선택하지 않으면 중단점은 비활성화된다. 예외를 감지한다는 뜻은 관련된 try/catch 블록에서 예외가 발생했음을 의미하고, 예외를 감지하지 않았다는 것은 try/catch 블록 없이 예외가 발생해서 메소드를 호출한 곳까지 전달됐다는 의미다.

실습 예제 | 변수 검사와 표현식 사용

마지막으로 변수Variables 뷰가 어떤 기능을 하는지 살펴보자.

1. execute() 메소드의 시작 부분에 중단점을 생성한다.
2. Hello World 아이콘을 다시 클릭한다.
3. openInformation()을 호출하는 부분을 선택한 후 Run > Step Into Selection 을 선택한다.
4. 변수 뷰에서 title를 선택한다.
5. 변수 뷰 아래 부분에 보이는 Hello를 Goodbye로 변경한다.

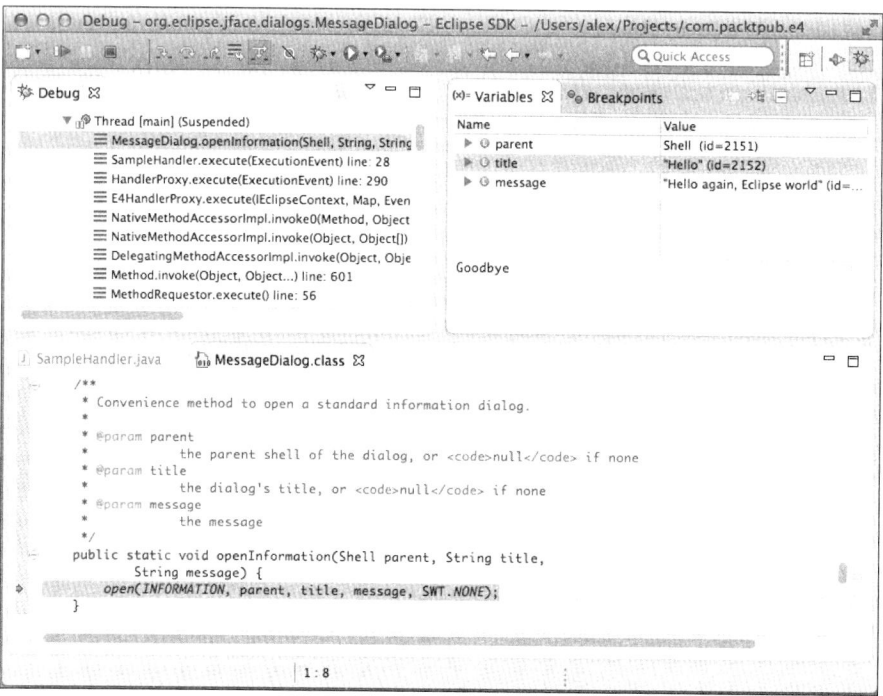

6   Ctrl+S(OS X에서는 Cmd+S)를 눌러 값을 저장하다

7   재개^{Resume} 아이콘을 클릭해서 대화상자의 제목이 Goodbye로 변경됐는지 확인한다.

8   Hello World 아이콘을 다시 클릭한다.

9   `execute()` 메소드에서 디버거가 멈추면 **변수** 뷰에서 `event`를 선택한다.

10 값에서 오른쪽 클릭하고 **검사**^{Inspect}를 선택한다. **Ctrl+Shift+I**, OS X에서는 **Cmd+Shift+I**를 눌러도 된다. 변수 값이 **표현식**^{Expressions} 뷰에 나타난다.

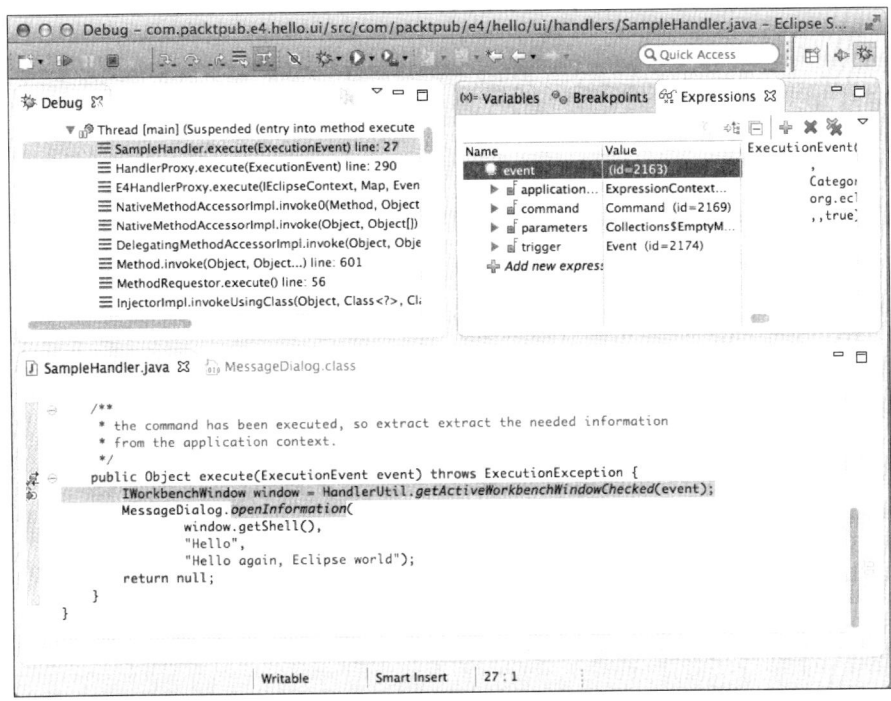

11 표현식^{Expressions} 뷰의 검사 항목 목록 하단에 있는 새로운 표현식 추가^{Add new expression} 옵션을 클릭한다.

12 `new java.util.Date()`를 추가하면 오른쪽에 현재 시간이 나온다.

13 `new java.util.Date()`에서 오른쪽 클릭하고 감시 표현식 재평가^{Re-evaluate Watch}를 선택한다. 오른쪽에 시간이 갱신돼 보인다.

14 줄 단위로 코드의 단계를 확인하다 보면 표현식이 각 단계 실행 후에 재평가됨을 알 수 있다.

15 감시 표현식^{watch expression}을 오른쪽 클릭해 메뉴에서 사용 안 함^{Disable}을 선택해서 표현식을 비활성화시킨다.

16 코드의 단계를 진행해도 표현식의 값은 변경되지 않는다.

보충 설명

이클립스 디버거는 매우 강력한 기능을 제공한다. 그 중 프로그램의 상태를 검사하고 변경하는 기능은 매우 중요한 기능이다.

조건부 중단점과 함께 사용한 감시 표현식은 데이터 오류가 발생한 시점을 알아내거나 특별한 객체 값의 상태를 보여주는 데 사용한다.

변수 뷰의 객체를 기반으로 표현식을 계산하고, 코드 완성 기능을 이용해 메소드를 선택하고, 표시Display 뷰에 보이는 결과로 표현식을 작성할 수 있다.

깜짝 퀴즈 | 디버깅

Q1. 이클립스 플러그인을 디버그 모드로 구동하는 방법은?

Q2. 특정 패키지를 디버깅하지 않게 하는 방법은?

Q3. 설정 가능한 중단점의 유형은 무엇이 있는가?

Q4. 루프를 디버깅할 때 256번 반복한 후에 버그를 감지하게 하려면 어떻게 해야 하는가?

Q5. 메소드의 매개변수가 `null`일 때 중단점이 실행되게 설정하는 방법은?

Q6. 객체 검사는 어떤 일을 수행하는가?

Q7. 표현식의 값은 어떻게 산출되는가?

도전 과제 | 중단점 사용

데이터가 간단하면 조건부 중단점으로 쉽게 특정 메소드에서 멈추게 할 수 있지만, 여러 표현식을 사용해야 하는 경우도 있다. 중단점에 추가적인 기능을 구현하려면 `Utility` 클래스의 `breakpoint()` 메소드가 중단점을 대신하게 한다. 다음을 통해 중단점을 이용한 복잡한 작업에 도전해보자.

1. `breakpoint()`라는 정적 메소드를 갖는 `Utility` 클래스를 생성한다. 이 메소드는 중단점에서 멈춰야 할 때 `true` 값을 반환하고, 그렇지 않으면 `false`를 반환한다.

   ```
   public class Utility {
     public static boolean breakpoint() {
       System.out.println("Breakpoint");
       return false;
     }
   }
   ```

2. `execute()` 메소드에 조건부 중단점을 생성한다. 이 중단점은 `Utililty.breakpoint()`를 호출한다.

3. Hello World 아이콘을 클릭하고 호스트 이클립스의 콘솔 뷰에 메시지가 출력되는지와 중단점에서 멈추지 않음을 확인한다.

4. `breakpoint()` 메소드가 `false` 대신 `true`를 반환하게 수정하고, 다시 액션을 실행하면 디버거가 멈춘다.

5. 메시지와 중단점에서 멈출지를 결정하는 불리언^{Boolean} 값을 `breakpoint()` 메소드의 매개변수로 추가한다.

6. 조건부 중단점에 다음 코드를 설정한다.

   ```
   Utility.breakpoint(
       ((org.eclipse.swt.widgets.Event)event.trigger).stateMask
           != 0,"Breakpoint")
   ```

7. `breakpoint()` 메소드에 `Object` 배열 변수 `varargs`를 매개변수로 추가한다. 이 변수는 앞의 메시지와 함께 `String.format()`을 이용해 결과 메시지를 만든다.

   ```
   Utility.breakpoint( ((org.eclipse.swt.widgets.Event)event.
       trigger).stateMask
           != 0,"Breakpoint" %s %h",event,
               new java.util.Date().getTime()))
   ```

정리

1장에서는 이클립스 플러그인 개발을 시작하는 방법을 살펴봤다. 수많은 패키지 중 올바른 이클립스 패키지를 다운로드하는 작업부터 시작해서 새 플러그인 마법사로 플러그인을 만들어봤다. 이제 책의 다음 내용들을 따라 할 수 있는 도구를 갖게 됐다.

1장의 내용을 정리하면 다음과 같다.

- 이클립스 클래식Eclipse Classic으로 알려진 이클립스 SDK는 플러그인 개발에 반드시 필요한 플러그인 개발 환경Plug-in Development Environment을 포함한다.
- 플러그인 프로젝트를 생성하려면 플러그인 생성 마법사를 사용한다. 선택적으로 예제 템플릿을 선택해서 프로젝트를 생성할 수도 있다.
- 플러그인이 설치되고 사용 가능하게 활성화된 이클립스 복제본을 구동해 이클립스 플러그인을 테스트한다.
- 이클립스를 디버그 모드로 실행하면 코드의 변경 사항이 반영되고, 편집기에 중단점을 설정해서 실행을 멈추는 일도 가능하다.

지금까지 이클립스 플러그인을 개발하는 기초를 배웠고, 2장의 주제인 SWT와 뷰Views를 시작으로 IDE에 기능을 추가하는 플러그인을 제작할 준비가 됐다.

2
SWT로 뷰 작성

SWT는 이클립스가 사용하는 위젯 툴킷으로, 성능을 만족시키면서 여러 플랫폼의 네이티브 도구에 접근하게 도와준다. 자바 자체의 그리기 연산을 이용하는 스윙과는 달리 SWT는 하부의 운영체제에 그리기 연산을 위임한다.

2장에서는 다음과 같은 내용을 다룬다.

- SWT 위젯으로 이클립스 뷰 작성
- 사용자 정의 SWT 위젯 생성
- 자원으로 작업과 자원 누수를 발견해서 해결하는 방법
- 포커스 연산 처리
- 컴포넌트 그룹화와 컴포넌트 크기 자동으로 조정
- 시스템 트레이 아이콘 작성
- 스크롤과 탭 메뉴 제공

뷰와 위젯 생성

이제 뷰와 위젯을 살펴보고 예제를 통해 시계를 만들어보자.

실습 예제 | 뷰 생성

이클립스 UI는 여러 개의 뷰로 구성된다. 뷰View는 아웃라인이나 콘솔, 패키지 탐색기와 같이 콘텐츠를 표시하는 사각형 모양의 영역이다. 이클립스 3.x에서는 기존 플러그인에 확장점을 추가하거나 템플릿을 이용해 뷰를 만들었다. `clock.ui` 플러그인은 호스트 시계 위젯과 뷰를 이용해서 만들 예정이다.

1 File > New > Other > Plug-in Project로 플러그인 마법사를 열고, 다음 정보를 입력한다.

- 프로젝트 이름Project name은 com.packtpub.e4.clock.ui으로 지정한다.
- 기본 위치 사용Use default location 체크박스를 선택한다.
- 자바 프로젝트 작성Create a Java project 체크박스를 선택한다.
- 대상 이클립스 버전Target Eclipse Version은 3.5 or greater로 지정한다.

2 Next를 클릭하고 플러그인 속성 정보를 입력한다.

- 플러그인 ID   com.packtpub.e4.clock.ui
- 플러그인 버전(Version)   1.0.0.qualifier
- 이름(Name)   Clock
- 벤더(Vendor)   PacktPub
- 플러그인의 라이프사이클을 제어하는 액티베이터 생성Generator an Activator 체크박스를 선택한다.
- 액티베이터(Activator)   com.packtpub.e4.clock.ui.Activator
- 이 플러그인이 UI에 제공This plug-in will make contributions to the UI 체크박스를 선택한다.

- 리치 클라이언트 애플리케이션을 작성하시겠습니까?(Rich client application) No

3 Next를 클릭해서 템플릿을 선택한다.

- 템플릿 중 하나를 사용해 플러그인 작성^{Create a plug-in using one of the templates} 체크박스를 선택한다.

- 뷰를 포함한 플러그인^{Plug-in with a view} 템플릿을 선택한다.

4 Next를 클릭한 후 샘플의 몇 가지 항목을 변경한다.

- 자바 패키지 이름(Java Package Name)   com.packtpub.e4.clock.ui.views
- 뷰 클래스 이름(View Class Name)   ClockView
- 뷰 이름(View Name)   Clock View
- 뷰 카테고리 ID(View category ID)   com.packtpub.e4.clock.ui
- 뷰 카테고리 이름(View category Name)   Timekeeping
- 뷰어 유형(Viewer type)   Table Viewer

5 그 외의 추가^{Add} 체크박스는 필요 없으므로 선택을 해제한다.

6 Finish를 클릭해서 프로젝트를 생성한다.

7 Run 툴바 아이콘을 클릭해서 이클립스 애플리케이션을 실행한다.

8 Window > Show View > Other > Timekeeping > Clock View를 선택하면 Clock 뷰가 화면에 보인다. Clock 뷰에는 One, Two, Three를 항목으로 하는 간단한 목록 뷰가 있다.

보충 설명

뷰나 액션별로 플러그인 프로젝트를 생성하지 않고 특화된 기능을 제공하는 단위로 묶어 플러그인 프로젝트를 생성한다. clock 예제는 Hello World 예제와는 관련이 없으므로 새로운 플러그인 프로젝트로 생성했다.

플러그인 마법사는 빈 플러그인 프로젝트와 두 가지 핵심적인 파일을 생성한다.

MANIFEST.MF

매니페스트는 종속 관계에 있는 플러그인과 인터페이스에 대한 정보와 함께 다음 내용을 포함한다.

```
Bundle-SymbolicName: com.packtpub.e4.clock.ui; singleton:=true
Bundle-Version: 1.0.0.qualifier
Bundle-Activator: com.packtpub.e4.clock.ui.Activator
Require-Bundle: org.eclipse.ui, org.eclipse.core.runtime
```

다음 두 가지는 사용자 인터페이스에 UI를 제공하는 플러그인에 반드시 필요한 항목이다.

- org.eclipse.ui에 대한 종속 관계
- 번들 심볼 이름 뒤의 ;singleton:=true

org.eclipse.ui에 대한 종속 관계를 설정함으로써 표준 위젯 툴킷과 이클립스 프레임워크의 중요한 부분에 접근 가능해진다.

;singleton:=true는 OSGi에서 안내하는 사항으로, 동일한 플러그인은 한 번에 하나의 버전만 이클립스에 설치됨을 의미한다. UI에 종속성을 추가하는 플러그인은 싱글톤singleton이어야 하는 제약이 있다(이런 제약으로 인해 새로운 플러그인을 설치한 후 IDE를 재시작해야 한다).

프로젝트의 클래스 경로와 다른 플러그인에 대한 종속 관계도 매니페스트에 추가해야 한다.

plugin.xml

plugin.xml은 플러그인이 제공하는 확장extension 목록을 정의한 파일이다. 확장점은 이클립스가 플러그인 확장을 추가하는 방법으로, 다양한 종류의 장치를 연결할 수 있게 범용 커넥터를 제공해야 하는 USB 허브와 같다.

이클립스 확장점에 대한 설명은 도움말을 참조한다. 모든 확장점은 확장점 식별자를 가지며, 확장점에 따라 다른 하위 속성을 갖는다. 예를 들어 org.eclipse.ui.views 확장점을 확장할 때는 다음과 같이 category와 view라는 하위 속성을 정의한다.

```xml
<plugin>
  <extension point="org.eclipse.ui.views">
    <category name="Timekeeping"
      id="com.packtpub.e4.clock.ui"/>
    <view name="Clock View"
      icon="icons/sample.gif"
      category="com.packtpub.e4.clock.ui"
      class="com.packtpub.e4.clock.ui.views.ClockView"
      id="com.packtpub.e4.clock.ui.views.ClockView"/>
  </extension>
</plugin>
```

예제의 클래스는 이클립스 3.x에서 뷰를 생성할 때 사용한 ViewPart 추상 클래스를 상속한다.

 ☞ E4: 7장, '이클립스 4 모델의 이해'에서 설명하겠지만, 이클립스 4 모델은 이클립스 3.x와 다른 방식으로 뷰를 정의한다. 이클립스 4.x SDK는 3.x에 대한 호환성을 지원하므로 3.x 방식으로 개발한 예제도 이클립스 4.x SDK에서 정상적으로 동작한다.

뷰어 컴포넌트는 기본 테이블 뷰로, 다음 절에서 다룬다.

실습 예제 | 사용자 정의 뷰 작성

사용자가 정의한 뷰를 만들 때 SWT Canvas를 사용한다. 시계를 그리기 위한 첫 번째 단계로, Canvas는 drawArc()를 사용해 원을 그린다.

1 setFocus()와 createPartControl()만 아무 연산을 수행하지 않는 빈 메소드인 채로 남겨두고 ClockView의 내용을 모두 지운다.

2 테스트 이클립스를 실행하면 ClockView가 빈 채로 보인다.

3 다음 내용을 순서대로 createPartControl() 메소드에 채워 넣는다.

   ○ 위젯을 그릴 수 있는 Canvas를 생성한다.

   ○ Canvas에 PaintListener를 추가한다.

   ○ PaintEvent로부터 gc 객체를 얻고 drawArc()를 호출해 원을 그린다.

   코드는 다음과 같다.

```
import org.eclipse.swt.*;
import org.eclipse.swt.events.*;
import org.eclipse.swt.widgets.*;
import org.eclipse.ui.part.ViewPart;
public class ClockView extends ViewPart {
  public void createPartControl(Composite parent) {
    final Canvas clock = new Canvas(parent,SWT.NONE);
        clock.addPaintListener(new PaintListener() {
          public void paintControl(PaintEvent e) {
            e.gc.drawArc(e.x,e.y,e.width-1,e.height-1,0,360);
          }
        });
  }
  public void setFocus() {
  }
}
```

4 테스트 이클립스를 실행하고 Clock 뷰를 확인한다.

5 뷰의 크기를 변경해서 시계의 크기가 변경되는지 확인한다.

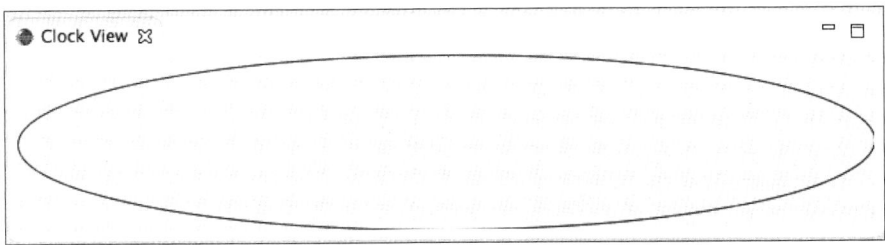

보충 설명

사용자가 정의하는 위젯을 만들기 위해 SWT에서는 `Canvas`를 사용한다. 뷰는 `createPartControl()`을 호출해서 만들어지며, `createPartControl()` 메소드는 처음 화면에 나타날 때 단 한 번 호출되므로, 뷰를 최소화하거나 최대화해도 다시 호출되지 않는다. 하지만 뷰를 닫고 새로운 뷰를 열면 `createPartControl()` 메소드를 호출해서 ClockView의 새로운 인스턴스를 생성하고 뷰를 초기화한다.

다른 자바 GUI 프레임워크와는 달리 위젯을 한 번 생성하고 나면 부모가 되는 컨테이너 위젯에 추가하거나 제거할 수 없다. 즉, 위젯을 생성할 때 부모 위젯을 지정한다. 그러면 매개변수가 없는 빈 생성자로 위젯을 생성한 후 부모 위젯에 추가하는 것이 아니라 부모 위젯을 생성자의 매개변수로 전달해서 위젯을 생성한다.

> 위젯을 생성할 때 style 옵션을 매개변수로 전달하기도 한다. style 옵션은 위젯마다 다르게 사용된다. 예를 들어 Button 위젯은 푸시 버튼, 라디오 버튼, 체크박스, 토글, 화살표 중 원하는 모양을 결정할 때 style 옵션을 이용한다. 일관성을 유지하기 위해 SWT의 모든 위젯은 int 타입의 style 옵션을 가지며, 다양한 옵션 설정이 가능하게 32비트까지 지정할 수 있다.
>
> style 옵션은 SWT 클래스에 상수로 정의돼 있으며, 조합해서 사용할 수 있다. 예를 들어 체크박스 버튼 모양은 SWT.CHECKBOX를 사용하고, 평평한 버튼은 다음의 두 상수를 비트 연산 or로 조합해 생성한다.
>
> ```
> new Button(parent,SWT.PUSH|SWT.FLAT)
> ```
>
> 일반적으로 SWT.NONE 상수는 기본 옵션을 지정할 때 사용한다.

뷰에 빈 `Canvas`를 추가했는데, 화면에는 어떻게 표시할까? SWT의 어떤 위젯도 페인트^{paint} 메소드를 제공하지 않는다. 대신 캔버스를 다시 그려야 할 때마다 `PaintListener`를 호출한다.

> **성능 향상을 위한 방식**
>
> 위젯을 SWT로 처리하는 방식과 AWT나 스윙(Swing)으로 처리하는 방식이 다른 이유가 궁금할 것이다. 답은 속도와 가능한 모든 처리를 네이티브 렌더링과 컨트롤에 위임하는 데 있다. JIT와 CPU 모두 성능이 좋지 않던 자바 초장기에는 속도가 중요한 문제였다(이클립스 1.0은 자바 1.3이 가장 최신의 버전이었다).
>
> 두 번째로, SWT의 목적은 AWT 같은 네이티브 컴포넌트에 최대한 많은 처리를 맡겨 자바 대신 OS가 어려운 작업을 수행하게 하는 데 있다. 이런 방식은 OS가 가장 최적의 방법으로 그래픽을 처리함으로써 JVM의 처리 시간을 최소화하게 된다. 페인트 리스너는 실제 필요하지 않는 컴포넌트의 그리기와 관련된 연산을 수행하지 않게 하는 대표적인 방법이다.

paintControl() 메소드는 컴포넌트를 화면에 그릴 때 필요한 모든 정보를 담고 있는 PaintEvent를 매개변수로 받는다. 메소드 호출을 최소화하기 위해 PaintEvent의 멤버 변수는 클래스 외부에서 읽기 가능하다(좋은 코딩 방법은 아니지만 성능을 높이기에 좋다). PaintEvent에는 그리기 명령을 호출하는 데 사용하는 그래픽 컨텍스트GC, graphics context도 있다.

마지막으로 PaintEvent는 페인트 이벤트가 발생한 위치도 기록한다. x, y 필드는 왼쪽 상단의 위치를 나타내며, width와 height는 그림을 그릴 영역의 너비와 높이를 의미한다.

예제에서는 그래픽 컨텍스트에 전경색foreground color을 설정하고 정해진 경계 안에 그리도록 drawArc()를 호출한다. 원호는 라디안이나 다른 척도가 아닌 0에서 360 사이의 각도 값을 지정한다.

실습 예제 | 초점 그리기

시계 바늘과 숫자가 없는 시계는 동그라미일 뿐이다.

0(3 p.m)도에서부터 90(12 p.m)도까지 반시계 방향으로 원호를 그리고, 이어서 180(9 p.m), 270(6 p.m), 마지막으로 원점(3 p.m)까지 원호를 그린다. (15-s)*6%360을 이용하면 초침의 원호상 위치를 계산하기 쉽다.

1 ClockView 내에 있는 PaintListener의 paintControl() 메소드로 이동한다.
2 seconds 변수를 추가하고 new Date().getSeconds()로 초기화한다.
3 display 객체로부터 SWT.COLOR_BLUE를 얻어 지역 변수 blue에 저장한다.
4 변수 blue를 그래픽 컨텍스트의 배경색으로 설정한다.
5 앞의 계산식을 이용해 초침을 그리기 위한 원호를 그린다.

자세한 코드는 다음과 같다.

```
public void paintControl(PaintEvent e) {
    int seconds = new Date().getSeconds();
```

```
        int arc = (15-seconds) * 6 % 360;
        Color blue = e.display.getSystemColor(SWT.COLOR_BLUE);
        e.gc.setBackground(blue);
        e.gc.fillArc(e.x,e.y,e.width-1,e.height-1,arc-1,2);
    }
```

6 이클립스를 실행하고 Clock 뷰를 확인하라. 초침이 화면에 보이지만 움직이진 않는다.

7 뷰의 크기를 조정하면 초침이 새로운 위치에 다시 그려지는지 확인하라.

보충 설명

코드에서는 초침을 다시 그려야 할 때 초침의 원호상 위치를 계산한다. 계산식을 살펴보자. 15를 오프셋으로 사용한 이유는 0도가 시계에서는 15초(3 p.m)를 의미하기 때문이고, 원호가 반시계방향으로 움직이기 때문에 변수 seconds를 뺀다. 그런 다음 60초가 360도를 의미하므로 6을 곱하고, 마지막으로 360도까지만 값을 갖게 하기 위해 360 나머지(%) 연산으로 결과 값을 산출한다(값이 음수가 될 수 있지만 원호 계산에서는 무리 없이 잘 동작한다).

drawArc()는 전경색을 칠하지만, fillArc()는 배경색을 칠한다. 전경색과 배경색은 모두 그래픽 컨텍스트 GC에서 관리한다. SWT Color 객체는 다 사용하고 나면 dispose()를 호출해 정리해야 하지만, 예제에서는 Display 클래스의 getSystemColor()를 사용하므로 dispose()를 호출할 필요가 없다.

마지막으로 초침의 위치에서 2도 더 움직인 위치까지 원호를 그린다. 초침을 중앙에 맞추기 위해 pos-1에서 그리기 시작해서 pos+1까지 원호를 그린다.

뷰의 크기를 변경하면 Canvas에서 redraw()를 호출해 정확한 위치에 초침을 다시 그린다. 하지만 진짜 시계처럼 보이려면 뷰가 활성화된 동안은 초침이 자동으로 움직여야 한다.

실습 예제 | 초침 꾸미기

Canvas의 redraw()로 초침을 그렸지만, 초침은 계속해서 움직여야 한다. 1초에 한 번씩 초침을 그려 똑딱 시계를 흉내내보자.

이클립스에는 주기적인 작업을 처리하는 데 적합한 작업^{jobs}이라는 메커니즘이 있다. 작업은 4장, '사용자와 상호작용'에서 다루므로, 지금은 간단한 Thread 클래스를 사용해 다시 그리기만을 처리해보자.

1 ClockView 클래스를 연다.

2 createPartControl() 메소드의 아랫부분에 다음 코드를 추가한다.

```
new Thread("TickTock") {
  public void run() {
    while (!clock.isDisposed()) {
      clock.redraw();
      try {
        Thread.sleep(1000);
      } catch (InterruptedException e) {
        return;
      }
    }
  }
}.start();
```

3 테스트 이클립스를 다시 시작하고 Clock 뷰를 연다.

4 호스트 이클립스를 열고 콘솔 뷰에서 오류를 확인한다.

보충 설명

Clock 뷰를 생성하면서 1초에 한 번씩 실행되는 Thread를 생성하고 시작했다. 호스트 이클립스 인스턴스의 콘솔 뷰에는 매초 다음과 같은 예외가 발생한다.

```
Exception in thread "TickTock"
org.eclipse.swt.SWTException: Invalid thread access
  at org.eclipse.swt.SWT.error(SWT.java:4361)
  at org.eclipse.swt.SWT.error(SWT.java:4276)
  at org.eclipse.swt.SWT.error(SWT.java:4247)
  at org.eclipse.swt.widgets.Widget.error(Widget.java:775)
  at org.eclipse.swt.widgets.Widget.checkWidget(Widget.java:570)
  at org.eclipse.swt.widgets.Control.redraw(Control.java:2748)
  at com.packtpub.e4.clock.ui.views.ClockView$2.run(ClockView.java:41)
```

예상한 결과지만 원인을 알기 위해 SWT 내부를 살펴보면 도움이 된다.

그래픽 윈도우 기반의 많은 시스템은 프로그램 코드를 이용해서 사용자 인터페이스를 조정하는 UI 스레드를 갖는다. 처리 시간이 오래 걸리는 연산을 UI 스레드로 수행하면 프로그램이 멈춘 것처럼 보이고 반응이 없게 된다. 따라서 많은 그래픽 윈도우 시스템은 애플리케이션의 UI 스레드가 일정 시간 동안 동작이 멈출 때 커서를 모래시계 모양으로 바꾸는 자동화된 프로세스를 갖는다.

SWT의 UI 스레드도 마찬가지 현상을 보인다. UI 스레드는 사용자 인터페이스와 상호작용하는 스레드이며, SWT 컴포넌트를 갱신하는 역할을 수행한다. 다시 그리기 동작도 SWT 스레드가 `createPartControl()`과 같은 메소드를 호출해서 이뤄진다.

 기술적으로 SWT는 다수의 OS UI 스레드를 지원한다.

시계의 초침을 움직이는 예제에서 초침의 이동은 `TickTock`이라는 별개의 스레드에서 처리했지만 예외가 발생했다. 이 동작을 올바른 스레드에서 처리하게 하려면 어떻게 해야 할까?

실습 예제 | UI 스레드로 실행

UI 스레드로 코드를 실행하려면 `syncExec()`와 `asyncExec()` 메소드를 통해 `Display` 클래스에서 `Runnables`를 실행하게 한다. `syncExec()` 메소드는 동기 방식(코드 처리가 완료될 때까지 호출자caller는 멈춰서 대기함)으로 코드를 실행하고, `asyncExec()` 메소드는 비동기적(코드를 백그라운드로 실행하고 호출자는 계속해서 동작함)으로 코드를 실행한다.

`Display` 클래스는 모니터에 대한 SWT의 핸들이다(런타임은 하나 이상의 `Display` 객체를 가지며, `Display` 객체마다 다른 해상도를 가질 수 있다). `Display` 객체는 `Display.getCurrent()` 또는 `Display.getDefault()`를 호출해서 얻지만, 관련된 뷰나 위젯으로부터 `Display` 객체를 얻는 방법이 더 좋다. 예제에서는 `Canvas`에서 `Display` 객체를 얻는다.

1 `ClockView` 클래스의 `createPartControl()` 메소드에 있는 `TickTock`으로 이동한다.

2 `run()` 내에서 `clock.redraw()`를 호출하는 대신 다음과 같이 바꾼다.

```
clock.getDisplay().asyncExec(new Runnable() {
  public void run() {
    if(clock != null && !clock.isDisposed())
      clock.redraw();
  }
});
```

3 테스트 이클립스를 실행해서 Clock 뷰를 확인하라. 초침이 자연스럽게 움직여야 한다.

보충 설명

이제 원하는 대로 동작한다. `TickTock` 스레드는 백그라운드로 동작하고 매초 UI 스레드에서 `Runnable`을 비동기로 실행한다. 시계 예제에서는 `syncExec()`를 사용해도 큰 차이는 없다. 하지만 일반적으로 동기로 처리해야 할 특별한 이유가 없다면 asyncExec() 사용을 더 선호한다.

스레드는 clock.isDisposed()를 조건으로 하는 while 루프 내에 있다. 모든 SWT 위젯은 초기 생성될 때 폐기되지 않고, dispose()를 호출하면 메모리에서 사라진다. 위젯이 메모리에서 사라지고 나면 운영체제상의 실제 자원을 반환하므로 이어지는 연산에서는 예외가 발생한다. 예제에서 Canvas는 뷰를 닫으면 폐기되고, Canvas 안의 다른 컴포넌트도 차례대로 폐기된다. 결과적으로 뷰를 닫으면 Thread는 자동으로 루프를 멈춘다(Thread는 1초간 일시 정지하고 인터럽트를 발생시켜 종료시킬 수도 있다).

Runnable 내에서는 위젯이 null이 아닌지 혹은 메모리에서 폐기되진 않았는지 검사해야 한다. 이벤트 큐에 추가될 때 위젯이 폐기되지 않은 상태였더라도 잠시 후 이벤트를 처리할 때는 폐기 상태일 수 있기 때문이다.

실습 예제 | 재사용 가능한 위젯 생성

ClockView로 움직이는 시계를 보여줬지만, 이제는 독립적인 시계 위젯으로 만들어 다른 곳에서도 사용 가능하게 해보자.

1 com.packtpub.e4.clock.ui 패키지에 Canvas를 상속한 ClockWidget이라는 새로운 클래스를 생성한다.

2 Composite parent와 int style을 매개변수로 하는 생성자를 만들고, 상위 클래스에 이 매개변수를 전달한다.

```
public ClockWidget(Composite parent, int style) {
   super(parent, style);
}
```

3 ClockView의 paintControl() 메소드를 ClockWidget으로 옮기고, ClockView 클래스에서 PaintListener에 대한 참조를 제거한다.

4 ClockWidget 생성자에서 paintControl() 메소드를 대신 호출하는 익명의 PaintListener를 등록한다.

```
addPaintListener(new PaintListener() {
  public void paintControl(PaintEvent e) {
    ClockWidget.this.paintControl(e);
  }
});
```

5 ClockView의 TickTock 스레드를 ClockWidget 생성자로 옮긴다. 그러면 ClockWidget은 독립적으로 동작하게 된다. 다음으로 clock이 ClockWidget.this를 참조하게 변경한다.

```
new Thread("TickTock") {
  public void run() {
    while (!ClockWidget.this.isDisposed()) {
      ClockWidget.this.getDisplay().asyncExec(
        new Runnable() {
          public void run() {
            if (!ClockWidget.this.isDisposed())
              ClockWidget.this.redraw();
          }
        });
      try {
        Thread.sleep(1000);
      } catch (InterruptedException e) {
        return;
      }
    }
  }
}.start();
```

6 width와 height 중 작은 값을 변의 길이로 하는 사각형 모양의 시계가 되게 ClockWidget에 computeSize() 메소드를 추가한다. -1 값을 갖는 SWT.DEFAULT

를 넘겨받을 수도 있으니 반드시 이 값도 처리해야 한다.

```
public Point computeSize(int w,int h,boolean changed) {
  int size;
  if(w == SWT.DEFAULT) {
    size = h;
  } else if (h == SWT.DEFAULT) {
    size = w;
  } else {
    size = Math.min(w,h);
  }
  if(size == SWT.DEFAULT)
    size = 50;
  return new Point(size,size);
}
```

7 createPartControl() 메소드에서 Canvas가 아닌 ClockWidget을 초기화하게 ClockView를 변경한다.

```
final ClockWidget clock = new ClockWidget(parent,SWT.NONE);
```

8 테스트 이클립스를 실행하고 이전과 동일하게 시계가 나타나는지 확인한다.

보충 설명

그리기 로직을 위젯으로 옮기고 ClockWidget에 PaintListener를 연결해서 위젯 스스로 그리기를 처리하게 했다. 이제 Clock은 다른 이클립스나 SWT 애플리케이션에서도 독립적으로 사용 가능해졌다.

실제 애플리케이션에서는 시계 인스턴스별로 스레드를 점유하지 않는다. 대신 단일 Thread가 모든 Clock 인스턴스의 업데이트를 처리하거나, 이클립스 작업[job] 프레임워크를 사용해서 반복 작업을 수행하는 작업이 시계를 업데이트한다. 작업은 4장, '사용자와 상호작용'에서 다룬다.

클래스 인스턴스에서 특정 리스너 유형을 연결하기 위해 익명 클래스를 사용하는 방법은 SWT에서 흔하게 사용한다. 이때 사용 용도를 명확하게 하기 위해 규약에 따라 익명 클래스와 관련된 메소드는 익명 클래스 내부 메소드와 동일한 이름을 사용한다(리스너는 위젯을 생성할 때 설정해야 리스너가 호출되지 않는 경우를 예방할 수 있다). 그런 경우 메소드의 이름이 같아 리스너를 연결한 클래스와 익명 클래스의 메소드를 혼동할 수 있기 때문에 ClockWidget.this를 사용했다. this.paintControl()이나 paintControl()도 직접 호출하면 무한 루프에 빠질 수 있다.

ClockWidget이 PaintListener를 직접 구현해도 된다. 이런 경우에는 생성자에서 addPaintLisnter(this) 메소드를 호출한다. 최신 JIT는 어떤 경우에도 해당 코드 경로에 대한 호출을 최적화해주므로, ClockWidget이 PaintListener 인터페이스를 구현할지 여부는 결국 코딩 스타일의 문제다.

마지막으로 힌트를 참조해서 위젯의 크기를 계산한다. 위젯의 크기를 결정하기 위해 레이아웃 관리자가 computeSize()를 호출한다. 텍스트 문자열이나 이미지와 같은 고정 크기의 위젯은 레이아웃에 따라 크기가 다양하다. 예제의 경우는 제공되는 너비와 높이 힌트 중 작은 값이나 50을 길이로 하는 사각형을 반환한다. 값이 -1인 SWT.DEFAULT도 처리해야 한다.

실습 예제 | 레이아웃 사용

ClockWidget을 만들었으니 ClockView에 여러 개의 시계를 추가해보자.

1 ClockView 클래스의 createPartControl() 메소드를 수정해 세 개의 ClockWidget 인스턴스를 생성하게 한다.

```
final ClockWidget clock1 = new ClockWidget(parent, SWT.NONE);
final ClockWidget clock2 = new ClockWidget(parent, SWT.NONE);
final ClockWidget clock3 = new ClockWidget(parent, SWT.NONE);
```

2 테스트 이클립스를 실행해서 Clock 뷰를 확인한다. 세 개의 시계가 화면에 나타난다.

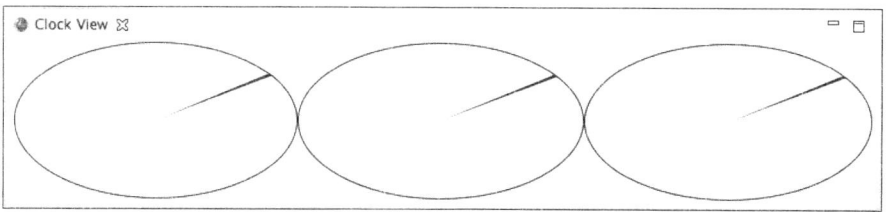

3 ClockView 생성자에서 SWT.HORIZONTAL 스타일의 RowLayout를 생성하고, parent 컴포지트Composite의 레이아웃으로 설정한다.

```
public void createPartControl(Composite parent) {
  RowLayout layout = new RowLayout(SWT.HORIZONTAL);
  parent.setLayout(layout);
```

4 코드를 다시 실행한다. 이제 시계가 수평으로 나란히 정렬돼 보인다.

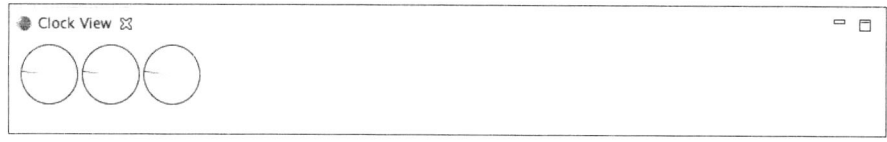

5 뷰의 크기를 변경해서 시계가 다음 줄로 내려가게 해본다.

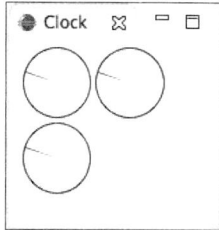

> **노트** RowLayout은 위젯을 구성하는 방법을 결정하는 여러 가지 속성을 갖는다.
>
> - center – 컴포넌트를 중앙에 배치(수직 혹은 수평)
> - fill – 부모 컴포넌트 내에 꽉 차게 배치
> - justify – 부모 컴포넌트 내에 일정한 간격으로 배치
> - pack – 컴포넌트가 선호하는 크기를 갖거나 공간을 꽉 차게 확장함
> - wrap – 줄 끝에서 줄을 바꿔 컴포넌트를 배치
>
> 요소 간의 간격을 지정하는 spacing 옵션과 가장자리와의 간격을 설정하는 marginHeight, marginWidth 옵션도 있다. 가장자리 간격을 지정할 때는 marginTop, marginBottom, marginLeft, marginRight를 이용해 개별적으로 지정할 수도 있다.

6 모든 SWT 위젯은 부모 위젯에 배치될 때 사용하는 레이아웃의 종류를 지정하기 위해 레이아웃 데이터 객체를 사용한다. ClockView 클래스의 createPartControl() 메소드에서는 첫 번째와 마지막 시계에 RowData 객체를 추가한다.

```
clock1.setLayoutData(new RowData(20,20));
clock3.setLayoutData(new RowData(100,100));
```

7 Clock 뷰를 열고 시계가 크기 순서대로 정렬돼 보이는지 확인한다.

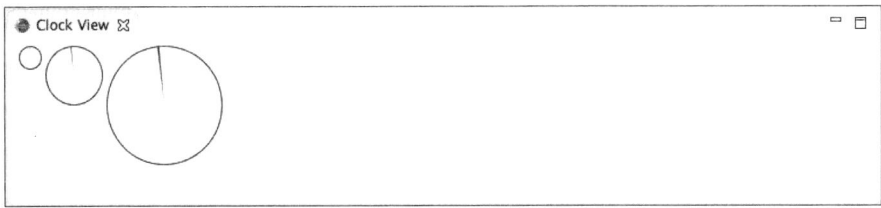

보충 설명

Composite은 다수의 위젯을 포함하며, 설정된 레이아웃 관리자(LayoutManager)를 이용해서 컴포지트 내의 컴포넌트를 배치할 위치를 결정한다. 표준 레이아웃 관리자는 FillLayout, RowLayout, GridLayout, FormLayout, CellLayout이 있다(CellLayout은 SWT 기술은 아니지만 이클립스 UI 워크벤치의 일부분이다). 이클립스 뷰는 FillLayout을 기본 레이아웃으로 사용하지만, Composite을 직접 생성할 경우에는 기본 레이아웃이 없다.

FillLayout과 RowLayout 모두 위젯의 크기를 조정해서 수평이나 수직으로 위젯을 배치한다. FillLayout은 뷰의 기본 레이아웃이고, 가능한 공간만큼 위젯의 크기를 확장한다. RowLayout은 computeSize(0,0)로 계산한 값을 컴포넌트의 크기로 설정한다.

레이아웃 관리자는 컴포넌트가 한 행을 다 채웠을 때 처리하는 방법을 변경하기 위해 SWT.HORIZONTAL과 SWT.VERTICAL 같은 속성을 갖는다. 각 레이아웃 관리자에 대한 문서를 참조해서 제공하는 기능을 확인해보라.

레이아웃 데이터 객체는 Composite 내의 객체에 다른 값을 지정할 때 사용한다. 앞 예제에서는 RowData 옵션을 살펴봤다.

FillLayout과 연결된 레이아웃 데이터인 FillData 클래스는 공개된 옵션이 없어서 사용 빈도가 낮다. 다른 레이아웃 관리자는 다양하게 확장된 옵션을 갖는다. GridLayout 레이아웃 관리자는 GridData 클래스를 이용해 다양한 옵션 설정이 가능하다. LayoutManager를 변경할 때는 그에 맞춰 레이아웃 데이터 객체도 변경해줘야 한다.

깜짝 퀴즈 | 뷰의 이해

Q1. 뷰의 부모 클래스는 무엇인가?

Q2. 이클립스 워크벤치에 뷰를 어떻게 등록하는가?

Q3. 모든 SWT 위젯에 전달되는 두 개의 매개변수와 그 용도는 무엇인가?

Q4. 위젯이 폐기된다는 것은 무엇을 의미하는가?

Q5. `Canvas`에 원을 그리려면 어떻게 해야 하는가?

Q6. 그리기 연산을 수행하려면 어떤 리스너를 등록해야 하는가?

Q7. UI 스레드가 아닌 다른 스레드에서 SWT 객체를 참조하고 업데이트하면 어떤 문제가 발생하는가?

Q8. 다른 스레드에서 SWT 컴포넌트를 업데이트하는 방법은 무엇인가?

Q9. `SWT.DEFAULT`의 값은?

Q10. `RowLayout`에서 위젯에 크기를 지정하려면 어떻게 해야 하는가?

도전 과제 | 시침과 분침 그리기

움직이는 초침에 이어 Clock 뷰에 시침과 분침을 위해 동일한 연산을 수행해보자. 분은 초와 같은 방법으로 계산하면 되고, 시간에는 5를 곱해 같은 경로에 연결한다. `drawLine()` 함수를 사용해서 5분마다 선을 그린다. 선의 시작과 끝을 계산하는 데는 간단한 수식만 있으면 된다.

마지막으로 적당한 위치에 숫자를 표시해보자. `drawText()`를 사용해서 특정 위치에 문자열을 배치한다. 시계의 중앙에 현재 시간이나 날짜를 출력하는 데도 `drawText()`를 사용한다.

자원 관리

SWT를 사용할 때 어려운 점 중의 하나는 더 이상 사용하지 않는 네이티브 자원 native resource의 처리다. 가비지 콜렉션 garbage collection을 수행할 때 객체의 자원을 자동으로 처리하는 AWT나 스윙과는 달리 SWT는 직접 자원을 관리해야 한다.

노트 왜 SWT는 직접 자원을 관리해야 하는가?

자바가 오랜 기간 동안 검증된 가비지 콜렉션(garbage collection) 기능을 제공함에도 SWT가 이 기능을 제공하지 않는 이유는 자주 묻는 질문 중 하나다. SWT가 검증된 가비지 콜렉션보다 먼저 나왔기 때문이기도 하지만, 네이티브 자원이 필요 없어지자마자 자원을 반환하기 위해서다.

성능 면에서 객체에 finalize() 메소드를 추가하면 가비지 콜렉터가 과도하게 동작하게 만든다. 오늘날의 가비지 콜렉터는 이 메소드를 호출할 필요가 없기 때문에 속도가 향상됐다. SWT의 경우에도 객체가 자신의 폐기 요청을 UI 스레드에 게시해야 하기 때문에 속도가 저하되고, UI 스레드는 객체를 다시 접근 가능하게 만들기 때문에 가비지 콜렉션을 지연시킨다.

모든 객체를 폐기할 필요는 없다. `dispose()`와 `isDisposed()` 메소드를 구현한 `Resource`라는 추상 클래스를 부모 클래스로 하는 객체를 폐기하면 된다. 자원을 폐기한 후에 이 메소드를 다시 호출하면 "폐기된 위젯이다(Widget is disposed)" 또는 "폐기된 그래픽이다(Graphic is disposed)"라는 메시지를 가진 예외가 발생한다.

좀 더 복잡한 문제는 일부 `Resource` 인스턴스가 호출자에 의해 폐기되지 않는다는 점이다. 일반적으로 다른 클래스가 소유한 인스턴스를 참조하는 객체는 그 인스턴스를 폐기하면 안 된다. 예를 들어 `Display`의 `getSystemColor()` 메소드가 반환한 `Color` 인스턴스는 `Display` 클래스의 소유이기 때문에 `getSystemColor()`를 호출한 호출자는 `Color` 인스턴스를 폐기해서는 안 된다. 하지만 호출자가 생성한 `Resource`는 반드시 폐기해야 한다.

실습 예제 | 색상 꾸미기

`ClockWidget`에 색을 지정하는 옵션을 추가하려면 BLUE에 대한 참조를 직접 사용하지 않고 색에 대한 인스턴스를 얻어서 사용해야 한다. `Color` 객체는 `Resource`이기 때문에 위젯을 닫을 때 반드시 폐기해야 한다.

Color 인스턴스를 직접 전달하지 않기 위해 세 가지 int 값으로 구성된 RGB 값을 얻어와 Color 객체를 초기화하는 데 사용하고, 나중을 위해 변수에 저장하게 생성자를 변경한다. Color 인스턴스의 수명은 ClockWidget의 수명으로 결정된다.

1 ClockWidget에 color라는 이름의 private final Color 인스턴스를 추가한다.

```
private final Color color;
```

2 ClockWidget 생성자가 RGB 인스턴스를 받게 수정해서 Color 객체를 초기화하는 데 사용한다. 지금은 color에서 메모리 누수가 발생하지만 나중에 바르게 고칠 예정이다.

```
public ClockWidget(Composite parent, int style, RGB rgb) {
  super(parent, style);
  // FIXME color에서 누수가 발생한다!
  this.color = new Color(parent.getDisplay(),rgb);
  ...
```

3 생성자에서 정의한 color를 사용하게 paintControl() 메소드를 수정한다.

```
protected void paintControl(PaintEvent e) {
  ...
  e.gc.setBackground(color);
  e.gc.fillArc(e.x, e.y, e.width-1, e.height-1, arc-1, 2);
```

4 마지막으로 다른 색의 세 가지 시계를 초기화하게 ClockView를 변경한다.

```
public void createPartControl(Composite parent) {
  ...
  final ClockWidget clock =
      new ClockWidget(parent, SWT.NONE, new RGB(255,0,0));
  final ClockWidget clock2 =
      new ClockWidget(parent, SWT.NONE, new RGB(0,255,0));
  final ClockWidget clock3 =
      new ClockWidget(parent, SWT.NONE, new RGB(0,0,255));
```

5 이제 애플리케이션을 실행하고 색을 확인해보자.

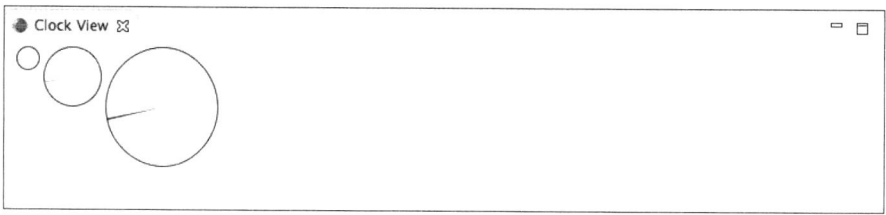

보충 설명

ClockWidget 생성자에 전달된 빨강/녹색/파랑 값에 따라 Color 객체를 생성한다. RGB는 값만 갖는 객체이므로, 나중에 폐기할 필요가 없다.

Color를 생성해서 변수에 저장하지 않고 ClockWidget 인스턴스 생성에 필요한 필드에 바로 사용한다. 시계를 그리면 지정한 색을 가진 초침이 나타난다.

 앞의 예제에서 사용한 접근법은 Color 인스턴스에서 메모리 누수가 발생한다는 문제가 있다. 뷰를 폐기할 때 연결된 Color 객체를 가비지 콜렉트하지만 네이티브 핸들에 연결된 자원은 폐기되지 않는다.

실습 예제 | 누수 탐지

얼마나 많은 자원이 할당됐는지를 확인해서 누수 발생 여부를 알 수 있다. SWT에서는 Display와 DeviceData 클래스를 이용해서 자원 할당 정보를 알아온다. 보통 별개의 플러그인을 사용해서 자원 할당 정보를 확인하지만, 예제에서는 ClockView에서 자원 할당 정보를 확인할 수 있게 수정한다.

1 ClockView 클래스의 createPartControl() 메소드 시작 부분에 Display 클래스의 DeviceData를 통해 할당된 객체 수를 알아보는 코드를 추가한다.

```
public void createPartControl(Composite parent) {
   Object[] oo=parent.getDisplay().getDeviceData().objects;
```

2 할당된 객체 전체에 걸쳐 Color 인스턴스 여부를 검사해서 Color 인스턴스 수를 확인한다.

```
int c = 0;
for (int i = 0; i < oo.length; i++)
   if (oo[i] instanceof Color)
      c++;
```

3 표준 에러 스트림에 Color 인스턴스의 수를 출력한다.

```
System.err.println("There are " + c + " Color instances")
```

4 이제 디버그 모드로 이클립스를 실행해서 Clock 뷰를 확인해보자. 호스트 이클립스의 콘솔 뷰에 다음의 내용이 출력될 것이다.

```
There are 0 Color instances
There are 0 Color instances
There are 0 Color instances
```

 효율성을 위해 SWT는 항상 할당된 모든 자원에 대한 기록을 남기지 않는다. 하지만 name=value 쌍의 옵션을 설정하는 텍스트 프로퍼티 파일인 options 파일을 통해 이클립스를 시작할 때 로그를 기록하게 옵션을 활성화할 수 있다.

이클립스의 실행 환경설정의 추적(Tracing) 탭에서 쉽게 설정하는 방법도 있다.

5 테스트 이클립스 애플리케이션이 실행 중이면 애플리케이션을 닫는다.

6 Debug > Debug Configurations 메뉴를 클릭해서 실행 환경설정 페이지로 이동한다.

7 Eclipse Application을 선택하고 추적Tracing 탭으로 이동한다. 추적tracing 옵션을 활성화하고 org.eclipse.ui 플러그인을 선택한다. 목록 위쪽의 debug와 trace/graphics 옵션을 모두 선택한다.

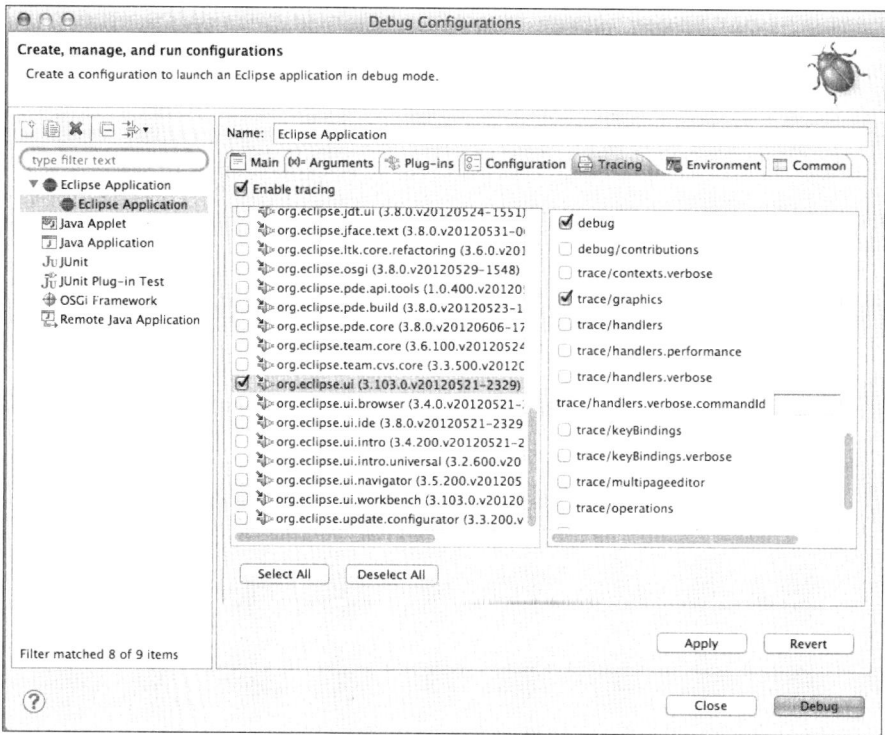

8 Debug를 클릭해서 애플리케이션을 실행한 후 반복해서 Clock 뷰를 열고 닫는다.

```
There are 87 Color instances
There are 92 Color instances
There are 95 Color instances
There are 98 Color instances
```

> 보충 설명 |

Clock 뷰를 열 때마다 세 개의 Color 인스턴스 누수가 발생함이 명확해졌다. 세 개의 ClockWidget 인스턴스에 세 개의 Color 인스턴스를 할당했으니 당연하다. ClockView나 ClockWidget에서 자원 누수가 있음을 의미한다.

SWT를 추적 모드로 실행하면 이전 할당된 자원의 목록을 전역 목록에 유지한다. 이 정보는 DeviceData 객체를 통해 접근 가능하며, 자원이 폐기되면 할당 목록에서 해당 자원을 제거한다. 그렇기 때문에 이클립스 워크벤치에서 자원의 상태를 모니터링하고 누수 현상을 발견할 수 있다. 누수 현상은 반복된 작업에서 자원의 수가 매번 증가함을 인지해서 알게 된다.

Fonts와 Images 같이 Color 이외의 다른 유형의 객체도 이 목록에 저장된다. 그러므로 자원의 집합을 찾을 때는 유형으로 필터링하는 것이 중요하다. 이클립스 자체가 점유하는 런타임 자원도 있으므로, 자원의 사용을 추적할 때 이클립스의 점유 자원도 목록에 포함된다는 사실을 기억하라.

추적 기능을 활성화하는 방법과 객체에 무엇을 할당했는지를 프로그램에서 알아내는 방법을 배움으로써 누수 현상을 발견하고, 이후 누수 현상을 수정했는지도 확인할 수 있다.

실습 예제 | 누수 방지

누수를 발견했으니 이제 고쳐보자. 위젯을 닫을 때, 즉 뷰 자체가 제거될 때 Color 인스턴스를 폐기하는 방법을 사용한다.

간단한 접근법으로 ClockWidget의 dispose() 메소드를 오버라이드한다(이 방법은 올바른 해결책이 아니라는 점을 명심하라. 그 이유는 나중에 살펴보자).

1 ClockWidget의 dispose() 메소드를 다음 코드와 같이 작성한다.

```
@Override
public void dispose() {
```

```
      if(color != null && !color.isDisposed())
        color.dispose();
      super.dispose();
    }
```

2 추적 기능을 활성화한 상태에서 디버그 모드로 이클립스 애플리케이션을 실행하고 뷰를 열었다 닫는다. 다음과 같은 내용이 화면에 출력된다.

```
There are 87 Color instances
There are 91 Color instances
There are 94 Color instances
There are 98 Color instances
```

3 `dispose()` 메소드가 의도했던 대로 동작하지 않으므로 메소드를 지우고 `ClockWidget` 생성자에 `Color` 객체를 폐기하는 익명의 `DisposeListener`를 추가한다.

```
public ClockWidget(Composite parent, int style, RGB rgb) {
  super(parent, style);
  this.color = new Color(parent.getDisplay(),rgb);
  addDisposeListener(new DisposeListener() {
    public void widgetDisposed(DisposeEvent e) {
      if(color != null && !color.isDisposed())
        color.dispose();
    }
  });
}
```

4 이제 코드를 실행해서 뷰를 열고 닫기를 반복했을 때 어떤 결과가 나타나는지 살펴보자.

```
There are 87 Color instances
There are 88 Color instances
There are 88 Color instances
There are 88 Color instances
```

누수 문제를 해결했다.

보충 설명

누수가 발생하는 원인을 발견한 후 더 이상 필요 없는 Color 객체를 폐기하게 조치했다. ClockWidget의 dispose() 메소드를 오버라이딩하면 해결될 것 같았지만, 제대로 동작하지 않았다. 최상위 셸(Shell)이나 뷰파트(ViewPart)가 폐기될 때 dispose() 메소드를 호출하지만, 리스너를 등록하지 않으면 어떤 컴포넌트의 dispose 메소드도 호출되지 않는다. 직관적이지는 않으므로 리스너가 동작하지 않는 경우가 없는지 코드를 잘 확인하라.

자원의 누수를 발견하고 해결하는 일은 시간이 많이 소요되는 작업이다. 그래서 SWT 팀은 앞선 방법과 유사한 방법으로 자원의 상태를 측정하고 누수가 있는지를 확인하는 플러그인을 개발했다. 이 플러그인은 SWT 도구 업데이트 사이트(http://www.eclipse.org/swt/tools.php에서 Sleak에 대한 내용을 참조하라)에 있으며, 예제와 같이 할당된 자원을 모니터링하기 위해 코드를 수정하지 못하게 막으려면 설치해보라.

테스트를 수행할 때 다른 자원을 초기화할 수 있기 때문에 첫 번째 테스트할 때와 두 번째 테스트할 때 결과가 다를 수 있음을 잊지 말라. 결과 값에 의존하기보다 먼저 코드를 충분히 확인하고 백그라운드로 실행 중인 다른 플러그인도 자원을 할당할 수 있음을 명심하라.

마지막으로 SWT 위젯을 사용할 때 자원이 이미 폐기됐는지 확인하는 습관을 들이는 편이 좋다. dispose()의 JavaDoc 문서에서는 이런 연산을 꼭 수행할 필요 없으며, 이미 폐기된 자원은 아무런 동작을 하지 않는 메소드로 추급한다고 설명한다.

깜짝 퀴즈 | 자원 이해

Q1. 자원 누수는 어디에서 발생하는가?

Q2. Resources에는 어떤 유형이 있는가?

Q3. SWT 자원 추적 기능을 활성화하는 방법은?

Q4. 자원 추적 기능을 활성화한 후 어떤 객체를 추적하는지 확인하는 방법은?

Q5. 자원을 사용한 후 해제하는 올바른 방법과 잘못된 방법은 무엇인가?

도전 과제 | 시계 위젯 확장

잘 동작하는 `ClockWidget`에 다음을 시도해보자.

- 주기적으로 객체 유형별로 할당된 수를 계산하는 슬릭sleak 같은 뷰를 작성하라.
- 폐기 기능을 가진 `Font` 객체로 텍스트를 작성하게 수정하라.
- `Resource` 인스턴스를 갖는 일반적인 폐기 리스너dispose listener를 작성하라.
- `setColor()` 메소드를 추가해서 색상 변경을 가능하게 하라.

사용자와 상호작용

사용자 인터페이스는 사용자와 상호작용하는 것이 전부다. 정보를 화면에 출력하는 뷰도 유용하지만, 데이터에 대해 사용자에게 묻고 사용자의 동작에 반응하게 할 필요도 있다.

실습 예제 | 포커스 얻기

시계 위젯의 시간대를 변경하기 위해 콤보(Combo)로 알려진 드롭다운 박스와 버튼(Button)을 뷰에 추가하자. 콤보(Combo)는 시간대(TimeZone) ID를 대신하는 `String` 배열로 생성한다.

1 `ClockView` 클래스에 `timezones` 필드를 생성한다.

```
private Combo timezones;
```

2 createPartControl() 메소드 끝에 드롭다운 목록을 생성하는 다음 코드를 추가한다.

```
public void createPartControl(Composite parent) {
  ...
  String[] ids = TimeZone.getAvailableIDs();
  timezones = new Combo(parent, SWT.DROP_DOWN);
  timezones.setVisibleItemCount(5);
  for (int i = 0; i < ids.length; i++) {
    timezones.add(ids[i]);
  }
}
```

3 이클립스를 실행해서 Clock 뷰를 다시 열고 시간대 목록을 확인한다.

4 일반적으로 뷰가 열렸을 때 특정 위젯에 포커스를 설정한다. ClockView의 setFocus() 메소드에서 포커스를 두려는 위젯의 setFocus()를 호출하는 코드를 작성한다.

```
public void setFocus() {
  timezones.setFocus();
}
```

5 이클립스를 실행해서 Clock 뷰를 다시 열고 시간대 드롭다운 목록에 자동으로 포커스가 위치하는지 확인하라.

보충 설명

모든 SWT Control은 애플리케이션이 특정 위젯으로 포커스를 전환하는 데 setFocus()라는 메소드를 사용한다. 뷰를 열고 다른 뷰에서 열린 뷰로 사용자가 이동했을 때 뷰는 포커스를 얻으며, 이때 뷰의 setFocus() 메소드가 호출된다.

☞ E4: 7장, '이클립스 4 모델'에서 다루겠지만, E4에서 @Focus 주석을 달아 표시한 메소드는 setFocus() 메소드를 호출할 수 있다. 이런 방식은 setFocus() 메소드의 호출을 돕는다.

실습 예제 | 입력에 응답

TimeZone을 변경한 효과를 확인하려면 시계에 시침을 추가해야 한다. 이제 드롭다운 박스의 시간대를 변경했을 때 시침의 위치를 변경해보자.

1 ClockWidget에 offset 필드를 추가하고 setter 메소드도 추가한다.

```
private int offset;
public void setOffset(int offset) {
  this.offset = offset;
}
```

2 클래스에 필드를 추가한 후 Source > Generate Getters and Setters 메뉴 옵션을 이용해 게터getter, 세터setter 메소드가 없는 필드의 게터, 세터 메소드를 자동으로 생성할 수 있다. 자동 완성 기능을 사용하면 클래스 본문에서 set을 입력하고 **Ctrl + Space**(OS X에서는 Cmd + Space) 키를 눌러 게터/세터를 하나씩 생성할 수 있다.

3 다음 코드를 이용해 paintControl() 메소드에 시침을 추가한다.

```
e.gc.setBackground(e.display.getSystemColor(SWT.COLOR_BLACK));
```

```
int hours = new Date().getHours() + offset;
arc = (3 - hours) * 30 % 360;
e.gc.fillArc(e.x, e.y, e.width-1, e.height-1, arc - 5, 10);
```

4 시간대를 변경했을 때 시계를 업데이트하려면 Combo에 SelectionListener 속성을 등록하는 코드를 ClockView 클래스의 createPartControl() 메소드에 추가한다.

```
timezones.addSelectionListener(new SelectionListener() {
  public void widgetSelected(SelectionEvent e) {
    String z = timezones.getText();
    TimeZone tz = z == null ? null : TimeZone.getTimeZone(z);
    TimeZone dt = TimeZone.getDefault();
    int offset = tz == null ? 0 : (
        tz.getOffset(System.currentTimeMillis()) -
        dt.getOffset(System.currentTimeMillis())) / 3600000;
    clock3.setOffset(offset);
    clock3.redraw();
  }
  public void widgetDefaultSelected(SelectionEvent e) {
    clock3.setOffset(0);
    clock3.redraw();
  }
});
```

5 이클립스 인스턴스를 실행해서 시간대를 변경한다. 세 번째 시계 인스턴스의 시침이 변경돼 보이는지 확인한다.

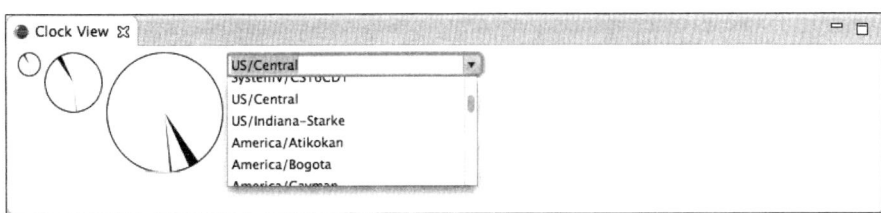

보충 설명

Combo 박스의 addSelectionListener() 메소드는 드롭다운 목록에서 발생한 변경 사항을 알린다. 변경 알림을 받으면 Combo 박스 텍스트를 사용해서 TimeZone 클래스로부터 해당하는 시간대의 오프셋offset을 찾는다. 찾은 오프셋과 현재 시간대의 오프셋 차이를 계산하고, 이 값을 시간으로 변환한다. 오프셋은 밀리초 단위이므로, 먼저 1000으로 나누고 60에 60을 곱한 값으로 다시 나누면 된다(소수점 이하 자리는 잘라낸다).

드롭다운 박스에서 선택한 시간대를 TimeZone에서 찾지 못하거나 기본 값을 선택하면(이 경우 값이 없다) 오프셋offset을 0으로 재설정한다.

지금까지 작성한 시침은 일반적인 시침처럼 동작하지는 않는다. 보통의 시침은 초침보다 짧아야 하지만 예제의 시침은 그렇지 않으며, 시간 진행 상태 표시처럼 부드럽게 움직이지 않고 시간과 시간 사이를 점프한다. 이런 부분을 수정하는 실습은 독자에게 맡긴다.

변경을 즉시 반영하기 위해 시계 스스로 다시 그리기를 요청한다. 이런 요청은 ClockWidget 클래스의 setOffset() 메소드에서 처리해도 되지만, SWT 스레드로 실행하는지를 확인해야 하고 비동기 스레드로 처리해야 한다. 예제에서는 편의상 SWT 스레드 내에서 오프셋을 설정한 후에 즉시 clock3.redraw()를 처리한다.

깜짝 퀴즈 | 위젯 이해

Q1. 위젯에 포커스를 위치시켜 뷰의 기본 위젯으로 설정하려면 어떻게 해야 하는가?

Q2. 위젯을 변경한 후에 화면을 업데이트하는 방법은 무엇인가?

Q3. Combo에는 어떤 리스너를 등록할 수 있는가?

Q4. widgetDefaultSelected() 메소드의 목적은 무엇인가?

도전 과제 | 시계 위젯 업데이트

`ClockWidget`에서 시간대 처리가 가능해졌으니, 이제 다음을 해보자.

- 소수점을 허용한 시간 값에 따라 시침의 위치를 계산해서 시침을 업데이트하라.
- `ClockWidget`에서 시계 그림 아래 시간대를 표시하라.
- 시간대 드롭다운 박스에서 오프셋이 아니라 `TimeZone`을 얻게 `ClockWidget`을 수정하라.
- 화면의 시간이 일광절약시간제summer time를 적용했는지 여부를 표시하라.

기타 SWT 위젯 사용

SWT에는 `Canvas` 외에도 다른 많은 위젯이 있다. 몇 가지를 살펴보자.

GUI를 디자인하는 데 MVC모델-뷰-컨트롤러 관점을 지원하는 JFace에 대해서는 3장에서 살펴본다. 그 전에 JFace의 기반이 되는 SWT 클래스를 알아두면 많은 도움이 된다.

실습 예제 | 트레이에 아이템 추가

대부분의 운영체제는 메인 화면에 보이는 아이콘의 집합인 트레이tray를 가지며, 이 트레이를 통해 컴포넌트에 빠른 접근을 지원한다. OS X에서 트레이는 상단 메뉴 바의 아이콘으로 표시되며, 윈도우에서는 오른쪽 하단 시계 옆에 있는 아이콘으로 나타난다. 리눅스에서는 다양한 형태로 표현되며 트레이가 없는 운영체제도 있다. `Tray`는 단 하나만 존재하므로, 트레이에 아이템을 추가해야 한다. `TrayItem`을 번들이 시작할 때 생성하고 종료할 때 제거했음을 확인하는 데 `Activator` 클래스를 사용한다.

1 `Activator` 클래스를 열고 두 개의 `private` 필드를 추가한다.

```
    private TrayItem trayItem;
    private Image image;
```

2 start() 메소드에 다음 코드를 추가한다.

```
    final Display display = Display.getDefault();
    display.asyncExec(new Runnable() {
      public void run() {
        image = new Image(display, Activator.class
            .getResourceAsStream("/icons/sample.gif"));
        Tray tray = display.getSystemTray();
        if (tray != null && image != null) {
          trayItem = new TrayItem(tray, SWT.NONE);
          trayItem.setToolTipText("Hello World");
          trayItem.setVisible(true);
          trayItem.setText("Hello World");
          trayItem.setImage(new Image(trayItem.getDisplay(),
              Activator.class.getResourceAsStream(
                  "/icons/sample.gif")));
        }
      }
    });
```

3 테스트 이클립스 인스턴스를 실행하고 Clock 뷰를 확인한다. 작은 sample.gif 아이콘이 트레이 영역(OS X의 오른쪽 상단, 윈도우의 오른쪽 하단)에 나타나는지 확인하라.

4 테스트 이클립스 인스턴스의 콘솔 뷰를 열어 번들을 정지하고 재시작하는 효과를 테스트해보자. 호스트[Host] OSGi 콘솔을 생성하기 위해 뷰의 오른쪽 상단에 있는 드롭다운 목록을 클릭한다.

```
WARNING: This console is connected to the current running instance
of Eclipse!osgi>
"Framework is launched."
```

5 osgi> 프롬프트에 ss clock을 입력하고 번들 ID가 출력되는지 확인한다. 번들 ID는 번들을 시작하고 정지할 때 사용한다.

```
osgi> ss clock

id      State       Bundle
4       RESOLVED    com.packtpub.e4.clock.ui_1.0.0.qualifier
```

6 앞에서 확인한 ID와 함께 start, stop을 콘솔에서 입력해 번들을 시작하고 정지한다.

```
osgi> stop 4
osgi> start 4
osgi> stop 4
osgi> start 4
```

7 번들을 시작할 때마다 Tray에 새로운 TrayItem이 나타난다. Activator 클래스의 stop() 메소드에 트레이에서 아이템을 제거하는 코드를 추가해 해결한다.

```
public void stop(BundleContext context) throws Exception {
  if (trayItem != null && !trayItem.isDisposed()) {
    Display.getDefault().asyncExec(new Runnable() {
      public void run() {
        if (trayItem != null && !trayItem.isDisposed())
          trayItem.dispose();
      }
    });
  }

  if (image != null && !image.isDisposed()) {
    Display.getDefault().asyncExec(new Runnable() {
      public void run() {
        if (image != null && !image.isDisposed())
          image.dispose();
      }
    });
```

            }
        }

8 다시 애플리케이션을 실행해서 번들을 시작하고 정지한다(이전과 동일한 번들 ID일 수 있지만, 시작하기 전에 다시 확인해보라). SWT 트레이 아이콘이 번들을 정지하고 시작할 때마다 나타나고 사라지는지 확인한다.

보충 설명

번들을 시작할 때 시스템 Tray에 SWT TrayItem을 추가하고 번들을 종료할 때 아이템을 제거했다. 아이콘은 샘플 프로젝트에서 사용했던 아이콘을 사용했다. 다른 아이콘을 사용하고 싶으면 build.properties 파일을 업데이트하는 일을 잊지 말라.

트레이는 그래픽 컴포넌트기 때문에 이미지가 없으면 화면에 보이지 않는다. 툴팁은 선택 사항이다. 트레이가 없는 시스템도 있으므로 display.getSystemTray()가 null 값을 반환해도 잘못된 것이 아님을 명심하라.

번들을 로드할 때 자동으로 번들을 시작하고, 번들 로드는 메뉴 아이템을 작동시킨다. 뷰를 열어도 번들이 자동으로 시작된다. 번들은 프로그램이나 호스트 OSGi 콘솔을 통해 시작하고 정지할 수도 있다. OSGi 콘솔은 Activator 클래스의 start()와 stop() 메소드가 정상적으로 동작하는지를 테스트할 때 유용하다.

실습 예제 | 사용자에 응답

사용자가 트레이 아이콘을 클릭해도 아무 일이 일어나지 않는다. TrayItem에 리스너를 등록하지 않았기 때문이다. TrayItem에 등록 가능한 리스너는 아이콘을 클릭했을 때 호출되는 SelectionListener와 문맥에 따라 달라지는 메뉴[context-sensitive menu]에 반응하는 MenuDetectListener 두 가지다. SelectionListener는 윈도우에 시계를 표시할 때 사용하며, SWT에서는 Shell에서 호출한다.

1 Activator 클래스를 연다.

2 Shell을 저장하는 필드를 추가한다.

   private Shell shell;

3 Activator 클래스의 start() 메소드에 있는 Runnable 내부의 run() 메소드로 이동한다.

4 TrayItem을 생성한 후 addSelectionListener()를 호출한다. 이 메소드에서는 ClockView를 갖는 새로운 Shell을 생성한다.

```
trayItem.addSelectionListener(new SelectionListener() {
  public void widgetSelected(SelectionEvent e) {
    if (shell == null) {
      shell = new Shell(trayItem.getDisplay());
      shell.setLayout(new FillLayout());
      new ClockWidget(shell, SWT.NONE, new RGB(255, 0, 255));
      shell.pack();
    }
    shell.open();
  }
});
```

5 이클립스 인스턴스를 실행하고 ClockView를 열어 트레이 아이콘을 클릭한다. 별도의 창에 시계가 나타난다.

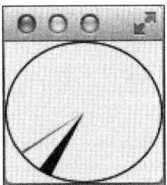

6 번들을 종료하면 Shell을 폐기해야 하므로, Activator 클래스의 stop() 메소드 마지막에 다음 코드를 추가한다.

```
     if (shell != null && !shell.isDisposed()) {
       Display.getDefault().asyncExec(new Runnable() {
         public void run() {
           if (shell != null && !shell.isDisposed())
             shell.dispose();
         }
       });
     }
```

7 이클립스 인스턴스를 실행하고 `TrayItem`을 클릭한다. 호스트 **OSGi** 콘솔을 사용해서 번들을 종료하고 구동한다. 번들을 종료하면 윈도우가 사라져야 한다.

보충 설명

시스템 `Tray`에 `TrayItem`을 설치할 때 사용자 입력에 반응하기 위한 이벤트 리스너를 등록했다. 트레이 아이콘을 클릭했을 때 `SelectionListener`가 호출돼서 화면에 윈도우 창(SWT 용어로는 `Shell`)을 띄운다.

`Shell`의 인스턴스를 생성할 때 `TrayItem`과 연관된 `Display`를 사용했다. `Display.getDefault()`나 `Display.getCurrent()`를 사용해도 되지만, 둘 다 좋은 방법이 아니다. 멀티모니터 모드나 여러 데스크톱에 걸쳐 확장된 가상 디스플레이로 작업 중인 개발자라면 해당 `Tray`와 같은 디스플레이에서 `Shell`이 보이는지 확인하는 작업이 중요하다.

`LayoutManager` 없이 시계는 나타나지 않는다. 시계를 윈도우에 꽉 차게 만들고 윈도우 크기가 변경됨에 따라 시계의 크기도 조정하기 위해 예제에서는 `FillLayout`을 사용했다. 윈도우를 생성할 때 `pack()` 메소드를 호출해 윈도우 내에 있는 자식 컴포넌트의 크기에 맞춰 윈도우 크기를 조정한다. 예제의 경우는 `ClockView`의 크기에 맞춘다.

마지막으로 `open()`을 호출해 윈도우를 화면에 출력한다.

실습 예제 | 모달과 기타 효과

윈도우에 설정 가능한 다양한 스타일 비트와 윈도우의 외양을 결정하는 몇 가지 유용한 방법이 있다. 예를 들어 다른 윈도우 위에 시계를 나타내기 위해 반투명 시계를 만들려고 할지도 모른다. 이런 효과를 위해 SWT의 Shell은 여러 가지 옵션 설정이 가능하다.

1 Activator 클래스의 내부 클래스에 있는 widgetSelected() 메소드에서 Shell 의 인스턴스를 생성하는 부분에 SWT.NO_TRIM(닫기/최소화/최대화 버튼 없음)과 SWT.ON_TOP(다른 윈도우 위에 배치)을 추가한다.

```
shell = new Shell(trayItem.getDisplay(),SWT.NO_TRIM|SWT.ON_TOP);
```

2 알파 값을 128로 설정해서 반투명하게 만든다.

```
shell.setAlpha(128);
```

3 이클립스 인스턴스를 실행하고 트레이 아이템을 클릭해서 어떤 종류의 화면이 생성되는지 확인한다.

4 메인 윈도우로의 이동을 막기 위해 SWT.APPLICATION_MODAL을 이용해서 Shell 을 모달 윈도우로 생성한다.

```
shell = new Shell(trayItem.getDisplay(),SWT.APPLICATION_MODAL);
```

5 플랫폼에 따라 setFullScreen()이나 setMaximized()를 호출해서 애플리케이션을 전체 화면으로 만든다.

```
shell.setFullScreen(true);
shell.setMaximized(true);
```

6 SWT_TRIM을 설정하지 않으면 윈도우를 닫는 선택 이벤트를 감지하는 등의 제어 코드를 추가해야 한다.

7 이클립스 애플리케이션을 실행하고 윈도우가 어떻게 바뀌는지 확인한다.

8 다시 SWT.NO_TRIM과 SWT.ON_TOP을 사용해서 Shell을 생성하게 수정한다.

9 플로팅 윈도우를 원 모양으로 만들기 위해 Activator 클래스에 circle() 메소드를 추가한다. circle() 메소드와 관련된 코드는 Snippet134.java(http://www.eclipse.org/swt/snippets/의 SWT 코드 조각snippet 페이지)에서 가져왔다.

```java
private static int[] circle(int r, int offsetX, int offsetY) {
  int[] polygon = new int[8 * r + 4];
  //x^2 + y^2 = r^2
  for (int i = 0; i < 2 * r + 1; i++) {
    int x = i - r;
    int y = (int)Math.sqrt(r*r - x*x);
    polygon[2*i] = offsetX + x;
    polygon[2*i+1] = offsetY + y;
    polygon[8*r - 2*i - 2] = offsetX + x;
    polygon[8*r - 2*i - 1] = offsetY - y;
  }
  return polygon;
}
```

10 마지막으로 Shell에 Region을 설정해서 윈도우 모양을 둥글게 바꾼다. 떠다니는 시계처럼 보이게 하는 효과가 있다. widgetSelected() 메소드 내에 Shell을 생성하는 부분 뒤에 다음 코드를 추가한다.

```java
final Region region = new Region();
region.add(circle(25, 25, 25));
shell.setRegion(region);
```

11 실행하면 시계는 다음과 같이 보인다.

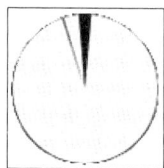

12 완벽을 기하기 위해 Shell에 폐기 리스너^{dispose listener}를 등록해서 Region이 확실히 제거되게 한다.

```
shell.addDisposeListener(new DisposeListener() {
  public void widgetDisposed(DisposeEvent e) {
    if (region != null && !region.isDisposed())
      region.dispose();
  }
});
```

보충 설명 |

윈도우의 모양을 바꾸고 사용자와 상호작용하기 위해 다양한 옵션을 사용했다. 셸^{shell}에 메소드를 호출해서 프로그램적으로 윈도우를 전체 화면으로 키우고, 최대화나 최소화 상태로 변경할 수 있다. 최대화와 전체 화면 상태가 다르게 동작하는 윈도우 기반 시스템도 있으며, 그런 경우 각각은 독특한 특성을 갖는다.

SWT.NO_TRIM은 보통의 윈도우에서 닫기/최대화/최소화 같은 요소를 제거한 윈도우를 표시할 때 사용한다. 트림 옵션은 사각형이 아닌 모양을 만들 때 사용하는 영역 설정 setRegion() 메소드와 함께 사용 가능하다.

트림하지 않은 윈도우가 화면에 떠다니는 경우가 종종 있다. 즉, 해당 윈도우가 포커스를 잃어도 사라지지 않고 다른 애플리케이션 윈도우 위에 계속 위치한다. 이런 효과는 SWT.ON_TOP 옵션을 설정하고 setAlpha()로 알파 값^{투명도}을 적용하면 된다. 알파 값은 0(완전히 투명함)부터 255(완전히 불투명) 사이의 값을 갖는다.

Region은 연결된 점의 집합으로 정의하지만, 픽셀 단위로도 설정할 수 있다. 꼭 기억해야 할 사항은 Region도 Resource여서 사용 후(보통은 Shell을 닫을 때)에는 반드시 폐기해야 한다는 점이다. 클린 작업은 앞서 설명했듯이 Shell에 addDisposeListener()를 사용해서 처리한다.

실습 예제 | 그룹과 탭 폴더

전 세계의 시간대별 시계 목록을 보여주는 새로운 `TimeZoneView`를 만들어보자. 이번에는 플러그인 마법사를 사용하지 않고 직접 확장을 추가해보겠다.

 ☞ E4: E4에서 뷰를 정의하는 방법은 7장, '이클립스 4 이해'에서 설명한다. 2장에서는 이클립스 3.x와 이클립스 4.x의 이클립스 3.x 호환 모델에서 뷰를 생성하는 방법을 설명한다.

1 프로젝트에서 오른쪽 클릭해서 Plug-in Tools > Open Manifest를 선택하거나 탐색기 뷰에서 plugin.xml 파일을 찾아 더블 클릭한다.

2 매니페스트 편집기의 확장Extensions 탭으로 간다. 확장 목록에 `org.eclipse.ui.views`가 보일 것이다. 그것을 확장하면 카테고리category Timekeeping 밑에 플러그인 마법사를 통해 추가했던 뷰인 Clock 뷰가 보인다.

3 `org.eclipse.ui.views`에서 오른쪽 클릭한 후 메뉴에서 New > view를 찾아 선택한다. name이라는 뷰가 등록되고 오른쪽에 식별자(id), 이름(name), 클래스(class), 카테고리(category) 같은 속성 목록이 나타난다. 해당하는 속성에 다음과 같이 입력한다.

   ○ **식별자(ID)**   com.packtpub.e4.clock.ui.views.TimeZoneView

   ○ **이름(Name)**   Time Zone View

   ○ **클래스(Class)**   com.packtpub.e4.clock.ui.views.TimeZoneView

   ○ **카테고리(Category)**   com.packtpub.e4.clock.ui

   ○ **아이콘(Icon)**   icons/sample.gif

4 파일을 저장하면 plugin.xml 파일에 다음과 같은 코드가 추가된다.

```xml
<view
    category="com.packtpub.e4.clock.ui"
    class="com.packtpub.e4.clock.ui.views.TimeZoneView"
    icon="icons/sample.gif"
    id="com.packtpub.e4.clock.ui.views.TimeZoneView"
    name="Time Zone View"
    restorable="true">
</view>
```

5 TimeZoneView 클래스를 생성한다. 이때 클래스를 생성하는 가장 쉬운 방법은 plugin.xml 파일의 확장Extensions 탭에서 Time Zone View를 선택하고 class*라는 레이블의 하이퍼링크를 클릭한 후 클래스 이름을 입력하는 방법이다. File > New > Class를 선택해 새 클래스 마법사로 생성하는 방법도 있다. com.packtpub.e4.clock.ui.views 패키지 내에 ViewPart를 상속하는 TimeZoneView를 생성한다.

6 com.packtpub.e4.clock.ui.internal이라는 새로운 패키지에 Comparator 인터페이스를 구현한 TimeZoneComparator 클래스를 생성한다. 일반적으로 유틸리티 클래스를 다른 패키지의 클래스에서 보지 못하게 하기 위해 내부 패키지에 포함시킨다. compare 메소드는 TimeZone 클래스의 compareTo()에 처리를 위임한다.

```java
public class TimeZoneComparator implements Comparator {
    public int compare(Object o1, Object o2) {
        if(o1 instanceof TimeZone && o2 instanceof TimeZone) {
            return ((TimeZone) o1).getID().
                compareTo(((TimeZone) o2).getID());
        } else {
            throw new IllegalArgumentException();
        }
    }
}
```

7 TimeZoneComparator 클래스에 TimeZone 집합을 Map 형태로 반환하는 getTimeZones()라는 public static 메소드를 추가한다. Map은 TimeZone 클래스 ID의 두 부분 중 앞부분을 인덱스 키로 한다(TimeZone 클래스 ID는 Europe/Milton_Keynes나 America/New_York과 같이 /를 기준으로 두 부분으로 나뉜다). 이렇게 해서 유럽의 모든 TimeZone을 하나의 그룹으로 묶고, 미국의 모든 TimeZone을 다른 하나의 그룹으로 만든다.

```java
public static Map<String, Set<TimeZone>> getTimeZones(){
  String[] ids = TimeZone.getAvailableIDs();
  Map<String, Set<TimeZone>> timeZones =
      new TreeMap<String, Set<TimeZone>>();
  for (int i = 0; i < ids.length; i++) {
    String[] parts = ids[i].split("/");
    if (parts.length == 2) {
      String region = parts[0];
      Set<TimeZone> zones = timeZones.get(region);
      if (zones == null) {
        zones = new TreeSet<TimeZone>(new TimeZoneComparator());
        timeZones.put(region, zones);
      }
      TimeZone timeZone = TimeZone.getTimeZone(ids[i]);
      zones.add(timeZone);
    }
  }
  return timeZones;
}
```

8 TimeZoneView 클래스의 createPartControl() 메소드에 CTabFolder를 생성하고 CTabItem을 생성해 시간대를 하나씩 탭 폴더에 추가한다.

```java
public void createPartControl(Composite parent) {
  Map<String, Set<TimeZone>> timeZones =
      TimeZoneComparator.getTimeZones();
  CTabFolder tabs = new CTabFolder(parent, SWT.BOTTOM);
```

```
    Iterator<Entry<String, Set<TimeZone>>> regionIterator =
        timeZones.entrySet().iterator();
    while(regionIterator.hasNext()) {
      Entry<String, Set<TimeZone>> region =
          regionIterator.next();
      CTabItem item = new CTabItem(tabs, SWT.NONE);
      item.setText(region.getKey());
    }
    tabs.setSelection(0);
  }
```

9 예제를 실행해서 Time Zone 뷰를 확인한다. 아랫부분에 탭 목록이 추가돼 보인다.

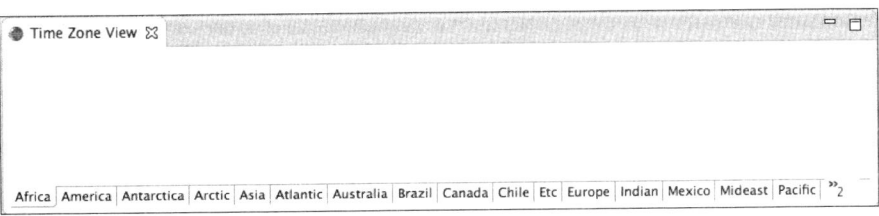

10 while 루프 안에서 TimeZone 인스턴스에 대한 ClockWidget 클래스 전체를 담을 Composite를 추가한다.

```
item.setText(region.getKey()); // 앞에 이어서
Composite clocks = new Composite(tabs, SWT.NONE);
clocks.setLayout(new RowLayout());
item.setControl(clocks);
```

11 TimeZones에 대해 반복적으로 시간대별 ClockWidget을 추가한다.

```
RGB rgb = new RGB(128, 128, 128);
TimeZone td = TimeZone.getDefault();
Iterator<TimeZone> timezoneIterator = region.getValue().
iterator();
```

```
while (timezoneIterator.hasNext()) {
  TimeZone tz = timezoneIterator.next();
  ClockWidget clock = new ClockWidget(clocks, SWT.NONE, rgb);
  clock.setOffset((
      tz.getOffset(System.currentTimeMillis()) -
      td.getOffset(System.currentTimeMillis())) / 3600000);
}
```

12 이클립스 인스턴스를 실행하고 Time Zone 뷰를 열어 전체 시계를 확인한다.

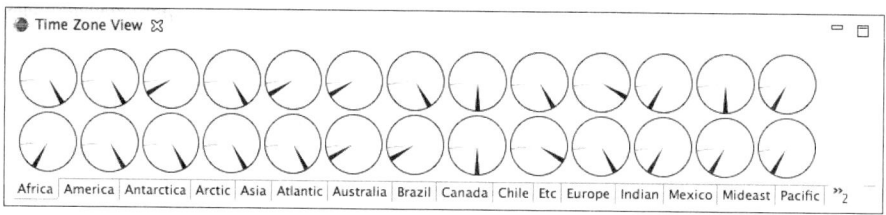

13 시계를 좀 더 알아보기 쉽게 텍스트 레이블이 달린 Group에 배치한다. 위젯의 계층 구조가 CTabItem → Composite → ClockWidget에서 CTabItem → Composite → Group → ClockWidget으로 바뀐다. 위젯을 생성하는 코드를 다음으로 교체한다.

```
ClockWidget clock = new ClockWidget(clocks, SWT.NONE, rgb);
Group group = new Group(clocks,SWT.SHADOW_ETCHED_IN);
group.setText(tz.getID().split("/")[1]);
ClockWidget clock = new ClockWidget(group, SWT.NONE, rgb);
```

14 이클립스를 다시 실행해서 뷰를 확인하면 그림과 같이 요소들이 빈 채로 나열돼 보인다.

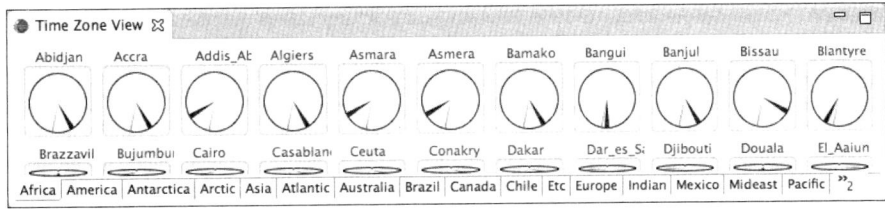

15 일반적인 Composite 클래스의 기본 레이아웃 관리자는 null이기 때문에 Group도 레이아웃 관리자가 없다. 그래서 시계가 충분한 크기를 확보하지 못해 화면에 나타나지 않았다. 명시적으로 레이아웃 관리자를 설정하게 고쳐보자.

```
group.setLayout(new FillLayout());
```

16 다시 이클립스를 실행하면 다음 그림과 같이 보인다.

17 아래 부분의 시계들이 찌그러져 보이고, 스크롤이 없어 더 많은 시간대가 있음에도 확인이 어렵다. ScrolledComposite를 이용해서 위젯에 스크롤을 추가하자. ScrolledComposite는 매우 큰 가상의 영역을 스크롤할 수 있게 스크롤바와 사용자와의 상호작용을 처리해준다. 뷰의 계층 구조가 CtabItem → Composite → Group → ClockWidget에서 CTabItem → ScrolledComposite → Composite → Group → ClockWidget으로 바뀐다.

```
Composite clocks = new Composite(tabs, SWT.NONE);
item.setControl(clocks);
ScrolledComposite scrolled = new
    ScrolledComposite(tabs,SWT.H_SCROLL | SWT.V_SCROLL);
Composite clocks = new Composite(scrolled, SWT.NONE);
```

```
    item.setControl(scrolled);
    scrolled.setContent(clocks);
```

18 이클립스를 실행해도 화면에 아무것도 보이지 않는다.

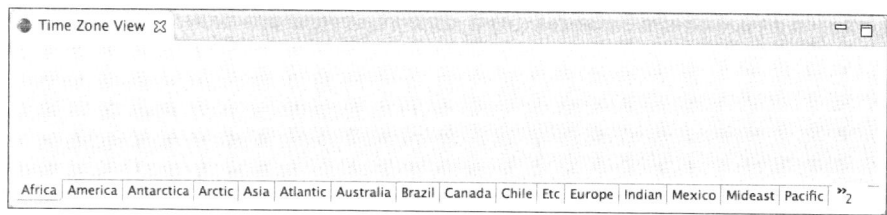

19 ScrolledComposite는 최소 크기가 없어 아무것도 안 보인다. clock 컨테이너의 크기를 이용해 ScrolledComposite의 크기를 계산해보자. while 루프의 끝부분에 ScrolledComposite의 콘텐츠를 생성한 후 다음 코드를 추가한다.

```
Point size = clocks.computeSize(SWT.DEFAULT,SWT.DEFAULT);
scrolled.setMinSize(size);
scrolled.setExpandHorizontal(true);
scrolled.setExpandVertical(true);
```

20 이클립스를 다시 실행해보면 이제 원하는 모습으로 시계가 나타난다.

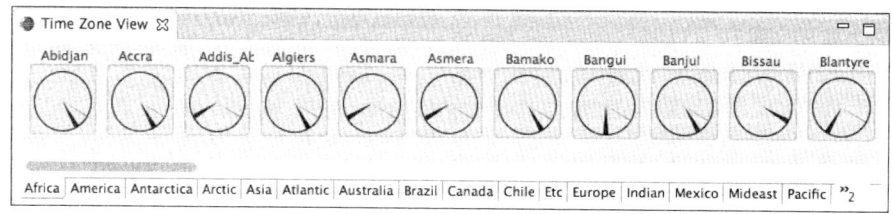

21 ScrolledComposite의 배경색과 시계 Composite의 배경색이 다르므로, 시계 Composite를 생성한 후에 다음처럼 코드를 수정해서 배경색을 맞춰보자.

```
clocks.setBackground(Display.getDefault()
    .getSystemColor(SWT.COLOR_LIST_BACKGROUND));
```

22 이제 완벽한 Time Zone 뷰가 됐다.

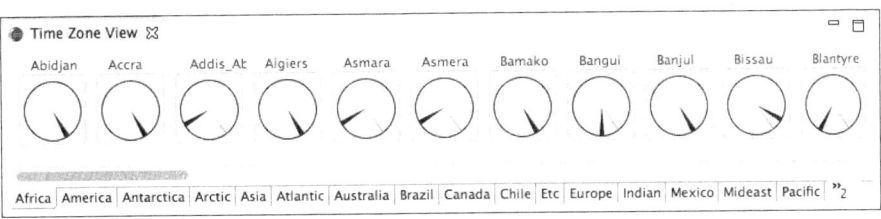

보충 설명

CTabFolder와 CTabItem 인스턴스를 이용해서 다양한 유형의 Composite가 조합된 탭 환경을 만들었다. CTabItem 안의 ScrolledComposite는 여러 Group 인스턴스의 Composite를 포함하고, 각 Group 인스턴스는 하나의 ClockWidget을 갖는다. ScrolledComposite는 스크롤을 만들고, Group은 ClockWidget 위에 시간대를 알려주는 텍스트를 배치하게 해준다.

 예제에서 사용한 몇 가지 컴포넌트는 org.eclipse.swt.widgets이 아닌 org.eclipse.swt. custom 패키지에 위치한다. 이 패키지에 있는 많은 컴포넌트의 이름은 비슷한 이름의 SWT 위젯과 구별하기 위해 사용자 정의(custom) 컴포넌트를 의미하는 C로 시작한다. CTabFolder/Item은 SWT를 구현한 클래스로 탭 기능을 제공하며, 관련된 OS 위젯 TabFolder/Item은 OS 고유의 랜더링 탭 스위처(tab switcher)를 사용한다.

깜짝 퀴즈 | SWT 사용

Q1. 시스템 메뉴에 아이콘을 추가하는 방법은?

Q2. Shell 객체의 SWT.NO_TRIM 스타일은 무엇을 의미하는가?

Q3. Shell을 투명하게 하려면 어떻게 해야 하는가?

Q4. 사각형이 아닌 Shell을 만들려면 무엇을 설정해야 하는가?

Q5. 연관된 아이템 집합에 레이블을 붙일 수 있는 Composite는 무엇인가?

Q6. Group 인스턴스의 기본 레이아웃 관리자는 무엇인가?

Q7. 이미 존재하는 위젯에 스크롤을 추가하려면 어떻게 해야 하는가?

도전 과제 | 시간대 보강

서로 다른 시간대의 시계를 표시했지만, 보강할 기능이 더 있다.

- 뷰를 생성할 때 사용자의 기본 시간대를 가진 탭으로 전환하라.
- 지역 이름 대신 시간대의 오프셋에 따라 시계를 정렬하라.
- 즐겨 찾는 탭을 생성하고 드래그앤드롭이 가능하게 하라.
- 모든 시계를 업데이트하는 하나의 Thread를 공유해서 업데이트 속도를 향상시켜라.
- 하나 이상의 행이 보이게 ScrolledComposite의 크기 조절 기능을 개선하라.

정리

SWT 위젯으로 뷰를 만드는 방법을 배웠다. 표준 위젯 유형뿐만 아니라 자신이 만든 위젯도 살펴봤으며, Composite와 Layout 클래스로 이런 위젯들을 그룹으로 묶는 방법도 알아봤다. 누수 현상을 발견하고 제거하는 디버깅 절차를 살펴보는 등 SWT 내의 자원을 관리하는 방법도 살펴봤다.

3장에서는 높은 수준의 추상화를 구현한 JFace 사용법을 알아본다.

3

JFace 뷰어 작성

2장에서 운영체제의 네이티브 위젯과 자바 사이의 연결 계층을 제공하는 SWT로 블록을 개발하는 기초를 살펴봤다. 3장에서는 SWT 위에 개발돼 MVC 아키텍처와 이클립스에서 사용되는 많은 공통 위젯을 제공하는 JFace를 알아본다.

3장에서는 다음과 같은 내용을 다룬다.

- 데이터의 계층 구조를 보여주는 뷰 작성
- 이미지와 폰트, 색상 자원 사용
- 스타일 텍스트 생성
- 뷰어에서 항목 정렬과 필터링
- 더블 클릭 동작 추가
- 선택과 속성 지원
- 테이블로 데이터를 보여주는 뷰 작성

왜 JFace인가?

SWT는 트리나 버튼, 레이블 같은 기본적인 위젯 구현체를 제공하지만, 정수 인덱스로 사용자의 선택을 처리하고 문자열을 다루는 정도의 작업도 필요하다. JFace는 구조화된 콘텐츠를 표현하기 쉬운 UI를 제공하기 위해 SWT 위젯과 이벤트 콘텐츠 관리자를 조합한 뷰어viewer를 제공한다.

다양한 유형의 뷰어(모두 Viewer의 하위 클래스다)가 있지만, TreeViewer와 TableViewer 같은 ContentViewer를 가장 많이 사용한다. 텍스트 기반의 뷰어 TextViewer는 SourceViewer를 하위 클래스로 가지며, 콘솔(Console) 뷰의 ConsoleViewer와 진행(Progress) 뷰의 DetailedProgressViewer 같은 움직이는 뷰어viewer도 있다. 3장에서는 TreeViewer와 TableViewer를 이용해 뷰를 만들어보자. JFace는 SWT를 기반으로 하기 때문에 JFace 사용법을 이해하려면 먼저 SWT가 어떻게 동작하는지 알아야 한다.

트리 뷰어 생성

파일 탐색기에서부터 클래스 콘텐츠까지 이클립스의 많은 위젯은 트리 모양의 뷰를 기반으로 한다. JFace 프레임워크는 트리와 관련된 모든 기능을 제공하기 위해 트리 뷰어(TreeViewer)를 제공한다. 트리 뷰어를 TimeZoneTreeView에 적용해보자.

실습 예제 | 트리 뷰어 생성

2장에서처럼 plugin.xml 편집기를 사용해 새로운 TimeZoneTreeView를 생성한다. 이 뷰는 시간대 목록을 지역에 따라 계층 구조로 보여준다.

1 com.packtpub.e4.clock.ui 프로젝트에서 오른쪽 클릭한 후 Plug-in Tools > Open Manifest를 선택한다.

2 확장Extensions 탭을 열고 org.eclipse.ui.views로 이동한다. 오른쪽 클릭해서 New > View를 선택하고 필드에 다음 내용을 채워 넣는다.

- 식별자(ID)   com.packtpub.e4.clock.ui.views.TimeZoneTreeView
- 이름(Name)   Time Zone Tree View
- 클래스(Class)   com.packtpub.e4.clock.ui.views.TimeZoneTreeView
- 카테고리(Category)   com.packtpub.e4.clock.ui
- 아이콘(Icon)   icons/sample.gif

3 plugin.xml 파일에 다음과 같은 코드가 추가돼 보인다.

```xml
<view
  category="com.packtpub.e4.clock.ui"
  class="com.packtpub.e4.clock.ui.views.TimeZoneTreeView"
  icon="icons/sample.gif"
  id="com.packtpub.e4.clock.ui.views.TimeZoneTreeView"
  name="Time Zone Tree View"
  restorable="true">
</view>
```

4 2장에서 했던 방법과 동일하게 ViewPart를 상속하는 TimeZoneTreeView 클래스를 생성한다.

5 뷰의 createPartControl() 메소드에서 V_SCROLL, H_SCROLL, MULTI 옵션을 설정한 TreeViewer 인스턴스를 생성하고 필드에 저장한다. 트리 뷰어의 컨트롤에 포커스를 설정하게 뷰의 setFocus()를 구현한다.

```java
public class TimeZoneTreeView extends ViewPart {
  private TreeViewer treeViewer;
  public void createPartControl(Composite parent) {
    treeViewer = new TreeViewer(parent,
        SWT.MULTI | SWT.H_SCROLL | SWT.V_SCROLL );
  }
  public void setFocus() {
    treeViewer.getControl().setFocus();
  }
}
```

☞ E4: E4에서 부모 Composite을 제공하려면 createPartControl() 메소드 위에 @Inject 어노테이션이 필요하고, setFocus() 메소드 위에는 @Focus가 필요하다. 이렇게 어노테이션을 이용함으로써 뷰는 SWT 이외에 어떠한 이클립스 UI 사양도 참조하지 않는 순수한 POJO 형태로 작성할 수 있게 됐다.

6 이클립스 애플리케이션을 실행하고 Window > Show View > Timekeeping > Time Zone Tree View를 통해 뷰를 확인한다.

7 정보를 화면에 출력하기 위해 특정 인터페이스를 따르는 데이터를 제공해야 하는 스윙Swing과는 달리 JFace는 특정 데이터 클래스를 요구하지 않는다. 대신 화면에 출력할 객체(입력 값)와 데이터를 읽을 수 있는 인터페이스(콘텐츠 프로바이더), 데이터를 화면에 표시할 인터페이스(레이블 프로바이더)를 제공해야 한다.

8 `org.eclipse.jface.viewers` 패키지의 `LabelProvider`를 상속하는 `TimeZoneLabelProvider`라는 새 클래스를 생성한다. `TimeZoneLabelProvider`에는 객체를 매개변수로 받아 화면에 표시할 텍스트로 변환하는 `getText()`라는 메소드가 있다. `toString()` 대신 `Map.Entry` 값이나 `TimeZone` 값을 반환하게 `getText()`를 수정한다.

```
public class TimeZoneLabelProvider extends LabelProvider {
  public String getText(Object element) {
    if (element instanceof Map) {
      return "Time Zones";
    } else if (element instanceof Map.Entry) {
```

```
          return ((Map.Entry) element).getKey().toString();
        } else if (element instanceof TimeZone) {
          return ((TimeZone) element).getID().split("/")[1];
        } else {
          return "Unknown type: " + element.getClass();
        }
      }
    }
```

TreeViewer는 하나 이상의 루트 노드를 가질 수 있으므로, 그 경우 Time Zones로 최상위 노드를 표현하기 위해 instanceof Map 검사를 사용했다.

9 목록에 예상치 못한 유형의 값이 나타날 때 이를 감지해서 디버깅하기 쉽게 빈 문자열의 기본 값이라도 갖게 하면 좋다.

10 ITreeContentProvider 인터페이스를 구현하는 TimeZoneContentProvider 클래스를 생성한다. 이 클래스는 다음 세 개의 메소드를 구현해야 한다.

- **hasChildren()**   자식 노드가 있으면 true를 반환한다.
- **getChildren()**   해당 노드의 자식 노드를 반환한다.
- **getElements()**   최상위 루트 노드를 반환한다.

11 매개변수가 Map이나 Collection이면서 빈 상태가 아니라면 true를 반환하고, Map.Entry면 hasChildren()을 다시 호출한다. 중첩된 Map이나 Collection을 기반으로 하는 트리의 hasChildren() 메소드는 동일한 형태를 보인다.

```
public boolean hasChildren(Object element) {
  if (element instanceof Map) {
    return !((Map) element).isEmpty();
  } else if (element instanceof Map.Entry) {
    return hasChildren(((Map.Entry)element).getValue());
  } else if (element instanceof Collection) {
    return !((Collection) element).isEmpty();
  } else {
```

```
      return false;
    }
  }
```

12 getChildren()은 Map이나 Collection, Map.Entry 유형에 대해 동일한 패턴으로 구현하고, Object[]를 반환해야 하므로 Map에 내장된 기능인 entrySet()을 사용해 콘텐츠를 배열로 변환한다.

```
  public Object[] getChildren(Object parentElement) {
    if (parentElement instanceof Map) {
      return ((Map) parentElement).entrySet().toArray();
    } else if (parentElement instanceof Map.Entry) {
      return getChildren(((Map.Entry)parentElement).getValue());
    } else if (parentElement instanceof Collection) {
      return ((Collection) parentElement).toArray();
    } else {
      return new Object[0];
    }
  }
```

13 ITreeContentProvider 구현의 핵심은 getChildren()과 hasChildren() 메소드가 일관성을 유지해야 한다는 점이다. 일관성을 유지하는 getChildren()이 빈 배열을 반환하는지 확인하게 hasChildren() 메소드를 구현해도 되지만, getChildren() 연산이 복잡하다면 성능을 저하시킬 수 있으니 유의하라.

14 TreeViewer의 루트가 하나 이상일 수 있기 때문에 루트 노드를 반환하는 메소드는 배열을 결과 값으로 반환한다. getElements()의 매개변수는 루트 노드 값 자체를 포함하지 못하는 버그가 있다. 그래서 일반적으로 하나의 요소를 갖는 배열을 전달하고 그것을 반환한다. 대부분의 모든 TreeContentProvider의 getElements()는 동일한 패턴으로 작성될 것이다.

```
  public Object[] getElements(Object inputElement) {
    if (inputElement instanceof Object[]) {
      return (Object[]) inputElement;
```

```
    } else {
      return new Object[0];
    }
  }
```

15 이제 프로바이더를 완성했으니 TimeZoneTreeViewer의 createPartControl() 메소드에서 뷰어와 프로바이더를 연결하고 마지막으로 입력 데이터 객체를 설정한다.

```
treeViewer.setLabelProvider(new TimeZoneLabelProvider());
treeViewer.setContentProvider(new TimeZoneContentProvider());
treeViewer.setInput(new Object[]
    {TimeZoneComparator.getTimeZones()});
```

16 이클립스를 실행하고 Window > Show View > Timekeeping > Time Zone Tree View로 뷰를 열어 결과를 확인한다.

보충 설명

TreeViewer의 데이터는 setInput() 메소드를 통해 제공하고, 하나의 요소만을 포함하더라도 거의 대부분 객체 배열로 제공한다.

ITreeContentProvider 인터페이스는 hasChildren()과 getChildren()이라는 중요한 메소드를 통해 사용자가 트리의 노드를 열거나 닫을 때 데이터 구조를 분석한다. hasChildren()은 노드에 확장 가능한 아이콘을 보여주는 데 사용하고, getChildren()은 사용자가 트리의 노드를 열었을 때 호출된다. getChildren() 연산이 복잡할 수 있기 때문에 두 개의 메소드를 분리했다.

트리 형태의 데이터 구조에서는 getParent() 메소드도 구현해서 객체에 접근이 가능하게 하라. getParent() 메소드를 구현하면 viewer.reveal(Object)을 통해 특정 객체에 접근하기 위해 계층 구조상의 노드를 확장할 수 있다.

트리에 레이블을 표시하기 위해 트리의 요소마다 레이블(선택적으로 이미지도)을 제공하는 `LabelProvider`를 사용한다. 자바 퍼스펙티브의 패키지Package 뷰를 보면 클래스에 클래스 아이콘을 보여주고, 패키지에는 패키지 아이콘을 보여주는 것처럼 객체의 유형별로 다른 아이콘을 표현할 수 있다.

`LabelProvider`는 다양한 방법으로 메시지를 보여주기도 한다. 예를 들어 시간대의 오프셋을 레이블에 추가해서 보여주거나 시간대와 GMT(GMT는 Greenwich Mean Time의 약자로, 세계 표준시다. - 옮긴이)의 차이만을 보여줄 수도 있다.

실습 예제 | JFace에서 이미지 사용

`TimeZoneLabelProvider`는 표준 SWT 위젯인 `Image`를 반환할 수 있다. 2장에서처럼 `Image`를 로드해도 되지만, JFace에서는 애플리케이션에서 사용하는 자원을 관리하기 위해 자원 레지스트리resource registry를 제공한다. 자원 레지스트리에는 `ImageRegistry`와 `FontRegistry`, `ColorRegistry` 클래스가 있으며, `Resource` 인스턴스의 목록을 관리하고 자원 인스턴스가 더 이상 필요 없어졌을 때 올바른 방법으로 폐기되게 보장하는 역할을 수행한다.

JFace에는 전역 레지스트리global registry 집합이 있지만, IDE가 폴더와 파일 아이콘을 관리하는 데 사용하는 것과 같이 특별한 레지스트리도 있다. 레지스트리는 관리하는 자원의 정보를 기술한 기술서descriptor를 사용하며, 이 기술서를 기반으로 자원 인스턴스를 찾아낸다. 찾아낸 자원은 레지스트리가 소유하게 되므로, 자원을 찾아낸 클라이언트는 자원을 폐기해선 안 된다.

1 폴더 아이콘을 제공하기 위해 TimeZoneLabelProvider에 워크벤치의 ImageRegistry를 사용하는 getImage() 메소드를 추가한다. 코드는 다음과 같다.

```
public Image getImage(Object element) {
  if(element instanceof Map.Entry) {
    return PlatformUI.getWorkbench().getSharedImages()
      .getImage(ISharedImages.IMG_OBJ_FOLDER);
  } else {
    return super.getImage(element);
  }
}
```

2 이클립스 인스턴스를 실행하고 Time Zone Tree 뷰를 연다. 시간대별로 폴더 아이콘을 표시해서 지역을 나타낸다. 여기서 사용한 Image는 PlatformUI 플러그인이 소유하므로 폐기할 필요 없다(이 이미지는 PlatformUI가 종료될 때 폐기된다).

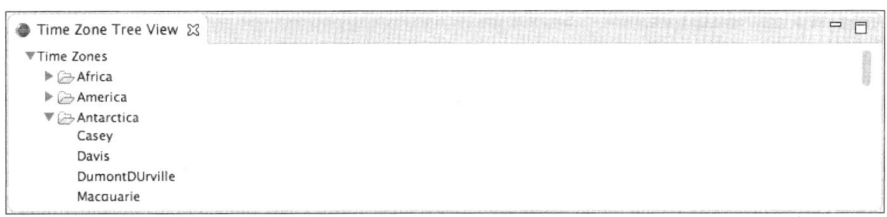

☞ E4: E4를 사용하면 객체 주입을 통해 ISharedImages 인스턴스를 얻을 수 있다.

```
@Inject
private ISharedImages images;
images.getImage(ISharedImages.IMG_OBJ_FOLDER);
```

3 다른 이미지를 사용하려면 JFaceRegistry의 전역 ImageRegistry를 사용하거나 개별적으로 이미지 인스턴스를 생성한다. 전역 레지스트리도 잘 동작하지

만, 이클립스 인스턴스를 닫기 전에는 JFaceRegistry가 유지되기 때문에 이클립스 인스턴스의 생명주기 동안 Image 인스턴스는 결코 폐기되지 않는다.

예제에서는 컨트롤의 생명주기를 따르는 LocalResourceManager와 ImageRegistry를 생성해서 부모 컨트롤이 폐기될 때 이미지도 자동 폐기되게 하자. 이와 관련된 코드는 TimeZoneTreeView의 createPartControl() 메소드에 추가해야 한다.

```
public void createPartControl(Composite parent) {
  ResourceManager rm = JFaceResources.getResources();
  LocalResourceManager lrm = new LocalResourceManager(rm,parent);
```

4 LocalResourceManger를 사용해 ImageRegistry를 생성하고, createFromURL()을 사용해 URL로부터 ImageDescriptor를 생성해 레지스트리에 추가한다.

```
ImageRegistry ir = new ImageRegistry(lrm);
URL sample = getClass().getResource("/icons/sample.gif");
ir.put("sample", ImageDescriptor.createFromURL(sample));
```

5 ImageRegistry가 채워졌으니 LabelProvider와 연결해서 필요할 때 알맞은 이미지를 보여주게 하자. TimeZoneLabelProvider의 생성자에 이미지 레지스트리를 전달한다.

```
~~treeViewer.setLabelProvider(new TimeZoneLabelProvider());~~
treeViewer.setLabelProvider(new TimeZoneLabelProvider(ir));
```

6 TimeZoneLabelProvider의 생성자에서 전달받은 ImageRegistry를 변수에 저장하고 getImage() 메소드에서 이미지를 얻어오는 데 이 변수를 사용한다.

```
private final ImageRegistry ir;
public TimeZoneLabelProvider(ImageRegistry ir) {
  this.ir = ir;
}
public Image getImage(Object element) {
  if(element instanceof Map.Entry) {
```

```
        return ir.get("sample");
    } else if(element instanceof TimeZone) {
        return ir.get("sample");
    } else {
        return super.getImage(element);
    }
}
```

7 이제 뷰를 열어 샘플 이미지가 트리 아이콘으로 보이는지 확인한다.

보충 설명

처음에는 `ISharedImages`에 미리 정의된 이미지 기술서를 사용해서 `PlatformUI`의 표준 이미지를 사용했다. 이미지 기술서의 이름은 `IMG`로 시작하며, 다음과 같은 미리 정의된 패턴을 따른다.

- **etool과 dtool** 활성화된 툴바 아이콘과 비활성화된 툴바 아이콘
- **elcl과 dlcl** 활성화된 지역 툴바 아이콘과 비활성화된 지역 툴바 아이콘
- **dec** 데코레이터
- **obj와 objs** 객체(파일, 폴더 등)

다른 플러그인도 유사한 이미지 집합을 갖는다. JDT UI의 경우에는 패키지와 클래스, 메소드, 필드에 대한 아이콘을 추가한다.

사용자의 이미지를 사용하기 위해 `LocalResourceManager`로부터 `ImageRegistry`를 생성했다. 생성자에 `Control`을 전달해서 컨트롤 자체를 `DisposeListener`로 등록함으로써 컨트롤이 폐기될 때 이미지도 폐기되게 한다. `ImageRegistry`를 `TimeZoneLabelProvider`에 전달함으로써 코드가 깔끔해지는 효과도 있다.

마지막으로 `ImageDescriptor`로 `ImageRegistry`를 초기화한다. 예제에서는 새 플러그인 프로젝트 마법사에서 가져온 icons/sample.gif로 초기화했다. 이미지를 초기화하고 접근하는 데 동일한 키를 사용한다. 일부 이클립스 프로젝트는 이미지 키에 대한 상수 집합을 정의한 `ISharedImages`를 갖는 코딩 규약을 따른다.

실습 예제 | 스타일이 적용된 레이블 프로바이더

메소드 반환 값의 유형을 표시하는 자바 아웃라인 뷰어와 팀 뷰어에서 변경이 발생했음을 알려주는 데코레이터와 같이 트리 뷰어에 스타일을 표시할 때 `IStyledLabelProvider`를 사용한다.

1. `TimeZoneLabelProvider`가 `IStyledLabelProvider` 인터페이스를 추가로 구현하게 해서 `getStyledText()` 메소드를 생성한다. 선택한 항목이 `TimeZone`을 포함한 `Map.Entry`라면 괄호 안으로 들어가서 화면에 표시할 문자열에 오프셋을 추가한다.

```
public class TimeZoneLabelProvider extends LabelProvider
    implements IStyledLabelProvider {
  public StyledString getStyledText(Object element) {
    String text = getText(element);
    StyledString ss = new StyledString(text);
    if (element instanceof TimeZone) {
      int offset = -((TimeZone) element).getOffset(0);
      ss.append(" (" + offset / 3600000 + "h)",
          StyledString.DECORATIONS_STYLER);
    }
    return ss;
```

        }
    }

2 스타일이 적용된 레이블 프로바이더를 사용하려면 TimeZoneLabelProvider를 DelegatingStyledCellLabelProvider로 래핑해야 한다. TimeZoneTreeView의 createPartControl() 메소드에서 호출하는 생성자를 다음과 같이 변경한다.

```
treeViewer.setLabelProvider(
  new DelegatingStyledCellLabelProvider(
    new TimeZoneLabelProvider(ir)));
```

3 이클립스 인스턴스를 실행하고 뷰를 열어 오프셋 값이 다른 색으로 표시되는지 확인한다.

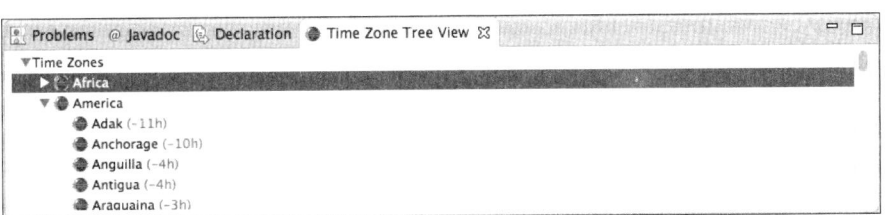

4 뷰에서 사용하는 폰트^{Font}를 변경하려면 TimeZoneLabelProvider가 IFontProvider를 구현해야 한다. 기본 폰트에 이탤릭체를 적용하려면 **JFace**의 FontRegistry를 사용한다. TimeZoneLabelProvider의 생성자에 FontRegistry 매개변수를 추가하고 다음과 같이 getFont() 메소드를 구현한다.

```
public class TimeZoneLabelProvider extends LabelProvider
    implements IStyledLabelProvider, IFontProvider {
  private final ImageRegistry ir;
  private final FontRegistry fr;
  public TimeZoneLabelProvider(ImageRegistry ir, FontRegistry fr){
    this.ir = ir;
    this.fr = fr;
```

```
    }
    public Font getFont(Object element) {
      Font italic = fr.getItalic(JFaceResources.DEFAULT_FONT);
      return italic;
    }
  }
```

5 JFaceResources로부터 FontRegistry를 얻어와 레이블 프로바이더를 초기화하게 TimeZoneTreeView를 수정한다.

```
FontRegistry fr = JFaceResources.getFontRegistry();
treeViewer.setLabelProvider(
    new DelegatingStyledCellLabelProvider(
        new TimeZoneLabelProvider(ir)));
treeViewer.setLabelProvider(
    new DelegatingStyledCellLabelProvider(
        new TimeZoneLabelProvider(ir, fr)));
```

6 이클립스 인스턴스를 다시 실행해서 시간대가 이탤릭체로 보이는지 확인한다.

보충 설명

IStyledLabelProvider를 구현하고 DelegatingStyledCellLabelProvider로 래핑해서 트리의 각 요소에 색이나 장식 같은 스타일을 적용한다. StyledText를 사용하면 다른 형태의 문자열 표현이 가능하다.

여기서는 DecorationsStyler를 사용했지만, 두 개의 문자열을 키로 하는 전역 ColorRegistry의 StyledString.createColorRegistryStyler("foreground", "background")로 추가적인 스타일러를 정의할 수 있다.

Colours는 문자 단위로 바꾸지만, Font는 문자열 전체에 영향을 준다. 레이블을 처리할 때 문자열이 하나의 Font로 표시된다는 가정하에 문자열의 크기를 결정하기 때문이다.

콘텐츠 프로바이더와 레이블 프로바이더가 생성자에 전달한 자원 관리자를 사용하게 하는 프로그래밍 습관은 좋다. 이렇게 해야 자동화된 테스트나 다른 가짜 자원mock resource을 사용한 테스트가 가능하다. 이클립스 3.x를 사용하든 이클립스 4.x 프로그래밍 모델을 사용하든 자원과의 연결을 느슨하게 하는 게 테스트의 핵심이다.

깜짝 퀴즈 | JFace 이해

Q1. `LabelProvider`에는 어떤 메소드가 있는가?

Q2. `ContentProvider`에서 `hasChildren()`과 `getChildren()`은 무슨 차이가 있는가?

Q3. `ImageRegistry`는 왜 사용하는가?

Q4. `TreeView`의 항목에 스타일을 적용하려면 어떻게 해야 하는가?

도전 과제 | 영역에 이미지 추가

기본적인 내용을 살펴봤으니 이제 다음과 같이 예제를 확장해보자.

- GMT의 시간/분 오프셋을 보여주도록 `TimeZoneLabelProvider`를 수정한다.
- 국기 아이콘을 플러그인에 추가하고 이미지 레지스트리에 항목으로 추가한다(레지스트리 항목의 키는 시간대 이름을 사용해 접근을 용이하게 한다).
- 지역 이름을 이탤릭체로 표시하고 시간대는 굵은 글씨체로 표현한다.

정렬과 필터링

JFace는 데이터 구조를 이용해서 데이터의 순서를 정리하지 않고 뷰에서 처리하는 기능을 제공한다. 사용자가 특정 단어를 검색하거나 다른 방식으로 정렬할 수 있게 뷰에 필터를 제공할 때 이 기능을 사용한다. 뷰의 드롭다운 액션에서 많이 볼 수 있는 외부 라이브러리 숨기기Hide libraries form external와 닫힌 프로젝트 숨기기Hide closed projects 옵션과 같이 필터 기능은 이클립스 IDE의 많은 곳에서 사용된다.

실습 예제 | 뷰어에서 정렬

TreeViewer에서는 이미 정렬된 데이터를 보여줬지만, 뷰의 정렬 기능을 사용하지는 않았다. TreeMap에 데이터를 저장했기 때문에 TreeMap이 toString() 값을 이용해서 데이터 순서를 만들었다. 다른 순서(예를 들면 오프셋 순서)로 데이터를 정렬하려면 TreeMap에 Comparator를 추가해서 생성 시점에 데이터를 정렬하거나 TreeViewer에 정렬기sorter를 추가하는 방법 중 하나를 선택한다. 첫 번째 방법은 하나의 뷰에서만 데이터를 사용할 때 좀 더 효율적이며, 데이터 정렬이 가능한 외부의 데이터 저장소(예: 관계형 데이터베이스)로부터 데이터를 가져올 때 활용 가능하다. 작은 데이터 집합에 대해서는 뷰어 자체에서 정렬을 수행해도 된다.

1 JFace의 구조화된 뷰어에서는 ViewerComparator를 통해 뷰에 특화된 정렬을 지원한다. com.packtpub.e4.clock.ui.internal 패키지의 밑에 TimeZoneViewerComparator라는 ViewerComparator의 하위 클래스를 새로 생성하고, 다음과 같이 compare() 메소드를 구현한다.

```java
public class TimeZoneViewerComparator extends ViewerComparator {
  public int compare(Viewer viewer, Object o1, Object o2) {
    int compare;
    if (o1 instanceof TimeZone && o2 instanceof TimeZone) {
      compare=((TimeZone)o2).getOffset(System.currentTimeMillis())
         - ((TimeZone)o1).getOffset(System.currentTimeMillis());
    } else {
      compare = o1.toString().compareTo(o2.toString());
    }
    return compare;
  }
}
```

2 다음과 같이 뷰어에 Comparator를 연결한다.

```
treeViewer.setComparator(new TimeZoneViewerComparator());
```

3 이클립스 인스턴스를 실행해서 Time Zone Tree 뷰를 열고 오프셋을 1순위로, 알파벳을 2순위로 해서 TimeZones를 정렬했는지 확인한다.

4 뷰어에 특화된 정렬기를 추가하려면 TimeZoneViewerComparator의 compare() 메소드를 수정해서 뷰어 데이터로부터 REVERSE 키의 값을 얻어와 그 값에 따라 정렬 결과의 역순으로 보여준다.

```
return compare;
boolean reverse = Boolean.parseBoolean(
   String.valueOf(viewer.getData("REVERSE")));
return reverse ? -compare : compare;
```

5 정렬 효과를 확인하려면 TimeZoneTreeView의 createPartControl() 메소드 끝에서 setComparator()를 호출하기 전에 REVERSE 키를 설정한다.

```
treeViewer.setData("REVERSE",Boolean.TRUE);
treeViewer.setComparator(new TimeZoneViewerComparator());
```

6 이클립스 인스턴스를 다시 실행하면 뷰가 역순으로 보인다.

보충 설명

Viewer에 ViewerComparator를 추가함으로써 뷰어에 가장 적합한 방식으로 데이터를 정렬했다. 역순으로 정렬하거나 이름이나 오프셋에 따라 정렬하는 옵션과 같이 보통은 뷰의 옵션을 선택하게 함으로써 정렬한다.

뷰어의 데이터는 변경되거나 런타임 시에 예상했던 데이터와 달라질 수 있으므로 특정 Comparator를 구현할 때는 메소드가 다양한 객체 타입(예상치 못한 객체 타입을 포함해서)을 처리할 수 있는지 확인하라. 데이터가 예상했던 유형인지를 확인할 때 instanceof를 사용하라.

뷰어에 특화된 속성을 저장하려면 뷰어의 setData()와 getData()를 사용해서 뷰 필터/정렬 연산을 하는 동안에도 비교기comparator를 여러 뷰에서 사용할 수 있게 한다.

앞의 예제에서는 데이터를 정렬하는 코드를 직접 작성했기 때문에 효과를 확인하려면 이클립스를 다시 시작해야 한다. 일반적으로는 뷰의 정렬이나 필터에 영향을 주는 속성을 변경한 후 새로운 설정으로 화면을 표시하기 위해 뷰어의 refresh()를 호출한다.

실습 예제 | 뷰어에서 필터링

뷰어의 또 다른 일반적인 기능은 필터링으로, 수동 검색을 하거나 뷰에서 특정 상황에 대해 필터링할 때 사용한다. 필터링은 뷰의 상단 오른쪽에 필터Filters라는 이름의 삼각형 모양 드롭다운 메뉴로 연결되는 경우가 많다. ViewerFilter는 좀 헷갈리긴 하지만 select()라는 필터링 메소드를 제공한다(filter() 메소드도 있지만 배열 전체를 걸러낼 때만 사용하고, 특정 요소를 보여줄지 여부를 결정할 때는 select() 메소드를 사용한다).

1 com.packtpub.e4.clock.ui.internal 패키지에 ViewerFilter를 확장한 TimeZoneViewerFilter 클래스를 생성한다. TimeZoneViewerFilter 클래스의 생성자에서는 String 타입의 pattern을 넘겨받고, select()는 요소가

TimeZone 유형이면서 표시할 이름이 전달받은 pattern을 따르는 경우 true
를 반환한다.

```
public class TimeZoneViewerFilter extends ViewerFilter {
  private String pattern;
  public TimeZoneViewerFilter(String pattern) {
    this.pattern = pattern;
  }
  public boolean select(Viewer v, Object parent, Object element) {
    if(element instanceof TimeZone) {
      TimeZone zone = (TimeZone)element;
      return zone.getDisplayName().contains(pattern);
    } else {
      return true;
    }
  }
}
```

2 뷰어에 필터를 설정한다. 뷰에는 여러 개의 필터 설정이 가능하므로, 관련된 뷰어에 배열 형태의 필터를 설정한다. 생성자에 필터의 패턴을 전달하지만, 보통은 사용자로부터 패턴을 입력받는다. TimeZoneTreeViewer 클래스 createPartControl() 메소드 아래 부분에 다음 코드를 추가한다.

```
treeViewer.setFilters(new ViewerFilter[] {
  new TimeZoneViewerFilter("GMT") });
```

3 이제 이클립스 인스턴스를 실행해서 Time Zone Tree 뷰를 연다. etc 지역의 시간대 목록만 화면에 보인다.

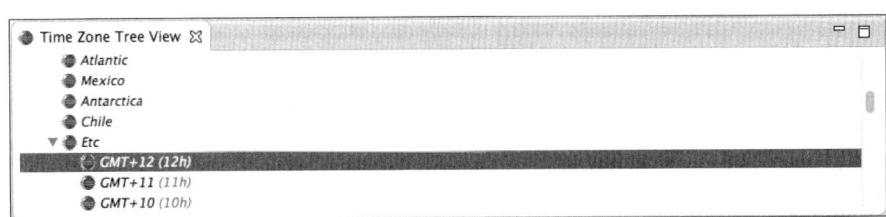

4 목록이 없는 노드의 확장 가능한 트리 아이콘을 제거하려면 `TreeViewer` 노드를 자동으로 확장하게 설정하면 된다.

```
treeViewer.setExpandPreCheckFilters(true);
```

5 이제 이클립스 인스턴스를 실행해서 Time Zone Tree 뷰를 연다. 빈 그룹도 여전히 목록에 있지만, 확장 가능하다는 표시는 필터를 수행한 후 자식 노드가 있는 노드에만 나타난다.

보충 설명

`ViewFilter`를 상속하는 `TimeZoneViewerFilter` 클래스를 생성하고 `TreeViewer`에 설정했다. 데이터를 필터링해서 표시할 때 루트 노드를 포함해서 트리의 요소마다 필터를 호출한다.

기본적으로 `hasChildren()` 메소드가 `true`를 반환하면 확장 가능한 아이콘이 보인다. 그 아이콘을 클릭하면 노드의 자식 노드에 필터를 적용하는 작업을 반복해서 수행한다. 모든 요소에 대한 필터링이 끝나면 확장 가능하다는 표시는 없어진다.

뷰어의 `setExpandPreCheckFilters(true)`를 호출해서 필터링 후에도 하나 이상의 자식 노드가 있는지 확인한다. 필터를 설정하지 않고 이 메소드를 호출해도 아무런 부정적인 영향을 주지 않는다. 필터를 설정해서 큰 데이터를 필터링할 때는 필터링을 수행해야 할지를 계산하는 데도 다소 많은 시간이 소요될 수 있다.

기본적으로 트리의 모든 요소를 보여주거나 하나의 트리로 축소시켜 보이려면 뷰어의 `expandAll()`과 `collapseAll()`을 사용한다. 두 메소드는 동기화Synchronize 뷰나 패키지 탐색기처럼 뷰의 지역 명령 중 [+]와 [-] 아이콘에 연결된다.

트리 구조의 데이터를 특정 수준까지만 보여주려면 정수와 객체(지정하지 않으면 트리의 `getRoot()`를 사용함)를 매개변수로 받는 `expandToLevel()`과 `collapseToLevel()`을 사용한다. `expandAll()`은 `expandToLevel(getRoot(), ALL_LEVELS)`를 간단하게 처리한 메소드다.

숨겨진 객체를 포함한 선택 이벤트selection event에 응답할 때 트리에서 해당 객체를 보이게 하려고 reveal() 연산을 수행한다. 하지만 reveal()은 getParent()를 올바르게 구현했을 때만 동작한다는 점을 명심하라. 예제에서는 getParent()를 구현하지 않는다.

깜짝 퀴즈 | 정렬과 필터 이해

Q1. 기본적인 순서가 아닌 다른 순서로 트리 요소를 정렬하려면 어떻게 해야 하는가?

Q2. 요소를 필터링할 때는 어떤 메소드를 사용하는가?

Q3. 여러 필터를 조합해서 사용하려면 어떻게 해야 하는가?

도전 과제 | 확장과 필터링

이제 뷰는 정렬과 필터링이 가능하게 됐으니 다음을 도전해보자.

- 오프셋이 음수인 모든 시간대를 제거하는 두 번째 필터를 추가한다.
- 뷰를 열 때 expandAll() 연산을 수행한다.
- 지역의 역순으로 정렬하고 시간대의 오름차순으로 정렬하는 정렬기를 제공한다.
- 필터를 변경할 때 사용할 대화상자를 만들고, 빈 문자열을 입력하면 필터를 초기화하게 한다.

● 상호작용과 속성

데이터를 표시하는 작업도 중요하지만, 뷰는 사용자와의 상호작용이 필요하다. 앞의 정렬이나 필터 기능을 연결하거나 선택 항목에 대한 정보를 보여줄지에 상관없이 뷰는 사용자와의 상호작용을 통해 데이터를 조회하고 작업을 수행해야 한다.

실습 예제 | 더블 클릭 리스너 추가

보통 계층 방식으로 콘텐츠를 보여줄 때 트리 뷰를 사용하지만, 객체의 자세한 정보를 보여주기에는 트리만으로 부족하다. 그래서 사용자가 트리 항목을 더블 클릭했을 때 좀 더 상세한 정보를 보여주게 해보자.

1 TimeZoneTreeView의 createPartControl() 메소드 끝부분에서 IDoubleClickListener 인터페이스를 구현한 익명의 내부 클래스를 addDoubleClickListener()로 treeViewer에 등록한다. 더블 클릭했을 때 원하는 대로 동작하는지 확인하기 위해 1장, '첫 번째 플러그인 작성' 예제와 같이 메시지 대화상자를 열게 한다.

```
treeViewer.addDoubleClickListener(new IDoubleClickListener() {
  public void doubleClick(DoubleClickEvent event) {
    Viewer viewer = event.getViewer();
    Shell shell = viewer.getControl().getShell();
    MessageDialog.openInformation(shell, "Double click",
        "Double click detected");
  }
});
```

2 이클립스 인스턴스를 실행하고 뷰를 연다. 트리 항목을 더블 클릭하면 Double click detected라는 메시지를 보여주는 셸이 나타난다. 대화상자는 모달로 열려서 대화상자를 닫기 전까지는 화면의 다른 곳으로 이동할 수 없다.

3 선택된 객체를 찾기 위해 이클립스는 ISelection 인터페이스(isEmpty() 메소드만 제공함)와 IStructuredSelection 인터페이스(이터레이터와 다른 접근자 메소드를 제공함)를 제공한다. 그 외에도 ITreeSelection과 같은 하위 인터페이스도 있다. ITreeSelection은 트리에서 선택된 항목까지의 경로를 찾게 도와준다. TimeZoneTreeView의 createPartControl() 메소드에 있는 DoubleClickListener 내부 클래스의 doubleClick() 메소드 내용을 다음과 같이 변경한다.

```
MessageDialog.openInformation(shell, "Double click",
    "Double click detected");
ISelection sel = viewer.getSelection();
Object selectedValue;
if (!(sel instanceof IStructuredSelection) || sel.isEmpty()) {
  selectedValue = null;
} else {
  selectedValue = ((IStructuredSelection)sel).getFirstElement();
  if (selectedValue instanceof TimeZone) {
    TimeZone timeZone = (TimeZone)selectedValue;
    MessageDialog.openInformation(shell, timeZone.getID(),
        timeZone.toString());
  }
}
```

4. 이클립스 인스턴스를 실행해서 뷰를 연다. 트리 항목을 더블 클릭하면 `TimeZone`을 의미하는 문자열을 표시한 셸이 나타난다.

5. 화면에 `TimeZone`에 대한 자세한 정보를 표시하기 위해 `com.packtpub.e4.clock.ui.internal` 패키지에 `MessageDialog`의 하위 클래스인 `TimeZoneDialog` 클래스를 생성한다.

```
public class TimeZoneDialog extends MessageDialog {
  private TimeZone timeZone;
  public TimeZoneDialog(Shell parentShell, TimeZone timeZone) {
    super(parentShell, timeZone.getID(), null, "Time Zone "
        + timeZone.getID(), INFORMATION,
        new String[] { IDialogConstants.OK_LABEL }, 0);
    this.timeZone = timeZone;
  }
}
```

6 Dialog의 콘텐츠는 customArea() 메소드에서 제공하며, 이 메소드를 통해 뷰를 만들 수도 있다. TimeZoneDialog에 다음과 같은 createCustomArea() 메소드를 추가한다.

```
protected Control createCustomArea(Composite parent) {
  ClockWidget clock = new ClockWidget(parent,SWT.NONE,
      new RGB(128,255,0));
  clock.setOffset(
    (TimeZone.getDefault().getOffset(System.currentTimeMillis())
      - timeZone.getOffset(System.currentTimeMillis()))
      /3600000);
  return parent;
}
```

7 마지막으로 TimeZoneTreeView의 MessageDialog.open() 호출 부분을 다음과 같이 수정한다.

```
if (selectedValue instanceof TimeZone) {
  TimeZone timeZone = (TimeZone) selectedValue;
  MessageDialog.openInformation(shell, timeZone.getID(),
      timeZone.toString());
  new TimeZoneDialog(shell, timeZone).open();
}
```

8 이클립스 인스턴스를 실행하고 시간대를 더블 클릭해서 대화상자가 나타나는지 확인한다.

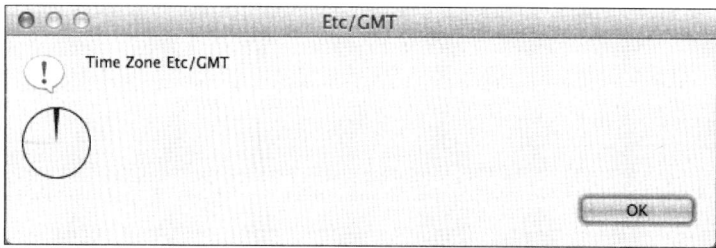

보충 설명

addDoubleClickListener()를 이용해서 뷰어에 더블 클릭 이벤트를 등록했다. 처음에는 표준 정보 대화상자를 사용했지만, 그 다음에는 ClockWidget을 포함한 MessageDialog의 하위 클래스를 직접 만들어 사용했다. 그리고 TreeViewer에서 현재 선택된 항목을 이용해 TimeZone을 얻어왔다.

선택 항목은 ISelection 인터페이스를 통해 관리한다. 뷰어의 getSelection() 메소드는 실제 값이 없어서 isEmpty() 호출이 true를 반환하더라도 항상 null이 아닌 값을 반환한다. 예제와 관련이 있는 ISelection의 하위 인터페이스는 IStructuredSelection과 ITreeSelection이 있다.

ITreeSelection은 IStructuredSelection의 하위 타입이며, 트리에 특화된 메소드를 갖는다. 즉, 트리에서 선택된 항목을 찾거나 선택 항목의 부모 노드를 찾는 기능을 제공한다.

IStructuredSelection은 선택 유형을 처리하는 인터페이스 중 가장 많이 사용된다. 선택 항목이 비어 있지 않으면 거의 대부분 IStructuredSelection 인스턴스는 존재하므로, 다음과 같은 코드가 자주 등장한다.

```
ISelection sel = viewer.getSelection();
Object selectedValue;
if (!(sel instanceof IStructuredSelection) || sel.isEmpty()) {
  selectedValue = null;
} else {
  selectedValue = ((IStructuredSelection)sel).getFirstElement();
}
```

뷰어에서 선택 항목을 알아오는 데 이와 같은 코드를 사용한다. 선택 항목이 IStructuredSelection이 아니거나 비어 있으면 selectedValue 변수를 null로 지정하고, 선택 항목이 비어 있지 않으면 IStructuredSelection 인터페이스로 타입을 바꾼 후 getFirstElement()를 호출해서 하나의 선택 값을 가져온다.

선택 항목은 하나 이상의 값을 갖기도 한다. 그런 경우 getFirstElement() 메소드는 첫 번째 선택 값만 반환한다. IStructuredSelection 클래스는 선택된 모든 항목을 확인하기 위한 이터레이터를 제공한다.

> **노트** ☞E4: 선택된 객체는 어노테이션이 설정된 메소드를 통해서도 주입된다.
>
> ```
> @Inject @Optional
> void setTZ(@Named(IServiceConstants.ACTIVE_SELECTION)
>     TimeZone timeZone) {
> }
> ```

실습 예제 | 속성 보여주기

모든 객체에 대한 개별 정보 제공 대화상자를 제공하는 대신, 이클립스 IDE는 공통 속성^{Properties} 뷰를 제공한다. 속성 뷰는 org.eclipse.ui.views 플러그인을 통해 제공하며, 현재 선택된 객체에 대한 정보를 보여줄 때 사용한다. 일반적으로 IPropertySource 인터페이스를 통해 객체로부터 속성을 찾고 속성에 접근한다. IPropertySource 인터페이스는 객체가 속성 뷰에 보여줄 필드를 계산하는 방법에 대한 공통 규약이다.

속성 뷰에 보여줄 내용을 만드는 가장 쉬운 방법은 알고 싶은 객체가 IPropertySource 인터페이스를 구현하게 하는 것이다. 소스코드 수정이 가능한 경우에 가능한 방법으로, TimeZone이나 String 형태의 키와 TimeZone을 값으로 하는 Map.Entry 같이 많은 경우 소스코드를 수정하기 어렵다.

1 플러그인의 MANIFEST/META-INF.MF 파일을 열고 종속성^{Dependencies} 탭에서 org.eclipse.ui.views에 대한 종속 관계를 추가하거나, Require-Bundle에 org.eclipse.ui.views를 번들로 추가한다. 이 플러그인에 대한 종속 관계가 없으면 IPropertySource를 찾을 수 없다.

2 com.packtpub.e4.clock.ui.internal 패키지에 IPropertySource를 구현한 TimeZonePropertySource 클래스를 생성한다. 생성자는 TimeZone 인스턴스만을 매개변수로 받는다.

```
public class TimeZonePropertySource implements IPropertySource {
  private TimeZone timeZone;
  public TimeZonePropertySource(TimeZone timeZone) {
    this.timeZone = timeZone;
  }
}
```

3 getPropertyValue()와 getPropertyDescriptors() 메소드만 구현하면 된다. getEditableValue()와 isPropertySet() 메소드는 편집 동작을 수행할 때만 사용되므로 여기서는 무시하고 빈 채로 두거나 null/false를 반환하게 한다. getPropertyValue()는 속성 식별자를 이용해 호출한다. getPropertyDescriptors()는 화면에 표시할 이름과 식별자의 쌍을 결합한 PropertyDescriptor 배열을 반환한다. TimeZonePropertySource 클래스에 다음을 추가한다.

```
private static final Object ID = new Object();
private static final Object DAYLIGHT = new Object();
private static final Object NAME = new Object();
public IPropertyDescriptor[] getPropertyDescriptors() {
  return new IPropertyDescriptor[] {
    new PropertyDescriptor(ID, "Time Zone"),
      new PropertyDescriptor(DAYLIGHT, "Daylight Savings"),
      new PropertyDescriptor(NAME, "Name")
  };
}
public Object getPropertyValue(Object id) {
  if (ID.equals(id)) {
    return timeZone.getID();
  } else if(DAYLIGHT.equals(id)) {
```

```
      return timeZone.inDaylightTime(new Date());
    } else if (NAME.equals(id)) {
      return timeZone.getDisplayName();
    } else {
      return null;
    }
  }
```

4 속성을 제공하는 객체와 속성 뷰를 연결할 때는 어댑터를 사용한다. 어댑터는 IAdaptable 인터페이스를 통해 정의하며, 속성을 제공하려는 클래스가 IAdaptable 인터페이스를 구현한 효과를 제공한다. TimeZone은 IAdaptable 을 직접 구현할 수 없으므로, IAdapterFactory가 필요하다.

5 com.packtpub.e4.clock.ui.internal 패키지에 IAdapterFactory 인터페이스를 구현한 TimeZoneAdapterFactory 클래스를 생성한다.

```
public class TimeZoneAdapterFactory implements IAdapterFactory {
  public Class[] getAdapterList() {
    return new Class[] { IPropertySource.class };
  }
  public Object getAdapter(Object o, Class type) {
    if(type == IPropertySource.class && o instanceof TimeZone) {
      return new TimeZonePropertySource((TimeZone)o);
    } else {
      return null;
    }
  }
}
```

6 plugin.xml 파일에 다음을 추가해서 이클립스에 어댑터 팩토리를 등록한다.

```
<extension point="org.eclipse.core.runtime.adapters">
  <factory adaptableType="java.util.TimeZone"
      class= "com.packtpub.e4.clock.ui.internal.
        TimeZoneAdapterFactory">
```

```
        <adapter type=
           "org.eclipse.ui.views.properties.IPropertySource"/>
    </factory>
</extension>
```

7 이클립스 인스턴스를 실행하고 트리 뷰에서 시간대를 선택한다. 그런 다음 Window > Show View > Other > General > Properties를 통해 속성 뷰를 연다. 어댑터가 정확하게 연결됐는지 확인하기 위해 `TimeZoneTreeView`의 `createPartControl()` 메소드 끝에 다음을 추가한다.

```
System.out.println("Adapter is " + Platform.getAdapterManager().
    getAdapter(TimeZone.getDefault(),IPropertySource.class));
```

8 이클립스 인스턴스를 실행해서 Time Zone Tree 뷰를 연 후 호스트 이클립스 인스턴스의 **콘솔**^{Console} 뷰를 확인한다. 콘솔에 다음과 같은 메시지가 출력돼야 한다.

```
Adapter is com.packtpub.e4.clock.ui.internal.
    TimeZonePropertySource@7f8a6fb0
```

9 무엇을 빠트렸을까? 속성 뷰가 선택 항목 변경 알림을 받게 하지 않았다. 문제를 해결하기 위해 `TimeZoneTreeView` 클래스의 `createPartControl()` 메소드에 다음을 추가한다.

```
System.out.println("Adapter is " + Platform.getAdapterManager().
    getAdapter(TimeZone.getDefault(),IPropertySource.class));
getSite().setSelectionProvider(treeViewer);
```

10 이제 선택이 변경됐다는 사실이 워크벤치에 전달되고 다른 뷰들은 이 정보를 받아 화면을 변경할 수 있게 됐다. `TimeZone`을 선택하면 속성 뷰가 자동으로 업데이트된다. 이클립스를 실행하고 Time Zone Tree 뷰를 열어 시간대를 선택하고 속성 뷰도 연다.

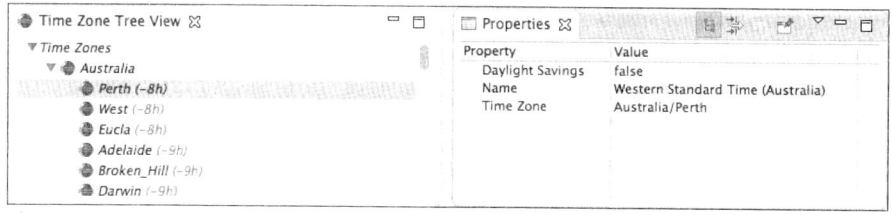

 ☞ E4: 뷰어에 선택 항목 제공자(selection provider)를 연결하는 코드는 다음과 유사하다.

```java
@Inject
ESelectionService selectionService;
ISelectionChangedListener selectionListener;
@PostConstruct
public void postConstruct() {
  selectionListener = new ISelectionChangedListener() {
    public void selectionChanged(SelectionChangedEvent e) {
      if (selectionService != null)
        selectionService.setSelection(e.getSelection());
    }
  };
  treeViewer.addSelectionChangedListener(
      selectionListener);
}
@PreDestroy
public void preDestroy() {
  if(selectionListener != null)
    treeViewer.removeSelectionChangedListener
        (selectionListener);
  selectionListener = null;
}
```

보충 설명

워크벤치의 선택 항목 상태를 업데이트하기 위해 `getSite()` 메소드를 통해 뷰의 선택 항목 제공자 selection provider를 뷰가 열린 페이지의 선택 서비스 selection service에 연결했다. 뷰어의 선택 항목이 바뀌면 뷰어는 페이지의 선택 서비스 selection service에 등록한 리스너에게 변경 메시지를 보내 필요할 때 뷰를 업데이트하게 한다.

☞ E4: 뷰어와 선택 서비스(selection service)를 연결하기 위해 선택 항목 리스너 (selection listener)를 직접 등록해야 한다. E4 모델에서는 ISelectionService가 아니라 ESelectionService에 연결한다. 두 인터페이스가 거의 비슷하지만 ISelectionService는 IWorkbenchPart 클래스에 연결되고, ESelectionService는 그렇지 않다는 차이가 있다.

속성 뷰에 정보를 제공하기 위해 `TimeZone`에 대한 `IPropertySource`를 생성하고 plugin.xml 파일에 어댑터를 선언해서 `Platform IAdapterManager`에 연결했다.

`Activator`의 `start()`와 `stop()` 메소드로 어댑터를 연결하기보다 plugin.xml에 선언적으로 등록하는 편이 더 좋다. `Activator`의 `start()` 메소드는 번들의 첫 번째 클래스가 로드되기 전에는 호출되지 않아 어댑터가 정보를 제공할 수 없지만, 선언적으로 등록하면 클래스가 처음 로드되기 전에 정보를 제공할 수 있다.

어댑터 팩토리는 `getAdapter()`를 제공해서 원하는 형태로 객체를 래핑하거나 변환해 전달한다. 객체가 이미 원하는 형태의 인스턴스라면 그냥 그대로 반환하기도 하지만, 그렇지 않으면 원하는 인터페이스를 구현한 POJO나 프록시 proxy, 래퍼 객체 wrapper object로 변환해서 반환한다. `TimeZonePropertySource`와 같이 객체 (`TimeZone`) 인스턴스를 대신해서 인터페이스를 구현하고 기능을 제공하는 래핑 클래스를 갖는 일은 매우 일반적이다.

`IPropertySource` 인터페이스는 객체의 속성을 알아내고 각 속성에 대한 식별자를 사용하는 기본적인 방법을 제공한다. 어떤 유형의 객체라도 가능하며, 앞의 예제에서는 `new Object`를 사용했다. 다른 예제에서 많이 사용하는 `String`을 사용해도

되지만, String 값은 중요한 속성을 갖지 않으면서 JVM의 PermGen 메모리 공간을 차지하기 때문에 별로 추천하지 않는다. 게다가 보통의 Object를 사용하면 아무런 걱정 없이 ==로 인스턴스를 비교할 수 있지만 String을 ==로 비교하면 코드 리뷰나 자동 스타일 검사를 통과하지 못할 것이다(앞의 예제에서는 Object를 사용하지 않을 때 많이 사용하는 equals() 메소드를 사용했지만, 좋은 JIT는 코드 리뷰 없이 바로 처리한다. 특히 코드가 static final 인스턴스로 메시지를 전달할 때는 더욱 그렇다).

깜짝 퀴즈 | 속성 이해

Q1. TableViewer 인스턴스가 클릭에 반응하게 하려면 어떻게 해야 하는가?

Q2. Dialog의 하위 클래스를 왜 생성했는가?

Q3. 속성 기술서property descriptors란 무엇인가?

Q4. 속성을 어떻게 속성 뷰에 표시하는가?

테이블 데이터

이클립스의 여러 곳에서 트리 뷰어를 사용하지만, 단일 요소에 대해 좀 더 상세한 정보를 표시해야 할 때가 있다. JFace는 TreeViewer와 유사하지만 하나의 레이블이 아닌 다수의 칼럼을 표시할 수 있는 TableViewer를 제공한다. 그리고 트리 뷰어와 테이블 뷰어를 혼합한 TableTreeViewer도 있다.

실습 예제 | 시간대를 테이블로 보여주기

시간대를 테이블 형태로 보여주는 Time Zone Table 뷰라는 새로운 뷰를 만들어 보자.

1 com.packtpub.e4.clock.ui 프로젝트에서 오른쪽 클릭해 Plug-in Tools > Open Manifest를 선택한다. 확장Extensions 탭을 열고 org.eclipse.ui.views를 찾아 오른쪽 클릭한 후 New > View를 선택하고 다음을 입력한다.

- 식별자(ID)　com.packtpub.e4.clock.ui.views.TimeZoneTableView
- 이름(Name)　Time Zone Table View
- 클래스(Class)　com.packtpub.e4.clock.ui.views.TimeZoneTableView
- 카테고리(Category)　com.packtpub.e4.clock.ui
- 아이콘(Icon)　icons/sample.gif

2 plugin.xml 파일에 다음 내용이 추가됐는지 확인한다.

```
<view
  category="com.packtpub.e4.clock.ui"
  class="com.packtpub.e4.clock.ui.views.TimeZoneTableView"
  icon="icons/sample.gif"
  id="com.packtpub.e4.clock.ui.views.TimeZoneTableView"
  name="Time Zone Table View"
  restorable="true">
</view>
```

3 매니페스트 편집기의 class 링크를 클릭하거나 새 클래스 마법사를 이용해서 ViewPart를 상속하는 TimeZoneTableView 클래스를 생성한다. 뷰를 생성하고 나면 빈 TableViewer를 추가하고 사용 가능한 TimeZone ID 집합을 가진 ArrayContentProvider를 사용한다.

```
public class TimeZoneTableView extends ViewPart {
  private TableViewer tableViewer;
  public void createPartControl(Composite parent) {
    tableViewer = new
        TableViewer(parent,SWT.H_SCROLL|SWT.V_SCROLL);
    tableViewer.getTable().setHeaderVisible(true);
    tableViewer.setContentProvider(
        ArrayContentProvider.getInstance());
    tableViewer.setInput(TimeZone.getAvailableIDs());
  }
```

```
public void setFocus() {
    tableViewer.getControl().setFocus();
  }
}
```

 ☞ E4: E4 애플리케이션에서 파트를 생성하려면 생성자에 @Inject 어노테이션과 setFocus() 메소드에 @Focus 어노테이션을 사용해야 한다.

4 이클립스 인스턴스를 실행하고 Time Zone Table 뷰를 열면 1차원의 시간대 목록이 표시된다.

5 String 배열을 TimeZone 배열로 변경하고 입력으로 설정한다.

```
tableViewer.setInput(TimeZone.getAvailableIDs());
String[] ids = TimeZone.getAvailableIDs();
TimeZone[] timeZones = new TimeZone[ids.length];
for(int i=0;i<ids.length;i++) {
  timeZones[i] = TimeZone.getTimeZone(ids[i]);
}
tableViewer.setInput(timeZones);
getSite().setSelectionProvider(tableViewer);
```

6 TimeZoneTreeView 예제와 마찬가지로 선택 항목 제공자를 연결한다. 테이블의 항목을 선택하고 속성 뷰의 내용이 변경되는지 확인한다.

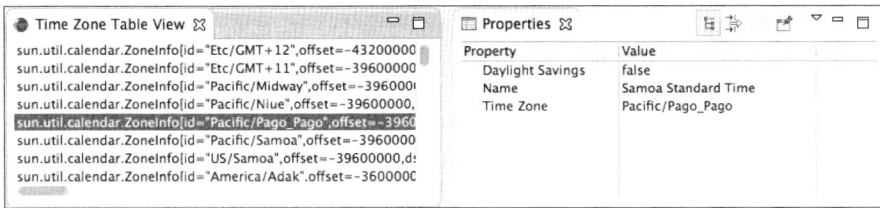

7 테이블은 LabelProvider가 없어서 toString() 결과 값을 그대로 화면에 표시한 ZoneInfo 객체 목록을 보여준다. 테이블은 여러 칼럼을 가지므로 TableViewer는 여러 TableViewerColumn 인스턴스를 갖는다. 하나의 TableViewerColumn은 테이블의 칼럼 하나를 나타내며, 각각 크기와 제목, 레이블 프로바이더를 갖는다. 새로운 칼럼을 생성하려면 너비 같은 표준 특성을 설정하고 화면에 표시할 필드를 연결하는 등의 작업을 수행한다.

재사용을 쉽게 하기 위해 com.packtpub.e4.clock.ui.internal 패키지에 TimeZoneColumn이라는 ColumnLabelProvider를 상속한 추상 클래스를 생성한다. 이 클래스는 getText()과 getTitle()이라는 추상 메소드와 getWidth() 메소드를 갖는다.

```
public abstract class TimeZoneColumn extends ColumnLabelProvider {
  public abstract String getText(Object element);
  public abstract String getTitle();
  public int getWidth() {
    return 250;
  }
}
```

8 TimeZoneColumn 클래스에 뷰어를 쉽게 추가하게 도와주는 도우미 메소드를 추가한다.

```
public TableViewerColumn addColumnTo(TableViewer viewer) {
  TableViewerColumn tableViewerColumn =
      new TableViewerColumn(viewer,SWT.NONE);
  TableColumn column = tableViewerColumn.getColumn();
```

```
    column.setMoveable(true);
    column.setResizable(true);
    column.setText(getTitle());
    column.setWidth(getWidth());
    tableViewerColumn.setLabelProvider(this);
    return tableViewerColumn;
}
```

9 동일한 패키지에 TimeZone에 대한 ID 값을 칼럼으로 반환하는 TimeZoneIDColumn이라는 TimeZoneColumn의 하위 클래스를 만든다.

```
public class TimeZoneIDColumn extends TimeZoneColumn {
  public String getText(Object element) {
    if (element instanceof TimeZone) {
      return ((TimeZone) element).getID();
    } else {
      return "";
    }
  }
  public String getTitle() {
    return "ID";
  }
}
```

10 TimeZoneTableView 클래스의 createPartControl() 메소드 끝에 있는 setInput() 호출 윗부분에서 칼럼 인스턴스를 생성하고 addColumnTo() 메소드를 호출한다.

```
new TimeZoneIDColumn().addColumnTo(tableViewer);
tableViewer.setInput(timeZones);
```

 칼럼은 setInput()을 호출하기 전에 생성해야 한다. 그렇지 않으면 화면에 나타나지 않는다.

11 이클립스 인스턴스를 실행해서 Time Zone Table 뷰를 열고 ID 칼럼이 테이블에 보이는지 확인한다.

12 다른 칼럼을 추가하기 위해 `TimeZoneIDColumn` 클래스를 복사해서 칼럼의 제목을 변경하고 `TimeZone`의 다른 속성을 보여주게 수정한다. 예를 들어 `TimeZoneIDColumn`을 복사해 `TimeZoneDisplayNameColumn`이라는 클래스를 만들고 `get` 메소드와 제목을 수정한다.

```
return ((TimeZone) element).getID();
return ((TimeZone) element).getDisplayName();
return "ID";
return "Display Name";
```

13 원하면 `TimeZone`의 다른 속성에 대해서도 동일한 작업을 수행해 칼럼을 추가한다. 예를 들어 오프셋은 `getOffset()`을 이용하고, 일광절약시간제(summer time)를 적용 중인지 여부는 `useDaylightTime()`을 사용하면 된다. 그런 다음 테이블에 칼럼을 추가한다.

```
new TimeZoneOffsetColumn().addColumnTo(tableViewer);
new TimeZoneDisplayNameColumn().addColumnTo(tableViewer);
new TimeZoneSummerTimeColumn().addColumnTo(tableViewer);
```

14 이클립스 인스턴스를 실행해서 Time Zone Table 뷰를 열고 추가한 칼럼이 화면에 나타나는지 확인한다.

ID	Offset	Display Name	Summer Time
Etc/GMT+10	-10h	GMT-10:00	false
HST	-10h	Hawaii Standard Time	false
Pacific/Honolulu	-10h	Hawaii Standard Time	false
Pacific/Johnston	-10h	Hawaii Standard Time	false
Pacific/Rarotonga	-10h	Cook Is. Time	false
Pacific/Tahiti	-10h	Tahiti Time	false
SystemV/HST10	-10h	Hawaii Standard Time	false

보충 설명

`TableViewer`를 생성하고 객체의 개별 필드를 표시하기 위해 여러 개의 `ColumnLabelProvider`를 추가했다. 익명 내부 클래스의 사용을 피하기 위해 `ColumnLabelProvider`의 하위 클래스를 만들고 칼럼 생성을 도와주는 도우미 기능을 만들었다. 도우미는 특정 제목과 너비를 갖는 칼럼을 생성해서 테이블에 추가하고, 속성에 대한 작업은 `TimeZoneIDColumn`에게 위임하기 때문에 ID로 칼럼을 추적할 필요가 없다.

특정 사용자 정의 칼럼에 애플리케이션이 필요한 기능을 설정하기 위해 기본 SWT `Column`을 사용한다. 예를 들어 칼럼을 움직이게 만들려면 `setMovable(true)`를 사용하고, 칼럼 크기를 변경 가능하게 하려면 `setResizable(true)`를 사용한다. 테이블에 관련된 연산도 기본 SWT `Table`을 조작해서 처리한다. 테이블 제목을 보여주려면 `setHeaderVisible(true)`를 호출한다.

테이블 뷰어의 칼럼은 `setInput()` 메소드를 호출할 때 계산된다는 사실을 명심하라. 따라서 `setInput()`을 호출한 후에 추가한 칼럼은 화면에 나타나지 않기 때문에 보통 `setInput()`은 테이블 생성의 마지막 부분에서 호출해야 한다.

다른 뷰의 다른 모든 기능은 이식 가능하다. 예를 들어 선택 항목을 연결해서 선택 객체의 속성을 속성 뷰에 표시할 수 있다.

실습 예제 | 선택 항목 동기화

`TimeZoneTableView`와 `TimeZoneTreeView`는 선택 항목을 속성 뷰에 전달한다. 독립된 뷰라도 선택 항목 변경에 반응하게 하면 통일감을 준다.

뷰 중 하나에서 `TimeZone`을 선택했을 때 다른 뷰에서도 선택된 `TimeZone`이 보이게 뷰를 연결할 수 있다. 그렇게 하려면 선택 항목 리스너^{selection listener}를 등록하고, 선택된 객체의 유형을 검사해서 `TimeZone` 유형이면 `reveal()`과 `setSelection()` 메소드를 이용해 뷰에 해당 객체를 표시한다.

1. com.packtpub.e4.clock.ui.internal 패키지에 ISelectionListener 인터페이스를 구현한 TimeZoneSelectionListener 클래스를 생성한다. 이 클래스의 생성자는 selectionChanged() 메소드를 구현하기 위해 뷰어와 관련된 파트를 매개변수로 받는다.

    ```
    public class TimeZoneSelectionListener implements
        ISelectionListener {
      private Viewer viewer;
      private IWorkbenchPart part;
      public TimeZoneSelectionListener(Viewer v, IWorkbenchPart p) {
        this.viewer = v;
        this.part = p;
      }
      public void selectionChanged(IWorkbenchPart p, ISelection sel) {
      }
    }
    ```

2. selectionChanged() 메소드에서는 다음 내용을 처리한다.

    - 동일한 파트에서 발생한 이벤트는 무시한다.
    - 이벤트로부터 선택 항목을 얻어와 현재 선택된 항목과 비교한다.
    - 두 항목이 다르고 TimeZone 유형이라면 뷰어를 업데이트한다.

3. 앞의 내용을 구현하면 다음과 같다.

    ```
    public void selectionChanged(IWorkbenchPart p, ISelection sel) {
      if (p != this.part) {
        Object selected = ((IStructuredSelection)sel)
            .getFirstElement();
        Object current = ((IStructuredSelection)viewer.getSelection())
            .getFirstElement();
        if(selected != current && selected instanceof TimeZone) {
          viewer.setSelection(sel);
          if(viewer instanceof StructuredViewer) {
    ```

```
            ((StructuredViewer) viewer).reveal(selected);
          }
        }
      }
    }
```

4 뷰에 선택 항목 리스너를 등록하기 위해 `TimeZoneTableView` 클래스를 열고 `createPartControl()` 메소드 끝 부분에 다음을 추가한다.

```
selectionListener = new TimeZoneSelectionListener(
    tableViewer, getSite().getPart());
getSite().getWorkbenchWindow().getSelectionService()
    .addSelectionListener(selectionListener);
```

5 뷰를 폐기할 때 리스너도 제거해야 하므로 `selectionListener` 필드를 추가한다.

```
private TimeZoneSelectionListener selectionListener;
public void dispose() {
  if (selectionListener != null) {
    getSite().getWorkbenchWindow().getSelectionService()
        .removeSelectionListener(selectionListener);
    selectionListener = null;
  }
  super.dispose();
}
```

6 뷰어의 변수 이름만 다르게 해서 `TimeZoneTreeView` 클래스에도 비슷하게 변경을 처리하기 위한 코드를 추가한다.

```
selectionListener = new TimeZoneSelectionListener(
    treeViewer, getSite().getPart());
getSite().getWorkbenchWindow().getSelectionService()
    .addSelectionListener(selectionListener);
```

7   `TimeZoneTableView` 클래스와 동일한 `dispose` 메소드를 `TimeZoneTreeView` 클래스에 추가한다.

8   이클립스 인스턴스를 실행하고 Time Zone Table 뷰에서 시간대를 선택해서 Time Zone Tree 뷰에 동일한 시간대가 보이는지 확인한다. Time Zone Tree 뷰와 Time Zone Table 뷰의 선택 항목을 변경하면 동일한 시간대가 보여야 한다.

보충 설명

선택 이벤트는 이클립스 작업 공간에서 많이 발생하기 때문에 선택 항목 리스너의 성능이 중요하다. 같은 파트에서 발생한 이벤트를 걸러 내거나 원하지 않는 유형을 필터링함으로써 좀 더 효율적으로 이벤트를 전달할 수 있다. 예제에서는 UI 업데이트를 수행하기 전에 선택 항목이 `TimeZone` 유형인 하나 이상의 요소를 담고 있는지를 검사한다.

뷰어 선택 항목은 `setSelection()`을 호출해서 동기화한다. 새로운 선택 객체 인스턴스를 생성하고 적절한 데이터를 설정하는 노력을 덜어주지만, 선택 항목을 설정하는 것만으로는 부족하다. `reveal()` 메소드를 호출해서 해당 객체를 강조해줘야 한다. `reveal()` 메소드는 다수의 객체를 선택한 경우에는 첫 번째 요소만 강조한다.

`reveal()` 메소드는 `StructuredViewer`에서만 사용 가능하다. `reveal()`은 선택한 바로 그 항목을 강조해보여주고 `StructuredViewer`의 선택 항목에 대해 `IStructuredSelection`을 설정한다.

마지막으로 뷰를 생성할 때 리스너를 등록하고 뷰가 사라질 때 리스너를 제거하기 위해 파트의 `ISelectionService`를 가져와서 `addSelectionListener()` 메소드를 호출해 리스너를 등록하고, `removeSelectionListener()`를 호출해 리스너를 제거한다.

☞ E4: E4에서는 ISelectionService 대신 ESelectionService를 사용한다. 비슷한 기능을 제공하지만, 엄밀히 말하면 ESelectionService에서는 WorkbenchPart가 더 이상 필요하지 않다. 일반적으로 ESelectionService는 @PostConstruct 어노테이션을 설정한 메소드에서 뷰에 주입되고 리스너와 연결되며, @PreDestroy가 설정된 메소드를 호출할 때 리스너를 제거한다.

깜짝 퀴즈 | 테이블 이해

Q1. `TableViewer`에 칼럼 제목을 표시하려면 어떻게 해야 하는가?

Q2. `TableViewerColumn`은 왜 있는가?

Q3. 두 개의 뷰 사이에 선택 항목을 동기화하려면 어떻게 해야 하는가?

정리

3장에서는 구조화된 데이터를 위한 뷰어를 제작할 때 JFace의 트리 기반 뷰(`TreeViewer`)와 테이블 기반 뷰(`TableViewer`)를 사용하는 방법을 살펴봤다. 폰트와 이미지를 관리하는 JFace의 기본 기능도 알아봤다.

이클립스 뷰 사이에서 데이터를 동기화하기 위해 `ISelectionService`(E4에서는 `ESelectionService`)를 사용했다. 이 서비스는 선택 이벤트를 발생시키고 이벤트를 소비하는 뷰가 다른 플러그인에서 제공하는 뷰이더라도 뷰의 화면을 일관되게 유지하게 해준다.

사용자와 상호작용

3장에서는 데이터 표현을 도와주는 JFace의 기본 뷰어 몇 개를 살펴봤다. 하지만 사용자와 상호작용하는 기능도 필요하므로 4장에서 살펴보자. 사용자와 상호작용하는 방법은 마우스 클릭에 응답하기부터 데이터 집약적인 연산을 백그라운드로 처리하기까지 매우 다양하다.

4장에서는 다음과 같은 내용을 다룬다.

- 팝업으로 사용자에 응답하는 메뉴 생성
- 메뉴에 커맨드와 핸들러 추가
- 진행 관리자를 사용해서 작업 상황 알림
- 진행 관리자에 액션 추가
- 오류를 보여주고 실패 처리

액션과 커맨드, 핸들러 작성

초기 이클립스 프레임워크 릴리스 버전은 액션Action을 사용해서 메뉴 아이템에 기능을 추가했다. 액션은 plugin.xml 파일에 actionSets으로 정의했으며, 최근에도 많은 튜토리얼에서 찾아볼 수 있다. 뷰를 생성할 때 프로그램에서 직접 컨텍스트 메뉴를 제공할 때도 여전히 Actions를 사용한다.

메뉴 표현과 커맨드 연산의 결합을 느슨하게 하기 위해 이클립스 3에서는 커맨드command가 액션Action을 대체하고, 커맨드와 메뉴 표현을 연결하기 위해 핸들러handler를 사용한다.

☞ E4: 이클립스 4.x는 커맨드 모델을 사용하며, 좀 더 느슨한 결합을 위해 핸들러(handler) 클래스에 @Execute 어노테이션을 사용한다. 커맨드와 뷰를 애플리케이션 모델의 항목으로 연결한다. 4장에서 다룬 내용을 7장에서 E4 모델 예제로 바꿔볼 예정이다.

실습 예제 | 컨텍스트 메뉴 추가

TimeZoneTableView 클래스에 컨텍스트 메뉴를 추가해서 뷰를 생성할 때 동적으로 컨텍스트 메뉴를 구성하게 해보자. 이클립스 3 애플리케이션에서는 보통 hookContextMenu() 메소드를 만들어 메뉴 표현과 컨텍스트 메뉴 연산을 연결한다. 컨텍스트 메뉴를 구현한 기본적인 코드는 '뷰 생성' 예제에서 확인할 수 있으며, 앞선 예제를 통해서도 생성할 수 있다.

이클립스 메뉴는 ContributionManager의 하위 클래스인 MenuManager가 관리하며, ContributionManager는 다른 플러그인에서 생성해 제공하는 기능의 동적 집합을 처리한다. 메뉴 관리자를 컨트롤에 연결하면 메뉴를 표시하는 플랫폼의 표준 방식(보통 컨텍스트에 맞는 클릭이나 단축키)에 대해 응답한다. 메뉴는 뷰나 작업 공간 쿨바coolbar(툴바)와 같이 다양한 위치에서 표시된다. 이렇게 다른 위치에 동일한 메뉴를 보여주려면 동일한 MenuManager에 접근하면 된다.

1 TimeZoneTableView 클래스를 열고 createPartControl() 메소드로 이동한다.

2 메소드의 끝에서 ID를 #PopupMenu로 지정한 new MenuManager를 추가하고 이 메뉴 관리자를 뷰어 컨트롤에 연결한다.

```
MenuManager manager = new MenuManager(null, "#PopupMenu");
Menu menu = manager.createContextMenu(tableViewer.getControl());
tableViewer.getControl().setMenu(menu);
```

3 Menu가 비어 있으면 MenuManager는 어떤 콘텐츠도 표시하지 않으므로 아직은 화면에 아무런 변화가 없다. 메뉴를 확인하려면 Menu에 Action을 추가한다. Action은 팝업 메뉴나 화면 상단 메뉴에 표시할 텍스트와 상태(활성/비활성/선택), 행위를 갖는다. 액션은 보통 Action을 상속하고 run() 메소드를 구현해서 생성한다. createPartControl() 메소드 끝부분에 다음을 추가한다.

```
Action deprecated = new Action() {
  public void run() {
    MessageDialog.openInformation(null, "Hello", "World");
  }
};
deprecated.setText("Hello");
manager.add(deprecated);
```

4 이클립스 인스턴스를 실행하고 Time Zone Table 뷰를 열어 테이블에서 오른쪽 클릭한다. Hello 메뉴가 보이고 메뉴를 선택하면 정보 대화상자가 나타난다.

보충 설명

id가 #PopupMenu인 MenuManager를 컨트롤에 연결해서 특정 컨트롤의 컨텍스트 메뉴를 호출할 때 메뉴 관리자가 메뉴를 표시하게 한다. 메뉴 관리자는 하나의 Menu 객체(연결된 컨트롤에 표시됨)와 연결되며, 메뉴 상태를 변경하는 역할을 한다.

Action은 이제 사용되지 않지만, 인터넷의 많은 예제에서 여전히 Action을 사용하고 있어서 책에 실었다. 여전히 Action은 잘 동작하지만, 사용자 인터페이스를 만들 때는 다음 절에서 살펴볼 커맨드와 핸들러를 사용하도록 한다.

메뉴는 메뉴에 액션을 추가한 순서대로 화면에 보인다. 일반적으로 액션은 특정 연산을 수행하는 run() 메소드를 구현한 Action의 하위 클래스로, 화면에 표시할 텍스트를 갖는다.

Action 인스턴스는 활성화나 비활성화 같은 메타데이터도 갖는다. run() 메소드 외에 메타데이터에 대한 접근자 메소드를 오버라이드하더라도 별 효과가 없다. 세터setter는 등록된 리스너에 보낼 이벤트를 만들고 표시한 컨트롤을 업데이트하는 등의 다른 작업도 발생시키기 때문이다.

실습 예제 | 커맨드와 핸들러 작성

이제 Action 클래스는 사용하지 않는 대신 커맨드와 핸들러, 메뉴를 생성해서 메뉴바에 커맨드를 표시한다.

1 프로젝트에서 플러그인 매니페스트manifest를 열거나 plugin.xml 파일을 더블 클릭한다.

2 plugin.xml 탭에서 다음과 같이 Hello 커맨드 정의를 소스코드에 추가한다.

```
<extension point="org.eclipse.ui.commands">
  <command name="Hello"
      description="Says Hello World"
      id="com.packtpub.e4.clock.ui.command.hello"/>
</extension>
```

3 생성한 커맨드는 식별자와 이름만 갖는다. 커맨드의 동작을 지정하려면 핸들러를 연결해야 한다. 핸들러는 다음 확장을 추가해서 정의한다.

```
<extension point="org.eclipse.ui.handlers">
  <handler class=
     "com.packtpub.e4.clock.ui.handlers.HelloHandler"
     commandId="com.packtpub.e4.clock.ui.command.hello"/>
</extension>
```

4 핸들러는 IHandler, 보통 AbstractHandler를 구현한 클래스로 커맨드의 동작을 정의한다. 새로운 com.packtpub.e4.clock.ui.handlers 패키지를 만들고 org.eclipse.core.commands.AbstractHandler를 구현한 HelloHandler를 생성한다.

```
public class HelloHandler extends AbstractHandler {
  public Object execute(ExecutionEvent event) {
    MessageDialog.openInformation(null, "Hello", "World");
    return null;
  }
}
```

5 커맨드 식별자[ID]인 com.packtpub.e4.clock.ui.command.hello는 메뉴나 다른 곳에서 커맨드를 참조할 때 사용한다. 커맨드를 추가할 기존 메뉴상의 위치는 locationURI에 지정한다. locationURI는 menu:window?after=additions나 menu:file?after=additions 같이 menu:로 시작하는 URL이다. Help 메뉴에 커맨드를 배치하려면 plugin.xml 파일에 다음과 같이 추가한다.

```
<extension point="org.eclipse.ui.menus">
  <menuContribution allPopups="false"
      locationURI="menu:help?after=additions">
    <command commandId="com.packtpub.e4.clock.ui.command.hello"
        label="Hello"
        style="push">
    </command>
  </menuContribution>
</extension>
```

6 이클립스 인스턴스를 실행하고 Help 메뉴 밑의 Hello 메뉴 아이템을 확인한다. 메뉴를 선택해서 Hello World라는 팝업 메시지를 확인한다. Hello 메뉴가 활성화되지 않았다면 핸들러 클래스에 커맨드를 연결한 핸들러 확장점 정의 부분을 확인하라.

보충 설명

액션 프레임워크의 가장 큰 문제는 커맨드의 상태가 사용자 인터페이스와 강하게 결합돼 있다는 점이다. 다른 메뉴에도 동일하게 액션을 사용할 수 있지만, JFace 패키지에 여전히 존재하는 Action 슈퍼 클래스는 SWT와 다른 UI 컴포넌트에 종속 관계를 갖는다. 따라서 UI가 없는 환경에서는 Action 사용이 불가능하다.

이클립스 3.x는 구현과 인터페이스를 분리하기 위해 커맨드와 핸들러라는 개념을 도입했다. 이 개념은 Copy와 같은 일반적인 커맨드를 특정 뷰에서 재정의할 수 있게 해준다. Action의 하위 클래스로 구현하는 전통적인 커맨드 디자인 패턴과는 달리 이클립스 3.x의 커맨드는 final 클래스를 사용하고, 다른 커맨드와도 연결이 가능한 IHandler를 사용해서 실제 작업을 실행한다.

 ☞ E4: 이클립스 4.x는 사용자 인터페이스 컴포넌트를 제공하는 데 커맨드와 핸들러 개념을 폭넓게 사용하지만, 정의하는 방식이 이클립스 3.x와 다르다. 이클립스 3.x에서는 plugin.xml에 커맨드와 핸들러를 정의하지만, E4에서는 애플리케이션 모델의 한 부분으로 정의한다.

예제에서는 모든 컨텍스트에서 유효한 커맨드에 대한 핸들러를 정의했다. 핸들러 클래스는 커맨드의 동작을 구현하며, 커맨드 식별자를 참조한다.

org.eclipse.ui.menus 확장점은 menuContribution을 사용자 인터페이스의 어디에나 추가할 수 있게 해준다. 메뉴 아이템을 생성해 추가할 주소는 locationURI로 정의한다. URI 문법은 다음과 같다.

- **menu:** 메뉴는 menu:로 시작하며 toolbar:나 popup:도 가능하다.
- **identifier:** file, window, help 같은 단축 이름이나 전역 툴바(org.eclipse.ui.main.toolbar), org.eclipse.ui.views.ContentOutline 같은 뷰 식별자, 팝업 메뉴의 registerContextMenu() 호출 시 정의한 식별자다.
- **?after(or before)=key:** 다른 아이템의 앞이나 뒤에 아이템을 추가하라는 배치 명령이다. 일반적으로 다른 플러그인이 기능을 기여하게 additions를 확장 가능한 위치로 사용한다.

AbstractHandler를 상속하는 대신 IHandler 인터페이스를 직접 구현할 경우에는 isEnabled() 메소드를 오버라이드해야 한다. 그렇지 않으면 커맨드가 활성화되지 않아 메뉴에 나타나지 않는다.

실습 예제 | 커맨드에 키 연결

커맨드에 단축키를 연결할 때 바인딩binding을 사용한다. 즉, 메뉴만이 아니라 키 또는 키 조합을 통해 커맨드를 호출하는 데 바인딩을 사용한다. 바인딩은 org.eclipse.ui.bindings 확장점을 통해 설정하고, 커맨드 식별자에 일련의 키 조합을 연결한다.

1. clock.ui 프로젝트의 plugin.xml 파일을 연다.
2. plugin.xml 탭에서 다음을 추가한다.

```xml
<extension point="org.eclipse.ui.bindings">
  <key commandId="com.packtpub.e4.clock.ui.command.hello"
      sequence="M1+9"
      contextId="org.eclipse.ui.contexts.window"
      schemeId=
        "org.eclipse.ui.defaultAcceleratorConfiguration"/>
</extension>
```

3 이클립스 인스턴스를 실행하고 OS X에서는 **Cmd+9**를, 윈도우나 리눅스에서는 **Ctrl+9**를 누른다. 메뉴 바의 메뉴를 눌렀을 때 표시되던 Hello 대화상자가 나타난다. Help 메뉴에도 똑같은 키가 표시되어야 한다.

보충 설명

M1은 OS X에서는 **Cmd**, 윈도우나 리눅스에서는 **Ctrl**을 의미하는 기본 메타 키다. 보통 복사(M1+C)나 붙여넣기(M1+V) 같은 주요 연산에서 M1을 사용한다. M1+9와 같은 연속 표기법은 동시에 두 키를 누른다는 의미다.

키를 눌러 호출할 커맨드를 지정하는 `commandId`는 보통 동일한 플러그인에서 정의하지만, 꼭 그럴 필요는 없다. 즉, 커맨드 집합을 제공하는 애플리케이션에서 정의해도 되고 커맨드에 연결할 키를 제공하는 플러그인에서 정의해도 된다.

키의 조합으로 단축키를 설정할 수도 있다. M1 + 9 8 7은 **Cmd+9**나 **Ctrl+9**를 누른 후 이어서 8과 7을 눌러 커맨드를 실행한다. 단축키 조합도 사용 가능하다. 예를 들어 종료quite 커맨드에 **Ctrl+X Ctrl+C** 키를 바인딩해서 Emacs의 종료 연산을 에뮬레이트할 수 있다.

M2(Shift)와 M3(Alt/Option), M4(OS X의 Ctrl)와 같은 한정자 키modifier key도 있다. **CTRL**이나 **SHIFT**, **ALT** 같이 긴 이름 그대로 사용해도 되지만, 운영체제에 따라 M1이 다른 키에 연결되기도 하므로, 메타 이름을 더 선호한다.

한정자 키 없는 단일 문자(A에서 Z)나 숫자(0에서 9), **F12**, **ARROW_UP**, **TAB**, **PAGE_UP** 같이 키 코드의 긴 이름 그대로를 사용해도 된다. **ESC/ESCAPE**와 **ENTER/RETURN** 같이 일반적으로 사용하는 변형된 이름도 사용 가능하다.

마지막으로 사용할 바인딩 목록을 정의한 구성표scheme가 있다. 기본 구성표는 `org.eclipse.ui.defaultAcceleratorConfiguration`이다. 단축키를 구성표에 넣고 빼거나, 다른 구성표를 사용하게 변경할 수도 있다. 'vrapper'(vi 에뮬레이터) 같은 도구와 이클립스에서 제공하는 Emacs 바인딩을 기본 구성표로 사용할 수 있다(단축키는 이클립스 Window ▶ Preferences ▶ Keys 메뉴를 통해 변경한다).

실습 예제 | 컨텍스트 변경

컨텍스트는 바인딩이 유효한 위치다. 기본 메뉴의 옵션과 같이 어디에나 나타나는 커맨드는 org.eclipse.ui.contexts.window 컨텍스트에 연결한다. 대화상자에서 커맨드를 호출해야 하는 경우에는 org.eclipse.ui.context.dialogAndWindow 컨텍스트를 사용한다.

1. clock.ui 프로젝트의 plugin.xml 파일을 연다.
2. 자바 편집기에서만 커맨드를 활성화하기 위해 plugin.xml 탭으로 가서 contextId를 다음과 같이 수정한다.

```
<extension point="org.eclipse.ui.bindings">
  <key commandId="com.packtpub.e4.clock.ui.command.hello"
      sequence="M1+9"
      contextId="org.eclipse.ui.contexts.window"
      contextId="org.eclipse.jdt.ui.javaEditorScope"
      schemeId="org.eclipse.ui.defaultAcceleratorConfiguration"/>
</extension>
```

3. 이클립스 인스턴스를 실행하고 자바 프로젝트를 생성한다. 그런 다음 테스트 자바 클래스와 빈 텍스트 파일을 만든다.
4. 앞에서 생성한 자바 클래스와 빈 텍스트 파일을 편집기에서 연다. 자바 편집기에 포커스가 이동했을 때 **Cmd+9** 또는 **Ctrl+9**를 누르면 커맨드가 실행된다. 하지만 텍스트 편집기로 포커스를 이동하면 단축키는 동작하지 않는다.

단축키는 자바 영역에서는 비활성화되기 때문에 단축키와 연결된 기본 커맨드를 비활성화시킬 수 없다는 사실을 명심하라.

변경이 반영되지 않으면 Run > Run ... 메뉴로 가서 작업 공간 지우기를 선택해 테스트 인스턴스를 시작할 때 작업 공간을 정리하게 한다. 일부 확장에서 캐시를 사용하기 때문에 작업 공간을 지우지 않으면 이전 데이터로 인해 이상한 행동이 발생할 가능성이 있다. plugin.xml 파일을 변경할 때 종종 작업 공간을 지워야 할 필요가 있다.

보충 설명

컨텍스트 범위는 자바 편집기를 열 때와 같이 특정 상황에서만 단축키를 유효하게 한다. Format 연산이 자바 편집기와 XML 편집기에서 다른 효과를 나타내듯이 동일한 단축키를 다른 상황에서 사용할 수 있게 한다.

컨텍스트는 계층 구조이기 때문에 단축키를 사용할 컨텍스트의 하위 컨텍스트도 컨텍스트 범위에 포함된다. 자바 편집기 컨텍스트는 일반 텍스트 편집기의 하위 컨텍스트이며, 텍스트 편집기 컨텍스트는 윈도우 컨텍스트의 하위 컨텍스트이고, 윈도우 컨텍스트는 windowAndDialog 컨텍스트의 하위 컨텍스트다.

사용 가능한 컨텍스트는 플러그인 편집기로 plugin.xml 파일을 편집할 때 확인할 수 있다.

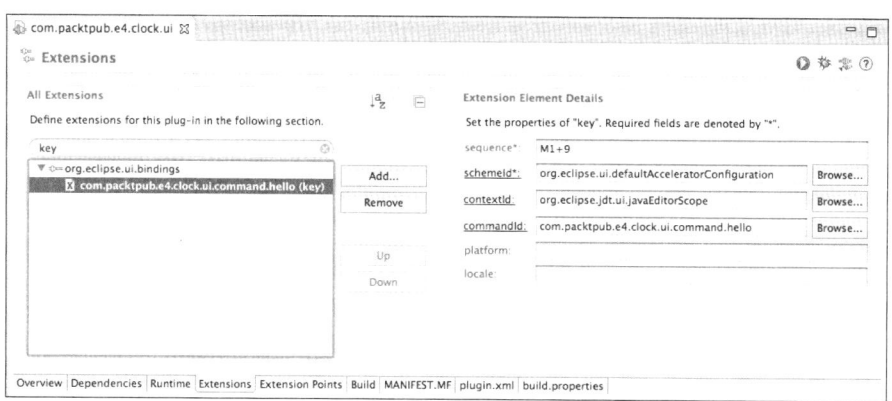

확장extensions 탭의 바인딩(org.eclipse.ui.bindings) 확장을 추가하는 양식에서

contextId 옆의 Browse... 버튼을 클릭하면 다음과 같은 대화상자가 나타나고, 사용 가능한 컨텍스트 목록이 표시된다.

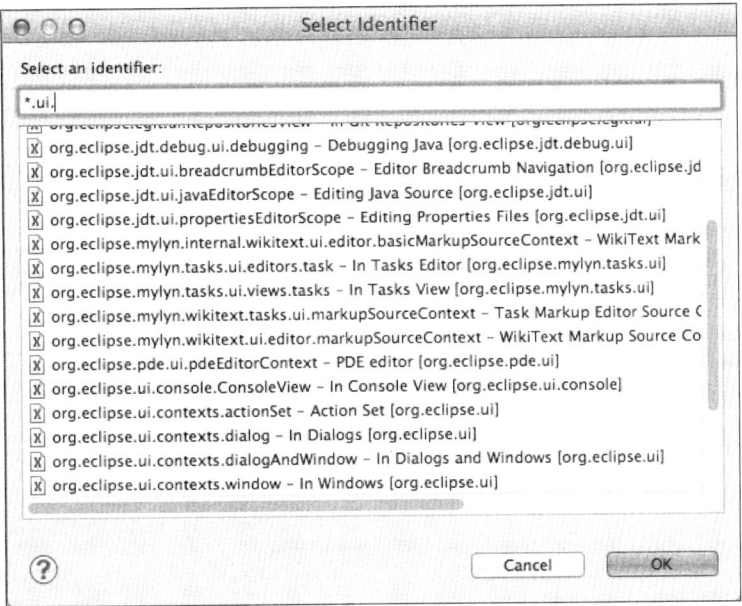

프로그램으로 컨텍스트 목록 전체를 찾는 방법도 있고 Window > Show View > Console의 드롭다운 메뉴 중 새 호스트 OSGi 콘솔^{New Host OSGi Console}을 실행하고 다음 코드를 입력해서 알 수도 있다.

```
osgi> pt -v org.eclipse.ui.contexts

Extension point: org.eclipse.ui.contexts [from org.eclipse.ui]

Extension(s):
-------------------
null [from org.eclipse.ant.ui]
  <context>
    name = Editing Ant Buildfiles
    description = Editing Ant Buildfiles Context
```

```
    parentId = org.eclipse.ui.textEditorScope
    id = org.eclipse.ant.ui.AntEditorScope
  </context>

null [from org.eclipse.compare]
  <context>
    name = Comparing in an Editor
    description = Comparing in an Editor
    parentId = org.eclipse.ui.contexts.window
    id = org.eclipse.compare.compareEditorScope
  </context>
```

실습 예제 | 메뉴 항목의 활성화/비활성화

앞의 예제에서는 열려 있는 편집기 유형에 따라 특정 단축키를 보이게 하거나 안 보이게 하는 방법을 설명했다. 하지만 단축키가 보이지 않아도 메뉴를 통한 커맨드 호출이 가능했으며, 메뉴 자체를 보이지 않게 하지는 못했다. 단축키만 보이지 않게 하는 게 아니라 커맨드에 visibleWhen 블록을 추가해서 메뉴를 보이지 않게 해보자.

표현식expressions 프레임워크는 다양한 변수를 제공한다. 예를 들어 activeContexts는 활성화된 컨텍스트 목록을 담는 변수다. 동시에 여러 컨텍스트가 활성화 가능하기 때문에 활성화된 컨텍스트는 [dialogAndWindows, windows, textEditor, javaEditor]와 같은 목록이며, 목록에서 원하는 컨텍스트를 찾으려면 equals 표현식을 가진 iterate 연산(실제는 contains 연산)을 사용한다.

1 plugin.xml 파일을 열고 Hello 커맨드에 visibleWhen 표현식을 추가한다.

```
<extension point="org.eclipse.ui.menus">
  <menuContribution allPopups="false"
      locationURI="menu:help?after=additions">
    <command commandId="com.packtpub.e4.clock.ui.command.hello"
        label="Hello" style="push">
```

```
        <visibleWhen>
          <with variable="activeContexts">
            <iterate operator="or">
              <equals value="org.eclipse.jdt.ui.javaEditorScope"/>
            </iterate>
          </with>
        </visibleWhen>
      </command>
    </menuContribution>
  </extension>
```

2 이클립스 인스턴스를 실행하고 자바 편집기가 열렸을 때 메뉴가 보이지 않는지 확인한다. 제대로 동작하지 않으면 작업 공간을 지우는 `clean` 인수를 사용해 이클립스 인스턴스를 구동한다. 작업 공간을 지우고 나면 새로운 자바 프로젝트를 생성하고 자바 클래스와 빈 텍스트 파일도 생성해서 메뉴가 제대로 보이는지 확인한다.

보충 설명

메뉴의 `visibleWhen` 설정은 메뉴를 보여줄 때를 계산해서 결과가 `false`면 메뉴를 숨긴다. 표현식expression은 특정 조건을 가진 중첩된 XML 요소의 문법을 따른다. 예를 들어 `<and>` 블록의 자식 노드가 모두 `true`면 `<and>` 블록은 `true`고, `<or>` 블록은 자식 노드 중 하나라도 `true`면 `true`다. `<with>` 블록과 `<equals>` 블록이나 다른 비교 연산자를 조합해서 속성을 테스트할 때는 변수를 사용한다.

목록을 가진 변수의 경우에는 `operator="or"`나 `operator="and"`를 갖는 `<iterate>`로 목록의 각 항목을 검사해서 동적으로 표현식을 계산한다.

목록의 특정 요소를 찾을 때는 일반적으로 `<iterate>`와 `<equals>` 연산을 조합해서 사용한다.

테스트에서 사용 가능한 변수는 다양하며, 이클립스 도움말 문서의 '워크벤치 핵심 표현식Workbench Core Expressions'에서 확인 가능하다. 다음은 사용 가능한 변수 중 일부다.

- **activeContexts** 현재 활성화된 컨텍스트의 ID 목록
- **activeShell** 활성화 셸(대화상자나 윈도우)
- **activeWorkbenchWindow** 활성화 윈도우
- **activeEditor** 현재 또는 가장 최근 활성화된 편집기
- **activePart** 활성화 파트(편집기나 뷰)
- **selection** 현재 선택된 항목
- **org.eclipse.core.runtime.Platform** Platform 객체

Platform 객체는 다음과 같이 동적 테스트를 수행할 때 유용하다.

```
<test value="ACTIVE"
    property="org.eclipse.core.runtime.bundleState"
    args="org.eclipse.core.expressions"/>
<test
    property="org.eclipse.core.runtime.isBundleInstalled"
    args="org.eclipse.core.expressions"/>
```

번들이 설치됐는지를 알면 유용하지만, 번들을 시작했을 때(OSGi에서는 ACTIVE됐을 때)만 기능을 활성화하는 편이 더 좋다. 따라서 isBundleInstalled 대신 bundleState=ACTIVE를 테스트로 사용한다.

실습 예제 | 표현식 재사용

표현식을 복사해서 붙여 넣어도 되지만, 보통 동일한 표현식을 재사용하는 방식을 더 선호한다.

1 clock.ui 프로젝트의 plugin.xml 파일을 열고 표현식 확장점을 사용해서 표현식을 선언한다.

```
<extension point="org.eclipse.core.expressions.definitions">
  <definition id="when.hello.is.active">
```

```
      <with variable="activeContexts">
        <iterate operator="or">
          <equals value="org.eclipse.jdt.ui.javaEditorScope"/>
        </iterate>
      </with>
    </definition>
  </extension>
```

확장 마법사를 통해 정의하면 org.eclipse.core.expressions 번들에 대한 의존 관계를 추가하라는 메시지가 나타나지만, 예제를 실행할 때는 꼭 필요하지 않다.

2 앞에서 정의한 표현식을 사용하려면 참조^{reference}를 사용해 표현식을 정의한다.

```
  <extension point="org.eclipse.ui.menus">
    <menuContribution allPopups="false"
        locationURI="menu:help?after=additions">
      <command commandId="com.packtpub.e4.clock.ui.command.hello"
          label="Hello" style="push">
        <visibleWhen>
          <with variable="activeContexts">
            <iterate operator="or">
              <equals value="org.eclipse.jdt.ui.javaEditorScope"/>
            </iterate>
          </with>
          <reference definitionId="when.hello.is.active"/>
        </visibleWhen>
      </command>
    </menuContribution>
  </extension>
```

3 핸들러와 메뉴는 같이 활성화하고 화면에 표시해야 하므로 핸들러도 표현식 참조를 사용하게 수정한다. plugin.xml 파일의 Hello 핸들러에 다음 코드를 추가한다.

```
<extension point="org.eclipse.ui.handlers">
    <handler class="com.packtpub.e4.clock.ui.handlers.Hello"
        commandId="com.packtpub.e4.clock.ui.command.hello">
      <enabledWhen>
        <reference definitionId="when.hello.is.active"/>
      </enabledWhen>
    </handler>
</extension>
```

4 이클립스 애플리케이션을 실행해서 정확히 똑같이 동작하는지 확인한다. 커맨드나 단축키를 사용하려는 위치를 변경하려면 이제 한 곳만 수정하면 된다.

보충 설명

메뉴와 핸들러를 동시에 보이게도 하고 보이지 않게도 하려고 `org.eclipse.core.expressions` 확장점으로 사용자의 상황이 바뀌는 시점을 계산하는 가상의 조건을 정의하고, 핸들러의 `enabledWhen` 조건과 메뉴의 `visibleWhen` 조건에서 참조reference를 사용해서 표현식을 연결했다.

참조는 어디에나 사용 가능하기 때문에 다른 표현식을 위해 표현식을 정의할 수도 있다. 표현식은 재귀적인 형식만 아니라면 어떤 형식으로도 정의할 수 있다.

실습 예제 | 팝업 메뉴에 커맨드 추가

팝업 메뉴는 다양한 곳에서 사용 가능하기 때문에 팝업 메뉴에 기능을 추가하면 더욱 유용하다. 팝업 메뉴에 기능을 추가하는 일은 `menuContribution` 요소와 활성화 여부 테스트를 조합해서 아주 쉽게 처리한다. 즉, 4장의 앞부분에서 소개한 `Action`을 사용하지 않고 커맨드와 핸들러 조합으로 팝업 메뉴를 추가할 수 있다.

이클립스 4.2에서도 동작하지만 `objectContribution`이라는 사용하지 않는 확장점도 있다. `objectContribution`은 객체의 팝업 메뉴를 제공하기 위한 확장점으로, 얼마 전부터 사용하지 않게 됐지만 여전히 오래된 튜토리얼이나 예제에서 참조한다.

1 TimeZoneTableView 클래스를 열고 다음과 같은 hookContextMenu() 메소드를 추가한다.

```
private void hookContextMenu(Viewer viewer) {
   MenuManager manager = new MenuManager("#PopupMenu");
   Menu menu = manager.createContextMenu(viewer.getControl());
   viewer.getControl().setMenu(menu);
   getSite().registerContextMenu(manager, viewer);
}
```

2 TimeZoneTreeView 클래스에도 동일한 hookContextMenu() 메소드를 추가한다.

3 TimeZoneTreeView 클래스의 createPartControl() 메소드 끝부분에서 hookContextMenu(treeViewer를 호출한다.

4 TimeZoneTableView 클래스의 createPartControl() 메소드 끝부분에서 액션을 호출하는 대신 hookContextMenu()를 호출한다.

```
hookContextMenu(tableViewer);
MenuManager manager = new MenuManager("#PopupMenu");
Menu menu = manager.createContextMenu(tableViewer.getControl());
tableViewer.getControl().setMenu(menu);
Action deprecated = new Action() {
  public void run() {
    MessageDialog.openInformation(null, "Hello", "World");
  }
};
deprecated.setText("Hello");
manager.add(deprecated);
```

5 이제 이클립스 인스턴스를 실행하고 메뉴를 확인한다. 아직 메뉴 항목을 추가하지 않아서 아무것도 표시되지 않는다.

6 Show the Time이라는 커맨드와 핸들러를 생성한다.

```xml
<extension point="org.eclipse.ui.commands">
  <command name="Show the Time" description="Shows the Time"
      id="com.packtpub.e4.clock.ui.command.showTheTime"/>
</extension>
<extension point="org.eclipse.ui.handlers">
  <handler class=
      "com.packtpub.e4.clock.ui.handlers.ShowTheTime"
      commandId="com.packtpub.e4.clock.ui.command.showTheTime"/>
</extension>
```

7 com.packtpub.e4.clock.ui.handlers 패키지에 org.eclipse.core.commands.AbstractHandler를 확장한 ShowTheTime 클래스를 생성한다. 이 클래스는 특정 시간대의 시간을 보여준다.

```java
public class ShowTheTime extends AbstractHandler {
  public Object execute(ExecutionEvent event) {
    ISelection sel = HandlerUtil.getActiveWorkbenchWindow(event)
        .getSelectionService().getSelection();
    if (sel instanceof IStructuredSelection && !sel.isEmpty()) {
      Object value =
          ((IStructuredSelection)sel).getFirstElement();
      if (value instanceof TimeZone) {
        SimpleDateFormat sdf = new SimpleDateFormat();
        sdf.setTimeZone((TimeZone) value);
        MessageDialog.openInformation(null, "The time is",
            sdf.format(new Date()));
      }
    }
    return null;
  }
}
```

8 마지막으로 메뉴를 추가할 위치인 locationURI를 popup:org.eclipse.ui.popup.any로 지정한 메뉴를 등록해서 커맨드와 핸들러를 연결한다.

```xml
<extension point="org.eclipse.ui.menus">
  <menuContribution allPopups="false"
      locationURI="popup:org.eclipse.ui.popup.any">
    <command label="Show the Time" style="push"
        commandId="com.packtpub.e4.clock.ui.command.showTheTime">
      <visibleWhen checkEnabled="false">
        <with variable="selection">
          <iterate ifEmpty="false">
            <adapt type="java.util.TimeZone"/>
          </iterate>
        </with>
      </visibleWhen>
    </command>
  </menuContribution>
</extension>
```

9 이클립스 인스턴스를 실행하고 Time Zone Table 뷰를 연다. TimeZone(트리 노드 중에 하나 또는 테이블의 행 하나)에서 오른쪽 클릭해 Show the Time 커맨드가 표시되는지 확인한다. 커맨드를 선택해서 시간을 보여주는 대화상자를 확인한다.

보충 설명

앞서 배운 뷰와 커맨드를 연결하는 방법을 이용해 선택된 객체의 유형에 따라 커맨드를 추가하는 방법을 알아봤다. 커맨드를 등록하는 접근법은 TimeZone 객체를 선택할 수 있는 곳 어디에서나 자동으로 Show the Time 메뉴를 추가할 수 있어 매우 강력하다.

커맨드는 일반적인 작업을 정의하고 핸들러는 커맨드에 구현체를 연결한다. 컨텍스트 메뉴는 locationURI를 popup:org.eclipse.ui.popup.any로 설정한 팝업 메뉴 확장점을 통해 제공한다. 팝업 메뉴 확장점은 선택 항목이 TimeZone을 포함할 때 MenuManager를 사용하는 모든 팝업 메뉴에 메뉴를 추가한다. MenuManager는 마우스 동작을 감지해서 메뉴를 보여주고 메뉴 항목을 채워 넣는 역할을 한다.

예제에서는 객체의 유형이 `TimeZone`이거나 `TimeZone` 형태로 적용 가능할 때 커맨드를 활성화했다. 따라서 연락처 객체 중 연락처 위치에서 시간을 표시하는 등 `TimeZone`으로 변환 가능한 어댑터가 있는 다른 유형의 객체에서도 시간을 보여줄 수 있다.

도전 과제 | 뷰 메뉴와 툴바 사용

뷰 메뉴를 추가하는 방법은 팝업 메뉴에 메뉴를 추가하는 방법과 유사하다. `locationURI`를 팝업 메뉴가 아닌 뷰 ID로 지정하면 된다. Show the Time 메뉴를 `TimeZone` 뷰의 메뉴로 추가하라.

이클립스 메인 윈도우의 아이콘으로 표시되는 툴바에 메뉴를 추가하는 방법도 있다. 전역 툴바에 메뉴를 추가해서 Show the Time 아이콘을 툴바에 추가하라.

편리한 뷰 테스트를 위해 `PlatformUI.getActiveWorkbenchWindow().getActivePage().showView(id)`로 `TimeZone` 뷰를 여는 메뉴 아이템을 추가하라.

깜짝 퀴즈 | 메뉴의 이해

Q1. `Action`과 `Command`는 어떤 차이가 있으며, 둘 중 어느 것을 사용해야 하는가?

Q2. `Command`를 메뉴에 연결하는 방법은 무엇인가?

Q3. M1 키는 무엇을 의미하는가?

Q4. 커맨드에 단축키를 연결하려면 어떻게 해야 하는가?

Q5. 메뉴 `locationURI`는 무엇인가?

Q6. 팝업 메뉴는 어떻게 생성하는가?

작업과 진행 상황

사용자 인터페이스는 하나의 스레드로 처리되기 때문에 커맨드의 작업 시간이 오래 걸리면 사용자 인터페이스 다시 그리기나 UI와 관련된 다른 처리가 차단된다. 따라서 장기 실행 작업은 백그라운드 스레드로 실행해서 UI가 멈추지 않게 해야 한다.

자바 라이브러리에 `java.util.Timer`도 있지만, 이클립스는 작업 실행과 진행 상황 보고 메커니즘을 모두 제공하고, 작업을 그룹화하거나 일시 정지하며, 작업을 하나로 결합하는 기능도 제공하는 작업[Jobs] API를 지원한다.

실습 예제 | 백그라운드로 작업 실행

커맨드의 작업이 오래 걸리면 사용자 인터페이스가 동작하지 않고 멈추게 된다. 사용자 인터페이스 스레드는 하나인데, 커맨드를 UI 스레드로 구동하기 때문이다. 따라서 오래 걸리는 연산은 백그라운드 스레드로 실행하고, 작업을 끝내자마자 결과를 화면에 출력하게 한다. 처음 시계를 업데이트할 때처럼 새로운 `Thread`를 생성하거나 `Timer` 같은 다른 기법을 사용해도 되지만, 이클립스 시스템이 제공하는 작업[Job] 메커니즘을 사용하면 좋다. 이클립스의 작업 메커니즘은 UI없이 작업을 수행하는 `Job`과 UI 스레드 환경에서 작업을 실행하는 `UIJob`을 제공한다.

1 `HelloHandler`를 열고 `execute()` 메소드로 이동해 내용을 다음과 같은 코드로 바꾼다.

```
public Object execute(ExecutionEvent event) {
  Job job = new Job("About to say hello") {
    protected IStatus run(IProgressMonitor monitor) {
      try {
        Thread.sleep(5000);
      } catch (InterruptedException e) {
      }
      MessageDialog.openInformation(null, "Hello", "World");
      return Status.OK_STATUS;
```

```
      }
    };
    job.schedule();
    return null;
}
```

2 이클립스 인스턴스를 실행해서 Help > Hello 메뉴를 클릭한다. 메뉴가 보이지 않으면 자바 파일을 먼저 열고 다시 확인한다. **진행 상황**^{Progress} 뷰를 열고 작업 목록에서 About to say hello가 실행 중인지 확인한다. 잠시 후 다음과 같은 오류 대화상자가 나타난다.

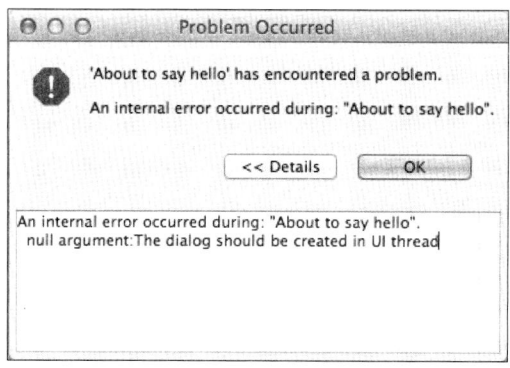

3 UI 처리가 되지 않는 백그라운드 스레드로 작업을 실행해서 발생한 문제로, MessageDialog를 표시할 때 예외가 발생한다. MessageDialog를 직접 보여 주는 대신 UI 스레드로 실행하는 두 번째 Job이나 Runnable을 생성해서 문제를 고쳐보자. MessageDialog를 호출하는 부분을 다음과 같은 코드로 바꾼다.

```
MessageDialog.openInformation(null, "Hello", "World");
Display.getDefault().asyncExec(new Runnable() {
  public void run() {
    MessageDialog.openInformation(null, "Hello", "World");
  }
});
```

예제에서는 UI 스레드에서 `Runnable`을 실행하기 위해 `asyncExec()`를 사용한다. `asyncExec()`는 스윙의 `SwingUtilities.invokeLater()` 메소드와 유사하다.

4 이클립스 인스턴스를 실행해서 Hello 메뉴를 선택한다. 5초가 지난 후에 대화상자가 나타나는지 확인한다.

보충 설명

이클립스 UI의 모든 액션은 UI 스레드에서 실행해야 하기 때문에 액션 작업이 오래 걸리면 사용자 인터페이스가 멈추거나 동작하지 않는 것처럼 보인다. 이런 문제를 해결하려면 긴 작업을 수행하기 전에 UI 스레드를 빠져 나오고, UI에 변경을 반영해야 할 때 UI 스레드로 다시 돌아가게 계획을 세운다.

예제는 **진행 상황**Progress 뷰를 통해 모니터링이 가능한 명명된 프로세스의 작업을 계획하는 메커니즘인 Job과 결과 메시지 대화상자를 보여주는 `asynchExec()` 메소드를 모두 사용했다.

Job과 `asyncExec()` 메소드 모두 내부 클래스를 사용하는데, 내부 클래스를 사용하면 코드 복잡도가 증가할 가능성이 높다. 따라서 자바의 향후 버전과 람다lambda 표현식에서는 이런 부분을 상당히 많이 줄일 계획이다.

☞ E4: E4는 다른 렌더러를 사용해도 되기 때문에 UIJob을 백그라운드로 요청할 대상으로 Display 대신 UISynchronize 인스턴스를 사용해서 asyncExec()나 syncExec() 메소드를 처리한다.

도전 과제 | UI 작업 사용

UI를 이용한 알림 작업을 예약할 때 `Display.asyncExec()` 메소드를 사용하는 대신 `UIJob`을 사용한다. `UIJob`은 `Job`과 동일하게 동작하지만, `run()` 메소드 대신 `runInUIThread()` 메소드를 정의해야 한다. 사용자에게 정보를 문의하는 등 UI로 상호작용을 더 많이 하는 경우에 유용하다.

실습 예제 | 진행 상황 보고

작업을 실행할 때 사용자에게 작업의 진행 상태를 주기적으로 업데이트해서 알려줄 필요가 있다. `Job`은 기본적으로 정보를 제공하지 않기 때문에 작업 중(busy) 표시 indicator만 보여준다. 작업의 진행 상황을 사용자에게 알려주고 작업을 취소하는 방법을 제공하려면 `Job`을 실행할 때 진행 상황 모니터(`IProgressMonitor`) 객체를 전달한다. 진행 상황 모니터는 많은 작업의 상태를 보여주며, 각 작업은 수행 가능한 전체 작업량을 갖는다. 작업량을 모르는 작업에 대해서는 `UNKNOWN`을 지정해서 `busy`를 표시한다.

1 `HelloHandler`를 열고 `execute()` 메소드로 이동한다. 내부 `Job`의 `run()` 메소드에서 시작 부분에 `beginTask()`를 추가하고 1초간 정지sleep한 후 `worked()` 메소드 호출을 5회 반복하는 루프를 추가한다. 코드는 다음과 같다.

```
protected IStatus run(IProgressMonitor monitor) {
  try {
    monitor.beginTask("Preparing", 5000);
    for(int i=0;i<5;i++) {
      Thread.sleep(1000);
      monitor.worked(1000);
    }
  } catch (InterruptedException e) {
  } finally {
    monitor.done();
```

```
    }
    Display.getDefault().asyncExec(new Runnable() {…});
    return Status.OK_STATUS;
}
```

2 이클립스 인스턴스를 실행하고 Windows > Show View > Other > General > Progress를 선택해서 **진행 상황** 뷰를 연다. 그런 다음 Help > Hello로 이동하면 진행 상황 뷰가 정지하는 동안 진행 상황을 보여준다.

3 좀 더 자세한 정보를 제공하려면 다음 코드와 같이 좀 더 자주 상태를 보고하게 만든다.

```
for(int i=0;i<50;i++) {
    Thread.sleep(100);
    monitor.worked(100);
}
```

4 이클립스 인스턴스를 다시 실행한다. Help > Hello 메뉴를 선택해서 작업을 실행하고, 진행 상황 뷰의 상태 보고가 좀 더 자주 업데이트되는지 확인한다.

보충 설명

작업을 실행할 때 어느 정도 작업이 진행됐는지를 표시하기 위해 진행 상황 모니터 progress monitor를 사용한다. 진행 상황 모니터는 전체 작업량과 사용자가 작업을 인지할 수 있는 작업 이름을 `beginTask()` 메소드에 전달해서 시작한다.

작업량을 모를 때는 `IProgressMonitor.UNKNOWN`을 사용한다.

작업량의 단위는 중요하지 않으므로 50이든 50,000이든 상관없다. 수행한 작업의 총량을 증가시키기만 하면 진행 상황 뷰가 알아서 사용자에게 정보를 제공한다.

코드의 줄 수나 작업 수를 기준으로 진행 상황을 보고하지 말라. 4개의 작업 아이템을 수행한 후 다섯 번째 작업을 할 때 이전 4개의 작업을 수행한 만큼의 시간이 소요되면 보고된 작업량을 조정해야 한다. 예를 들어 처음 4개 작업에는 각각 작업 단위 1을 할당하고 남은 다섯 번째 작업에는 작업 단위 4를 제공해서 총 8을 작업량으로 제공한다.

마지막으로 진행 상황 모니터에서 done()을 호출해 Job을 완료했고, 상태를 표시하는 뷰에서 작업을 제거해도 됨을 정의한다. 이와 관련된 코드는 finally 블록에서 처리해 예외가 발생하는 등 Job이 비정상적으로 종료되더라도 진행 상황 모니터를 반드시 종료하게 한다.

실습 예제 | 취소 기능

잘못된 옵션을 선택했거나 더 중요한 무언가가 발생했을 때 사용자는 마음을 바꿔 작업을 종료하고 싶을 것이다. 진행 상황 모니터는 양방향 통신을 허용해서 사용자가 작업 취소 의사를 표시하게 해준다. isCanceled() 메소드는 사용자가 어떤 방법으로든 작업을 이미 종료했을 때 true를 반환한다. 작업을 처리하는 동안 주기적으로 isCanceled()를 검사해서 작업 종료 전에 오래 걸리는 작업을 사용자가 취소하게 해준다.

1 반복마다 모니터를 취소했는지 검사할 수 있게 HelloHandler의 for 루프를 수정한다.

```
for(int i=0;i<50 && !monitor.isCanceled(); i++) {
  ...
}
if(!monitor.isCanceled()) {
  Display.getDefault().asyncExec(new Runnable() {…});
}
```

2 이클립스 인스턴스를 실행하고 Hello 커맨드를 클릭한다. 그런 다음 **진행 상황** 뷰로 이동해서 작업 옆에 있는 빨간색 정지 박스를 클릭한다. 작업이 취소되고 메시지를 보여주는 대화상자가 화면에 나타나지 않는지 확인한다.

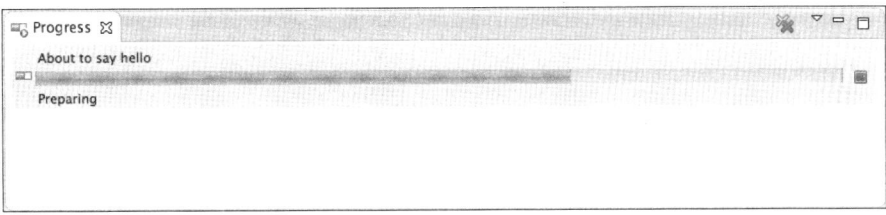

보충 설명

플러그인 개발의 핵심은 사용자에 대한 응답이므로, 작업 시간이 오래 걸리는 연산이 있다면 사용자가 작업을 취소했는지 확인하고, 사용자가 계속하기를 원치 않으면 CPU를 동작할 필요가 없다.

Monitor.isCanceled() 메소드는 일반적으로 단일 필드에만 접근해서 구현하기 때문에 자주 호출해도 성능에 나쁜 영향을 끼치지는 않는다. isCanceled()를 많이 호출해도 사용자는 인지하지 못하지만, 필요한 만큼 충분히 호출하지 않으면 사용자가 바로 알아챈다.

실습 예제 | 하위 작업과 하위 진행 상황 모니터 사용

여러 작업을 한 번에 처리할 때 사용자에게 작업 상태에 대한 추가 정보를 제공하기 위해 하위 작업subtask을 사용한다. 하위 작업은 진행 상황 뷰에 작업 이름과 함께 표시되는 이름만을 갖는다.

1 사용자에게 피드백을 주기 위해 작업을 수행하는 동안 monitor.subTask()를 추가한다.

```
for (int i=0; i<50 && !monitor.isCanceled(); i++) {
  if(i==10) {
    monitor.subTask("Doing something");
  } else if (i==25) {
    monitor.subTask("Doing something else");
  } else if (i==40) {
```

```
      monitor.subTask("Nearly there");
    }
    Thread.sleep(100);
    monitor.worked(100);
  }
```

2 이클립스 인스턴스를 실행하고 **진행 상황** 뷰를 살펴보라. 상태 바 밑에 하위 작업의 이름이 표시되는지 확인한다.

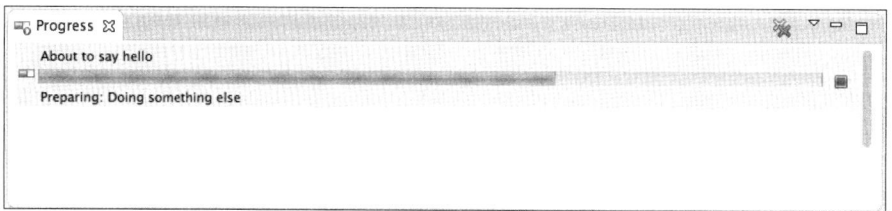

3 진행 상황 모니터로 다른 메소드를 호출할 때 모니터를 그대로 전달하면 예상치 못한 결과가 발생할 수 있다. HelloHandler의 Job에 checkDozen()이라는 새로운 메소드를 추가하고, 루프의 12번째 반복에서 checkDozen()을 호출한다.

```
protected IStatus run(IProgressMonitor monitor) {
  ...
  } else if (i == 12) {
    checkDozen(monitor);
  }
  ...
}

private void checkDozen(IProgressMonitor monitor) {
  try {
    monitor.beginTask("Checking a dozen", 12);
    for (int i = 0; i < 12; i++) {
      Thread.sleep(10);
      monitor.worked(1);
```

```
      }
    } catch (InterruptedException e) {
    } finally {
      monitor.done();
    }
  }
```

4 이클립스 인스턴스를 실행해서 Hello 메뉴를 선택하고 진행 상황 뷰를 연다. 진행 상태가 루프의 12번째 반복 지점까지만 진행되고 사라진다.

5 문제를 해결하려면 SubProgressMonitor라는 다른 IProgressMonitor 인스턴스를 생성해서 메소드를 호출하도록 수정한다.

```
  } else if (i == 12) {
    checkDozen(new SubProgressMonitor(monitor, 100));
    continue;
  }
```

6 이제 액션을 실행하고 예상한 대로 진행 상황이 업데이트되는지 확인한다. 아래에 있는 monitor.worked(100)의 호출을 피하기 위해 continue 문장을 사용한다.

보충 설명

checkDozen() 메소드는 IProgressMonitor 인스턴스를 받아서 작업 완료 단위가 다른 별도의 작업 집합을 시뮬레이션한다. 이때 동일한 모니터 인스턴스를 전달하면 중간에서 작업을 놓쳐 진행 상황을 표시하지 못하는 문제가 발생한다.

문제를 해결하기 위해 SubProgressMonitor 인스턴스를 전달했다. SubProgressMonitor는 부모 모니터로부터 작업의 100단위를 받기 때문에 SubProgressMonitor에 done() 메소드를 호출하면 부모 모니터는 100만큼의 작업 단위를 완료 상태로 보여준다.

하위 모니터의 작업 단위는 부모가 사용하는 작업 단위와 완전히 분리가 가능해서 부모 모니터와 다른 단위로 작업을 완료 처리할 수 있다.

실습 예제 | null 진행 상황 모니터와 하위 모니터 사용

메소드 내에서 진행 상황 모니터를 광범위하게 사용할 경우 모니터가 null인지 아닌지를 계속 확인하는 것은 좋은 방법이 아니므로, 모니터가 null인 경우에는 모든 모니터 호출에 대해 아무 동작도 하지 않는 NullProgressMonitor로 진행 상황 모니터를 교체한다.

1. 전달받은 진행 상황 모니터가 null인 경우 NullProgressMonitor를 사용하게 checkDozen()을 수정한다.

    ```
    private void checkDozen(IProgressMonitor monitor) {
      if(monitor == null)
        monitor = new NullProgressMonitor();
    ```

    NullPointerException을 예방했으므로 메소드의 남은 부분은 그대로 둬도 된다.

2. SubMonitor라고 불리는 래퍼/팩토리 클래스를 가진 SubProgressMonitor는 NullProgressMonitor와 동일한 결과를 가져온다. SubMonitor는 모니터를 감싸서 인스턴스를 생성하는 팩토리 메소드와 자식 진행 상황 모니터를 생성하는 메소드를 제공한다.

```
protected IStatus run(IProgressMonitor monitor) {
  try {
    SubMonitor subMonitor =
        SubMonitor.convert(monitor,"Preparing", 5000);
    for (int i = 0; i < 50 && !subMonitor.isCanceled(); i++) {
      if (i == 10) {
        subMonitor.subTask("Doing something");
      } else if (i == 25) {
        subMonitor.subTask("Doing something else");
      } else if (i == 40) {
        subMonitor.subTask("Nearly there");
      } else if (i == 12) {
        checkDozen(subMonitor.newChild(100));
        continue;
      }
      Thread.sleep(100);
      subMonitor.worked(100);
    }
  } catch (InterruptedException e) {
  } finally {
    if(monitor != null)
      monitor.done();
  }
}
```

3 코드를 실행하면 앞과 동일한 결과가 나오지만, SubMonitor를 이용한 방법이 더 효과적이다. monitor의 done() 메소드를 호출해서 모니터를 끝내기 전이면 subMonitor 객체는 메소드 어디에서나 사용할 수 있다. 하지만 monitor가 null일 수 있으므로 null인지를 먼저 확인한다.

보충 설명

NullProgressMonitor를 SubMonitor를 가진 SubProgressMonitor로 교체했다. convert() 팩토리 메소드를 사용해서 임의의 IProgressMonitor를 SubMonitor로 변환한다. SubMonitor는 null을 검사하는 부담도 줄이고, newChild() 호출로 SubProgressMonitor 인스턴스를 생성하게 해준다.

SubMonitor를 사용할 때는 메소드의 끝에서 메소드의 매개변수로 전달받은 최초의 진행 상황 모니터의 done()을 호출해야 한다. 따라서 monitor = SubMonitor.convert(monitor) 같이 코드를 작성하면 작업을 완료할 때 오류가 발생한다.

isCanceled() 검사는 궁극적으로 부모 모니터를 호출하기 때문에 하위 모니터를 호출하든 부모 모니터에서 호출하든 큰 문제가 아니다. 하지만 부모 모니터가 null일 경우에 부모 모니터에 isCanceled()를 호출하면 NullPointerException이 발생한다. 반면 SubProgressMonitor는 결코 null이 아니다.

재귀 작업이 많은 경우에 매번 SubProgressMonitor의 인스턴스를 생성하기보다 SubProgressMonitor를 중첩해서 처리하는 편이 더 좋다. newChild() 메소드는 매번 새로운 SubMonitor 인스턴스를 생성할 필요가 없게 구현돼서 SubProgressMonitor로 얼마나 많이 재귀 호출했는지 추적이 가능하다.

SubMonitor는 진행 상황 모니터에 작업량을 재설정할 때 사용하는 setWorkRemaining()도 갖는다. 작업이 시작할 때 얼마나 많은 작업을 완료했는지 모를 경우에 유용하며, 나중에 진행 상황을 알 수 있다.

실습 예제 | 작업 속성 설정

Job에 임의의 속성을 설정해서 작업의 진행 상황을 다르게 표시할 때 사용할 수 있다. 예를 들어 커맨드를 지정해서 실행 중인 Job을 클릭하면 작업에 대한 자세한 설명 등을 사용자 인터페이스에 보여줄 수 있다. Job 속성은 키/값 쌍의 형태로 setProperty()를 이용해서 설정한다. 키는 네임스페이스/값의 형식을 갖는 문자열인 QualifiedName을 사용한다. IProgressConstants2 인터페이스는 진행 상황 뷰에서 커맨드를 호출하는 데 사용하는 COMMAND_PROPERTY 등 설정 가능한 값을 정의한다.

1 HelloHandler를 열고 execute() 메소드의 끝으로 이동한다. Job을 예약하기 바로 전에 ICommandService로부터 Command를 얻어와 Job의 속성으로 설정한다.

```
ICommandService service = (ICommandService)
    PlatformUI.getWorkbench().getService(ICommandService.class);
Command command = service == null ? null :
    service.getCommand("com.packtpub.e4.clock.ui.command.hello");
if(command != null) {
  job.setProperty(IProgressConstants2.COMMAND_PROPERTY,command);
}
job.schedule();
return null;
```

☞ E4: E4에서는 @Inject ICommandService 어노테이션을 통해 ICommandService를 획득한다. 객체 주입은 7장, '이클립스 4 모델'에서 자세히 다룬다.

2 이클립스 인스턴스를 실행하고 Hello 커맨드를 클릭한 후 진행 상황 뷰를 확인한다. 작업은 ParameterizedCommand를 사용하기 때문에 아무것도 보이지 않는다. ParameterizedCommand의 generateCommand() 팩토리 메소드를 사용해서 속성 값을 변경한다.

```
if(command != null) {
  job.setProperty(IProgressConstants2.COMMAND_PROPERTY,command);
  job.setProperty(IProgressConstants2.COMMAND_PROPERTY,
      ParameterizedCommand.generateCommand(command, null));
}
```

3 이제 이클립스 인스턴스를 실행하고 **진행 상황** 뷰로 간 후 Hello 커맨드를 클릭한다. 진행 상황 뷰 밑에 다른 Hello 커맨드를 구동시키는 하이퍼링크가 나타난다.

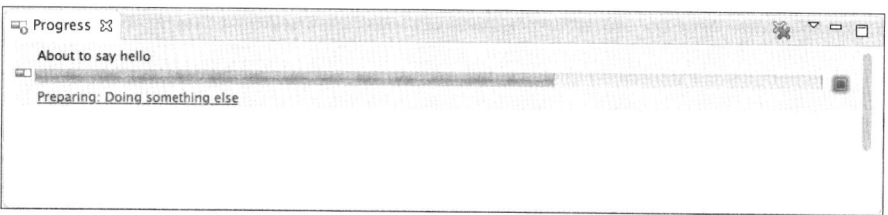

4 커맨드에 연결된 핸들러가 없거나 비활성화됐다면 다음과 같은 오류 메시지가 나타난다.

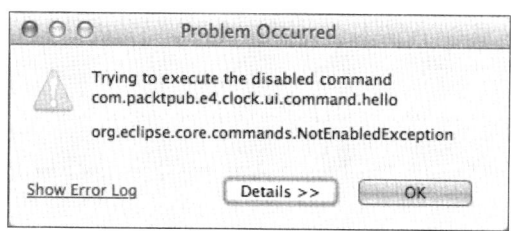

5 커맨드를 처리할 때 하이퍼링크를 클릭해서 커맨드를 실행하면 HelloHandler를 실행해서 다른 작업 인스턴스를 구동시킨다. 클릭할 때마다 새로운 작업이 생성된다.

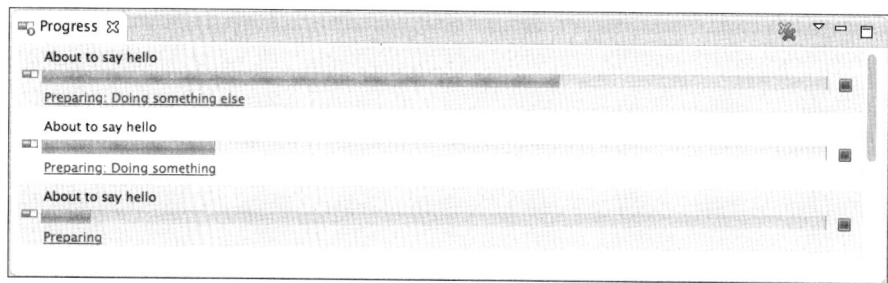

6 Job의 속성에서 `ICON_PROPERTY` 키에 `ImageDescriptor`를 지정해서 뷰에 나타나는 아이콘을 변경한다. 이미지 기술서는 `ImageDescriptor`의 `createFromURL()` 메소드로 로드하고 속성으로 설정한다.

```
job.setProperty(IProgressConstants2.ICON_PROPERTY,
    ImageDescriptor.createFromURL(
        HelloHandler.class.getResource("/icons/sample.gif")));
```

7 이클립스 인스턴스를 실행해서 진행 상황 뷰를 열고 `Hello` 메뉴를 클릭한다. 변경한 아이콘이 작업에 표시되는지 확인한다.

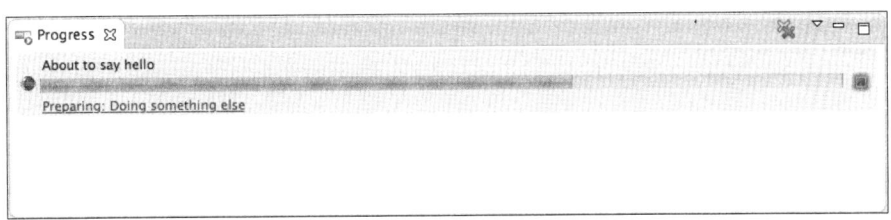

보충 설명

실행 중인 작업에 속성을 설정해서 다양한 방법으로 진행 상황을 표시하는 데 사용한다. 속성은 `QualifiedName` 형태의 키와 객체인 값으로 지정한다.

`QualifiedName` 키는 문자열 식별자로 동작해서 네임스페이스별로 키를 분할한다. 예를 들어 `IProgressConstants`가 사용하는 속성은 `org.eclipse.ui.workbench.progress`라는 네임스페이스와 `command`나 `icon` 같은 간략한 문자열을 사용한다. `org.eclipse.ui.workbench.properties.command`처럼 사용하지 않음으로써 긴 접두어(네임스페이스)를 메모리에 한 번만 저장해서 클래스 파일이나 PermGen 공간을 낭비하지 않는다. JDK7에서는 PermGen 공간에 상한선이 있다 (JDK 8에서는 PermGen을 제거할 예정이므로 향후에는 이슈가 되지 않을 것이다).

진행 상황 뷰와 관련된 Job의 유효한 속성은 `IProgressConstants`와 `IProgressConstants2`에서 확인할 수 있다. 속성은 고정되지 않았으므로 사용자가 추가하고 싶은 Job 속성을 이클립스 플랫폼 어디에나 그리고 독립된 확장을 통해 추가할 수 있다.

Job에 Command를 연결하려면 ParameterizedCommand를 속성으로 지정해야 한다. ParameterizedCommand 클래스의 팩토리 메소드 generateCommand()를 사용해서 커맨드를 ParameterizedCommand로 변환한다.

Command는 ICommandService로부터 획득하며, ICommandService는 PlatformUI 워크벤치로부터 얻는다. E4에서는 객체 주입을 통해 ICommandService를 얻는다.

도전 과제 | 작업 바 표시

IProgressConstants2 인터페이스는 Job의 진행 상황을 운영체제에 노출시킬지 여부를 결정하는 SHOW_IN_TASKBAR_ICON_PROPERTY라는 속성도 정의한다. OS X는 이클립스 애플리케이션 아이콘 위에 진행 상황을 보여주는 바를 표시한다. Job에 SHOW_IN_TASKBAR_ICON_PROPERTY 속성을 Boolean.TRUE로 설정하고 어떤 효과가 있는지 확인하라.

Job에 PROPERTY_IN_DIALOG 속성을 정의해서 포어그라운드로 실행하는지 백그라운드로 실행하는지도 표시하고, 작업 상태 질의도 가능하다. 클라이언트에서 설정할 수 없지만, 읽어서 화면에 표시하거나 다른 액션을 실행할 수 있다.

깜짝 퀴즈 | 작업의 이해

Q1. Display.syncExec()와 Display.asyncExec()의 차이는 무엇인가?

Q2. Display와 UISynchronize는 어떤 차이가 있는가?

Q3. Job과 UIJob은 무엇이 다른가?

Q4. 모든 일이 잘 동작함을 의미하는 단일 Status 객체는 무엇인가?

Q5. 이클립스에서 CommandService를 획득하려면 어떻게 해야 하는가?

Q6. 진행 상황 뷰에 Job과 관련된 아이콘을 변경하는 방법은 무엇인가?

Q7. 언제 `SubProgressMonitor` 대신 `SubMonitor`를 사용해야 하는가?

Q8. 얼마나 자주 Job의 취소 여부를 확인해야 하는가?

오류 보고

모든 작업이 예상대로 동작하면 IDE는 사용자에게 무엇이 잘못됐는지를 알릴 필요가 없다. 낙관주의 개발자조차도 코드가 다양한 상황에서 동작한다는 사실을 믿지 않는다. 잘못된 데이터, 스레드 문제, 간단한 버그, 환경적 문제로 작업이 실패하게 되고, 작업이 실패하면 사용자에게 상황을 알려줘야 한다.

이클립스는 문제를 보고하는 메커니즘을 내장하고 있으며, 이 메커니즘을 사용해서 작업이 실패했을 때 사용자 인터페이스에 오류를 보고한다.

실습 예제 | 오류 표시

지금까지 핸들러의 데모용으로 정보 대화상자를 사용했다. 정보 대화상자 대신 오류 메시지를 생성하는 데 사용하는 일관된 방법이 있다. `MessageDialog.openInformation()`을 호출하는 대신 오류 메시지를 가진 동일한 종류의 대화상자를 표시하는 `openError()` 메소드를 호출한다.

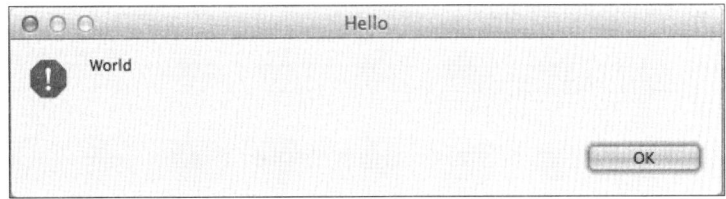

대화상자를 이용한 오류 보고는 특정 상황에는 매우 유용하지만, 오류 보고 중 UI를 고정시켜 사용자가 다른 일을 하지 못하게 해야 할 경우에는 좋은 방법이 아니다. 따라서 이클립스는 `IStatus` 인터페이스를 구현한 `Status` 객체로 성공과 실패 모두를 처리하는 표준화된 방법을 제공한다. 실행 결과가 성공인지 실패인지를 나타내는 IStatus 객체는 작업Job을 완료할 때 반환한다.

1 HelloHandler의 run() 메소드에서 NullPointerException을 발생시킨다. try 블록에 catch 블록을 추가하고 오류 상태를 반환한다. OK_STATUS는 작업의 성공을 의미하는 Status의 싱글톤 객체로, 오류 정보를 포함한 새로운 Status 객체의 인스턴스를 생성하는 데 필요하다.

```
protected IStatus run(IProgressMonitor monitor) {
  try {
    SubMonitor subMonitor =
        SubMonitor.convert(monitor,"Preparing", 5000);
    subMonitor = null; // 버그
    ...
  } catch (NullPointerException e) {
    return new Status(IStatus.ERROR,
    Activator.PLUGIN_ID, "Programming bug?", e);
  } finally {
```

2 이클립스 인스턴스를 실행해서 Hello 커맨드를 호출한다. 예외가 발생하고 정보를 담은 상태 객체가 이클립스로 전달된다. Job을 포어그라운드로 실행 중이라면 작업 스케줄러는 어떤 오류가 발생했는지를 상태 메시지로 보여준다.

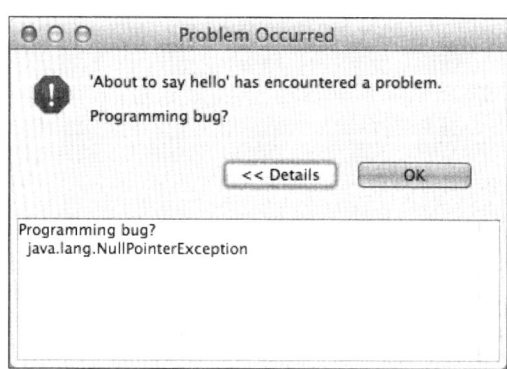

3 테스트 이클립스 인스턴스의 Window > Show View > Error Log로 가서 오류를 확인한다. 오류 내용은 workspace/.metadata/.log 파일에서도 확인 가능하다.

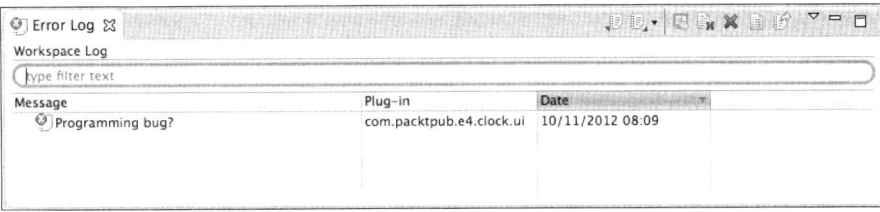

4 오류 로그의 항목을 더블 클릭해서 상세 정보를 확인한다.

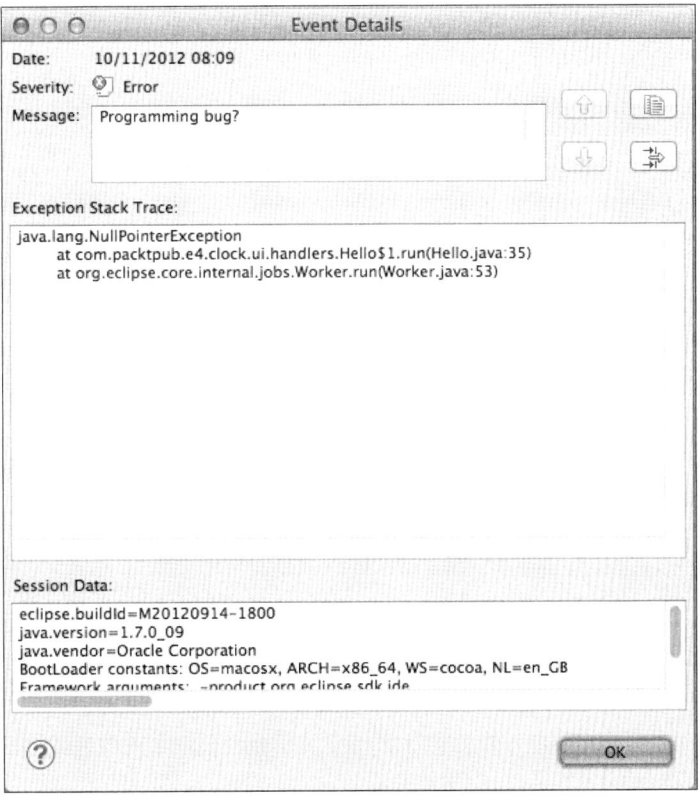

5 오류 상태를 반환하는 대신 StatusManager를 이용해 프로그램에서 직접 오류 메시지를 로그에 기록해도 된다. StatusManager는 정적 팩토리로부터 획득하거나 서비스로부터 주입받는다. 작업은 계속 실행하면서 정보를 로그에 남기고 싶을 때는 다음과 같은 코드를 실행한다.

```
  } catch (NullPointerException e) {
    return new Status(IStatus.ERROR,
        Activator.PLUGIN_ID, "Programming bug?", e);
    StatusManager statusManager = StatusManager.getManager();
    Status status = new Status(IStatus.ERROR,
        Activator.PLUGIN_ID, "Programming bug?", e);
    statusManager.handle(status,
      StatusManager.LOG);
  } ...
```

☞ E4: E4에서는 StatusManager를 StatusReporter로 대체했으며, StatusReporter는 handle() 메소드와 동일한 report() 메소드를 갖는다.

6 이클립스 인스턴스를 실행하고 Hello 액션을 호출한 후 오류 대화상자는 표시하지 않고 로그에만 기록하는지 확인한다.

7 상태 옵션에 SHOW도 추가한다.

```
  statusManager.handle(status,
      StatusManager.LOG | StatusManager.SHOW );
```

8 이클립스 인스턴스를 다시 실행하고 Hello 액션을 호출하면 오류 대화상자도 보이고 로그에도 기록된다.

9 마지막으로 오류가 발생하지 않게 HelloHandler에서 버그를 제거한다.

```
    subMonitor = null; // 버그
```

보충 설명

오류 정보를 보여주기 위해 사용한 `openError()`는 사용자가 UI로 작업 중이고 이제 막 문제가 많은 연산을 완료했을 때와 같이 특별한 경우에도 유용하다.

다음 단계로 예외를 감지하고 특정 플러그인에 연결하는 방법을 포함한 이클립스의 상태 보고와 처리 메커니즘을 살펴봤다. 여러 `Status` 인스턴스를 추가해서 사용하는 `MultiStatus`도 있지만, 하나의 문제를 알리므로 `Status` 객체를 사용했다. 일반적으로 상태를 로그에만 기록하고 사용자 화면에 팝업 대화상자로 보여주지 않는 방식은 UX에 있어서 안티패턴이다(특히 백그라운드 작업의 경우).

상태 메시지를 로그에 기록하고 사용자 화면에 표시하지 않음을 의미하는 `LOG` 플래그가 있는 반면, `SHOW`는 메시지를 표준 대화상자로 보여주라는 의미의 옵션으로 두 옵션을 조합해서 사용해도 된다. 로그 남기기와 대화상자로 보여주기는 비동기로 발생한다. 두 가지를 호출한 후 사용자에게 메시지를 보여줬는지 여부와 상관없이 작업을 계속 진행하기 때문이다. 스레드의 연산을 막는 `BLOCK` 플래그도 있지만 교착 상태에 빠질 수 있으므로 사용하지 말라.

깜짝 퀴즈 | 오류 이해

Q1. 정보/경고/오류 대화상자는 어떻게 보여주는가?

Q2. `StatusManager`와 `StatusReporter`의 차이는 무엇인가?

Q3. 기본적으로 상태 보고는 동기식인가 아니면 비동기식인가?

Q4. 동시에 하나 이상의 문제를 보고하려면 어떻게 해야 하는가?

정리

4장에서는 코드를 실행하는 핸들러와 추상 커맨드에 연결된 메뉴를 정의해서 사용자 입력에 사용자 인터페이스로 응답하는 방법을 살펴봤다. 백그라운드로 작업을 실행하는 방법과 표준 오류 보고 메커니즘을 이용해서 오류를 보고하는 방법도 다뤘다.

5장에서는 이클립스 플랫폼을 다시 구동할 때 구성 항목을 유지하기 위해 환경설정 정보를 저장하는 방법을 알아본다.

5

환경설정과 설정 저장

IDE는 개발자의 작업을 돕는 다양한 유틸리티를 제공한다. 이와 더불어 간단한 색상 변경에서 좀 더 복잡하게는 필터 설정까지 사용자의 취향에 따른 설정이 가능하다면 더욱 강력한 도구가 된다. 이클립스의 환경설정 저장소는 사용자가 원하는 방법으로 이클립스를 재정의하는 방법을 제공한다.

5장에서는 다음과 같은 내용을 다룬다.

- PreferenceStore로부터 환경설정 읽고 쓰기
- FieldEditors를 사용해서 PreferencePage 작성
- 추가적인 FieldEditors 구현
- IEclipsePreferences와 IPreferenceStore의 차이점 이해
- 임시 상태를 저장하기 위한 설정과 메멘토

환경설정 저장

이클립스 런타임 간에 사용자 환경설정을 동일하게 유지하기 위해 구성 옵션에 환경설정을 저장한다. 환경설정은 int, String, boolean 같은 단순한 형태의 값이고, 보통 플러그인 식별자를 접두어로 하는 문자열 키로 식별한다. 환경설정은 확장점을 통해 주입한 표준 환경설정 패널로 편집할 수 있다. File > Import/Export > Preferences를 이용해 이클립스 워크벤치로 가져오고 내보낼 수 있으며, 이클립스 환경설정 파일^{EPF, Eclipse Preference File}로도 저장된다.

실습 예제 | 설정 값 유지

환경설정을 저장하고 로드하기 위해 AbstractUIPlugin의 하위 클래스로부터 IPreferenceStore 인스턴스를 얻는다. 시계 플러그인에서는 Activator로부터 IPreferenceStore 인스턴스를 얻는다. getPreferenceStore() 메소드는 키/값 쌍을 저장하기 위해 사용하는 저장소를 반환한다. 다음 절차를 수행하라.

1 clock.ui 플러그인의 Activator를 연다.

2 start() 메소드에 플러그인의 실행 횟수를 계산하는 다음과 같은 코드를 추가한다.

```
int launchCount = getPreferenceStore().getInt("launchCount");
System.out.println("I have been launched "
    + launchCount + " times");
getPreferenceStore().setValue("launchCount",launchCount+1);
```

3 이클립스 인스턴스를 실행하고 Time Zone 뷰를 연다.

4 호스트 이클립스의 콘솔^{Console} 뷰를 열면 "I have been launched 0 times"라는 메시지가 보인다.

5 이클립스 인스턴스를 종료하고 다시 실행해서 다시 Time Zone 뷰를 연다. 이때 작업 공간을 지우지 말라.

6 호스트 이클립스의 콘솔^{Console} 뷰를 열고 "I have been launched 1 times"라는 메시지를 확인한다.

보충 설명

IPreferenceStore는 getPreferenceStore() 메소드를 가진 AbstractUIPlugin을 통해 로드한다. IPreferenceStore는 기본형 속성에 대해 getInt(), getBoolean(), getString() 등과 같은 **get/set** 메소드를 제공하고, 같은 유형에 대해 setValue() 메소드도 제공한다.

AbstractUIPlugin의 하위 클래스가 없다면 다음과 같은 코드를 사용해서 IPreferenceStore 인스턴스를 얻어온다.

```
IPreferenceStore preferenceStore = new
    ScopedPreferenceStore(InstanceScope.INSTANCE,ID);
```

앞의 코드에서 보통 ID는 번들의 식별자로, 환경설정 항목 식별자의 접두어로 사용할 이름이다(AbstractUIPlugin에서 bundle.getSymbolicName()으로 계산한다).

 ☞ E4: E4를 사용하면 객체 주입을 통해 IPreferenceStore를 얻는다. 하나의 환경설정 값은 @Preference(name)로 얻고 IEclipsePreferences 객체는 @Preference를 통해 얻어온다. 메소드 매개변수 주입을 통해 개별적인 환경설정의 변경도 추적 가능하다.

플러그인 실행 횟수를 환경설정 값으로 저장한다. 이클립스를 실행하면 첫 번째는 "I have been launched 0 times"라는 메시지를 보여주고, 두 번째는 "I have been launched 1 times"라는 메시지를 보여준다. 매번 재시작할 때마다 숫자가 업데이트된다.

일반적으로 환경설정 API는 플러그인의 특정 상태를 저장할 때 사용하지 않고, IPath를 반환하는 getStateLocation() 메소드를 사용해서 임시 상태를 저장한다.

"I have been launched 0 times"가 계속 나오면 실행 환경설정 메뉴에서 실행 전 작업 공간 지우기의 선택을 해제한다. Run ▶ Run Configurations... 메뉴의 메인 탭에 있는 Clear 체크박스다.

실습 예제 | 환경설정 페이지 작성

환경설정은 저장도 해야 하지만 사용자 인터페이스를 통해 사용자에게 표시해야 한다. 환경설정 페이지는 `IPreferencePage` 인터페이스를 구현해서 만들며, 환경설정 페이지를 쉽게 만들려면 대부분의 표준 플러그인 동작을 제공하는 `FieldEditorPreferencePage`를 상위 클래스로 사용한다. 다음의 단계를 따라 해보자.

1 clock.ui 플러그인의 plugin.xml 파일을 연다. org.eclipse.ui.preferencePages 확장점을 사용해서 새로운 환경설정 페이지를 선언한다. 다음과 같은 코드를 plugin.xml 파일에 추가한다.

```xml
<extension point="org.eclipse.ui.preferencePages">
  <page name="Clock"
      class="com.packtpub.e4.clock.ui.ClockPreferencePage"
      id="com.packtpub.e4.clock.ui.preference.page"/>
</extension>
```

2 plugin.xml 편집기의 확장[Extensions] 탭에서 추가[Add]를 클릭하고 환경설정(preferencePages) 확장점을 선택해도 1번과 동일한 결과를 얻는다.

3 com.packtpub.e4.clock.ui 패키지에 `FieldEditorPreferencePage`를 확장한 `ClockPreferencePage` 클래스를 생성한다.

```java
public class ClockPreferencePage extends
  FieldEditorPreferencePage
  implements IWorkbenchPreferencePage {
    protected void createFieldEditors() {
    }
```

```
    public void init(IWorkbench workbench) {
    }
}
```

4 이클립스 애플리케이션을 실행한다. OS X에서는 Eclipse > Preferences를 클릭하고, 윈도우/리눅스에서는 Window > Preferences를 클릭해서 환경설정 창을 연다. 환경설정 목록에 아무 내용도 없는 Clock 페이지가 표시된다.

5 다음 코드와 같은 `createFieldEditors()`을 추가해서 실행 횟수를 저장하는 `IntegerFieldEditor`를 추가한다.

```
protected void createFieldEditors() {
    addField(new IntegerFieldEditor("launchCount",
        "Number of times it has been launched"
        ,getFieldEditorParent()));
}
```

6 이클립스 애플리케이션을 실행하고 환경설정으로 이동해서 Clock 페이지를 확인한다. 올바른 값을 표시하려면 다음과 같이 FieldEditorPreferencePage를 플러그인 환경설정 저장소(PreferenceStore)에 연결해야 한다.

```
public void init(IWorkbench workbench){
    setPreferenceStore(
        Activator.getDefault().getPreferenceStore());
}
```

7 이클립스 애플리케이션을 실행하고 환경설정으로 이동해서 Clock 페이지를 확인한다. 이클립스 애플리케이션을 구동한 수대로 값이 변경되는지 확인한다.

보충 설명 |

환경설정 페이지를 생성한 후 환경설정 창과 플러그인의 `Activator`로부터 획득한 환경설정 저장소에 연결했다. 속성을 화면에 표시하기 위해 속성미디 `FieldEditor` 인스턴스를 추가했다.

getFieldEditorParent()는 필드 편집기field editor를 생성할 때마다 호출해야 할 공통 작업을 구현한다. 공통 변수로 리팩토링하고 싶겠지만, JavaDoc에서는 이 같은 공통 변수의 값을 캐시할 수 없다고 언급한다. FLAT 스타일을 사용하면 호출할 때마다 새로운 부모 인스턴스를 생성한다.

실습 예제 | 경고와 오류 메시지 생성

자유 형식의 텍스트 필드에는 의미가 맞지 않는 값의 입력이 가능하므로, 이메일 주소를 입력하는 필드에는 이메일 형식을 간단히 검사하는 .+@.+ 같은 정규표현식이 필요하다. 다음을 따라 해보자.

1 기본 유효성 검사를 테스트하려면 이클립스 인스턴스를 실행하고 Clock 환경설정 페이지로 이동한다. 그런 다음 숫자 입력란에 텍스트를 입력해서 그림과 같이 경고 메시지가 출력되는지 확인한다.

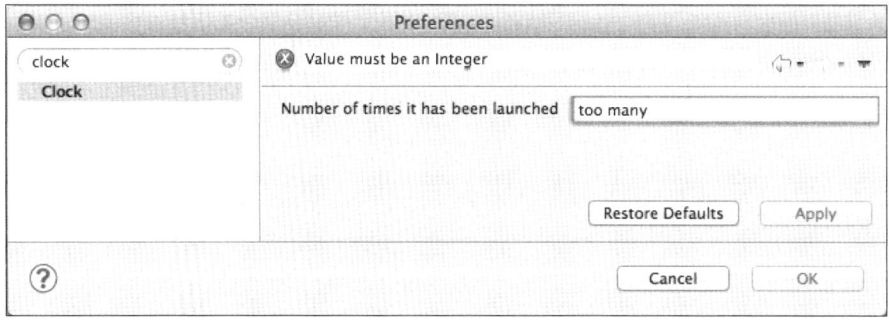

2 유효성 검사기를 추가하기 위해 -14와 +12 사이의 값을 유효한 값으로 인지하는 offset이라는 필드를 생성한다(기본적으로 IntegerFieldEditor에서는 0과 MAX_INT 사이의 값이 유효하다). createFieldEditors() 메소드에 다음을 추가한다.

```
IntegerFieldEditor offset = new IntegerFieldEditor("offset",
    "Current offset from GMT", getFieldEditorParent());
offset.setValidRange(-14, +12);
```

```
addField(offset);
```

3 이클립스 인스턴스를 실행하고 Clock 환경설정 페이지로 이동해서 유효하지 않은 값을 입력한다.

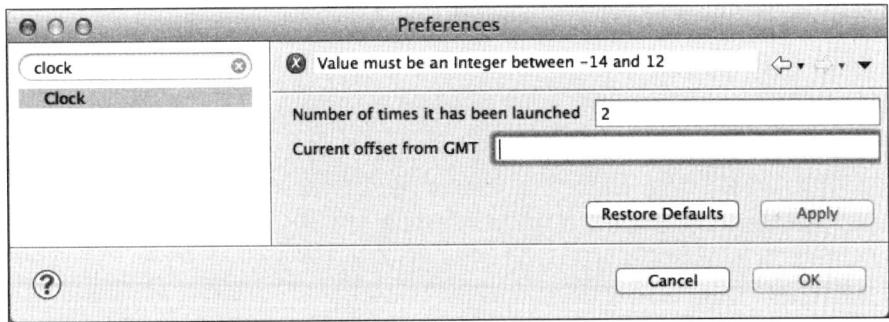

보충 설명

모든 필드 편집기는 유효성 검사를 수행하고, 전체 환경설정 페이지의 유효성은 개별 필드 편집기의 유효성 여부로 결정된다. FieldEditor의 하위 클래스를 생성하고 isValid() 메소드를 원하는 대로 오버라이드해서 자신이 원하는 유효성 검사 규칙을 만들어도 된다.

오류 메시지는 환경설정 페이지의 맨 위에 "Value must be an Integer between -14 and 12"라는 경고문을 표시한다.

실습 예제 | 목록에서 선택

텍스트 필드를 환경설정의 입력 유형으로 사용해도 되지만 여러 값에서 하나를 선택할 때는 다른 형태의 필드가 더 적합하다. 예를 들어 사용자가 선호하는 시간대(TimeZone)를 표시할 때와 같이 사용자에게 선택 사항을 표시할 때는 ComboFieldEditor를 사용한다.

콤보 드롭다운은 문자열 쌍을 값으로 하는 배열로 만든다. 첫 번째 문자열은 드롭다운에 표시할 레이블이고, 두 번째 값은 환경설정 저장소에 값을 저장하고 로드할 때 사용할 식별 문자열이다. 다음과 같은 절차를 수행한다.

1 TimeZone 식별자[ID] 목록을 갖는 ComboFieldEditor를 추가하는 다음과 같은 코드를 ClockPreferencePage 클래스의 createFieldEditors() 메소드에 추가한다.

```
protected void createFieldEditors() {
  String[][] data;
  String[] ids = TimeZone.getAvailableIDs();
  Arrays.sort(ids);
  data = new String[ids.length][];
  for (int i = 0; i < ids.length; i++) {
    data[i] = new String[] { ids[i], ids[i] };
  }
  addField(new ComboFieldEditor("favourite",
      "Favourite time zone", data, getFieldEditorParent()));
}
```

2 이클립스 인스턴스를 실행하고 Clock 환경설정 페이지로 이동한다. 신호하는 시간대(TimeZone)를 선택할 수 있는 드롭다운에서 값을 선택하고 창을 닫은 다음 다시 이클립스 인스턴스를 실행한다. 다시 환경설정 페이지로 이동해서 다음 그림과 같이 앞에서 선택한 값이 선택돼 보이는지 확인한다.

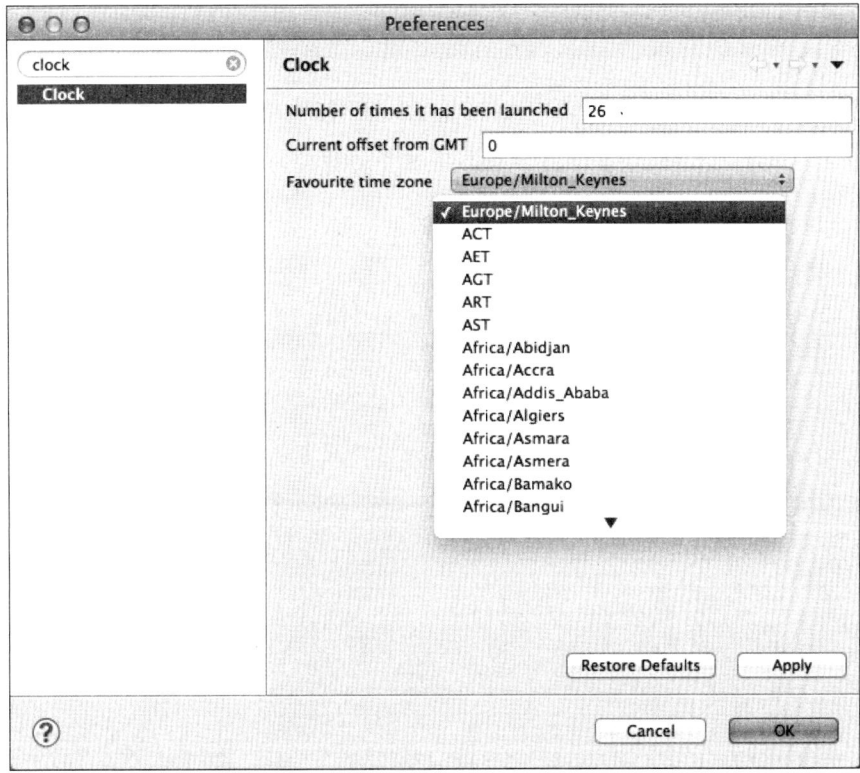

보충 설명

새로운 유형의 필드 편집기를 추가해서 다른 유형의 데이터도 편집해봤다. 모든 환경설정은 문자열 형태로 저장되기 때문에 ComboFieldEditor는 화면에 표시할 레이블과 저장한 값을 의미하는 문자열 쌍의 집합을 갖는다.

예제에서는 시간대 ID를 레이블과 저장 값으로 사용하는 TimeZone ID 목록으로 ComboFieldEditor를 초기화했다. 시간대 이름과 GMT로부터의 오프셋이나 다른 메타데이터와 같이 더 많은 정보를 레이블로 표시해도 되지만, 환경설정으로 저장할 값은 유일하게 식별 가능해야 하고, 파싱이나 로딩 시 오류를 발생시키지 말아야 한다. 이번 예제에서는 다음의 환경설정 예제에서 다양한 형태로 레이블 텍스트를 보여줄 수 있게 시간대 ID를 환경설정 저장소에 저장했다.

실습 예제 | 그리드 사용

환경설정 값이 예상과 다르게 표시된다. 기본 환경설정 필드 편집기가 FLAT 스타일의 렌더러를 사용하기 때문이다. FLAT 스타일은 수직 RowLayout과 같이 필드를 배치한다. 다음을 따라 해보자.

1 GRID 스타일의 렌더러를 지정해서 좀 더 자연스럽게 보이게 바꿔보자.

```
public ClockPreferencePage() {
  super(GRID);
}
```

2 환경설정 페이지를 열면 다음 그림과 같이 좀 더 자연스럽게 보인다.

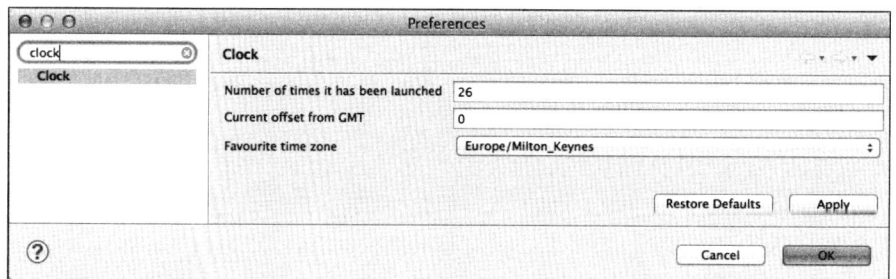

보충 설명 |

기본 스타일이나 FLAT 스타일은 그리드 레이아웃이 인기를 끌기 전인 2007년에 추가돼서 예쁘게 화면을 구성하지 못하므로, 최신 사용자 경험을 반영하게 오버라이드해야 한다(이클립스 버그 163281을 확인하라). 그리드(GRID) 스타일로 전환하면 레이블과 필드의 길이를 계산해서 각 요소를 적절히 분리하고 배치한다. 게다가 뷰의 크기를 조정하면 추가된 공간만큼 필드의 크기를 재조정한다.

레이아웃을 더 많이 변경하거나 위젯 집합을 확장해야 한다면 PreferencePage를 상속한 하위 클래스를 만들고 createContents()에 표시할 내용을 작성한다. 그런 다음 performOk()나 performApply() 메소드에서 변경을 반영한다.

실습 예제 | 환경설정 페이지 배치

환경설정 페이지를 만들고 배치할 위치(plugin.xml 파일 매니페스트 편집기의 카테고리)를 지정하지 않으면 목록의 최상위에 페이지를 추가한다. Mylyn, 자바^Java, 플러그인 개발^Plug-in Development 같은 프로젝트에는 적절하지만, 대부분의 플러그인은 환경설정 트리에 이미 존재하는 위치에 기능을 추가한다. 다음 단계를 실행해보자.

1 부모 환경설정 페이지의 ID를 지정해서 환경설정 페이지를 부모 환경설정 페이지 밑에 배치한다. 다음 코드와 같이 카테고리를 `org.eclipse.ui.preferencePages.Workbench`로 지정해서 Clock 환경설정 페이지를 일반^General 환경설정 페이지 밑으로 이동한다.

```
<extension point="org.eclipse.ui.preferencePages">
  <page name="Clock"
      id="com.packtpub.clock.ui.preference.page"
      category="org.eclipse.ui.preferencePages.Workbench"
      class="com.packtpub.e4.clock.ui.ClockPreferencePage"/>
</extension>
```

2 이클립스 인스턴스를 실행하고 **환경설정**^Preferences을 살펴본다. 다음 그림과 같이 Clock 페이지가 General 트리 노드 밑에 있어야 한다.

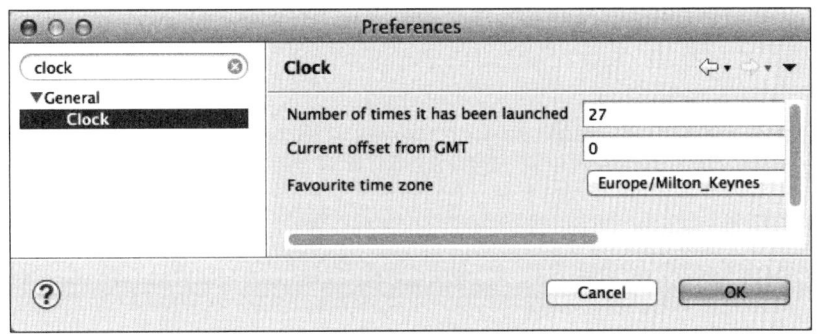

보충 설명

카테고리 속성에 부모 페이지의 ID를 지정하면 환경설정 페이지를 계층 구조상의 어디에나 배치할 수 있다. 부모 페이지 목록은 Window > Show View > Other > General > Console에서 호스트 OSGi 콘솔^{Host OSGi console}을 열고 다음 명령을 실행해서 확인한다.

```
osgi> pt -v org.eclipse.ui.preferencePages
Extension point: org.eclipse.ui.preferencePages [from org.eclipse.ui]
Extension(s):
-------------------
null [from org.eclipse.ant.ui]
  <page>
    name = Ant
    class = org.eclipse.ant.internal.ui.preferences.AntPreferencePage
    id = org.eclipse.ant.ui.AntPreferencePage
  </page>
```

plugin.xml 편집기에서 Browse 버튼을 사용해도 부모 환경설정 페이지의 ID 목록 확인이 가능하다. Clock 환경설정 페이지를 정의한 확장점에서 카테고리 필드 옆에 있는 Browse 버튼을 클릭하면 다음 그림과 같이 유효한 ID 목록 전체를 보여주는 대화상자가 나타난다. 대화상자에는 선택 필터도 있다.

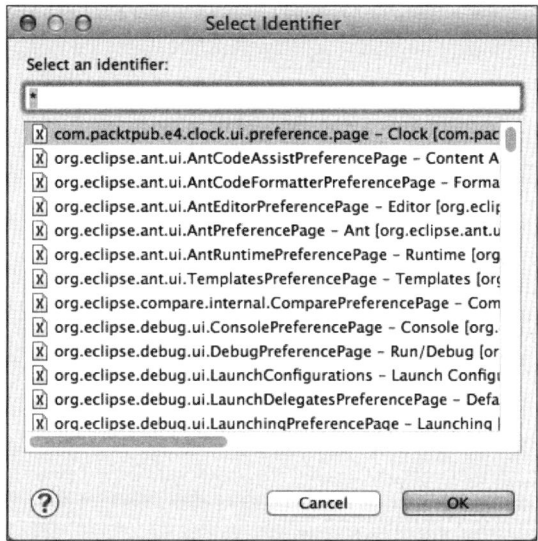

실습 예제 | 다른 필드 편집기 사용

FieldEditorPreferencePage는 BooleanFieldEditor, ColorFieldEditor, ScaleFieldEditor, FileFieldEditor, DirectoryFieldEditor, PathEditor, RadioGroupFieldEditor 같은 다른 유형의 필드 편집기도 제공한다. 다음 절차에 따라 ClockPreferencePage 페이지에 필드 편집기 유형별로 샘플을 추가해서 각각의 편집기가 어떤 정보를 저장하는지 알아보자.

1 ClockPreferencePage의 createFieldEditors() 메소드를 열고 메소드 끝에 다음 코드를 추가한다.

```
addField(new BooleanFieldEditor("tick","Boolean value",
    getFieldEditorParent()));
addField(new ColorFieldEditor("colour", "Favourite colour",
    getFieldEditorParent()));
addField(new ScaleFieldEditor("scale", "Scale",
    getFieldEditorParent(), 0, 360, 10, 90));
addField(new FileFieldEditor("file", "Pick a file",
```

```
        getFieldEditorParent()));
addField(new DirectoryFieldEditor("dir", "Pick a directory",
    getFieldEditorParent()));
addField(new PathEditor("path","Path",
    "Directory",getFieldEditorParent()));
addField(new RadioGroupFieldEditor("group", "Radio choices", 3,
    data,getFieldEditorParent(),true));
```

2 이클립스 인스턴스를 실행하고 Clock 환경설정 페이지로 이동해서 다음 그림과 같이 보이는지 확인한다.

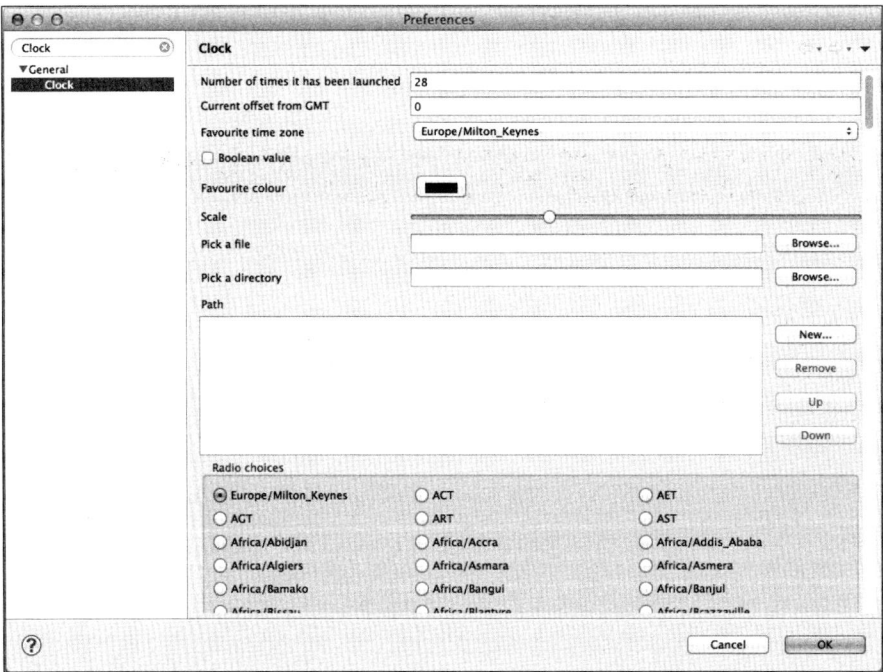

보충 설명

JFace 패키지에서 제공하는 다른 유형의 표준 필드 편집기를 추가해서 각 편집기가 표시하는 데이터 유형을 확인했다.

파일이나 디렉토리, 경로 편집기와 같이 이클립스에서 사용하는 진입점entry point의 종류를 지정하는 편집기도 있다. 다른 편집기는 색상이나 스케일, 불리언, 라디오와 같은 일반적인 편집기들이다.

환경설정 값은 데이터 유형에 맞는 텍스트 형태로 저장된다. 저장된 값을 확인하려면 runtime-EclipseApplication/.metadata/.plugins/org.eclipse.core.runtime/.settings/com.packtpub.e4.clock.ui.prefs 파일을 확인한다. 파일의 내용은 다음과 같이 보인다.

```
colour=49,241,180
eclipse.preferences.version=1
favourite=Europe/Milton_Keynes
group=Europe/Milton_Keynes
launchCount=28
scale=78
tick=true
```

색상 값은 빨강/녹색/파랑의 형태로 저장했고, 불리언 값은 `true`나 `false` 값 중 하나로 저장한다.

실습 예제 | 키워드 추가

이클립스는 3.1 버전부터 환경설정 목록을 검색하는 필드를 제공한다. 환경설정 검색을 위한 키워드는 UI 플러그인이 아닌 별도의 키워드 확장으로 정의한다. 키워드는 ID와 레이블을 갖지만, 화면에 표시하기 위해 레이블을 사용하는 것이 아니라 필터링 대화상자에서 검색 키워드로 사용 가능한 단어의 목록을 지정하는 데 사용한다. 다음 절차를 따라 해보자.

1 `ClockPreferencePage`에 `offset`과 `timezone`이라는 키워드를 추가하려면 다음과 같이 `org.eclipse.ui.keywords`를 위한 새로운 확장점을 plugin.xml에 생성한다.

```
<extension point="org.eclipse.ui.keywords">
  <keyword id="com.packtpub.e4.clock.ui.keywords"
      label="offset timezone"/>
</extension>
```

2 다음과 같이 환경설정 페이지에 키워드를 연결한다.

```
<extension point="org.eclipse.ui.preferencePages">
  <page name="Clock" ... >
    <keywordReference id="com.packtpub.e4.clock.ui.keywords"/>
  </page>
</extension>
```

3 이클립스 인스턴스를 실행하고 환경설정 페이지로 이동해서 검색 상자에 `timezone`과 `offset`을 입력한다. 두 경우 모두 Clock 환경설정 페이지가 화면에 나타나야 한다.

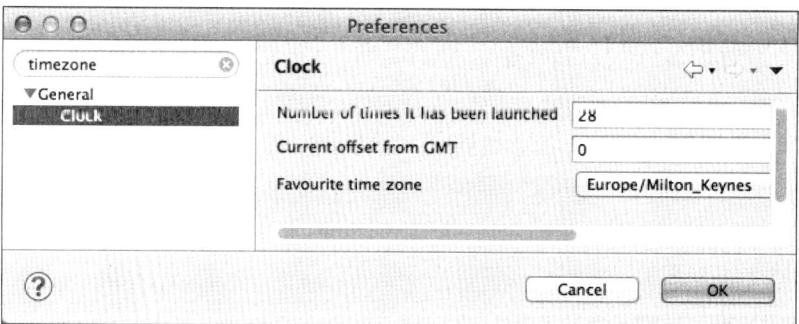

보충 설명

키워드 목록을 제공하고 환경설정 페이지에 키워드를 연결해서 사용자가 환경설정 항목을 찾기 쉽게 한다. 새 대화상자 마법사와 속성 페이지처럼 다른 위치에서 동일한 키워드를 사용해도 된다.

키워드는 다국어 처리도 가능하다. 키를 %name으로 지정하면 이클립스는 plugin. properties라는 파일로부터 키워드의 실제 값을 로드한다. %clock.keywords를 레이블로 지정하고 plugin.properties 파일에는 clock.keywords=timezone offset을 추가하며, plugin_fr.properties 파일에는 프랑스어로 번역한 키워드를 지정하면 프랑스어 레이블을 표시할 수 있다.

실습 예제 | IEclipsePreferences 사용

JFace는 IPreferenceStore를 정의하지만 IEclipsePreferences라는 낮은 수준의 인터페이스도 있다. IEclipsePreferences는 중첩된 HashMap과 같이 형식이 자유로운 노드를 지원한다는 점에서 IPreferenceStore와 다르다.

IEclipsePreferences는 OSGi Preferences 서비스를 기반으로 하며, UI나 JFace를 포함하지 않는 번들에서도 사용 가능하다. IPreferenceStore를 AbstractUIPlugin으로부터 얻을 때 노드 이름으로 번들의 심볼릭 이름을 사용하고 InstanceScope를 사용해서 ScopedPreferenceStore를 생성한다. 다음 단계를 수행한다.

1 clock.ui의 Activator를 수정한다.

```
int launchCount = getPreferenceStore().getInt("launchCount");
IEclipsePreferences eclipsePreferences =
    InstanceScope.INSTANCE. getNode(PLUGIN_ID);
int launchCount2 = eclipsePreferences.getInt("launchCount",-1);
System.out.println("I have been launched " + launchCount +
    " times and " + launchCount2);
```

2 이클립스 인스턴스를 실행하고 Time Zone 뷰를 연다.

3 호스트 이클립스 인스턴스의 **콘솔** 뷰로 이동해서 I have been launched 6 times and 6이 출력되는지 확인한다.

보충 설명

UI 플러그인과 `PreferencePage`와 같은 확장점에서 사용하는 JFace의 `IPreferenceStore`와 UI가 없는 플러그인에서 사용 가능한 `IEclipsePreferences` API 모두 같은 환경설정 값에 접근했다.

 ☞ E4: E4는 IEclipsePreferences를 기본 환경설정 저장소로 사용한다.

기존 `IEclipsePreferences`에서 환경설정 페이지와 같은 API를 제공하기 위해 다음 코드를 사용해서 역변환 어댑터^{inverse adaptor}를 생성한다.

```
public class EclipsePreferencesScope implements IScopeContext {
  private IEclipsePreferences preferences;
  public EclipsePreferencesScope(IEclipsePreferences preferences) {
    this.preferences = preferences;
  }

  public String getName() {
    return "";
  }

  public IPath getLocation() {
    return new Path(preferences.absolutePath());
  }

  public IEclipsePreferences getNode(String qualifier) {
    return preferences;
  }
}
```

`IEclipsePreferences` 인터페이스는 표준 OSGi 서비스인 `Preferences`의 하위 유형이므로, OSGi 런타임으로 컴파일하려면 변수를 선언할 때 `IEclipsePreferences`

대신 Preferences를 유형으로 사용하라. 그러면 이클립스와 OSGi 라이브러리 모두에서 호환 가능한 코드가 된다.

도전 과제 | 다른 언어로 번역

이클립스는 plugin.properties 파일을 통해 국제화 지원 기능을 제공한다. plugin.xml에는 문자열 값을 그대로 사용하는 대신 %keys를 사용한다. %는 화면에 표시할 값을 plugin.properties에서 찾으라고 엔진에게 지시한다.

프랑스어를 지원하려면 plugin_fr.properties를 사용하고, 독일어를 지원하려면 plugin_de.properties를 사용한다(build.properties 파일에 언어와 관련된 파일을 반드시 추가해야 한다. 그렇지 않으면 엔진은 해당하는 값을 찾지 못한다). 각 파일은 키는 동일하면서 값만 해당 지역의 언어로 표시한다. 검색 키워드도 국제화 지원의 한 가지 예로, 다른 언어로 이클립스를 실행한 효과를 테스트하기 위해 온라인 번역 서비스를 사용하거나 직접 번역해보라(이클립스를 다른 언어로 구동하려면 eclipse -nl de를 커맨드라인에 입력한다).

IMemento와 DialogSettings 사용

UI 컴포넌트와 UI가 없는 컴포넌트 모두에서 사용 가능한 값을 작업 공간이나 프로젝트에 저장하기 위해 환경설정을 설계했다. 환경설정은 값의 변경과 기본 값도 처리한다.

하지만 모든 값을 환경설정 저장소에 저장할 필요는 없다. 예를 들어 테이블 뷰의 칼럼 순서나 정렬을 오름차순으로 할지 내림차순으로 할지와 같은 정보는 특정 뷰에 특화된 정보로, 환경설정 저장소에 저장할 필요가 없다. 윈도우에 다른 정렬 규칙을 가진 여러 개의 뷰가 있을 수도 있기 때문이다.

IMemento는 특정 뷰의 화면 출력과 관련된 데이터를 저장하는 방법으로, 윈도우를 닫을 때 워크벤치가 저장하고 퍼스펙티브를 다시 열 때 가져온다.

DialogSettings는 값을 저장하는 좀 더 일반적인 방법으로, 이름과는 다르게 대화상자 외에 다른 곳에서도 사용 가능하다.

실습 예제 | Time Zone 뷰에 메멘토 추가

2장, 'SWT로 뷰 작성'에서 생성한 TimeZoneView는 탭으로 전체 지역을 보여주고 사용자가 관심 지역을 선택하게 한다. 뷰를 닫고 다시 열면 이전에 선택한 탭을 잊어버려 사용자가 다시 선택해야 한다. 사용자가 이전에 선택한 항목을 나중에 다시 사용하기 위해 메멘토에 저장하는 기능은 작지만 가치가 있다. 다음 과정을 따라 해보자.

1 마지막으로 선택한 탭을 저장하기 위해 탭의 이름을 값으로 하는 변수 lastTabSelected를 TimeZoneView에 추가한다.

```
private transient String lastTabSelected;
```

2 createPartControl() 끝부분에 탭에 대한 선택 항목 리스너를 추가해서 선택한 탭이 바뀔 때마다 탭의 이름을 기록한다.

```
tabs.addSelectionListener(new SelectionAdapter() {
  public void widgetSelected(SelectionEvent e) {
    if(e.item instanceof CTabItem) {
      lastTabSelected = ((CTabItem)e.item).getText();
    }
  }
});
```

3 워크벤치를 닫을 때 상태를 저장하는 saveState() 메소드를 추가한다.

```
public void saveState(IMemento memento) {
  super.saveState(memento);
  memento.putString("lastTabSelected", lastTabSelected);
}
```

4 뷰를 열 때 저장한 데이터를 가져온다.

```
public void init(IViewSite site, IMemento memento) throws
PartInitException {
  super.init(site, memento);
  if(memento != null) {
    lastTabSelected = memento.getString("lastTabSelected");
  }
}
```

5 마지막으로 뷰를 열 때 선택한 탭을 설정하도록 createPartControl()을 수정한다.

```
if(lastTabSelected == null) {
  tabs.setSelection(0);
} else {
  CTabItem[] items = tabs.getItems();
  for (CTabItem item : items) {
    if(lastTabSelected.equals(item.getText())) {
      tabs.setSelection(item);
      break;
    }
  }
}
```

6 워크벤치를 실행하고 Time Zone 뷰를 열어 탭을 선택한다. 그런 다음 워크벤치를 닫고 다시 열어 마지막으로 선택한 탭이 선택돼 보이는지 확인한다.

보충 설명

IMemento는 워크벤치 시작 사이에 콘텐츠를 저장하는 방법이다. 워크벤치를 닫을 때 열려 있는 모든 뷰에 save() 메소드를 호출해서 상태를 저장하고 워크벤치를 다시 열 때 상태를 복원한다.

테스트할 때 이런 기능이 제대로 동작하지 않으면 실행 환경설정에서 이클립스를 구동할 때 작업 공간을 자동으로 지우지 않게 설정했는지 확인한다.

워크벤치를 닫을 때 열려 있는 뷰의 상태는 저장되지만 뷰를 먼저 닫고 워크벤치를 닫으면 뷰의 상태는 저장되지 않는다. 따라서 메멘토 패턴은 이클립스에서 가장 쓸모없는 패턴이 됐고 보통 잘 사용하지 않는다. 대신 환경설정 저장소를 사용하거나 다음에 설명할 DialogSettings를 사용한다.

☞ E4: E4에서는 뷰를 닫기 전에 저장한 데이터를 설정하는 데 @PostConstruct 어노테이션을 사용하고, 다음에 필요한 상태를 저장할 때는 @PreDestroy 어노테이션을 사용한다. 어노테이션 방식은 IMemento 패턴보다 잘 동작한다.

실습 예제 | DialogSettings 사용

메멘토^{Memento} 패턴을 대체할 좀 더 유용한 기능은 DialogSettings다. DialogSettings는 문자열과 다른 기본 유형의 값을 저장하기 위해 속성^{properties}가 같은 인터페이스를 제공한다. 즉, 정보를 XML 파일에 저장하고 UI 플러그인에 표준 확장이나 파일 위치를 생성해서 기능을 추가한다. 영구적으로 값을 저장할 때는 설정 저장소$^{settings\ store}$를 사용해서 플러그인을 닫을 때 자동으로 데이터를 저장하고 구동 시 자동으로 값을 가져온다. 다음 과정을 따라 해보자.

1 DialogSettings를 사용해서 마지막 선택한 탭을 설정하게 수정하려면 TimeZoneView에서 init()과 save() 메소드를 지우고 createPartControl()의 내용을 다음과 같은 코드로 교체한다.

```
final IDialogSettings settings =
    Activator.getDefault().getDialogSettings();
lastTabSelected = settings.get("lastTabSelected");
```

2 UIPlugin 클래스의 getDialogSettings()를 호출해서 DialogSettings를 얻어와 값을 저장하고 조회하는 데 사용한다. settings에 데이터를 저장하게 선택 항목 리스너를 수정한다.

```
tabs.addSelectionListener(new SelectionAdapter() {
  public void widgetSelected(SelectionEvent e) {
    if (e.item instanceof CTabItem) {
      lastTabSelected = ((CTabItem) e.item).getText();
      settings.put("lastTabSelected", lastTabSelected);
    }
  }
});
```

3 이클립스 인스턴스를 실행하고 Time Zone 뷰로 이동해서 뷰를 닫거나 애플리케이션을 닫을 때 어떻게 설정을 저장하는지 확인한다.

보충 설명

좀 더 쓸모 있는 메커니즘을 제공하는 DialogSettings로 IMemento를 교체해서 값을 저장하고, settings.addNewSection("name")과 settings.getSection("name")로 중첩된 네임스페이스를 생성해서 설정 그룹을 분리했다.

초기에 "Do not show this message again"과 같은 문구를 가진 대화상자에서 사용하려고 만들었기 때문에 DialogSettings이라는 이름을 사용한다. 보통 "Do not show this message again"이라는 문구를 가진 대화상자는 다음과 같이 MessageDialogWithToggle을 이용해서 생성한다.

```
if (settings.getBoolean("spamalot")) {
  MessageDialogWithToggle dialog = MessageDialogWithToggle.
      openInformation(Display.getCurrent().getActiveShell(),
      "Spam", "Keep being spammed?", "Do not show this spam again",
      false, null, null);
  boolean spamalot = !dialog.getToggleState();
```

```
        settings.put("spamalot",spamalot);
}
```

MessageDialogWithToggle은 환경설정 저장소에 값을 저장할지 여부와 마지막 두 개의 값(앞의 코드에서는 null)에 키 값을 저장할지를 결정하는 옵션이 있다.

DialogSettings는 마지막 사용한 값을 저장할 때나 선택 항목을 복원할 때도 사용한다.

IPreferenceStore는 File > Import/Export > Preferences 메뉴를 사용해서 이클립스 인스턴스 간에 환경설정을 가져오기/내보내기 가능하다는 점이 DialogSettings와 다르다.

DialogSettings는 값을 잃어버리더라도 작업 진행이 가능하고 값을 다시 생성할 수 있을 때 사용한다.

 ☞ E4: E4는 환경설정을 읽고 쓰는 기본 기능을 제공하고 임시 환경설정 데이터와 영구적인 환경설정 데이트 모두를 저장하는 데 환경설정을 사용하기를 권장한다.

깜짝 퀴즈 | 환경설정의 이해

Q1. FieldEditorPreferencePage의 기본 스타일은 무엇이고, 좀 더 예쁜 스타일로 변경하려면 어떻게 해야 하는가?

Q2. FieldEditorPreferencePage를 가지고 어떤 종류의 기본 유형 값을 편집할 수 있는가?

Q3. 환경설정 페이지에서 환경설정 값을 검색 가능하게 하려면 어떻게 해야 하는가?

Q4. IMemento와 IEclipsePreferences 중 뷰에 특화된 정보를 저장할 때 어느 것이 더 좋은가?

Q5. 어떤 클래스가 "Do not show this message again" 기능을 제공하는가?

정리

이클립스에서 메타데이터 값을 저장하는 메커니즘을 살펴봤다. 환경설정 저장소는 환경설정 페이지뿐만 아니라 UI가 없는 플러그인에서도 사용 가능한 키/값 쌍을 저장하는 메커니즘이다. 뷰나 플러그인의 임시 정보를 저장할 때는 `IMemento`나 `DialogSettings`도 사용 가능하다. `IMemento`를 사용한 샘플 코드가 있긴 하지만, 보통 `DialogSettings`로 대체해서 사용한다. 영구적으로 저장하거나 인스턴스 간에 공유할 필요가 없는 데이터라도 `DialogSettings`를 사용하지 않고 `PreferenceStore`를 사용하는 플러그인도 있다. 비슷한 이유로 `MessageDialogWithToggle`은 연관된 `PreferenceStore`에 데이터를 저장하는 기능을 포함한다.

6장에서는 이클립스에서 자원Resources을 다루는 방법을 살펴본다.

6

자원 다루기

파일과 폴더를 다루는 IDE로 사용하는 이클립스는 파일과 폴더를 포함한 여러 프로젝트의 그룹인 작업 공간(workspace)이라는 개념을 만들었다. 빌더는 변경 발생 시 파생 자원을 생성하는 데 파일, 폴더와 같은 자원을 사용하며, 이클립스가 .java 파일을 컴파일해서 .class 파일을 만드는 원리다.

6장에서는 다음과 같은 내용을 다룬다.

- 사용자 정의 편집기 작성
- 파일 내용 읽기
- 자원 파일 생성
- 자동으로 변경을 처리하는 빌더 사용
- 빌더와 네이처 통합
- 편집기상의 문제점을 마커를 이용해서 강조

작업 공간과 자원 사용기

이클립스 IDE 내의 모든 것은 파일과 폴더를 포함한 프로젝트를 가진 작업 공간 workspace이라는 개념을 기반으로 한다. 일반적으로 모든 자원은 경로로 표현되며, 콘텐츠의 집합이나 자식이 되는 자원의 집합을 포함한다.

실습 예제 | 편집기 작성

예제에서는 minimark라고 불리는 마크업 언어를 사용한다. minimark 파일은 HTML 파일로 변환 가능한 단락을 공백 문자로 구분한 평문 텍스트 plain text 파일이다. 다음 과정을 수행해서 minimark 파일을 위한 텍스트 기반의 콘텐츠를 편집하는 편집기를 만들어보자.

1. File > New > Project > Plug-in project를 이용해서 `com.packtpub.e4.minimark.ui`라는 플러그인 프로젝트를 생성한다.

   - **프로젝트 이름(Project name)** com.packtpub.e4.minimark.ui

2. Next를 클릭하고 다음과 같은 상세 정보를 입력한다.

   - **식별자(ID)** com.packtpub.e4.minimark.ui
   - **버전(Version)** 1.0.0.qualifier
   - **이름(Name)** Minimark
   - **벤더(Vendor)** PACKTPUB
   - **액티베이터 생성** Create an Activator 체크박스 선택
   - **이 플러그인이 UI에 제공** This plug-in will make contributions to the UI 체크박스 선택
   - **리치 클라이언트 애플리케이션 생성** Create a Rich Client Application 체크박스의 선택 해제

3. Finish를 클릭하고 새로운 플러그인을 생성한다.

4 다음으로 minimark 파일을 위한 편집기를 생성한다. 프로젝트에서 오른쪽 클릭한 후 나타나는 메뉴에서 Plug-in Tools > Open Manifest를 선택하거나 plugin.xml 파일을 더블 클릭해서 플러그인 매니페스트를 연다.

5 확장^{Extensions} 탭으로 가서 Add를 클릭하고 확장점 대화상장가 나타나면 editors를 검색한다. 결과 목록이 없으면 필수 플러그인에서만 확장점 표시^{Show only extension points from the required plug-ins} 체크를 해제한다. 그러면 필요한 종속 관계 목록에 `org.eclipse.ui.editors`를 추가하라는 메시지가 나타난다.

6 확장점을 추가하고 나면 확장점에서 오른쪽 클릭한 후 메뉴에서 New > Editor를 선택한다. 확장점 작성 양식에 다음과 같은 내용을 채워 넣는다.

    ○ **식별자(id)**   com.packtpub.e4.minimark.ui.minimarkeditor

    ○ **이름(name)**   Minimark

    ○ **확장자(extensions)**   minimark

    ○ **클래스(class)**   com.packtpub.e4.minimark.ui.MinimarkEditor

7 앞의 작업을 완료하면 plugin.xml 파일에 다음과 같은 내용이 추가돼야 한다.

```
<extension point="org.eclipse.ui.editors">
    <editor name="Minimark" extensions="minimark" default="false"
        class="com.packtpub.e4.minimark.ui.MinimarkEditor"
        id="com.packtpub.e4.minimark.ui.minimarkeditor"/>
</extension>
```

8 종속성^{Dependencies} 탭에서 필요한 플러그인을 추가한다.

    ○ **org.eclipse.jface.text**   텍스트 처리 라이브러리 제공

    ○ **org.eclipse.ui.editors**   일반 편집기 지원

    ○ **org.eclipse.ui.workbench.texteditor**   일반 텍스트 편집기

9 File > New > Class 마법사를 사용해서 `AbstractTextEditor`를 상속하는 `MinimarkEditor`라는 클래스를 `com.packtpub.e4.minimark.ui` 패키지에 생성한다.

```
public class MinimarkEditor extends AbstractTextEditor {
}
```

10 이클립스 인스턴스를 실행하고 File > New > Project > General Project를 이용해서 EditorTest라는 프로젝트를 생성한다. 그런 다음 File > New > File로 test.minimark라는 파일을 생성한다. 파일을 더블 클릭하면 다음 그림과 같은 오류가 화면에 표시된다.

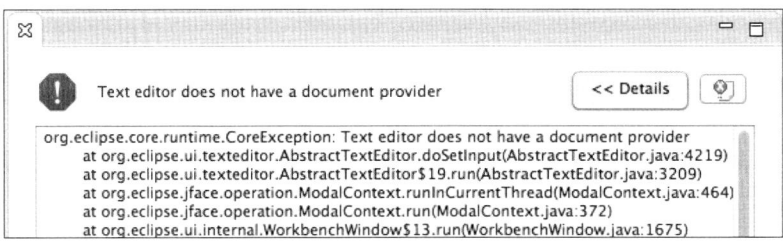

11 편집기에 문서 제공자^{document provider}를 연결하지 않아 발생한 문제다. 문서 제공자는 파일을 연 편집기와 문서의 내용을 동기화해준다. 문서 제공자 덕분에 이클립스에서는 하나의 파일을 여러 편집기로 열 수 있고, 각 편집기에서 동일한 내용을 보여준다. 이제 오류를 해결하기 위해 편집기의 문서 제공자로 `TextFileDocumentProvider`를 설정하는 코드를 생성자에 추가한다.

```
import org.eclipse.ui.editors.text.TextFileDocumentProvider;
public class MinimarkEditor extends AbstractTextEditor {
  public MinimarkEditor() {
    setDocumentProvider(new TextFileDocumentProvider());
  }
}
```

12 이클립스 인스턴스를 다시 실행하고 test.minimark 파일을 더블 클릭한다. 빈 텍스트 편집기가 열려야 한다.

보충 설명

확장자가 .minimark인 파일과 연결된 기본 텍스트 편집기를 만들었다.

편집기 유형을 추가하려면 다음과 같은 번들이 필요하다.

- org.eclipse.core.runtime
- org.eclipse.jface.text
- org.eclipse.ui
- org.eclipse.ui.editors
- org.eclipse.ui.workbench.texteditor

편집기는 EditorPart를 상속해야 하는데, 예제에서는 텍스트 기반 파일의 편집에 필요한 기본 기능을 제공하는 AbstractTextEditor를 상속했다.

org.eclipse.ui.editors 확장점도 등록해야 한다. 편집기와 문서 제공자를 제작하는 방법은 이 책에서 자세히 다루지 않는다. 책에서 다루는 편집기 구현은 자원을 처리하기 위한 예제이므로, 사용자 정의 편집기 만들기와 관련된 자세한 내용은 온라인 문서를 활용하길 바란다.

실습 예제 | 마크업 파서 작성

우선 마크업 언어의 구조를 설명하면 첫 번째 줄은 제목이고 빈 줄로 단락을 구분하며, 마크업 문서는 다음과 같이 HTML 파일로 변환된다.

minimark 소스	변환된 HTML
This is the title	`<html><head><title>This is the title</title></head><body><h1>This is`
A paragraph with some text	`the title</h1><p> A paragraph with some text </p><p>`
Another paragraph	`Another paragraph </p></body></html>`

다음을 따라 해보자.

1 com.packtpub.e4.minimark.ui 패키지에 MinimarkTranslator 클래스를 생성한다.

```java
public class MinimarkTranslator {

  public static void convert(Reader reader, Writer writer)
      throws IOException {
    BufferedReader lines = new BufferedReader(reader);
    String line;
    String title = String.valueOf(lines.readLine());
    writer.write("<html><head><title>");
    writer.write(title);
    writer.write("</title></head><body><h1>");
    writer.write("</h1><p>");

    while (null != (line = lines.readLine())) {
      if ("".equals(line)) {
        writer.write("</p><p>");
      } else {
        writer.write(line);
        writer.write('\n');
      }
    }
    writer.write("</p></body></html>");
    writer.flush();
```

        }
    }

2 마크업 언어의 구조를 설명할 때 사용한 예제 텍스트를 복사해서 `com.packtpub.e4.minimark.ui` 프로젝트에 `in.txt` 파일로 저장한다.

3 `in.txt` 파일의 내용을 읽고, 읽은 내용을 `out.txt`에 기록하는 `main()` 메소드를 `MinimarkTranslator` 클래스에 추가한다.

```
public static void main(String[] args) throws IOException {
    convert(
        new FileReader("in.txt"),
        new FileWriter("out.txt"));
}
```

4 프로젝트를 자바 애플리케이션으로 실행한 다음 프로젝트를 새로 고치면 `out.txt` 파일이 생성된다. 그 파일을 열면 앞에서 설명한 HTML이 보여야 한다.

5 `MinimarkTranslator` 테스트가 성공적으로 동작했다면 `main()` 메소드를 삭제한다. 플러그인 테스트 자동화는 9장, '플러그인 테스트 자동화'에서 자세히 다룬다.

보충 설명

minimark 마크업 언어는 평문 ASCII 텍스트이고, HTML 파일로 변환된다. 이번 실습은 완전한 기능을 갖춘 마크업 처리기를 정의하는 것이 아니라 평문 텍스트 파일을 브라우저에 표시하기 위해 HTML을 생성하는 간단한 번역기 제공을 목적으로 한다.

실습 예제는 입력 파일이 비어 있는 경우 제목이 `null`이 되므로 HTML 브라우저에 제목을 `null`로 표시하는 버그가 있다.

깃허브[GitHub]나 메이븐[Maven] 중앙 저장소에서 얻을 수 있는 마크다운[Markdown] 파서 중에 하나를 마크업 번역기로 대체해도 된다.

실습 예제 | 빌더 작성

컴파일러를 비롯해 이클립스 내의 모든 종류의 번역기는 빌더[builder]로 구현한다. 빌더는 파일이나 파일의 집합에 변경이 발생했을 때 알림을 받아 그에 맞는 액션을 수행한다. 자바 빌더의 경우에는 .java 소스 파일을 .class 파일로 변환한다. 다음을 수행해보자.

1 `minimark.ui` 프로젝트의 .project 파일을 연다. 이 파일은 패키지 탐색기[Package Explorer]나 다른 뷰에서는 확인이 불가능하고 내비게이터[Navigator]에서만 확인할 수 있다. 프로젝트에 연결된 빌더는 .project 파일의 buildCommand에 빌더 ID를 지정해서 정의한다. 예제 프로젝트의 프로젝트 파일을 살펴보면 다음과 같다.

```xml
<projectDescription>
  <name>com.packtpub.e4.minimark.ui</name>
  <buildSpec>
    <buildCommand>
      <name>org.eclipse.jdt.core.javabuilder</name>
    </buildCommand>
```

2 .minimark 파일을 자동으로 HTML 파일로 변환하려면 빌더가 필요하다. 빌더는 `IncrementalProjectBuilder`를 확장한 클래스로, `build()` 메소드를 구현한다. `build()` 메소드는 파일을 저장할 때 프레임워크에서 호출하며, 변경된 파일 목록을 전달받거나 전체 프로젝트를 빌드할지를 묻는다. 이와 관련된 사항은 핵심 리소스 번들에서 정의하므로, plugin.xml 파일을 열고 종속 관계 목록에 `org.eclipse.core.resources` 번들을 추가한다.

3 `com.packtpub.e4.minimark.ui` 패키지에 `MinimarkBuilder`라는 클래스를 생성한다.

```java
public class MinimarkBuilder extends IncrementalProjectBuilder {
  protected IProject[] build(int kind, Map<String, String> args,
    IProgressMonitor monitor) throws CoreException {
```

```
      return null;
    }
}
```

4 프로젝트 전체를 빌드할지 아니면 일부만 빌드할지를 나타내는 옵션을 가지고 빌더를 호출한다. 프로젝트 전체를 빌드하는 FULL_BUILD가 아니라면 메소드를 호출할 때 변경된 자원의 집합을 포함한 자원 델타[delta]도 필요하다. 자원 델타를 계산하는 연산은 쉬운 작업이 아니므로, 필요한 경우에만 수행해야 한다. build() 메소드는 보통 다음과 같이 구현한다.

```
protected IProject[] build(int kind, Map<String, String> args,
    IProgressMonitor monitor) throws CoreException {
  if (kind == FULL_BUILD) {
    fullBuild(getProject(), monitor);
  } else {
    incrementalBuild(getProject(), monitor,
        getDelta(getProject()));
  }
  return null;
}
```

5 fullBuild()와 incrementalBuild() 메소드를 구현해야 한다. fullBuild() 메소드는 getDelta()가 null 값을 반환하는 경우에도 필요하고, 전체 빌드를 호출한 경우에도 필요하다.

```
private void incrementalBuild(IProject project, IProgressMonitor
    monitor, IResourceDelta delta) throws CoreException {
  if (delta == null) {
    fullBuild(project, monitor);
  } else {
    System.out.println("Doing an incremental build");
  }
}
```

```
private void fullBuild(IProject project, IProgressMonitor monitor)
    throws CoreException {
  System.out.println("Doing a full build");
}
```

6 마지막으로 org.eclipse.core.resources.builders 확장점을 선언하고 IncrementalProjectBuilder를 구현한 빌더 클래스의 참조 ID를 지정하기 위해 plugin.xml 파일에 다음 코드를 추가한다.

```xml
<extension id="MinimarkBuilder"
    point="org.eclipse.core.resources.builders">
  <builder
      callOnEmptyDelta="false"
      hasNature="false"
      isConfigurable="false"
      supportsConfigurations="false">
    <run class="com.packtpub.e4.minimark.ui.MinimarkBuilder"/>
  </builder>
</extension>
```

 플러그인 식별자(ID)에 빌더 확장점의 식별자(ID)를 붙인 값을 .project 파일에 정의하는 빌더 이름으로 하기 때문에 빌더 확장점의 식별자(ID)를 반드시 지정해야 한다. 클래스 이름 전체를 ID로 사용하는 경우가 일반적이긴 하지만 꼭 그럴 필요는 없다.

7 이클립스 인스턴스를 실행하고 테스트 작업 공간에 새로운 기본 프로젝트를 생성한 후 .project 파일을 연다. 확장점에 정의한 ID를 buildCommand에 추가해서 빌더를 직접 추가한다.

```xml
<buildSpec>
  <buildCommand>
    <name>com.packtpub.e4.minimark.ui.MinimarkBuilder</name>
```

```
        </buildCommand>
    </buildSpec>
```

8 빌더를 추가하거나 프로젝트를 클린할 때 호스트 이클립스의 콘솔에 `Doing a full build`라는 메시지가 출력된다. `.minimark` 파일을 편집하고 저장하면 `Doing an incremental build`라는 메시지가 출력돼야 한다.

보충 설명

프로젝트 내의 파일을 변경하면 빌더를 호출할 수 있다. 프로젝트에 빌더를 연결하려면 .project 파일에 프로젝트의 빌더 커맨드로 빌더를 추가한다. 빌더가 사용하는 이름은 확장에 대한 유일한 ID로, 플러그인 ID와 plugin.xml 파일에 정의한 빌더 확장점 ID를 .로 구분해 결합한 값이다.

증분 빌더는 코드 내부에서 전체 빌드할지 증분 빌드할지를 결정하는 패턴으로 구현한다. 예제에서는 구현하지 않았지만 빌더가 생성한 모든 자원을 삭제할 때 사용하는 `clean()` 메소드도 있다.

실습 예제 | 자원 반복 처리

프로젝트(`IProject`)는 작업 공간(`IWorkspaceRoot`)에서 최상위 항목이며, 폴더(`IFolder`)나 파일(`IFile`) 객체와 같은 자원(`IResource`)을 포함한다. 프로젝트 내의 자원은 `members()` 함수를 통해 반복 처리 가능하며, 항목을 처리할 때마다 필요 여부와 상관없이 `IResource` 객체를 생성한다. 그러므로 실습에서는 플랫폼 내부 트리에 프로젝트 객체를 전달해서 필요한 모든 항목을 하나씩 처리하는 방문자[visitor]를 대신 사용해보자.

1 `com.packtpub.e4.minimark.ui` 패키지에 `IResourceProxyVisitor`와 `IResourceDeltaVisitor`를 구현한 `MinimarkVisitor`라는 클래스를 생성한다.

2 자원의 이름을 얻어와 이름이 .minimark로 끝나면 메시지를 출력하는 visit (IResourceProxy) 메소드를 구현한다.

```java
public boolean visit(IResourceProxy proxy) throws CoreException {
    String name = proxy.getName();
    if(name != null && name.endsWith(".minimark")) {
        // 소스 파일을 찾았다
        System.out.println("Processing " + name);
    }
    return true;
}
```

3 incrementalBuild()와 fullBuild()를 수정해서 빌더와 MinimarkVisitor 클래스를 연결한다.

```java
private void incrementalBuild(IProject project, IProgressMonitor
    monitor, IResourceDelta delta) throws CoreException {
    if (delta == null) {
        fullBuild(project, monitor);
    } else {
        delta.accept(new MinimarkVisitor());
    }
}

private void fullBuild(IProject project, IProgressMonitor monitor)
    throws CoreException {
    project.accept(new MinimarkVisitor(),IResource.NONE);
}
```

4 이클립스를 실행한 후 minimark 빌더를 설정하고 .minimark 파일을 포함한 프로젝트를 선택한다. 상단 메뉴에서 Project > Clean을 선택하고 호스트 이클립스의 콘솔 뷰를 확인한다. Processing test.minimark라는 메시지가 보여야 한다.

5 MinimarkVisitor에 파일의 내용을 읽어 번역기에 전달하는 processResource() 메소드를 생성한다. 번역기가 처리를 시작하면 번역된 파일이 System.out에 기록된다.

```
private void processResource(IResource resource) throws
    CoreException {
  if (resource instanceof IFile) {
    try {
      IFile file = (IFile) resource;
      InputStream in = file.getContents();
      MinimarkTranslator.convert(new InputStreamReader(in),
          new OutputStreamWriter(System.out));
    } catch (IOException e) {
      throw new CoreException(new Status(Status.ERROR,
          Activator.PLUGIN_ID, "Failed to generate resource", e));
    }
  }
}
```

6 processResource() 메소드를 호출하게 visit() 메소드를 수정한다.

```
public boolean visit(IResourceProxy proxy) throws CoreException {
  String name = proxy.getName();
  if (name != null && name.endsWith(".minimark")) {
    System.out.println("Processing " + name);
    processResource(proxy.requestResource());
  }
  return true;
}
```

메소드를 호출하면 단순한 접근자가 아니라 객체를 생성한다는 사실을 나타내기 위해 getResource() 대신 requestResource() 메소드를 호출한다.

7 이클립스 인스턴스를 실행하고 .minimark 파일을 수정한 후 Project > Clean을 통해 클린 빌드를 수행한다. 호스트 이클립스 인스턴스의 콘솔 뷰에 번역된 결과가 출력되는지 확인한다.

보충 설명

빌드에서 변경 알림을 받으면 방문자visitor를 이용해 파일을 처리한다. 이런 visitor 패턴은 리소스의 구조를 알 필요가 없어 좋다. .git이나 .svn, CVS 디렉토리 등의 팀 작업을 위해 숨겨진 파일과 같은 자원은 자동으로 제외하고 처리한다.

IResourceProxyVisitor는 속성 이름을 테스트할 수 있어 IResourceProxyVisitor를 사용해 콘텐츠를 찾으면 IResourceVisitor를 사용할 때보다 빠르다. IResourceProxyVisitor는 모든 항목에 대해 IResource 객체를 생성할 필요가 없어 훨씬 빨리 자원을 찾는다.

빌더는 CoreException을 통해 오류를 처리한다. CoreException은 이클립스의 수많은 오류에 대한 표준 예외로, 발생한 예외와 플러그인 ID를 가진 Status 객체를 매개변수로 받는다.

마지막으로 프로젝트 메뉴 Project > Clean을 실행해서 전체 빌드를 호출하면 코드를 개발하고 있는 호스트 이클립스의 콘솔 뷰에 결과를 출력한다.

실습 예제 | 자원 생성

다음 단계로 .minimark 파일로부터 생성한 .html 파일에 대한 IFile 자원을 생성한다. 이클립스는 작업 공간의 루트에서부터 파일 이름을 표현하는 IPath 객체를 사용한다. /project/folder/file.txt라는 IPath는 project라는 프로젝트 밑의 folder라는 폴더 안에 있는 file.txt 파일을 가리킨다. 최상위 루트 경로는 IWorkspaceRoot로 표현한다. 다음을 따라 해보자.

1. MinimarkVisitor의 processResource() 메소드에서 파일 이름을 만들어 파일의 부모인 IContainer로부터 IFile을 생성하는 데 이용한다.

   ```
   try {
     IFile file = (IFile) resource;
     String htmlName = file.getName().replace(".minimark", ".html");
     IContainer container = file.getParent();
     IFile htmlFile = container.getFile(new Path(htmlName));
   ```

2. 파일의 콘텐츠를 생성하기 위해 InputStream을 setContents() 메소드에 전달해야 한다. MinimarkTranslator에 ByteArrayOutputStream을 전달하고 파일에 설정할 콘텐츠를 얻기 위해 ByteArrayInputStream을 이용해 파일 콘텐츠를 만들면 쉽다.

 PipedInput/OutputStream은 한정된 너비의 파이프라인을 사용하고, 파이프라인이 꽉 차면 블록되기 때문에 더 이상 사용하지 않는다.

코드를 변경하면 다음과 같다.

```
ByteArrayOutputStream baos = new ByteArrayOutputStream();
MinimarkTranslator.convert(new InputStreamReader(in),
    new OutputStreamWriter(System.out));
    new OutputStreamWriter(baos));
ByteArrayInputStream contents =
    new ByteArrayInputStream(baos.toByteArray());
```

3. 이제 파일에 콘텐츠를 설정해야 한다. 파일이 이미 있다면 setContents()를 이용해서 파일 콘텐츠를 설정하면 되지만, 파일이 없다면 create()를 호출해야 한다.

   ```
   if (htmlFile.exists()) {
     htmlFile.setContents(contents, true, false, null);
   ```

```
} else {
  htmlFile.create(contents, true, null);
}
```

 앞의 코드 중 true 매개변수는 변경을 강요한다. 즉, 다른 곳에서 자원을 변경하더라도 변경된 콘텐츠를 파일에 기록하게 한다. setContents() 메소드의 false 매개변수는 변경 이력을 기록하지 않아도 됨을 의미하며, 두 메소드의 마지막 null 매개변수는 옵션 사항인 ProgressMonitor 전달을 의미한다.

4 마지막으로 자동 생성된 파일이고 사용자의 편집이 불가능함을 의미하는 마크를 빌드에서 파생된 자원에 표시해야 한다.

```
htmlFile.setDerived(true,null);
```

5 이클립스 인스턴스를 실행하고 Project ▶ Clean을 선택해서 HTML 파일이 생성되는지 확인한다. .minimark 파일을 수정하고 다시 클린을 선택해서 HTML 파일이 다시 생성되는지 확인한다.

보충 설명

MinimarkTranslator를 호출하고 파일 시스템상에 자원을 생성하게 빌드를 수정했다. 콘텐츠를 설정하는 데 스트림을 사용하기 때문에 번역한 콘텐츠를 만드는 데는 ByteArrayOutputStream을 사용하고, 번역한 콘텐츠를 읽어 파일의 콘텐츠로 설정하는 데는 ByteArrayInputStream을 사용한다.

존재하지 않는 파일에 콘텐츠를 설정하면 CoreException이 발생하므로 exists() 메소드로 파일이 존재하는지부터 검사해야 한다.

파일은 보통 IPath 객체로 표현하며, Path 클래스가 IPath 인터페이스를 구현한 클래스다. Path 클래스는 운영체제에 상관없이 슬래시(/)를 파일 이름 구분자로 사용하지만, 각 경로는 윈도우에서 콜론을 파일이나 폴더 이름에 허용하지 않는 등의 로컬 운영체제의 제약 조건을 준수해야 한다.

실습 예제 | 증분 빌드 구현

마지막 실습은 증분 빌더 구현이다. 이클립스가 수행하는 대부분의 빌드는 증분 빌드로, 빌드 시점에 필요한 파일만 컴파일한다. 증분 빌드에는 수정이나 추가, 삭제된 파일을 알려주는 자원 델타resource delta가 필요하다. 자원 델타는 IResourceDeltaVisitor visit() 메소드에 전달되는 IResourceDelta를 구현한다. 자원 델타는 자원을 추가했는지 삭제했는지를 의미하는 플래그와 변경된 IResource의 조합이다. 다음을 따라 해보자.

1 MinimarkVisitor를 열고, visit(IResourceDelta)로 이동한다. 파일을 변경하면 증분 빌드가 이 메소드를 사용한다. 델타에는 이미 자원이 존재하기 때문에 델타를 사용해서 증분 빌드할 파일인지를 결정하고, 증분 빌더 대상이면 processResource() 메소드에 해당 파일을 전달한다.

```
public boolean visit(IResourceDelta delta) throws CoreException {
  IResource resource = delta.getResource();
  if(resource.getName().endsWith(".minimark")) {
    processResource(resource);
  }
  return true;
}
```

2 이클립스 인스턴스를 실행하고 .minimark 파일을 편집한 후 저장한다. 해당 자원을 가지고 증분 빌더를 호출해서 파일이 업데이트될 것이다. 이클립스의 HTML 편집기는 자동으로 변경을 반영하지 않지만, .html 파일을 텍스트 편집기로 열면 파일을 저장할 때마다 내용을 업데이트해서 보여준다.

보충 설명

증분 빌드와 전체 빌드는 자원의 집합을 처리한다는 측면에서 매우 유사하다. 증분 빌더는 Save나 Save All 같은 작업 공간 변경 연산을 통해 변경된 파일의 집합을 처리하고, 전체 빌드는 개별 프로젝트의 모든 파일을 빌드한다. 관련 없는 독립된 자원에 대한 빌드를 수행할 경우에는 단일 리소스를 처리하는 processResource() 메소드로 해당 자원을 분리시켜 새로운 자원을 생성하는 방법이 가장 효율적이다.

실습 예제 | 삭제 처리

지금까지 구현한 증분 빌더는 자원의 삭제를 처리하지 않는다. 삭제를 처리하려면 IResourceDelta를 분석해서 어떤 유형의 델타가 발생했는지를 알아내고, 그에 따라 적절한 삭제 처리를 해야 한다.

다음을 따라 해보자.

1 이클립스 인스턴스를 실행해서 .minimark 파일을 삭제한다. 예외가 발생하고 다음과 같은 오류 메시지가 나타난다.

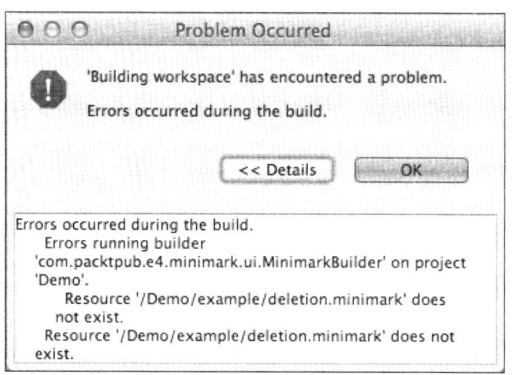

2 오류를 해결하려면 MinimarkVisitor 클래스의 processResource() 메소드에 자원의 존재 여부를 검사하는 코드를 추가한다.

```
    private void processResource(IResource resource) throws
        CoreException {
    if (resource instanceof IFile && resource.exists()) {
```

3 NullPointerException은 처리했지만, 생성된 HTML 파일이 삭제되지 않고 그대로 남아 있다. .minimark 파일을 삭제하면 그와 관련된 .html 파일도 삭제하기 위해 자원 델타의 유형을 검사해서 자원이 삭제됐는지를 확인한다. 삭제됐다면 연결된 HTML 파일도 함께 삭제한다. visit(IResourceDelta) 메소드를 다음과 같이 수정한다.

```
    public boolean visit(IResourceDelta delta) throws CoreException {
        boolean deleted = (IResourceDelta.REMOVED & delta.getKind())!=0;
        IResource resource = delta.getResource();
        String name = resource.getName();
        if (deleted) {
            String htmlName = name.replace(".minimark",".html");
            IFile htmlFile = resource.getParent().
                getFile(new Path(htmlName));
            if (htmlFile.exists()) {
                htmlFile.delete(true, null);
            }
        } else {
            processResource(resource);
        }
        return true;
    }
```

4 이클립스 인스턴스를 실행하고 test.minimark라는 새 파일을 생성한다. 파일을 저장해서 test.html 파일이 생성되면 test.minimark 파일을 삭제해서 test.html 파일도 삭제되는지 확인한다.

5 test.minimark 파일을 다시 생성해서 test.html 파일을 생성한다. test.html을 직접 삭세하면 다시는 자동으로 파일이 생성되지 않는다. 이런 문제를 해결하기 위해 IResourceDelta가 .html 파일의 삭제 여부도 추적하고 연결된

.minimark 파일도 처리하게 한다. visit(IResourceDelta) 메소드를 다음과 같이 수정한다.

```
public boolean visit(IResourceDelta delta) throws CoreException {
  boolean deleted = (IResourceDelta.REMOVED & delta.getKind())!=0;
  IResource resource = delta.getResource();
  String name = resource.getName();
  if (name.endsWith(".minimark")) {
    if (deleted) {
      String htmlName = name.replace(".minimark",".html");
      IFile htmlFile = resource.getParent().getFile(
          new Path(htmlName));
      if (htmlFile.exists()) {
        htmlFile.delete(true, null);
      }
    } else {
      processResource(resource);
    }
  } else if (name.endsWith(".html")) {
    String minimarkName = name.replace(".html",".minimark");
    IFile minimarkFile = resource.getParent().getFile(
        new Path(minimarkName));
    if (minimarkFile.exists()) {
      processResource(minimarkFile);
    }
  }
  return true;
}
```

6 이클립스 인스턴스를 실행하고 자동으로 생성된 test.html 파일을 삭제한다. MinimarkBuilder/MinimarkVisitor가 자동으로 파일을 다시 생성해야 한다. 이제 test.minimark 파일을 삭제하면 연결된 test.html 파일도 삭제돼야 한다.

보충 설명

.minimark 파일을 삭제하면 `NullPointerException`이 발생했지만, `visit()` 메소드에 자원의 존재 여부를 확인하는 코드를 추가해서 오류를 수정했다.

일관성을 위해 자원을 삭제하면 연결된 자원도 삭제했다. 연결된 .minimark 파일이 존재하는 상태에서 .html 파일을 삭제하면 파일을 다시 생성했다. .minimark 파일을 삭제하면 연결된 .html 파일도 삭제한다.

도전 과제 | 빌더 업그레이드

빌더는 변경에 반응하고 콘텐츠를 생성하는 작업뿐만 아니라 프로젝트를 정리할 때 콘텐츠를 제거하는 역할도 하기 때문에 `IncrementalProjectBuilder`는 특정 프로젝트나 작업 공간 전체에 대해 Project > Clean 메뉴를 실행했을 때 호출되는 `clean()` 메소드를 갖는다.

.minimark를 삭제할 때마다 프로젝트 내의 모든 .html 파일을 삭제하는 `clean()` 메소드를 `MinimarkBuilder`에 구현한다. 프로젝트에 연결된 소스 파일이 존재할 경우에는 모든 .html 파일을 삭제하지 못한다.

네이처 사용

빌더를 프로젝트에 직접 설정해도 되지만 보통은 직접 추가하지 않고, 프로젝트가 갖는 관점dimension의 유형을 나타내는 네이처nature를 이용한다. 네이처는 빌더와 자동으로 연결된다. 예를 들어 자바 프로젝트는 자바 네이처로 식별하고, PDE 프로젝트의 경우에는 자바 프로젝트와 PDE 처리를 위한 추가적인 네이처로 식별한다. C 언어 같은 다른 개발 언어도 자신만의 네이처를 갖는다.

실습 예제 | 네이처 생성

네이처는 `IProjectNature` 인터페이스를 구현해서 생성한다. 프로젝트에 MinimarkBuilder를 연결하는 MinimarkNature를 만들기 위해 IProjectNature 인터페이스를 사용한다. 다음 과정을 수행해보자.

1 `com.packtpub.e4.minimark.ui` 패키지에 MinimarkNature 클래스를 생성한다.

```java
public class MinimarkNature implements IProjectNature {
  public static final String ID =
      "com.packtpub.e4.minimark.ui.MinimarkNature";
  private IProject project;
  public IProject getProject() {
    return project;
  }
  public void setProject(IProject project) {
    this.project = project;
  }
  public void configure() throws CoreException {
  }
  public void deconfigure() throws CoreException {
  }
}
```

2 네이처는 빌더 추가나 설정을 쉽게 도와주는 역할을 하며, 빌더 ID를 사용해서 프로젝트에 빌더를 연결한다. 상호 참조가 가능하게 MinimarkBuilder를 상수로 정의해서 네이처가 빌더를 참조할 때 사용한다.

```java
public class MinimarkBuilder extends IncrementalProjectBuilder {
  public static final String ID =
      "com.packtpub.e4.minimark.ui.MinimarkBuilder";
```

3 프로젝트에 빌더를 추가하는 방법은 프로젝트 기술서에 빌드 커맨드를 추가하는 방법이 있다. 그 외에 다른 방법은 없으므로 프로젝트 기술서상에 정의된 커맨드 집합을 찾은 다음 추가하려는 빌더가 있는지 확인하고, 빌더를 추가하거나 삭제한다. Arrays 클래스를 사용하면 좀 쉬워지므로 다음과 같이 configure() 메소드를 구현한다.

```java
public void configure() throws CoreException {
  IProjectDescription desc = project.getDescription();
  List<ICommand> commands = new ArrayList<ICommand>(
      Arrays.asList(desc.getBuildSpec()));
  Iterator<ICommand> iterator = commands.iterator();
  while (iterator.hasNext()) {
    ICommand command = iterator.next();
    if (MinimarkBuilder.ID.equals(command.getBuilderName())) {
      return;
    }
  }
  ICommand newCommand = desc.newCommand();
  newCommand.setBuilderName(MinimarkBuilder.ID);
  commands.add(newCommand);
  desc.setBuildSpec(commands.toArray(new ICommand[0]));
  project.setDescription(desc,null);
}
```

4 프로젝트에서 빌더를 제거하려면 반대로 하면 된다. 다음과 같이 deconfigure()를 구현한다.

```java
public void deconfigure() throws CoreException {
  IProjectDescription desc = project.getDescription();
  List<ICommand> commands = new ArrayList<ICommand>(
      Arrays.asList(desc.getBuildSpec()));
  Iterator<ICommand> iterator = commands.iterator();
  while (iterator.hasNext()) {
    ICommand command = iterator.next();
```

```
      if (MinimarkBuilder.ID.equals(command.getBuilderName())) {
        iterator.remove();
      }
    }
    desc.setBuildSpec(commands.toArray(new ICommand[0]));
    project.setDescription(desc,null);
  }
```

5 네이처를 구현한 다음에는 `minimark.ui` 프로젝트의 plugin.xml 파일에 확장점을 정의해야 한다.

```
<extension id="MinimarkNature"
  point="org.eclipse.core.resources.natures">
  <runtime>
    <run class="com.packtpub.e4.minimark.ui.MinimarkNature"/>
  </runtime>
</extension>
```

6 프로젝트의 Configure 메뉴에는 프로젝트에 네이처를 연결하는 메뉴를 추가해야 한다. plugin.xml에 Add Minimark Nature 커맨드 항목을 생성하고 `projectConfigure` 메뉴에 추가한다.

```
<extension point="org.eclipse.ui.commands">
  <command name="Add Minimark Nature"
      defaultHandler=
        "com.packtpub.e4.minimark.ui.AddMinimarkHandler"
      id="com.packtpub.e4.minimark.ui.AddMinimarkNature"/>
</extension>
<extension point="org.eclipse.ui.menus">
  <menuContribution allPopups="false" locationURI=
      "popup:org.eclipse.ui.projectConfigure?after=additions">
    <command label="Add Minimark Nature" style="push"
        commandId=
          "com.packtpub.e4.minimark.ui.AddMinimarkNature"/>
  </menuContribution>
```

        </extension>

7 com.packtpub.e4.minimark.ui 패키지에 AddMinimarkHandler라는 새 클래스를 생성한다.

```java
public class AddMinimarkHandler extends AbstractHandler {
  public Object execute(ExecutionEvent event)
      throws ExecutionException {
    ISelection sel = HandlerUtil.getCurrentSelection(event);
    if (sel instanceof IStructuredSelection) {
      Iterator<?> it = ((IStructuredSelection)sel).iterator();
      while (it.hasNext()) {
        Object object = (Object) it.next();
        if(object instanceof IProject) {
          try {
            addProjectNature((IProject) object,MinimarkNature.ID);
          } catch (CoreException e) {
            throw new ExecutionException("Failed to set nature on"
                + object,e);
          }
        }
      }
    }
    return null;
  }

  private void addProjectNature(IProject project, String nature)
      throws CoreException {
    IProjectDescription description = project.getDescription();
    List<String> natures = new ArrayList<String>(
        Arrays.asList(description.getNatureIds()));
    if(!natures.contains(nature)) {
      natures.add(nature);
      description.setNatureIds(natures.toArray(new String[0]));
      project.setDescription(description, null);
```

            }
        }
    }

보충 설명

프로젝트 기술서에 빌더를 추가하기 위해 `MinimarkNature`를 생성했다. 직접 .project 파일을 변경해서 빌더를 추가하지 않고 프로그램으로 네이처를 추가하는 액션을 구현해서 표준 Configure 메뉴에 추가했다.

네이처와 빌더 모두 ID로 참조하며, .project와 .classpath 파일에 ID를 저장한다. 버전 관리 시스템에서 네이처와 빌더 ID를 검사하기 때문에 버전 간에 ID를 동일하게 유지해야 한다(ID를 버전 관리에 추가하면 관리가 쉽다).

프로젝트 기술서는 .project 파일의 콘텐츠를 포함해 네이처 ID와 커맨드의 배열을 보관한다. 프로젝트에 네이처를 추가하려면 추가하려는 네이처의 ID를 네이처 목록에 추가한다. 변경된 프로젝트 기술서를 프로젝트에 설정해야 네이처를 추가한 효과를 확인할 수 있음을 명심하라.

네이처의 변경은 프로그램에서 설정할 때만 반영되므로, 네이처를 추가하는 Add Minimark Nature 커맨드를 생성했다. 커맨드는 네이처 추가와 설정을 위한 표준 위치인 `org.eclipse.ui.projectConfigure?after=additions` 메뉴에 배치했다. 일반적으로 Add Minimark Nature와 Remove Minimark Nature를 구분하거나 Toggle Minimark Nature 커맨드를 사용해서 네이처 추가와 삭제 두 액션을 모두 처리한다. 추가/삭제 메뉴를 구분하면 프로젝트에 네이처가 이미 존재하는지를 확인해서 메뉴를 활성화한다.

핸들러 클래스에서는 현재 선택 항목을 알아내기 위해 `HandlerUtil`을 사용했다. `HandlerUtil`은 `selection`이라는 변수를 통해 매개변수 맵으로부터 객체를 추출한다.

오타를 줄이기 위해 빌더 식별자를 정적 파이널$^{static\ final}$ 변수인 상수로 정의한다. ID가 클래스 이름과 관련이 있는 경우에는 `class.getName()`을 사용하면 클래스 이름을 변경해도 ID가 자동으로 변경되기 때문에 좋다. 아니면 플러그인 ID 또는 `Activator.ID`를 연결해서 식별자를 생성해도 좋다.

도전 과제 | 선택된 객체 유형에 대해 활성화

일반적으로 설정이 꼭 필요한 경우에만 옵션을 표시하므로, 프로젝트에 이미 `MinimarkNature`가 설정돼 있으면 커맨드를 보여줄 필요가 없다. 커맨드 확장점에서 목표 선택 항목의 `visibleWhen` 속성을 이용해 선택 항목의 `projectNature`가 minimark 빌더를 포함한 네이처인 경우에만 활성화하게 한다.

마커 사용

마지막으로 마커marker에 대해 알아보자. 파일에서 문제를 발견하면 컴파일러는 오류나 경고 사항을 화면에 표시한다. 이 같은 오류나 경고는 빌더에서 자동으로 생성할 수 있다.

실습 예제 | 빈 파일인 경우 오류 마커 표시

소스 파일에 문제가 있음을 표시하기 위해 오류와 경고 마커를 사용한다. 자바 컴파일 오류가 있을 때 이클립스 컴파일러에서 주로 사용하지만, 자바가 아닌 파일의 오류를 표시할 때도 사용한다. 예를 들어 텍스트 편집기는 오타가 있을 경우에 경고 마커를 보여준다. .minimark 파일이 비어 있고 제목이 없는 경우에 경고를 보여주게 해보자.

이클립스에서 파일 크기를 알아내기는 간단하지 않으므로, 휴리스틱 기법을 이용해서 생성한 HTML 파일의 크기가 100바이트 이하면 정상적이지 않은 파일이라고 판단한다. 다음을 따라 해보자.

1 `MinimarkVisitor`를 열고 `processResource()` 메소드로 이동한다.

2 HTML 파일을 생성할 때 파일의 크기가 100바이트보다 작은지를 확인하는 코드를 추가한다.

```
ByteArrayOutputStream baos = new ByteArrayOutputStream();
MinimarkTranslator.convert(new InputStreamReader(in),
    new OutputStreamWriter(baos));
ByteArrayInputStream contents = new ByteArrayInputStream(
    baos.toByteArray());
if(baos.size() < 100) {
  System.out.println("Minimark file is empty");
}
```

3 오류 메시지를 콘솔에 출력하는 방법은 사용자에게 오류를 보여주지 못하므로, 문제가 있는 자원에 IMarker 객체를 생성하고 오류의 위치와 유형에 대한 속성을 설정해서 오류를 표시한다.

```
System.out.println("Minimark file is empty");
IMarker marker = resource.createMarker(IMarker.PROBLEM);
marker.setAttribute(IMarker.SEVERITY,IMarker.SEVERITY_ERROR);
marker.setAttribute(IMarker.MESSAGE,"Minimark file is empty");
marker.setAttribute(IMarker.LINE_NUMBER,0);
marker.setAttribute(IMarker.CHAR_START,0);
marker.setAttribute(IMarker.CHAR_END,0);
```

4 이클립스 인스턴스를 실행하고 빈 .minimark 파일 하나를 생성한다. 파일을 저장하면 문제Problems 뷰에 오류가 보고된다. 문제 뷰는 Window > Show View > Other > General > Problems로 열면 된다.

Problems ⊠			
1 error, 0 warnings, 0 others			
Description	Resource	Path	Location
▼ ⊗ Errors (1 item)			
⊗ Minimark file is empty	test.minimark	/EditorTest	line 0

보충 설명

입력 파일이 비어 있음을 감지하는 휴리스틱 기법을 사용해서 빌드 뷰에 마커를 생성했다. 빈 파일을 생성하면 빌더가 실행돼서 문제^{Problems} 뷰에 문제를 표시한다.

마커는 문제가 발생한 위치를 설정하는 추가적인 필드를 제공하며, 문제의 원인에 대한 더 많은 정보를 사용자에게 전달하기 위해 더 많은 옵션 필드도 사용 가능하다. 오타의 경우에는 CHAR_START와 CHAR_END를 사용해 줄에서 정확한 단어의 위치를 지정한다. 일반적인 오류의 경우에는 LINE_NUMBER를 사용해 파일에서의 대략적인 위치를 설정한다.

파일을 변경할 때마다 문제 뷰에 추가적인 마커를 생성한다. 콘텐츠를 추가해서 문제를 해결해도 기존의 오류는 삭제되지 않는다. 다음 절에서 이런 오류를 해결해 보자.

실습 예제 | 마커 유형 등록

문제를 해결한 후에도 문제 표시가 사라지지 않고 남아 있다. 자원을 변경해도 마커 유형과 자원의 관계를 유지하기 때문이다. 자바 파일에서 이런 문제가 발생하지 않는 이유는 빌드를 시작하기 전에 빌더가 모든 오류를 지우고 새로운 오류 마커를 추가하기 때문이다. 이때 다른 플러그인이 생성한 마커를 지우지 못하게 하기 위해 마커는 유형을 사용한다. JDT도 다른 시스템이 제공하는 마커를 구별하는 데 마커 유형을 사용한다. 다음 절차에 따라 MinimarkMarker에도 유형을 추가해보자.

1. minimark.ui 프로젝트의 plugin.xml 파일을 열고 다음의 확장을 추가해서 MinimarkMarker를 정의한다.

   ```
   <extension id="com.packtpub.e4.minimark.ui.MinimarkMarker"
       name="Minimark Marker"
       point="org.eclipse.core.resources.markers">
     <persistent value="false"/>
     <super type="org.eclipse.core.resources.problemmarker"/>
   </extension>
   ```

2. 오류가 발생하면 plugin.xml 파일에 정의한 확장 ID를 이용해서 IMarker.PROBLEM 대신 MinimarkMarker를 사용하게 MinimarkVisitor의 processResource()를 수정한다.

   ```
   IMarker marker = resource.createMarker(IMarker.PROBLEM);
   IMarker marker = resource.createMarker(
       "com.packtpub.e4.minimark.ui.MinimarkMarker");
   ```

3. processResource() 메소드의 시작 부분에서 자원에 연결된 MinimarkMarker 유형의 모든 마커를 삭제한다.

   ```
   resource.deleteMarkers(
       "com.packtpub.e4.minimark.ui.MinimarkMarker",
       true, IResource.DEPTH_INFINITE);
   ```

4. 이클립스 인스턴스를 실행하고 .minimark 파일에 콘텐츠를 추가해서 오류가 제거되는지 확인한다. 콘텐츠를 제거하고 파일을 저장해서 다시 오류가 나타나는지도 확인한다.

5. 마지막으로 편집기에도 경고 마커를 표시해보자. 편집기에도 경고 마커를 보여주려면 MinimarkEditor의 상위 클래스를 AbstractEditor에서 AbstractDecoratedTextEditor로 변경한다. 이클립스를 다시 실행하고 편집기에도 오류가 표시되는지 확인한다.

보충 설명

빌드를 시작할 때 자원에 설정된 사용자 정의 마커를 모두 지우고 빌드 과정에서 문제가 있을 때 마커를 자동으로 추가한다. 문제를 해결하고 나면 자원의 마커를 자동으로 제거한다.

마커를 삭제할 때 두 번째 불리언[boolean] 인수는 하위 타입의 마커도 삭제할지 여부를 나타낸다. 세 번째 인수는 자원이 폴더나 다른 컨테이너일 경우 자원 내에 포함된 자원도 삭제할지를 표시한다.

일반적으로 빌더는 자원에 연결된 다른 마커에 영향을 주지 않기 위해 삭제하고 생성할 문제 마커의 유형을 지정한다. 맞춤법을 검사하는 편집기와 같이 다른 기능 제공자에서 발생하는 경고나 정보 대화상자를 특정 빌더가 제거하지 못하게 한다.

도전 과제 | 파일이 실제 빈 경우에 작업

파일을 검사하는 부분을 수정해서 소스 파일이 실제 비어 있는 경우에만 동작하게 해보자. 파일 크기 정보를 담고 있는 `FileInfo` 객체를 얻어오기 위해 EFS와 파일의 `locationURI`를 사용한다.

> **깜짝 퀴즈 | 자원, 빌더, 마커 이해**

Q1. 문서 제공자document provider가 없는 오류는 어떻게 개선하는가?

Q2. `IResourceProxy`는 무엇이고 왜 사용하는가?

Q3. `IPath`는 무엇인가?

Q4. 네이처는 무엇이고 프로젝트에 어떻게 설정하는가?

Q5. 프로젝트에 마커를 생성하려면 어떻게 해야 하는가?

정리

6장에서는 자원에 접근하는 방법과 자원 생성, 자원 처리 방법을 살펴봤다. 마크업 언어 예제를 사용해서 소스 파일을 저장할 때 마크업 항목을 HTML로 변환하는 빌더를 프로젝트에 연결했다. 그런 다음 네이처에 빌더를 연결해서 필요할 때 프로젝트에 자동으로 빌더를 설정하게 한다.

7장에서는 E4 모델을 알아보고, 뷰를 생성하고, 리치 클라이언트 플랫폼에 기능을 기여하는 방식에서 이클립스 3.x와의 차이점을 살펴본다.

7 이클립스 4 모델

OSGi로 마이그레이션한 3.0 버전을 릴리스할 때 이클립스는 가장 큰 변화를 겪었다. 이클립스 4 모델은 이클립스 3.x를 기반으로 하며, 동적 EMF 모델로 표현되는 사용자 인터페이스를 갖는다. 더불어 의존성 주입(dependency injection)을 통해 제공되는 서비스를 이용해서 모델과 뷰를 간단한 POJO로 구현한다. 이 책에서는 특별히 SWT 렌더러를 살펴보지만, 이클립스 4 모델에서는 E4 애플리케이션을 다른 UI로 호스팅해주는 별도의 렌더러 메커니즘도 제공한다. 7장에서는 이클립스 4에서 변경된 내용과 향후 이클립스 플러그인이 어떻게 진화할지 살펴본다.

7장에서는 다음과 같은 내용을 다룬다.

- 개발을 위한 이클립스 4 설정
- 파트를 갖는 E4 애플리케이션 생성
- CSS로 UI 디자인
- 이벤트 보내고 받기
- 커맨드와 핸들러, 메뉴 생성
- 환경설정에 통합
- 사용자 정의 POJO 주입

E4 모델로 작업

2001년 11월 이클립스가 처음 릴리스된 이후 이클립스의 사용자 인터페이스는 정적인 모습을 그대로 유지해왔다. 각 윈도우는 퍼스펙티브를 가지며, 퍼스펙티브는 0개나 1개의 편집기 영역과 다수의 뷰 파트를 갖는다. 2004년 이클립스 3.0 기반의 이클립스 RCP가 릴리스되기 전까지 모든 퍼스펙티브는 하나의 편집기 영역을 가졌으나 이클립스 3.0 이후에는 편집기를 비활성화할 수 있고 IDE가 아닌 다른 용도의 애플리케이션에 적합한 사용자 정의 애플리케이션을 가질 수 있게 됐다.

하지만 퍼스펙티브는 배경색 변경 또는 윈도우나 툴바의 위치 변경과 같이 사용자가 원하는 설정으로 변경이 어렵다.

이클립스 4 모델은 개발할 때 애플리케이션을 모델링하는 방법뿐만 아니라 런타임 시 애플리케이션을 해석하고 변경하는 방법도 제공한다. 애플리케이션은 최고 수준의 모델을 갖지만 다른 번들이 제공하는 추가적인 모델을 갖기도 한다. 별도의 렌더링 프레임워크는 JavaFX와 HTML 같은 다른 도구에 UI를 표시하게 해준다. 이 책에서는 기존 이클립스 3.x UI와 가장 유사한 기본 SWT 렌더링 도구를 사용한다.

이클립스 4의 다른 중요한 변경 사항은 이클립스 인프라스트럭처에 기능을 기여할 때 특정 클래스를 상속할 필요가 없다는 점이다. 대신 스프링Spring 프레임워크의 컴포넌트 설정 방법과 유사하게 의존성 주입dependency injection을 이용해 클래스를 생성하고, 플랫폼 서비스를 사용해 사용자 인터페이스를 구성한다. 플랫폼 서비스는 전역 싱글톤 메소드를 사용하는 대신 주입을 통해 사용 가능해졌다. 의존성 주입은 단순한 형태의 POJOPlain Old Java Objects로 컴포넌트를 작성할 수 있게 해줌으로써 UI 없는 테스트도 가능하게 하며, 필요한 서비스와의 연결을 느슨하게 해준다.

실습 예제 | E4 도구 설치

이클립스 4 모델 기반의 애플리케이션을 다루려면 애플리케이션 XMI의 편집을 지원하는 E4 도구를 설치해야 한다. E4 도구는 표준 이클립스 패키지에 포함되지 않았으므로 별도로 설치해야 한다.

1 Window > Preferences > Install/Update > Available Software Sites로 이동해서 Add를 클릭해 다음과 같은 업데이트 사이트를 추가한다.

OS X에서 Preferences 메뉴는 Eclipse 메뉴 밑에 있다.

- 주노(Juno) (4.2) http://download.eclipse.org/e4/updates/0.13
- 케플러(Kepler) (4.3) http://download.eclipse.org/e4/updates/0.14

이클립스 마켓플레이스(Marketplace)에서도 설치 파일을 찾을 수 있다.

2 Add Site 대화상자에서 OK를 클릭하고 Preferences 페이지에서 OK를 클릭해 업데이트 사이트를 추가한다. 그런 다음 Help > Install New Software로 가서 새로 추가한 사이트를 목록에서 선택한 후 다음 피처를 선택한다.

- CSS file editor
- CSS spy for Eclipse 4
- Eclipse 4 core tools

앞의 피처는 css와 e4xml 파일 편집기와 이클립스 4에서 사용자 인터페이스를 생성하고 구성하는 데 사용하는 이클립스 4 애플리케이션 생성 마법사를 제공한다.

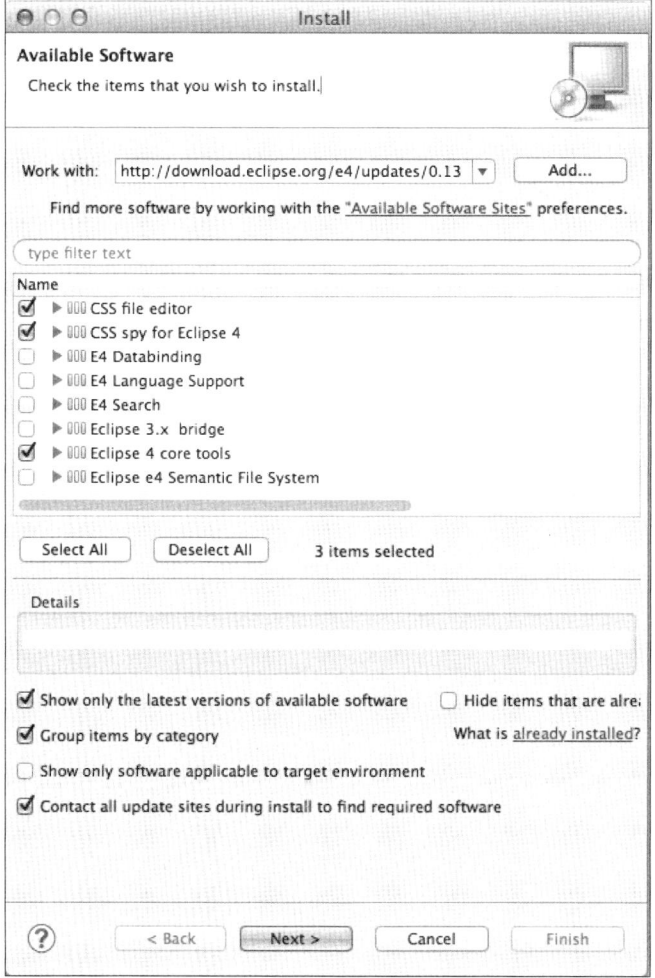

3 설치가 완료되면 이클립스를 다시 시작한다.

4 File > New > Project로 가서 새 프로젝트 마법사의 **프로젝트 선택** 목록에서 Eclipse 4 > Eclipse 4 Application Project가 보이는지 확인한다.

보충 설명

이클립스 E4 도구와 E4 CSS 스파이를 설치하면 e4xmi와 css 파일을 위한 편집기를 사용할 수 있다. CSS 스파이는 **Alt + Shift + F5**나 빠른 접근 검색 바를 통해 호출한다.

애플리케이션에서 CSS 스파이를 실행하려면 실행 환경설정[run configuration]에서 필수 번들로 `org.eclipse.e4.tools.css.spy`를 추가한다(제품의 최종 사용자가 CSS 스파이를 사용할 필요가 없다면 제품 정의에 CSS 스파이 번들을 추가하지 말라).

Alt + Shift + F9로 호출하는 EMF 편집기도 있다. EMF 편집기는 IDE나 실행 중인 애플리케이션에서 이클립스 런타임을 살펴볼 때 유용하다. EMF 편집기를 추가하려면 실행 환경설정에 `org.eclipse.e4.tools.emf.liveeditor`를 추가한다.

플러그인 유효성 검사[Validate plug-ins]를 클릭하는 일을 잊지 말라. 그리고 실행 제품에서 필요한 도구의 번들을 추가했는지 확인하기 위해 **필요한 플러그인 추가**[Add required plug-ins]도 클릭한다.

실습 예제 | E4 애플리케이션 작성

이클립스 애플리케이션은 애플리케이션을 구동하고 실행할 때 애플리케이션 식별자[ID]를 사용한다. E4 애플리케이션의 식별자는 `org.eclipse.e4.ui.workbench.swt.E4Application`이다. 제품 안에 애플리케이션 식별자를 지정하기 때문에 새로운 E4 애플리케이션을 시작하려면 식별자를 생성해야 한다.

1 File > New > Project... 메뉴로 이동하고 목록에서 Eclipse 4 > Eclipse 4 Application Project를 선택한다.

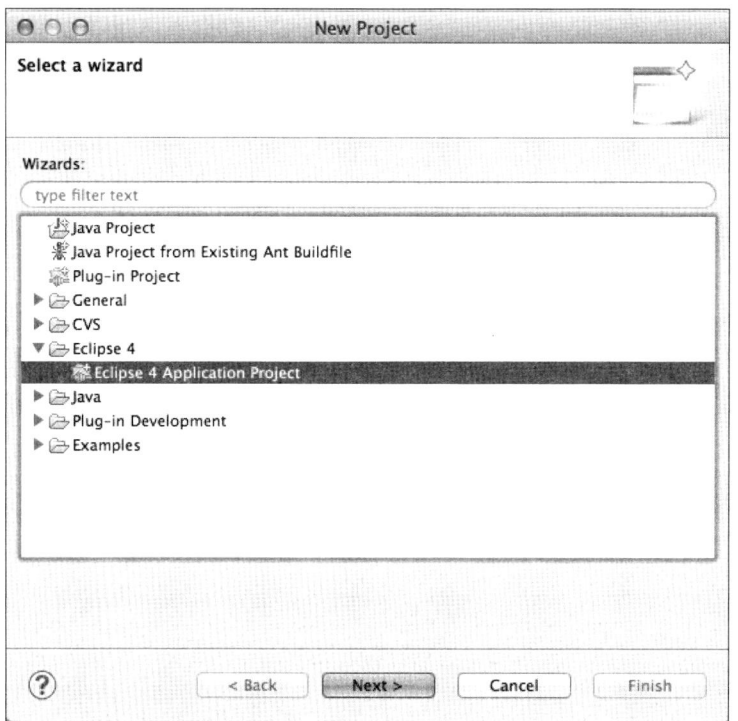

 Eclipse 4 Application Project가 보이지 않으면 E4 도구가 제대로 설치됐는지 확인하라.

2 프로젝트의 이름을 com.packtpub.e4.application으로 하고, 입력 필드의 기본 값을 선택해서 마법사의 단계를 따라 수행한다.

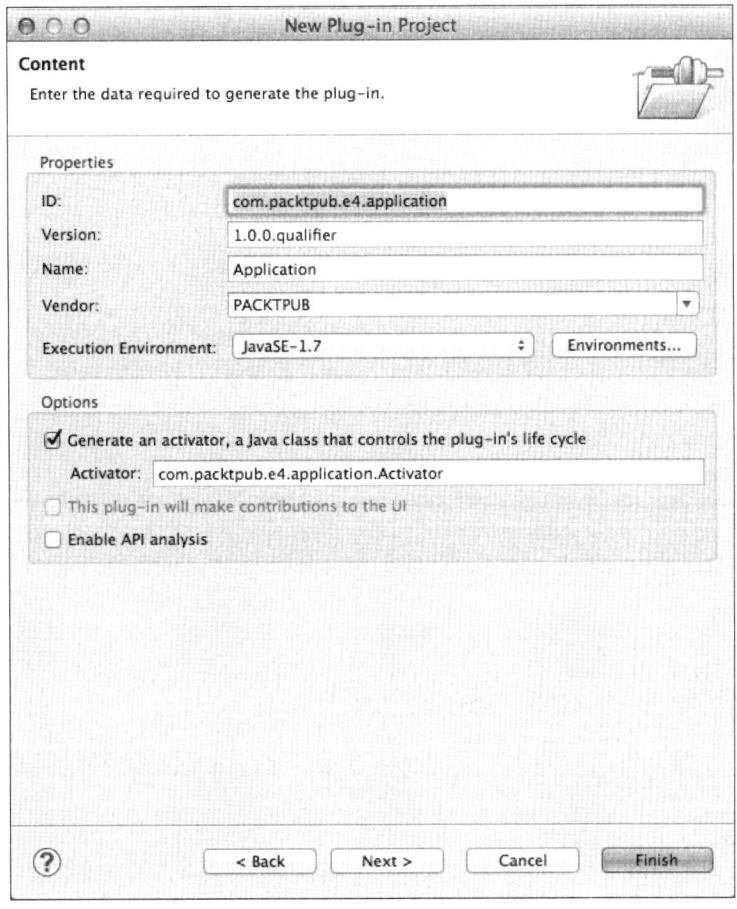

3 마지막 페이지에서 샘플 콘텐츠 생성하기^{Create sample contents} 옵션을 선택한다. 이 옵션을 선택하면 E4 도구가 기본적인 애플리케이션에 대한 표준 파트와 메뉴를 생성한다.

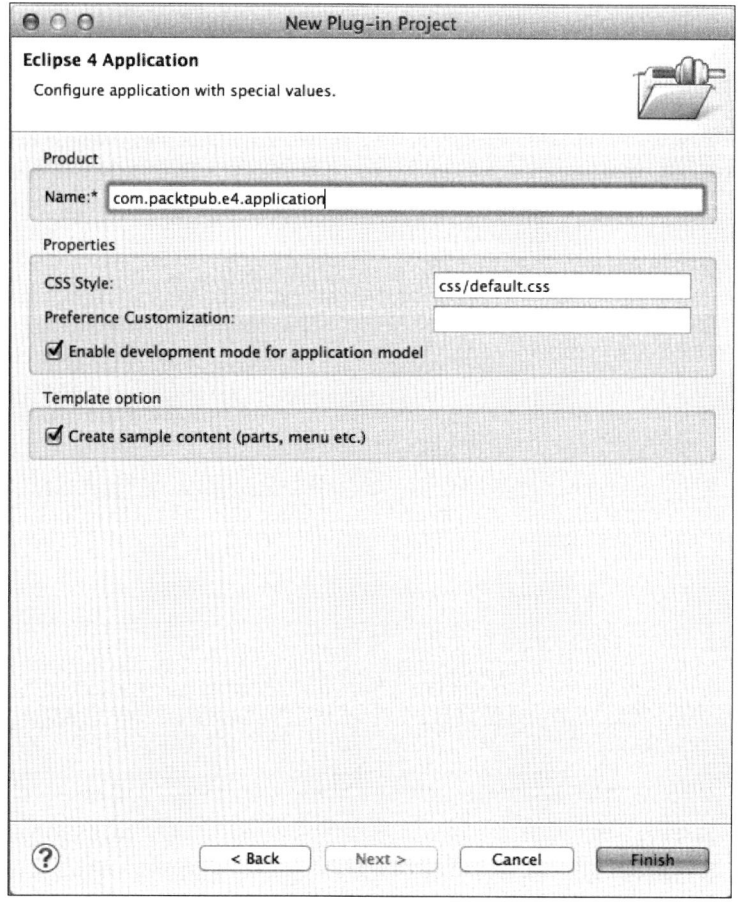

4 Finish를 눌러 프로젝트 생성을 마친다.

5 com.packtpub.e4.application 프로젝트를 오른쪽 클릭한 후 Run As > Eclipse Application을 선택한다. 기대하지 않은 새로운 IDE가 구동된다.

6 com.packtpub.e4.application.product라는 제품 파일을 더블 클릭하고 오른쪽 상단에 있는 실행 아이콘을 클릭한다.

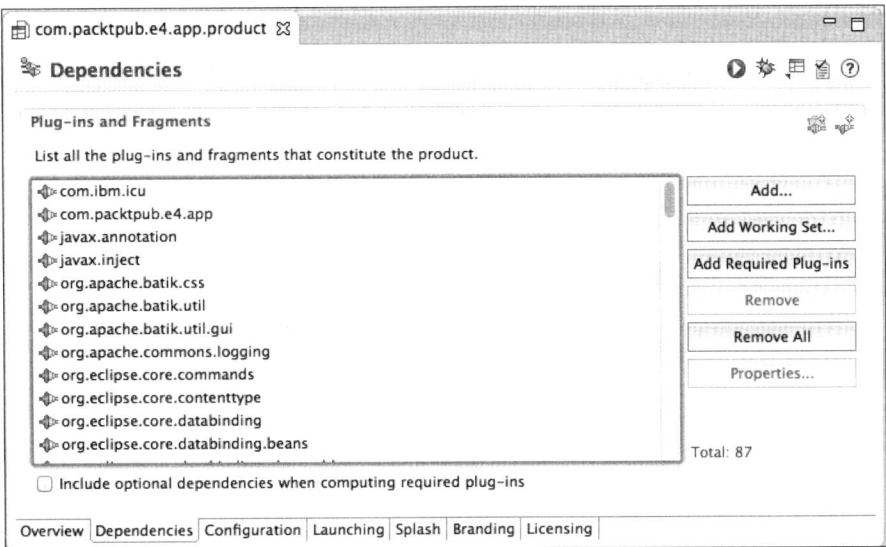

 RAP가 설치돼 있으면 제품을 실행했을 때 웹 브라우저가 구동된다. 그렇다면 Run > Run As...로 가서 Eclipse Application를 선택한 후 Run a product: com.packtpub. e4.application.product로 제품을 실행한다. 아니면 제품 파일의 Overview 탭에 있는 Testing 영역으로 가서 Launch an Eclipse Application 링크를 사용한다.

7 애플리케이션을 실행하면 다음과 같은 오류가 발생할 수 있다.

```
!MESSAGE Application error
!STACK 1
java.lang.RuntimeException: No application id has been found.
```

제품에 필요한 번들이 빠져서 발생한 오류다. 좀 지난 버전의 E4 도구는 javax.xml 같은 필수 플러그인이 빠져있다. 따라서 애플리케이션에서 발견하지 못한 숨겨진 오류를 포함한 런타임 애플리케이션이 정상적으로 설치되지 않는다.

8 제품에 필요한 플러그인 추가^{Add Required Plug-ins}(앞의 제품 편집기 그림에서 오른쪽에 있는 버튼)를 클릭해서 문제를 해결한다. 이제 다시 애플리케이션을 실행해서 기본 윈도우가 보이는지 확인한다.

보충 설명

새 E4 마법사를 사용해서 메뉴, 커맨드 같은 몇 가지 간단한 콘텐츠를 포함한 E4 리치 애플리케이션을 생성했다. 의존 관계에 누락된 번들 문제를 해결한 후에 제품 실행 연산을 통해 애플리케이션을 성공적으로 실행했다.

어떤 종류의 이클립스 애플리케이션을 실행할 때 누락한 의존 관계가 있으면 실행을 멈추는 것은 좋다. Run > Run Configurations... 메뉴를 통해 접근하는 실행 환경설정의 플러그인^{plugin-ins} 탭에는 **구동 전 자동으로 플러그인 유효성 검사하기** ^{Validate plug-ins automatically prior to launching} 옵션이 있다.

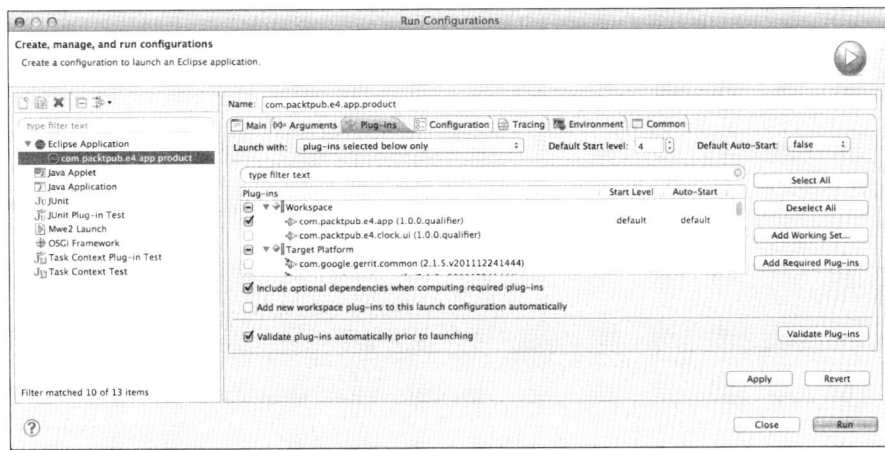

필수 플러그인을 추가하지 않고 제품을 구동하면 경고 메시지가 나타난다. 플러그인 유효성 검사하기Validate Plug-ins를 클릭하면 언제든지 유효성 검사를 시작할 수 있다.

실습 예제 | 파트 생성

간단한 애플리케이션을 만들었으니 다음으로 E4에서 파트로 알려진 뷰를 만들어보자. E4 애플리케이션에서 파트는 뷰와 편집기, 다른 컴포넌트의 그룹을 대표하는 이름이다. 이클립스 3에서의 뷰와는 다르게 이클립스 4의 뷰는 이클립스 API를 참조할 필요가 없다. 따라서 독립된 빌드나 테스트가 좀 더 용이하다.

1 `com.packtpub.e4.application` 프로젝트의 plugin.xml 파일을 열고 종속성 Dependencies 탭으로 이동한다. `org.eclipse.ui.di` 번들이 포함되지 않았으면 제품을 구성하는 플러그인 목록에 추가한다.

2 `com.packtpub.e4.application.parts` 패키지에 새로운 `Hello` 클래스를 생성한다.

3 `Label` 타입의 `label`이라는 필드를 추가한다.

4 `@PostConstruct` 어노테이션을 가진 `create()` 메소드를 추가해서 Label 인스턴스를 생성하고 Hello를 레이블의 텍스트로 설정한다.

@PostConstruct을 찾을 수 없으면 javax.annotation을 번들의 가져온 패키지에 추가했는지 확인하라(http://www.vogella.com/articles/EclipseRCP/article.html#tutorial_api2 참조).

5 `@Focus` 어노테이션을 가진 `focus()` 메소드를 추가한다.

이클립스 4.2에서 focus() 메소드는 필수지만, 앞으로 나올 4.3에서는 옵션이 될 예정이다.

6 앞의 절차를 따라 한 최종 클래스는 다음과 같다.

```
package com.packtpub.e4.application.parts;
import javax.annotation.PostConstruct;
import org.eclipse.e4.ui.di.Focus;
import org.eclipse.swt.SWT;
import org.eclipse.swt.widgets.Composite;
import org.eclipse.swt.widgets.Label;
public class Hello {
  private Label label;
  @PostConstruct
  public void create(Composite parent){
    label = new Label(parent, SWT.NONE);
    label.setText("Hello");
  }
  @Focus
```

```
public void focus(){
  label.setFocus();
  }
}
```

7 Application.e4xmi 파일을 더블 클릭해서 애플리케이션 편집기를 연다(애플리케이션 편집기가 안 열리면 앞에서 등록한 업데이트 사이트로부터 E4 도구를 설치한다).

8 애플리케이션 편집기에서 Application > Windows > Trimmed Window > Controls > Perspective Stack > Perspective > Controls > PartSashContainer > Part Stack로 이동한다.

9 Sample Part가 있으면 오른쪽 클릭 메뉴에서 Remove를 클릭해 삭제한다.

10 Part Stack에서 오른쪽 클릭하고 Add child 밑의 part를 선택한다. 다음 세부 정보를 등록해 part를 생성한다.

- **식별자(ID)**   com.packtpub.e4.application.part.0
- **레이블(Label)**   Hello
- **클래스(Class) URI**   Find를 클릭한 후 클래스 이름에 Hello를 입력하면 bundleclass://com.packtpub.e4.application/com.packtpub.e4.application.parts.Hello가 추가된다.
- **Closeable**   선택하지 않는다.
- **To Be Rendered**   선택한다.
- **Visible**   선택한다.

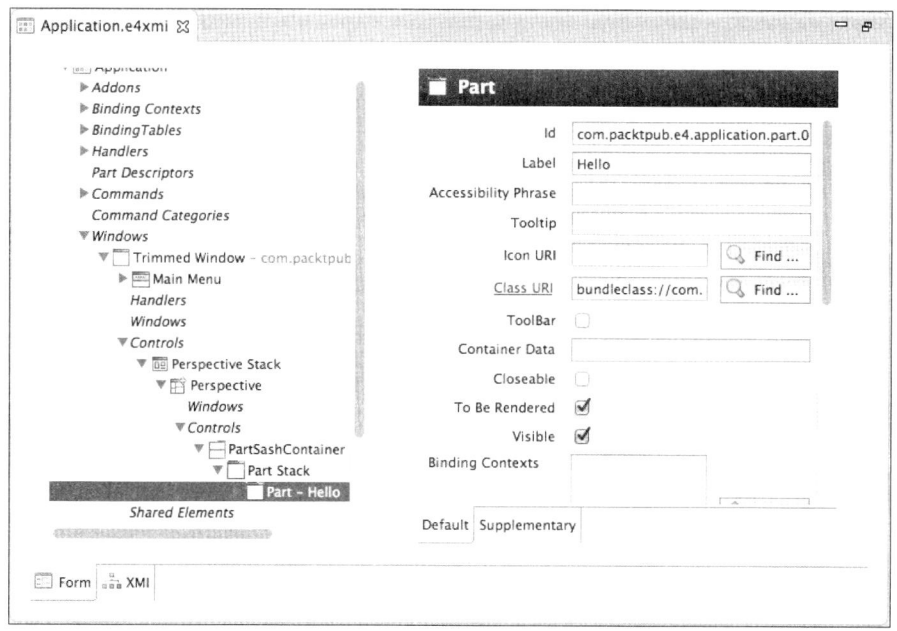

11 e4xmi 파일을 저장하고 제품을 실행한다. 모든 작업이 잘 동작했다면 다음과 같이 Hello가 화면에 표시된다.

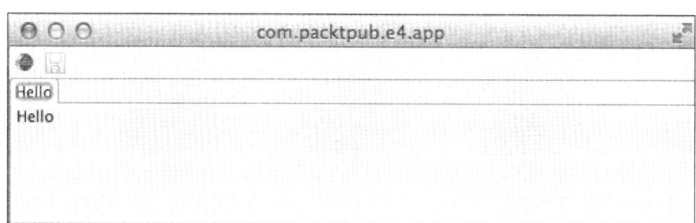

12 아무것도 나타나지 않으면 먼저 런타임 애플리케이션의 작업 공간을 지운다. 실행 환경설정에서 애플리케이션을 시작할 때 **작업 공간 지우기**를 설정하면 된다. 새 파일을 복사하지 않거나 오래된 파일이 남아 있을 수 있으므로 E4 애플리케이션을 개발할 때는 작업 공간 지우기를 설정해두면 좋다.

Run > Run Configurations... 메뉴로 가서 `com.packtpub.e4.application`

구성을 선택한 후 Main 탭으로 가면 지우기^Clear 옵션이 있다.

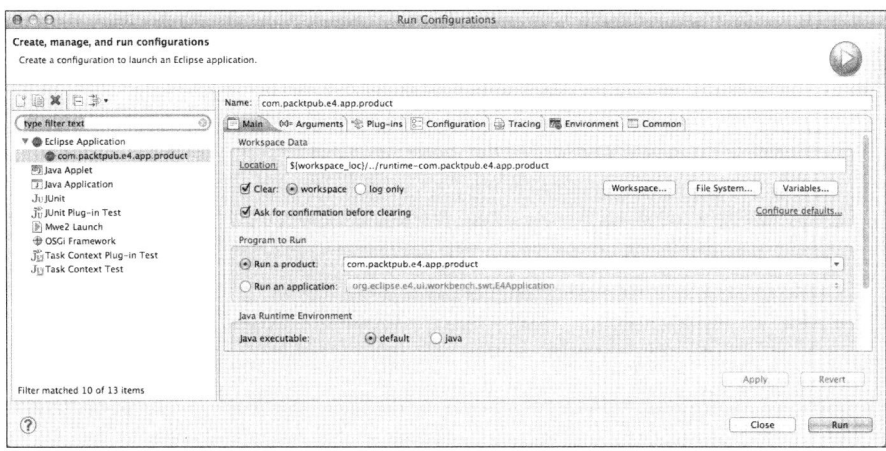

13 제품을 실행할 때마다 지우기 전에 사용자에게 확인하기^(Ask for confirmation before clearing) 옵션은 선택한 채로 두거나, 매번 런타임 작업 공간 지우기 옵션을 선택하지 않은 채 둔다.

14 여전히 보이지 않는다면 `@PostConstruct`가 있는 메소드에 중단점을 추가해서 메소드가 호출되는지 확인한다. 아니면 `@javax.annotation.PostConstruct`를 가진 메소드가 e4xmi 파일에 지정된 클래스에 존재하는지를 확인하고 파일을 저장했는지도 확인한다. 그래도 안 된다면 실행 환경설정을 제거하고 앞에서 했던 대로 제품을 실행해서 새로운 실행 환경설정을 생성한다.

보충 설명

시각적인 콘텐츠와 비시각적인 콘텐츠 모두를 정의하는 e4xmi 파일로 이클립스 4 애플리케이션을 설계한다. `org.eclipse.e4.ui.workbench.swt.E4Application`은 제품의 `applicationXMI` 속성을 정의한 파일을 읽어 이클립스 4 애플리케이션을 구동한다. 미법사가 기본으로 생성하는 제품의 `applicationXMI` 속성 파일의 이름은 Application.e4xmi이지만 필요에 따라 다른 이름으로 변경해도 된다.

노트 JavaFX 위에 작성된 e(fx)clipse 구현과 같은 다른 렌더러도 있다.

E4의 파트는 이클립스 3.x의 뷰/편집기와 같다. 기본 E4 애플리케이션에서 보이는 콘텐츠의 구조는 다음과 같다.

1. 애플리케이션Application 밑에
2. (트림) 윈도우 밑에
3. 퍼스펙티브 스택Perspective stacks 밑에
4. 퍼스펙티브Perspective 밑에
5. 파트새시컨테이너PartSashContainer 밑에
6. 파트 스택Part stacks 밑에
7. 파트Parts

트림Trimmed 윈도우는 메뉴와 뒤에서 다룰 메뉴 아이템도 갖는다.

기본 애플리케이션에서는 저장과 열기 도구 같은 툴바를 가진 트림 윈도우를 사용한다(툴바 아이템은 애플리케이션 편집기에서 핸들 도구 아이템Handled Tool Item이나 다이렉트 도구 아이템Direct Tool Item으로 표현한다). 각 요소는 파트를 혼합하고 매치할 수 있게 컨트롤을 갖는다. 예를 들어 윈도우는 꼭 퍼스펙티브를 사용할 필요가 없으며, 원하는 컨트롤만 포함할 수 있다.

애플리케이션 XMI 모델에 Hello 파트를 생성하고 애플리케이션에 추가했다. 런타임 시에 클래스의 인스턴스를 생성하고 이어서 @PostConstruct 어노테이션이 붙은 메소드를 호출한다. 필요한 매개변수는 서비스 HashMap 같은 런타임 컨텍스트로부터 클래스 이름을 이용해 얻어와 자동으로 주입한다. 마지막으로 @Focus가 붙은 메소드를 호출해서 파트로 포커스를 이동시킨다. @Focus 메소드는 파트 내의 핵심 위젯에 focus() 메소드 호출을 위임한다.

애플리케이션 모델과 코드는 클래스Class URI에 정규화된 클래스 이름 전체를 지정

해서 연결하기 때문에 자바 클래스 이름이나 패키지 이름을 변경했으면 해당 파일이니 패키지를 참조하고 있는 다른 파일도 함께 변경하는 옵션을 선택해야 한다. 그렇지 않으면 애플리케이션 모델과 파트의 연결이 깨진다.

애플리케이션 모델은 애플리케이션의 초기 시작 시점에 사용할 뿐만 아니라 애플리케이션 실행 시에도 사용하기 때문에 애플리케이션을 시작할 때 작업 공간을 지우는 일도 중요하다. 새로운 뷰를 생성하거나 파트의 크기를 변경하는 등 모델에 변경이 발생하면 런타임 모델도 변경된다. 애플리케이션을 정상적으로 종료하면 모델의 변경 상태를 저장해서 다음 구동 시에 사용한다. 따라서 같은 작업 공간에서 새로 애플리케이션을 실행해도 이전 종료 시와 동일한 상태의 작업 공간을 보여주게 되고, 개발 시에 추가한 새로운 상태는 반영해서 보여주지 않는다.

실습 예제 | CSS로 UI 꾸미기

이클립스 4의 사용자 인터페이스는 CSS로 스타일을 꾸민다. 브라우저에서 사용하는 CSS 문법을 따르지만, 이클립스 4 런타임이 콘텐츠를 해석한다. CSS 스타일시트는 선택자selector와 스타일 규칙으로 구성된다. 선택자는 Button 같은 위젯의 이름이나 MPartStack 같은 모델 클래스 이름, #PerspectiveSwitcher 같은 식별자가 된다.

1 마법사를 통해 생성한 기본 이클립스 4 애플리케이션은 간단한 콘텐츠와 함께 css/default.css라는 빈 CSS 파일을 포함한다. 이 파일을 열고 다음 규칙을 추가한다.

```
Shell {
  background-color: blue;
}
```

2 애플리케이션을 실행해서 윈도우(Shell)의 배경색이 파랑색으로 보이는지 확인한다. 기본 CSS 색상 이름을 지원하지만, 16진수 값도 사용할 수 있다. default.css 파일을 다음과 같이 수정한다.

```
Shell {
  background-color: #00FF00
}
```

4 애플리케이션을 실행하면 배경색이 초록색으로 보인다.

5 하나 이상의 색상을 지정해서 수직 그라데이션 표현도 가능하다. default.css 파일을 다음과 같이 수정한다.

```
Shell {
  background-color: yellow blue;
}
```

6 애플리케이션을 실행하면 배경색이 노란색에서 파란색으로 변하는 그라데이션으로 표시된다.

7 기본적으로 공간을 50%씩 분할해서 색상을 표현하지만 분할하는 지점을 %로 정의해도 된다. 25%를 지정하면 화면 위에서 1/4되는 지점부터 파란색으로 바뀐다. 반대로 75%를 지정하면 화면 밑에서 1/4되는 지점부터 파란색으로 바뀐다. default.css를 다음과 같이 변경한다.

```
Shell {
  background-color: yellow blue 25%;
}
```

8 애플리케이션을 실행하면 배경색은 여전히 노란색에서 파란색으로 변하지만, 화면 위에서 가까운 지점에서부터 분할돼 보인다.

9 두 개 이상의 색을 지정하려면 색이 변하는 지점을 여러 곳 표시해야 한다. default.css를 다음과 같이 변경해서 무지개 색을 만들어보자.

```
Shell {
  background-color: red orange yellow green blue indigo violet
        15% 30% 45% 60% 75% 90%;
}
```

10 애플리케이션을 실행하면 무지개 배경색이 보인다.

11 자바 클래스 이름과 선택자selector뿐만 아니라 ID와 CSS 클래스도 사용할 수 있다. Hello 파트를 지정할 때는 파트 ID를 사용한다. 파트를 생성할 때 별도로 지정하지 않았다면 파트의 기본 ID는 com.packtpub.e4.application.part.0일 것이다.

애플리케이션 뷰어의 Part로 가서 ID를 확인한다. 파트 ID를 CSS 형태로 변환하기 위해 # 선택자와 .을 -로 바꿔 사용한다. 다음과 같이 변경하면 무지개색은 지정한 파트에서만 보인다.

```
#com-packtpub-e4-application-part-0 {
  background-color: red orange yellow green blue indigo violet
      15% 30% 45% 60% 75% 90%;
}
```

이클립스 4.2 도구에서는 CSS 파일에 오류가 표시된다. CSS 문법 문제가 아니라 CSS 편집기의 버그로, 애플리케이션은 정상적으로 동작해서 Hello 파트만 무지개 색으로 보인다.

12 각 파트에 색상을 지정하는 다른 방법은 .MPart와 같은 의사pseudo 클래스를 사용하는 것이다. 의사 클래스를 사용하면 UI의 모든 파트에 규칙을 적용할 수 있다.

```
.MPart {
   background-color: red orange yellow green blue indigo violet
        15% 30% 45% 60% 75% 90%;
}
```

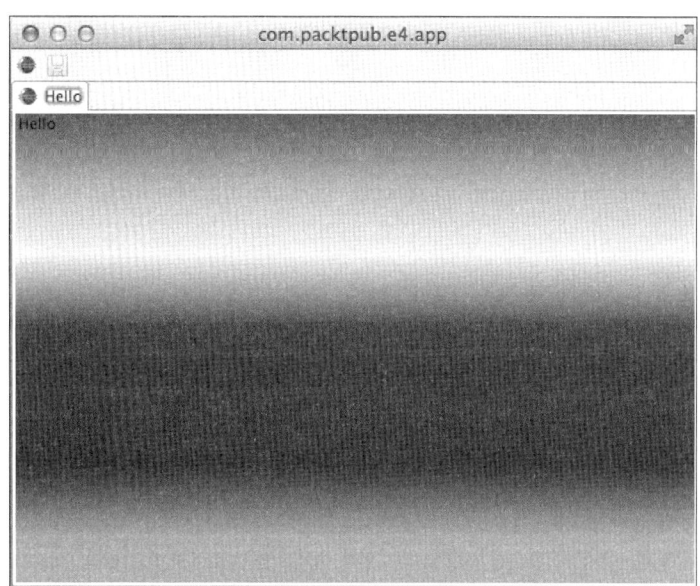

보충 설명

애플리케이션 마법사가 생성한 default.css 파일을 수정해서 선언적으로 속성에 스타일을 적용하는 방법을 알아봤다. CSS 사양을 기반으로 하지만 분명한 차이가 있다. 이클립스 4 모델에서는 스타일 선택자[selector]로 다음과 같은 값들을 사용할 수 있다.

- `Button`, `Label`, `Shell`과 같은 위젯(SWT) 클래스
- `.MPart`, `.MPartStack`, `.MTrimmedWindow`와 같은 CSS 클래스 이름
- `#IDEWindow`, `#org-eclipse-jdt-ui-MembersViewMStack`, `#left`와 같은 CSS ID

'의사 선택자[pseudo selector]'도 사용 가능하며, 다음은 클래스의 특정 부분집합에 의사 선택자를 적용한 예다.

- `Shell:active`는 활성화된 `Shell`에 스타일을 적용할 때 사용한다.
- `Button:checked`는 `Button`을 체크했을 때 사용한다.
- `:selected`는 탭 폴더/아이템을 선택했을 때 사용한다.

CSS 선택자를 조합해서 사용할 수도 있다. 예를 들어 `.MPart`와 `.MPartStack`에 동일한 규칙을 적용할 때는 선택자로 `.MPart, .MPartStack`를 사용한다. 콤마(,)는 '둘 중 하나'를 의미한다.

종속 관계를 조합할 수도 있다. `.MPart Label`은 `.MPart` 내에 포함돼 있는 `Label` 요소에 적용함을 의미한다.

직접 연결된 하위 요소에만 제한해서 적용하려면 `Shell > Label`과 같이 표현한다. `Shell`에 직접 포함된 `Label`에만 적용하고, `Shell` 내에 있는 `Container`에 포함된 `Label` 요소에는 적용하지 않음을 의미한다.

`background-color`뿐만 아니라 다음과 같은 다른 CSS 속성도 사용 가능하다.

- **alignment** Button을 위(up)에 배치하거나 Label을 왼쪽(left)/오른쪽(right)/중앙(center)으로 정렬할 때 사용한다.
- **border-visible** CTabFolder의 테두리를 보여주려면 true로 지정한다.
- **background-image** url('platform:/plugin/com.packtpub.e4.application/icons/icon.gif')과 같이 URL로 참조 이미지를 지정한다.
- **color:** background-color와 마찬가지로 색상 이름이나 16진수 값으로 정의한다.
- **font** Courier New와 같은 폰트 이름과 128px 같이 폰트 크기를 지정한다.
- **font-family** Courier New와 같이 폰트 이름을 설정한다.
- **font-size** 128px처럼 폰트 크기를 정의한다.
- **font-adjust** 폰트 크기를 조정한다(4.2 버전에서는 CSS 클래스 이름이 font-size-adjust이며, font-adjust는 지원하지 않는다).
- **font-stretch** 폰트 크기 늘리기로, 4.2 버전에서는 지원하지 않는다.
- **font-style** italic이나 bold와 같이 폰트 스타일을 정의한다.
- **font-variant** normal, small-caps, inherit로 폰트의 변형을 나타내며, 4.2 버전에서는 지원하지 않는다.
- **font-weight** normal, bold, bolder, lighter, inherit로 폰트의 굵기를 정의한다. 4.2 버전에서 지원하지 않는 대신 font-style를 사용한다.
- **margin** -top, -bottom, -left, -right로 콘텐츠 주변의 간격을 픽셀로 나타낸다.
- **maximized** 위젯을 최대화할지 여부를 정의한다.
- **minimized** 위젯을 최소화할지 여부를 정의한다.
- **padding** -top, -bottom, -left, -right로 요소 간의 간격을 픽셀로 정의한다.
- **text-align** left, right, center가 값이 된다.
- **text-transform** capitalize, uppercase, lowercase가 값이 된다.

이클립스에 특화된 다음과 같은 속성도 있다.

- **`eclipse-perspective-keyline-color`** 퍼스펙티브 줄의 색이다.
- **`swt-background-mode`** 자바 호출 `Composite.setBackgroundMode(INHERIT_NONE/DEFAULT/FORCE)`에 해당하는 설정으로, 컴포지트의 배경색을 `none`이나 `default`, `force`로 정의해서 자식의 배경이 부모의 배경색을 상속할지 아니면 새로 정의할지를 표시한다.
- **`swt-corner-radius`** 모서리 반경의 크기를 픽셀로 정의한다.
- **`swt-inner-keyline-color`** `CTabRenderer`(swt-tab-renderer 참조)로 그려지는 탭의 안쪽 줄 색이다.
- **`swt-keyline-color`** 키라인 색상이다.
- **`swt-maximize-visible`** 최대화 아이콘 표시 여부를 `true`나 `false`로 정의한다.
- **`swt-maximized`** 선택자로 사용하는 뷰를 최대화할지 여부를 `true`나 `false`로 정의한다.
- **`swt-minimize-visible`** 최소화 아이콘 표시 여부를 `true`나 `false`로 정의한다.
- **`swt-minimized`** 선택자로 사용하는 뷰를 최소화할지 여부를 `true`나 `false`로 정의한다.
- **`swt-mru-visible`** 기본 값은 `false`이며, 탭 동작을 '인디고처럼Indigo-like'하려면 `true`를 지정한다.
- **`swt-outer-keyline-color`** `CTabRenderer`(swt-tab-renderer 참조)가 그리는 탭의 바깥쪽 줄 색이다.
- **`swt-selected-tabs-background`** 선택한 탭의 배경색을 정의한다.
- **`swt-selected-tab-fill`** 선택한 탭의 채우기 색상을 지정한다.
- **`swt-show-close`** 닫기 아이콘 표시 여부를 `true/false`로 정의한다.
- **`swt-shadow-visible`** 그림자 표시 여부를 `true/false`로 정의한다.
- **`swt-shadow-color`** 그림자를 표시할 경우 그림자 색상을 지정한다.

- **swt-simple** '새로운 스타일^{new style}'의 탭을 사용하려면 `true`를 설정하고, '고전 스타일^{old style}'의 탭을 사용하려면 `false`를 지정한다. 기본 값은 `false`다.
- **swt-tab-outline** 탭이 아웃라인을 갖는지 여부를 `true/false`로 지정한다.
- **swt-tab-renderer** 고전 스타일은 `null`을 설정하거나 `url('bundleclass://org.eclipse.e4.ui.workbench.renderers.swt/org.eclipse.e4.ui.workbench.renderers.swt.CTabRendering')`와 같이 클래스 URL을 설정한다.
- **swt-tab-height** 픽셀로 탭의 높이를 정한다.
- **swt-text-align** `left`, `right`, `up`, `down`, `center`, `lead`, `trail`이 값이다.
- **swt-unselected-close-visible** 선택하지 않은 탭에 닫기 아이콘을 표시할지 여부를 `true/false`로 정의한다.
- **swt-unselected-tabs-color** 선택하지 않은 탭의 색을 정의한다.
- **swt-unselected-image-visible** 선택하지 않은 탭에 이미지 표시 여부를 `true/false`로 정한다.

default.css 파일에 대한 참조는 plugin.xml에 설정한다. 제품 속성 `applicationCSS`는 최상위 수준의 CSS 파일을 가리키며, 커맨드라인 인수 `-applicationCSS`와 `-applicationCSSResources`로도 설정 가능하다. 두 인수 모두 메인 CSS 파일의 위치와 연관된 자원의 위치를 설정하기 위해 URL을 사용한다.

도전 과제 | 테마 관리자 사용

이클립스 4는 테마(본질적으로는 분리된 CSS 파일을 의미함)를 변경하기 위해 사용하는 '테마 관리^{theme manager}' 기능을 제공한다. 애플리케이션에 org.eclipse.e4.ui.css.swt 플러그인과의 종속 관계를 추가하고 하나 이상의 org.eclipse.e4.ui.css.swt.theme 확장점을 추가하면 E4 기반 애플리케이션에 테마 관리자를 포함시킬 수 있다.

다른 테마로 변경하려면 org.eclipse.e4.ui.css.swt.theme.IThemeEngine

을 주입받는 핸들러를 생성해서 engine.setTheme(id,persist)를 호출한다. 여기서 id는 확장점에서 정의한 테마를 나타내며, persist는 변경한 테마 정보를 저장해서 다음번 구동할 때 기본 테마로 사용할지 여부를 나타내는 불리언 값이다.

서비스와 컨텍스트 사용

IDE는 컴포넌트 파트의 집합만이 아니라 다양한 많은 기능을 제공하며, 이클립스 4 프레임워크는 파트들을 조정하고 파트 간의 통신을 지원하는 기능을 제공한다.

이클립스의 이전 릴리스에서는 Platform(또는 PlatformUI) 객체가 런타임 환경에서 서비스의 조정자 역할을 했으며, 다음과 같이 서비스에 대한 접근 기능을 제공했다.

```
IExtensionRegistry registry = Platform.getExtensionRegistry();
IWorkbench workbench = PlatformUI.getWorkbench();
```

Platform 객체는 서비스를 사용하는 프로그래밍 방법을 제공하지만, 다음 두 가지 문제가 있다.

- 필요하지 않는 경우에도 인터페이스 제공자는 접근자를 포함한 번들과 강하게 결합한다.
- 새로운 서비스가 도입되면 코어 객체의 코드를 변경해야 하고, 기존 시스템에 영향을 미치는 단점이 있다.

E4는 OSGi 서비스를 사용해서 서비스 제공자와 서비스 사용자의 결합을 느슨하게 한다. 따라서 표준 OSGi 메커니즘을 사용하거나 E4 주입을 통해 런타임에 기능을 추가하고 인터페이스 이름으로 서비스를 찾을 수 있다. 이런 방식은 일반적인 트렌드지만, IServiceLocator로 접근하는 몇 가지 플랫폼 서비스는 OSGi 서비스가 지원하지 않는다.

실습 예제 | 로그 추가

OSGi 플랫폼은 메시지를 중앙 컬렉터에 기록하는 `LogService`를 제공한다. E4 플랫폼에서 `LogService`의 인스턴스는 오류 메시지를 콘솔로 전달하는 플랫폼의 일부로 사용할 수 있다.

1 `Hello`를 열고 `private LogService log` 필드를 추가한다.

2 `LogService` 필드 위에 `@Inject` 어노테이션을 추가한다.

3 `create()` 메소드에서 `log` 서비스를 호출한다.

4 변경한 `Hello` 클래스는 다음과 같다.

```java
import javax.inject.Inject;
import org.osgi.service.log.LogService;
public class Hello {
  @Inject
  private LogService log;
  @PostConstruct
  public void create(Composite parent) {
    label = new Label(parent, SWT.NONE);
    label.setText("Hello");
    log.log(LogService.LOG_ERROR,"Hello");
  }
}
```

5 애플리케이션을 실행하고 호스트 이클립스의 콘솔에 로그 메시지가 출력되는지 확인한다.

```
!ENTRY org.eclipse.e4.ui.workbench 4 0 2013-01-24 23:15:51.543
!MESSAGE Hello
```

보충 설명

E4 런타임 인프라스트럭처는 클래스의 인스턴스를 생성할 때 클래스에서 참조하는 객체를 주입한다. 참조하는 객체 인스턴스는 E4 컨텍스트로부터 얻으며, 클래스 유형이 일치하는 인스턴스를 찾을 때까지 컨텍스트 계층 구조 전체를 살핀다. 컨텍스트 트리의 루트에서 OSGi 서비스의 목록을 찾아본다.

컨텍스트 트리에서 LogService를 찾지 못하면 파트는 오류 메시지를 생성하지 못한다.

```
!ENTRY org.eclipse.e4.ui.workbench 4 0 2013-01-24 23:19:04.328
!MESSAGE Unable to create class 'com.pactpub.e4.app.parts.Hello'
    from bundle '29'
!STACK 0
org.eclipse.e4.core.di.InjectionException: Unable to process
  "Hello.log": no actual value was found for the argument "LogService"
      at org.eclipse.e4.core.internal.di.InjectorImpl.
      reportUnresolvedArgument(InjectorImpl.java:394)
```

서비스를 옵션으로 설정해서 null 값을 허용하려면 @Optional 어노테이션을 추가한다.

```
import org.eclipse.e4.core.di.annotations.Optional;
public class Hello {
  @Inject @Optional
  private LogService log;
  @PostConstruct
  public void create(Composite parent) {
    if (log != null) {
      log.log(LogService.LOG_ERROR, "Hello");
    }
```

@Optional이 붙은 필드나 매개변수는 사용하기 전에 null인지를 확인해야 함을 명심하라.

서비스의 인스턴스를 생성하고 나면 서비스를 파트에 주입한다.

실습 예제 | 윈도우 얻기

이클립스 3.x 애플리케이션에서는 `Display.getDisplay()`나 `workbench.getWorkbenchWindows()`와 같은 정적 접근자를 이용해서 메인 윈도우에 접근한다. 두 메소드 모두 밀접하게 결합된 코드 참조를 통해 메인 윈도우에서 윈도우 전역 목록을 가져오는 방법이 있다고 가정한다. OSGi 서비스뿐만 아니라 E4는 GUI 컴포넌트에 대한 참조를 주입할 때도 사용된다. 하지만 GUI 컴포넌트에 직접 접근하는 대신 모델을 사용한다. 따라서 E4 내의 컴포넌트는 `MPart`와 `MWindow`, `MPerspective` 같이 `Model`을 의미하는 `M`으로 시작하는 경향이 있다.

1 윈도우에 대한 참조를 얻기 위해 `Hello` 클래스에 `MWindow` 필드를 추가하고 `@Inject` 어노테이션을 추가한다.

2 레이블의 텍스트를 윈도우 제목으로 설정하게 `create()` 메소드를 수정한다. 결과 클래스는 다음과 같다.

```
import org.eclipse.e4.ui.model.application.ui.basic.MWindow;
public class Hello {
  @Inject
  private MWindow window;
  @PostConstruct
  public void create(Composite parent) {
    Label label = new Label(parent, SWT.NONE);
    label.setText(window.getLabel());
  }
}
```

3 애플리케이션을 실행하고 레이블 이름이 윈도우 이름인 `com.packtpub.e4.application`으로 보이는지 확인한다.

4 Application.e4xmi 파일을 열고, 레이블을 정의한 Applications > Windows > Trimmed Window로 이동한다. Hello E4로 레이블을 수정하고 파일을 저장한다.

5 애플리케이션을 실행하고 레이블과 윈도우 이름이 Hello E4로 보이는지 확인한다.

6 Application.e4xmi 파일로 다시 돌아가서 Trimmed Window 노드를 선택한 다음 상단 메뉴의 Edit > Copy를 수행한다. 그런 다음 Windows 노드를 선택하고 Edit > Paste 메뉴를 선택해서 중복된 Trimmed Window 노드를 생성한다. 새로 생성한 Trimmed Window의 레이블을 Other E4로 수정하고 파일을 저장한다.

7 애플리케이션을 실행하면 두 개의 윈도우가 나타난다. 첫 번째 윈도우는 Hello E4라는 레이블을 가지며, 두 번째 윈도우는 Other E4라는 레이블을 갖는다.

8 마지막으로 Trimmed Window의 Visible 체크박스를 체크 해제해서 파트가 보이지 않게 Other E4 파트를 수정한다.

보충 설명

OSGi LogService를 얻어올 때와 동일한 메커니즘을 사용해서 MWindow에 대한 참조를 획득했다. LogService는 전역 인스턴스인 반면, MWindow는 현재 선택된 파트의 지역 인스턴스라는 점이 다르다.

객체 탐색 전략은 컨텍스트^{context} 계층 구조를 따른다. 컨텍스트는 이름을 가진 객체를 담은 해시 테이블로, MContext 인터페이스로 정의한다. 다음은 MContext를 구현한 인터페이스다.

- MApplication
- MWindow
- MPerspective
- MPart

- MPopupMenu

컨텍스트 검색은 최하위의 가장 구체적인 요소에서부터 시작해 상위 수준으로 올라가면서 진행한다. 결국 MApplication에서 객체를 찾지 못하면 OSGi 서비스를 참조한다.

컨텍스트는 IEclipseContext의 계층 구조를 구성하고, 계층 구조는 컨텍스트 간의 부모/자식 관계를 유지한다. 객체가 현재 컨텍스트에 없으면 자동으로 부모 컨텍스트로 이동해서 객체를 찾는다.

마지막의 두 개 윈도우는 두 개의 컨텍스트를 사용한다. 따라서 두 윈도우의 코드가 일치하더라도 하나는 'Hello E4' 윈도우 모델을 주입받고 다른 하나는 'Other E4' 윈도우 모델을 주입받는다.

실습 예제 | 선택 항목 알아오기

현재 선택된 항목은 이클립스 3.x와 마찬가지로 리스너를 통해 선택 서비스로부터 얻는다. 이클립스 3.x의 ISelectionService는 이클립스 4.x에서 거의 동일한 ESelectionService로 바뀠다(부족한 JavaDoc과 패키지 이름 변경 같은 사소한 차이 외에 두 서비스 간의 차이는 크지 않으며, ESelectionService에는 add/removePostSelection 메소드가 없다는 점이 가장 중요하다).

1. com.packtpub.e4.application.parts 패키지에 Rainbow 클래스를 생성하고, 무지개 색을 갖는 static final 유형의 문자열 배열을 추가한다.

2. @PostConstruct 어노테이션을 가진 create() 메소드를 추가한다. create() 메소드는 Composite parent를 매개변수로 받으며, ListViewer를 생성해서 무지개 색 배열을 입력으로 설정한다. 클래스 코드는 다음과 같다.

```
public class Rainbow {
  private static final Object[] rainbow = { "Red", "Orange",
      "Yellow", "Green", "Blue", "Indigo", "Violet" };
  @PostConstruct
```

```
    public void create(Composite parent) {
      ListViewer lv = new ListViewer(parent, SWT.NONE);
      lv.setContentProvider(new ArrayContentProvider());
      lv.setInput(rainbow);
    }
  }
```

3. Application.e4xmi를 열고 Application > Windows > Trimmed Window > Controls > Perspective Stack > Perspective > Controls > Part Stash Container > Part Stack으로 이동한다. Part Stack에서 오른쪽 클릭한 후 Add child를 선택하고 이어서 Part를 선택한다. 레이블을 Rainbow로 설정하고 Class URI의 Find 버튼을 클릭해서 Rainbow 클래스를 찾거나 bundleclass URI를 bundleclass://com.packtpub.e4.application/com.pactpub.e4.app.parts.Rainbow로 지정한다.

4. 애플리케이션을 실행하고 두 개의 탭이 보이는지 확인한다. Hello 탭 옆에 무지개 색 목록을 가진 Rainbow 탭이 보인다.

5. 두 탭 사이에 선택 항목을 동기화하기 위해 selectionService라는 ESelectionService 유형의 필드를 Rainbow 클래스에 추가하고 @Inject 어노테이션을 추가한다. create() 메소드에서 ListViewer에 익명의 ISelectionChangedListener를 추가해서 선택 이벤트를 받아 selectionService에 선택 항목을 반영한다. 구현하면 다음과 같다.

```
@Inject
private ESelectionService selectionService;
@PostConstruct
public void create(Composite parent) {
  ListViewer lv = new ListViewer(parent, SWT.NONE);
  lv.setContentProvider(new ArrayContentProvider());
  lv.addSelectionChangedListener(new ISelectionChangedListener() {
    @Override
    public void selectionChanged(SelectionChangedEvent event) {
```

```
      selectionService.setSelection(event.getSelection());
    }
  });
  ...
}
```

6 `ListViewer`의 항목을 선택하면 플랫폼의 선택 서비스에 선택 이벤트를 보낸다. 어떤 객체를 선택했는지 확인하기 위해 `Hello` 파트를 선택 항목 변경에 대한 리스너로 등록하고 레이블의 텍스트를 출력하는 데 선택 항목을 사용한다. `Hello` 클래스에 다음과 같이 `setSelection()` 메소드를 추가한다.

```
@Inject @Optional
public void setSelection(
    @Named(IServiceConstants.ACTIVE_SELECTION)
    Object selection) {
  if (selection != null) {
    label.setText(selection.toString());
  }
}
```

7 애플리케이션을 실행하고 `Rainbow` 파트를 선택한 후 목록에서 Red를 선택한다. Hello 파트로 이동해서 레이블이 [Red]로 보이는지 확인한다.

보충 설명

목록 뷰어^{list viewer}는 이전 예제에서 사용한 뷰어와 유사하다. 여기서는 `ArrayContentProvider`를 이용해서 간단한 문자열 배열을 값으로 사용한다. 선택 항목을 변경한 효과를 확인하기 위해 새로운 파트를 생성해서 탭을 전환한다.

뷰어의 선택 항목과 플랫폼의 선택 항목을 연결하기 위해 뷰어의 `selectionChanged` 이벤트를 플랫폼에 전달해야 한다. 그러기 위해서 `ESelectionService`를 주입 받아야 한다.

E4 컨텍스트는 `HashMap`과 같이 이름/값 쌍의 집합을 가지며, 이 중 하나를 사용해서 현재 선택한 항목을 추적한다. 선택 항목이 바뀌면 새로운 값이 컨텍스트에 설정되고 연관된 파트의 메소드를 호출한다.

파트를 생성할 때는 선택 항목이 없기 때문에 `@Optional` 어노테이션을 반드시 추가해야 한다. 메소드에 `@Optional` 어노테이션을 설정하면 메소드가 호출되지 않는 경우가 있고, 매개변수에 `@Optional` 어노테이션을 붙이면 메소드는 호출돼도 매개변수는 `null`이다.

일반적으로 이벤트를 받는 메소드에 `@Optional`을 붙여서 파트를 생성할 때 메소드가 호출되지 않게 한다.

E4는 선택 항목이 바뀌면 자동으로 활성화된 선택 항목을 주입한다. 컨텍스트는 값이 `org.eclipse.ui.selection`인 객체를 `IServiceConstants.ACTIVE_SELECTION`을 키로 해서 가지며, 메소드 호출 시 `@Named`가 붙은 매개변수에 이 객체를 주입한다. 선택 항목이 없을 수 있으므로 `@Optional` 어노테이션을 사용해야 하며, 그렇지 않으면 파트를 생성할 때 예외가 발생한다.

실습 예제 | 이벤트 처리

이클립스 4는 OSGi `EventAdmin` 서비스를 이용해 컴포넌트들 간에 정보를 주고받는 많은 방법을 제공한다. OSGi `EventAdmin` 서비스는 JMS와 같은 메시지 버스로, 메모리에서 동작한다. 이클립스에 특화돼 메시지를 전달하는 아주 단순한 API를 제공하는 `EventBroker`도 있다.

1 프로젝트의 META-INF/MANIFEST.MF 파일을 더블 클릭하고 종속성^{Dependencies} 탭으로 이동해서 `com.packtpub.e4.application` 프로젝트의 종속성에 다음 번들을 추가한다.

   ◦ `org.eclipse.osgi.services`
   ◦ `org.eclipse.e4.core.services`

- org.eclipse.e4.core.di.extensions

2 Rainbow 클래스를 열고 EventBroker 객체를 주입받는다.

3 선택 항목을 설정하는 대신 EventBroker를 사용해서 rainbow/colour 토픽에 비동기로 색상을 post()하게 selectionChanged() 메소드를 수정한다.

```
public void selectionChanged(SelectionChangedEvent event) {
    selectionService.setSelection(event.getSelection());
    IStructuredSelection sel = (IStructuredSelection)
        event.getSelection();
    Object colour = sel.getFirstElement();
    broker.post("rainbow/colour",colour);
}
```

4 Hello 클래스를 열고 receiveEvent()라는 새 메소드를 추가한다. 메소드에는 @Inject와 @Optional 어노테이션을 추가하고, 매개변수에는 @EventTopic ("rainbow/colour") 어노테이션을 정의해서 이벤트로부터 데이터를 가져오게 한다. 코드는 다음과 같다.

```
@Inject
@Optional
public void receiveEvent(
    @EventTopic("rainbow/colour") String data) {
  label.setText(data);
}
```

5 애플리케이션을 실행하고 Rainbow 탭으로 전환한다. 색상 목록에서 아이템을 선택하고 다시 Hello 탭으로 이동한다. 아무것도 표시되지 않을 것이다. 호스트 이클립스의 콘솔^{Console} 뷰를 열면 오류가 보인다.

```
!MESSAGE Exception while dispatching event
  org.osgi.service.event.Event [topic=rainbow/colour] to handler
  org.eclipse.e4.core.di.internal.extensions.
      EventObjectSupplier$DIEventHandler@1a91782f
```

```
!STACK 0
org.eclipse.e4.core.di.InjectionException:
    org.eclipse.swt.SWTException: Invalid thread access at
org.eclipse.e4.core.internal.di.MethodRequestor.
    execute(MethodRequestor.java:63)
```

6 획득한 이벤트가 기본적으로 UI 없는 스레드에서 실행되기 때문에 발생한 문제다. 문제를 해결하려면 UI 스레드에서 데이터를 가져오게 변경하거나, @EventTopic 대신 @UIEventTopic을 사용하는 두 가지 방법이 있다. receiveEvent()를 다음과 같이 수정하자.

```
public void receiveEvent(
    @EventTopic("rainbow/colour") String data) {
    @UIEventTopic("rainbow/colour") String data) {
    label.setText(data);
}
```

7 애플리케이션을 실행하고 Rainbow 탭으로 이동한 다음 색상을 선택한다. Hello 탭으로 다시 이동해서 레이블이 선택한 색상으로 바뀌는지 확인한다.

보충 설명

이벤트는 컴포넌트가 매우 약하게 결합하는 메커니즘에서 컴포넌트 간의 통신을 도와준다. 이벤트를 사용해서 데이터를 전달하는 방식은 공유 컨텍스트만을 토픽topic 이름으로 사용한다.

낮은 수준의 구현 대부분이 이벤트를 기반으로 하기 때문에 핵심 컴포넌트인 OSGi EventAdmin은 이클립스 3.x와 E4 애플리케이션에서 항상 사용 가능하다. 이클립스 EventBroker 랩퍼를 사용할지 EventAdmin을 사용할지는 개인 취향 문제지만, 다른 OSGi 시스템을 사용해서 코드를 개발하는 경우에는 EventAdmin 위에 직접 개발하는 방식이 이식성을 좋게 한다.

Event 객체는 EventBroker를 이용해서 자동으로 생성하거나 직접 코드로 생성한다. 모든 Event는 연결된 토픽이 있으며, 토픽은 이벤트 생산자와 소비자가 서로 통신하게 도와주는 문자열 식별자다.

```
Map<String, Object> properties = new HashMap<String,Object>();
properties.put("message","Hello World");
properties.put(IEventBroker.DATA,"E4 Data Object");
eventAdmin.postEvent(new Event("topic/name",properties));
```

전달받은 객체가 Map이거나 Dictionary면 EventAdmin에 그대로 전달된다. E4 도구를 이용해서 Map을 전달하고 받으려면 또 다른 Map을 생성해서 IEventBroker.DATA 키로 전달해야 한다. 또는 EventAdmin 서비스를 직접 사용한다.

Event는 전달 에이전트와 동일한 스레드에서 동기로 전달하거나 백그라운드가 아닌 스레드에서 비동기로 전달할 수 있다.

- 동기 방식은 sendEvent()나 send()를 사용한다.
- 비동기 방식은 postEvent()나 post()를 사용한다.

동기 혹은 비동기?

동기 전달 방식은 호출 스레드를 블록시키기 때문에 일반적으로 비동기 전달 방식을 추천한다. 이벤트 수신자가 실행하는 시간을 정할 수 없기 때문에 UI로부터 이벤트를 전달할 때는 항상 비동기 전달 방식을 사용해야 한다.

이벤트를 받으려면 리스너를 토픽에 등록해야 한다. OSGi EventAdmin 서비스를 이용하거나 @Inject @Optional 어노테이션이 표시된 메소드에 @EventTopic과 @UIEventTopic 어노테이션을 사용해서 리스너를 등록한다.

Event를 UI 스레드로 처리해야 한다면 UI 스레드로부터 동기로 이벤트를 전달하면 안 된다. 그렇게 하면 다른 리스너가 이벤트를 가져가서 불필요하게 과도한 연산을 수행하기 때문에 지연이 발생하고 UI가 멈추게 된다. 그러므로 UI가 아닌 스레드에서 이벤트를 보내고 이벤트 핸들러에서 UI 스레드에 이벤트를 전달하거나 @UIEventTopic 어노테이션을 통해 이벤트를 처리한다.

토픽 이름은 어노테이션에 지정하거나 EventHandler 인터페이스에서 서브스크립션subscription을 통해 정의한다. 토픽 이름은 어느 문자열도 가능하지만 보통은 / 문자를 구분자로 해서 정한다. OSGi 스펙은 완전히 일치하는 토픽과 부분 일치하는 토픽 구독subscription도 지원하기 때문이다. topic/* 구독은 topic/name과 topic/another/example을 선별한다. 토픽은 명확히 / 문자로 구분하고 /*는 '그리고 아래 모든 것'을 의미하지만, 정규식은 아니므로 topic/n*e와 topic/*/example에 일치하는 항목은 하나도 찾지 못한다.

구독하는 토픽을 좀 더 상세하게 선택하려면 EventAdmin EVENT_FILTER를 사용해서 LDAP 형식의 질의어를 지정한다. topic/*와 의미가 같은 최상위 수준의 토픽을 구독한 후 LDAP 필터를 사용해서 (event.topic=topic/n*e)를 가진 even.filter로 토픽을 좀 더 세분화한다.

현재 LDAP 필터를 적용하는 데 어노테이션을 사용하지 않지만, 속성을 제공하는 EventHandler 인터페이스를 등록하는 데는 어노테이션을 사용할 수 있다.

마지막으로 com/packtpub/e4/app/와 같이 .을 /로 변환한 번들에 사용하는 역도메인 이름reverse domain names과 동일한 형태로 토픽 이름을 구성한다.

실습 예제 | 필요시 값 계산

이클립스 컨텍스트는 IContextFunction 인터페이스를 통해 서비스뿐만 아니라 계산된 값도 제공한다. service.context.key를 키 이름으로 하고 클래스 이름을 값으로 해서 서비스를 등록함으로써 요청할 때 필요한 값을 생성할 수 있다.

1 ContextFunction을 확장하고 랜덤 값을 반환하는 RandomFunction이라는 클래스를 생성한다.

```
package com.packtpub.e4.application;
import org.eclipse.e4.core.contexts.IContextFunction;
import org.eclipse.e4.core.contexts.IEclipseContext;
public final class RandomFunction extends ContextFunction {
  @Override
  public Object compute(final IEclipseContext context) {
    return Math.random();
  }
}
```

2 E4가 함수를 인식하게 하려면 OSGi 런타임에 인스턴스를 등록한다. Activator에서 인스턴스를 등록해도 아직은 버그가 있어 정상적으로 처리되지 않는다. 대신 선언적 서비스로 인스턴스를 등록한다. OSGI-INF 폴더 밑에 random.xml이라는 파일을 생성하고 다음 콘텐츠를 채운다.

```xml
<?xml version="1.0" encoding="UTF-8"?>
<scr:component xmlns:scr="http://www.osgi.org/xmlns/scr/v1.1.0"
    name="math.random">
  <implementation
      class="com.packtpub.e4.application.RandomFunction"/>
  <service>
    <provide
        interface=
            "org.eclipse.e4.core.contexts.IContextFunction"/>
  </service>
  <property name="service.context.key" type="String"
      value="math.random"/>
</scr:component>
```

3 build.properties에 OSGI-INF 폴더를 추가해서 번들을 구성할 때 OSGI-INF가 추가됐음을 인식하게 한다.

```
bin.includes = OSGI-INF/,\
               META-INF/,\
```

4 META-INF/MANIFEST.MF에 다음 헤더를 추가해서 DS(Declarative Service의 약자 - 옮긴이)가 컴포넌트를 로드하고 생성하게 한다.

```
Service-Component: OSGI-INF/*.xml
```

5 마지막으로 애플리케이션에 객체를 주입하기 위해 Hello 파트 안에 다음 코드를 추가한다.

```
@Inject
@Named("math.random")
private Object random;
@PostConstruct
public void create(Composite parent) {
  label = new Label(parent, SWT.NONE);
  label.setText(window.getLabel() + " " + random);
}
```

6 애플리케이션을 실행하면 Hello 탭은 윈도우 제목 텍스트에 추가된 임의의 값을 가지며, 애플리케이션을 실행할 때마다 다른 값이 계산된다.

보충 설명

IEclipseContext는 계산한 값과 런타임에 삽입된 값 모두를 획득한다. 값을 계산하는 연산은 IContextFunction 인터페이스로 등록된 함수를 통해 이뤄진다. 현재 인터페이스를 등록하는 한 가지 방법은 앞에서와 같이 선언적 서비스를 사용하는 방법뿐이다.

IContextFunction 인터페이스는 @NoImplement가 표시돼 있으므로, 인터페이스를 구현하려는 클래스는 ContextFunction을 상속해 확장해야 한다. IContextFunction 인터페이스에 메소드가 추가되더라도 ContextFunction을 통해 기본 구현을 제공하기 때문이다. 이클립스 4.3에서는 인터페이스에 추가된 compute(IEclipseContext, String) 메소드가 ContextFunction 클래스에도 추가됐다.

OSGi 선언적 서비스declarative services API는 서비스를 생성해서 서비스가 필요한 클라이언트에 서비스를 제공한다. DSdeclarative services로 서비스를 등록하려면 예제의 random.xml과 같은 서비스 문서를 생성하고 MANIFEST.MF 파일의 `Service-Component` 헤더에서 참조하게 한다. 플러그인을 설치할 때 DS 컴포넌트가 이 헤더를 감지해서 서비스 문서를 읽고 해당 클래스를 생성한다. 생성한 클래스는 E4 컨텍스트를 통해 파트에 주입돼 사용 가능하게 된다.

계산 함수의 값은 첫 번째 계산 후 캐시에 저장된다는 사실을 기억하라. 캐시 때문에 메소드의 매개변수 값을 주입받는 코드를 변경하더라도 첫 번째 계산된 값만 보이게 된다. `IEclipseContext`에 값을 제거하는 메소드가 있지만, 모든 컨텍스트에 삭제 연산을 유도할 필요는 없다. 매번 데이터를 계산하는 OSGi 서비스를 사용하는 방식을 추천한다.

실습 예제 | 환경설정 사용

컨텍스트로부터 특정 요소에 객체를 주입하는 일뿐만 아니라 이클립스 환경설정 저장소로부터 환경설정을 얻어오는 일도 가능하다. 환경설정은 계층 구조에 저장되며, 계층 구조상의 각 노드는 플러그인 식별자(보통은 플러그인 이름)와 수많은 키/값 쌍을 갖는다. `@Preference`를 사용해서 환경설정 저장소에 쉽게 접근해보자.

1 Hello 파트에 `String greeting` 필드를 추가한다. 환경설정 정보를 얻어 오려면 다음과 같이 필드에 `@Inject`와 `@Preference` 어노테이션을 추가한다.

```
@Inject
@Preference(nodePath="com.packtpub.e4.application",
    value="greeting")
private String greeting;
```

2 앞에서 추가한 필드 값을 Hello 레이블의 초기 값으로 사용하게 `create()` 메소드를 수정한다.

```
@PostConstruct
public void create(Composite parent) {
  label = new Label(parent, SWT.NONE);
  label.setText(greeting+" "+window.getLabel()+" "+random);
```

3 애플리케이션을 실행하면 greeting의 null 값이 Hello 레이블에 표시된다.

4 환경설정 값을 설정하려면 Hello 파트에 IEclipsePreferences 객체를 주입해야 한다. 환경설정 저장소와의 상호 작용에 사용할 prefs라는 새로운 필드를 추가한다.

```
@Inject
@Preference(nodePath="com.packtpub.e4.application")
private IEclipsePreferences prefs;
```

 환경설정의 nodePath를 정의하지 않으면 런타임 오류가 발생한다.

5 앞에서 생성한 receiveEvent()를 수정해서 greeting 필드에 색상 값을 설정한다.

```
@Inject
@Optional
public void receiveEvent(
    @UIEventTopic("rainbow/colour") String data) throws
        BackingStoreException{
  label.setText(data);
  prefs.put("greeting", "I like " + data);
  prefs.sync();
}
```

6 이제 애플리케이션을 실행하고 Rainbow 탭으로 이동해서 색상을 선택한다. 다시 Hello 탭으로 이동해서 이벤트를 받았는지 확인한다. 애플리케이션을 종료한

다음 다시 실행한다. 저장된 greeting 값이 화면에 보인다(애플리케이션을 시작할 때마다 작업 공간을 지우지 않도록 한다)(애플리케이션을 다시 실행해도 변경한 환경설정 값이 표시되지 않는다면 prefs.sync() 메소드 대신 prefs.flush() 메소드를 활용하라 - 옮긴이).

7 환경설정 값을 변경하면 변경된 값이 동적으로 파트에 주입되지만, 현재 상태에서는 환경설정 변경 알람이 발생하지 않아 환경설정을 주입받는 필드가 동적으로 변경되지 않는다. 새로운 값을 필드에 설정하는 시점을 알리기 위해 @Optional 메소드의 @Preference 매개변수로 새로운 환경설정을 주입한다.

```
@Inject
@Optional
void setText(@Preference(nodePath="com.packtpub.e4.application",
    value="greeting") String text) {
  if (text != null && label != null && !label.isDisposed()) {
    // UI 스레드에서 NB를 실행한다.
    label.setText(text);
  }
}
```

8 이제 환경설정을 변경하면 레이블의 텍스트가 자동으로 변경된다. 하지만 환경설정 호출은 UI 스레드에서 처리할 필요가 없으므로 적절히 다른 스레드에 호출을 위임해야 한다. 애플리케이션을 구동할 때나 런타임을 닫는 동안에 이 메소드를 호출하는 경우도 있으므로, UI 컴포넌트를 설정할 때 null 검사나 폐기^{dispose} 검사를 통해 오류를 예방해야 한다.

보충 설명

E4 주입을 이용해서 환경설정을 얻어오면 환경설정 값을 얻고 설정하는 일이 쉬워진다. 개별 값을 얻기 가장 쉬운 방법은 하나의 환경설정 값을 사용하는 것이지만, 환경설정에 변형이 필요하면 IEclipsePreferences 저장소를 참조해야 한다.

사용자 인터페이스가 환경설정 값의 변경에 반응해야 한다면 setter를 이용해 환경설정 값을 주입해야 한다. 환경설정 값이 바뀔 때 setter를 호출해서 UI를 변경하면 된다.

환경설정 값에 대한 setter는 어떤 스레드에서도 호출 가능하다. 따라서 UI를 업데이트해야 하는 경우에는 UI 스레드에서 setter를 호출해야 한다. 이와 관련된 내용은 다음 절에서 다룬다.

실습 예제 | UI로 상호작용

UI 스레드에서 동작하는 코드를 작성해야 할 경우 핸들러는 UI 스레드로 코드를 호출해야 하는지 아닌지를 명확하게 알기 어렵다. 이클립스 3.x에는 UI 스레드 안쪽의 Runnables를 실행하기 위한 Display.getDefault().syncExec()와 UI가 아닌 스레드를 위한 .asyncExec()가 있다. 이클립스 4는 UI 스레드에서 코드를 실행하기 위한 추상화된 메커니즘으로 UISynchronize 클래스를 도입했다(Display 인터페이스와 유사하지만, 실제 Display는 인터페이스를 구현하지 않으며 인터페이스가 아니다). UISynchronize 클래스는 Runnable 이벤트를 스케줄링하는 데 사용하는 syncExec()와 asyncExec() 메소드를 제공한다. 오래 걸리는 연산이 끝난 후 UI를 업데이트해야 하는 경우 UISynchronize를 사용해서 적절한 스레드에서 UI를 업데이트하게 스케줄을 계획해보자.

1 Hello 파트에 새로운 Button 필드를 추가하고 버튼을 눌렀을 때를 버튼의 setEnabled(false)를 호출하는 선택 리스너를 등록한다. 1초 후에 setEnabled(true)를 다시 호출하는 Job을 실행하게 스케줄을 등록한다.

```
private Button button;
@PostConstruct
public void create(Composite parent) {
  button = new Button(parent, SWT.PUSH);
  button.setText("Do not push");
  button.addSelectionListener(new SelectionListener() {
    @Override
    public void widgetSelected(SelectionEvent e) {
      button.setEnabled(false);
      new Job("Button Pusher") {
```

```
      @Override
      protected IStatus run(IProgressMonitor monitor) {
        button.setEnabled(true);
        return Status.OK_STATUS;
      }
    }.schedule(1000);
  }
  @Override
  public void widgetDefaultSelected(SelectionEvent e) {
  }
});
...
}
```

2 애플리케이션을 실행하고 버튼을 누르면 버튼이 즉시 회색으로 바뀌며 비활성화된다. 1초 후 'Invalid thread access' 메시지를 가진 예외가 호스트 이클립스의 콘솔에 출력된다.

```
!MESSAGE An internal error occurred during: "Button Pusher".
!STACK 0
org.eclipse.swt.SWTException: Invalid thread access
    at org.eclipse.swt.SWT.error(SWT.java:4361)
```

3 setEnabled()는 UI 스레드에서 호출해야 하기 때문에 발생한 오류다. Display.getDefault().syncExec()를 사용해도 되지만, E4는 어노테이션으로 동일한 기능을 제공한다. Hello 파트에 UISynchronize 인스턴스를 주입하라.

```
@Inject
private UISynchronize ui;
```

4 create() 메소드 내에서 Job의 구현을 다음과 같이 수정한다.

```
protected IStatus run(IProgressMonitor monitor) {
  ui.asyncExec(new Runnable() {
```

```
    @Override
    public void run() {
      button.setEnabled(true);
    }
  });
  return Status.OK_STATUS;
}
```

5 애플리케이션을 실행하고 버튼을 누른다. 1초 후에 버튼이 비활성화되고 곧 다시 활성화된다.

> **보충 설명**
>
> `UISynchronize`는 UI 스레드를 안전하게 사용하는 방법을 제공한다. `UIJob`을 사용해서 UI 스레드를 얻는 방법도 있다.
>
> `UISynchronize`를 사용하면 SWT에 의존 관계를 가질 필요가 없다는 장점이 있다. E4는 다른 렌더러를 사용하는 옵션을 제공해서 e(fx)clipse와 같이 HTML이나 Swing, JavaFX 기반의 런타임에서도 동작하게 한다.
>
> `UISynchronize`는 이전 버전에는 없으므로, E4와 이클립스 3.x 시스템에서 모두 사용하는 플러그인을 개발할 때는 UI를 업데이트하는 데 `Display.getDefault()`나 `Display.getCurrent()`를 사용한다.

커맨드와 핸들러, 메뉴 아이템 사용

이클립스 4의 커맨드와 핸들러는 이클립스 3과 동일하게 동작한다. 커맨드는 공통의 연산을 나타내고, 핸들러는 연산을 구현한 코드다. E4에서는 상속으로 하위 클래스를 생성하는 대신 어노테이션을 통해 핸들러를 구현한다.

실습 예제 | 핸들러를 가진 커맨드에 메뉴 연결

커맨드는 이클립스 3.x와 마찬가지로 식별자와 연관된 `Handler` 클래스를 가지며 메뉴에 연결되지만, 이클립스 4에서는 plugin.xml 파일에 정의하지 않고 Application.e4xmi 파일에 정의한다는 점이 이클립스 3.x와 다르다.

1 `com.packtpub.e4.application` 프로젝트의 Application.e4xmi 파일을 연다.

2 트리에서 Application > Commands 노드로 이동하고 Add child를 클릭해 새로운 커맨드를 추가한다.

- **식별자(ID)** com.packtpub.e4.application.command.hello
- **이름(Name)** helloCommand
- **설명(Description)** Says Hello

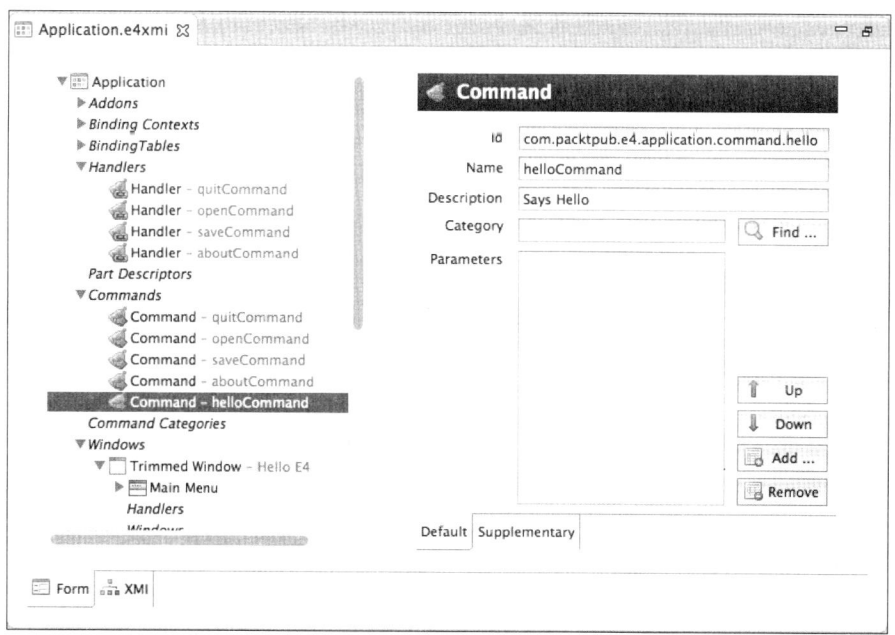

3 com.packtpub.e4.application.handlers 패키지에 HelloHandler 클래스
를 생성한다. 특정 상위 클래스를 상속하거나 메소드를 구현할 필요가 없다.
아무 매개변수도 없는 hello()라는 메소드를 생성하고 System.out으로 메시
지를 출력한다. 메소드는 @Execute 어노테이션만 있으면 된다.

```
package com.packtpub.e4.application.handlers;
import org.eclipse.e4.core.di.annotations.Execute;
public class HelloHandler {
  @Execute
  public void hello() {
    System.out.println("Hello World");
  }
}
```

4 Application.e4xmi에 핸들러를 정의해야 한다. Application 〉 Handlers 노드로
이동하고 오른쪽 클릭한 후 Add child를 선택해서 새로운 핸들러를 추가한다.
다음과 같은 내용을 상세 정보로 입력한다.

- **식별자(ID)**   com.packtpub.e4.application.handler.hello

- **커맨드(Command)**   helloCommand – com.packtpub.e4.application.
command.hello

- **클래스(Class) URI**   bundleclass://com.packtpub.e4.application/com.
packtpub.e4.application.handlers.HelloHandler

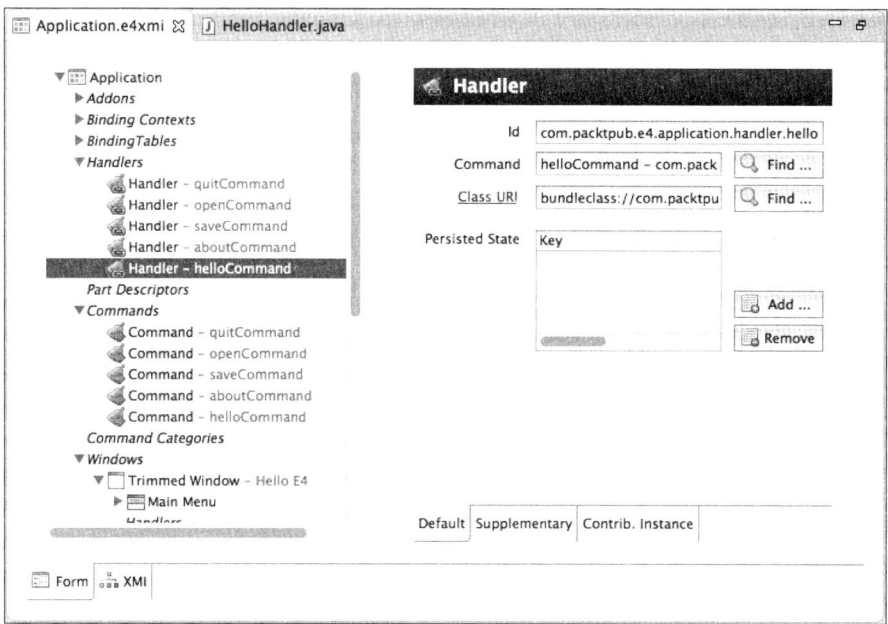

5 마지막으로 메뉴와 핸들러를 연결하기 위해 Application > Windows > Trimmed Window > Main Menu > File로 이동해서 Add child를 클릭하고 새 Handled MenuItem을 추가한다. Menu-File 노드에서 오른쪽 클릭하고 Add child > Handled MenuItem을 선택해도 된다. 다음 내용을 채워 넣는다.

- 식별자(ID)   com.packtpub.e4.application.handledmenuitem.hello
- 레이블(Label)   Hello
- 툴팁(Tooltip)   Says Hello World
- 커맨드(Command)   helloCommand - com.packtpub.e4.application.command.hello

6 Application.e4xmi를 저장하고 애플리케이션을 실행한다. File 메뉴로 가서 Hello 메뉴 아이템을 클릭하면 호스트 이클립스의 콘솔 뷰에 Hello World가 출력된다.

보충 설명

`HelloHandler` 클래스는 간단한 메시지를 출력하고 `@Execute` 어노테이션으로 표시된 진입점을 제공한다. 핸들러는 `@CanExecute` 어노테이션을 갖는 `boolean`을 반환하는 메소드를 통해서도 실행 가능 여부를 보고하지만, 핸들러가 유효하다면 기본으로 `true`를 반환한다.

커맨드는 보통 하나 이상의 핸들러와 연결되고 `MenuItems`이나 `Buttons`, 프로그램 실행과 같은 하나 이상의 UI 요소와 연결되는 ID다. `helloCommand`는 `HelloHandler`에 연결된다.

마지막으로 커맨드를 실행할 수 있게 File > Hello 메뉴 아이템에 연결한다.

실습 예제 | 커맨드에 매개변수 전달

System.out으로 메시지를 출력하는 커맨드는 잘 동작하지만, 커맨드가 로컬 상태를 알아야 할 필요가 있으면 어떻게 해야 할까? @Named와 @Inject 어노테이션을 사용해서 메소드를 호출할 때 객체를 주입하면 된다.

1. System.out으로 메시지를 출력하는 대신 활성화 셸을 이용해서 대화상자를 열게 hello() 메소드를 수정한다.

   ```
   public void hello(@Named(IServiceConstants.ACTIVE_SHELL) Shell s){
       MessageDialog.openInformation(s, "Hello World",
           "Welcome to Eclipse 4 technology");
   }
   ```

2. IEclipseContext 인터페이스로 관리되는 컨텍스트로부터 메소드의 다른 인수를 전달받을 수 있다. 예를 들어 이전 버전의 math.random 함수를 이용해서 다음과 같이 핸들러에 값을 주입한다.

   ```
   public void hello(@Named(IServiceConstants.ACTIVE_SHELL) Shell s,
       @Named("math.random") double value) {
   ```

3. Paste와 Paste Special과 같이 동일한 핸들러를 다른 함수에서 사용하는 경우 커맨드에 하드 코딩한 값을 전달해서 두 함수의 차이를 분명하게 보여준다. Application.e4xmi 파일을 열고 Application > Commands > helloCommand로 이동한 후 Add child > Command Parameter를 선택해서 helloCommand에 매개변수를 추가한다.

   - **식별자(ID)**   com.packtpub.e4.application.commandparameter.hello.value
   - **이름(Name)**   hello.value
   - **옵션(Optional)**   선택한다.

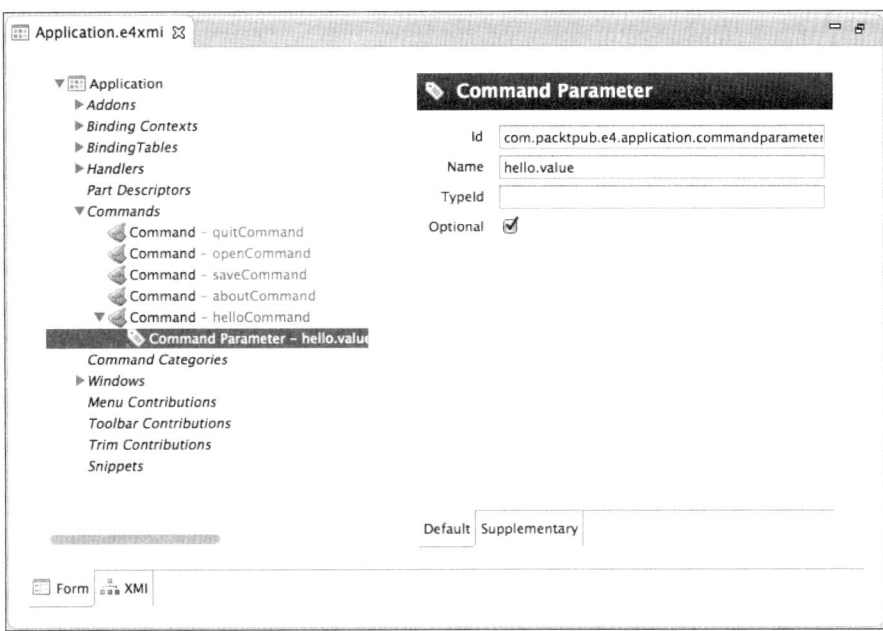

4 커맨드에 값을 전달하려면 Application.e4xmi를 열고 Application > Windows > Main Menu > Menu (File) > HandledMenuItem (Hello) > Parameters로 이동한다. 오른쪽 클릭한 후 Add child > Parameter를 선택해서 매개변수를 생성한다.

- 식별자(ID) com.packtpub.e4.application.parameter.hello.value

- 이름(Name) com.packtpub.e4.application.commandparameter.hello.value

- 값(Value) Hello World Parameter

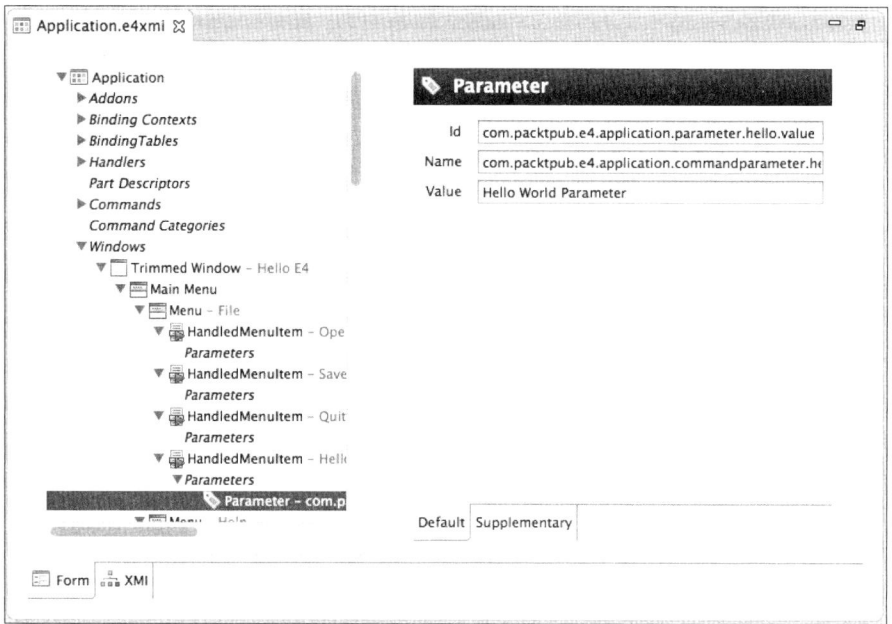

5 마지막으로 핸들러로 인코딩된 값을 받으려면 커맨드 핸들러를 수정한다.

```
public void hello(@Named(IServiceConstants.ACTIVE_SHELL) Shell s,
  @Optional
  @Named(
      com.packtpub.e4.application.commandparameter.hello.value")
      String hello, @Named("math.random") double value) {
    MessageDialog.openInformation(s, "Hello World", hello+value);
  }
}
```

6 애플리케이션을 실행하고 File ▶ Hello 메뉴로 이동한다. 매개변수가 핸들러에 전달되는지 확인한다.

보충 설명

핸들러를 호출하는 컨텍스트 내에서 사용 가능한 값이라면 어떤 값이라도 메소드를 호출할 때 메소드에 주입 가능하다. `IServiceConstants` 내의 상수와 같이 다음의 표준 상수를 통해서 얻거나 런타임 시에 주입된 값을 통해 주입할 객체를 얻는다.

- `ACTIVE_WINDOW` 현재 화면에 표시된 창
- `ACTIVE_PART` 현재 선택된 파트
- `ACTIVE_SELECTION` 현재 선택된 항목

값이 값 집합 중 하나인 경우 메뉴나 커맨드 호출에서 값은 인코딩된다. 적당한 값으로 `IEclipseContext.set()`을 호출하는 코드를 통해 값을 설정할 수도 있다.

실습 예제 | 다이렉트 메뉴와 키바인딩 생성

커맨드와 핸들러는 콘텐츠를 재사용하는 일반적인 방법이지만, 다이렉트 메뉴 아이템^{Direct MenuItem}으로 메뉴를 구현하면 간단하게 재사용 가능한 콘텐츠를 제공할 수 있다. 다이렉트 메뉴 아이템은 `@Executable` 클래스를 참조한다는 점이 핸들러를 이용한 메뉴 아이템^{Handled MenuItem}과 다르다.

1 다이렉트 메뉴 아이템을 추가하려면 Application.e4xmi 파일을 열고 Application > Windows > Trimmed Window > Main Menu > Menu (File)로 이동한 후 오른쪽 클릭 메뉴에서 Add child > Direct MenuItem을 선택한다. 대화상자가 나타나면 앞에서 정의한 `HelloHandler`에 대한 클래스 URI와 함께 상세 정보를 입력한다.

   - 식별자(ID) com.packtpub.e4.application.directmenuitem.hello
   - 레이블(Label) Direct Hello
   - 클래스(Class) URI bundleclass://com.packtpub.e4.application/com.packtpub.e4.application.handlers.HelloHandler

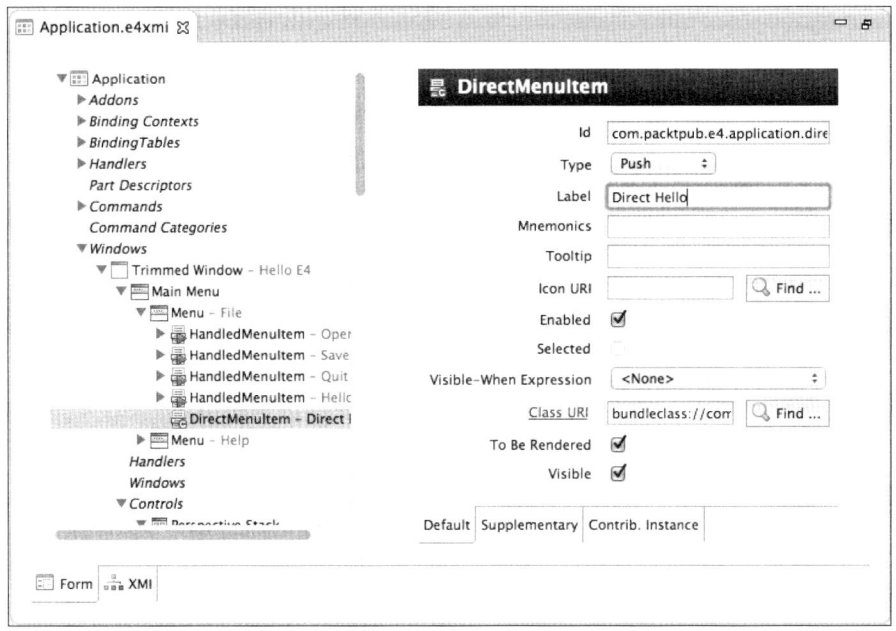

2 애플리케이션을 실행하고 File > Direct Hello를 선택해서 앞의 예제와 동일한 메시지를 출력한다(DirectMenuItem은 매개변수를 받지 못하므로, 동일한 메시지가 출력되지 않는다. 매개변수 값 대신 null이 출력된다 - 옮긴이).

3 애플리케이션에서 키를 커맨드에 연결하고 여러 UI 컨텍스트 중 하나의 컨텍스트에서만 단축키가 활성화되게 할 수 있다. 기본적으로 UI 컨텍스트에는 In Dialogs and Windows와 In Dialogs, In Windows가 있으며 컨텍스트 추가 생성도 가능하다. 메뉴에 단축키를 설정하려면 Application.e4xmi 파일을 열고 Application > BindingTables > BindingTable – In Dialog and Windows로 이동한 후 바인딩 테이블에서 오른쪽 클릭해 Add child | KeyBinding를 선택한다. 그런 후 다음 정보를 입력한다.

- **식별자**(ID) 빈 채로 둔다.
- **키 배열**(Sequence) M1+L

○ 커맨드(Command) helloCommand - com.packtpub.e4.application.command.hello

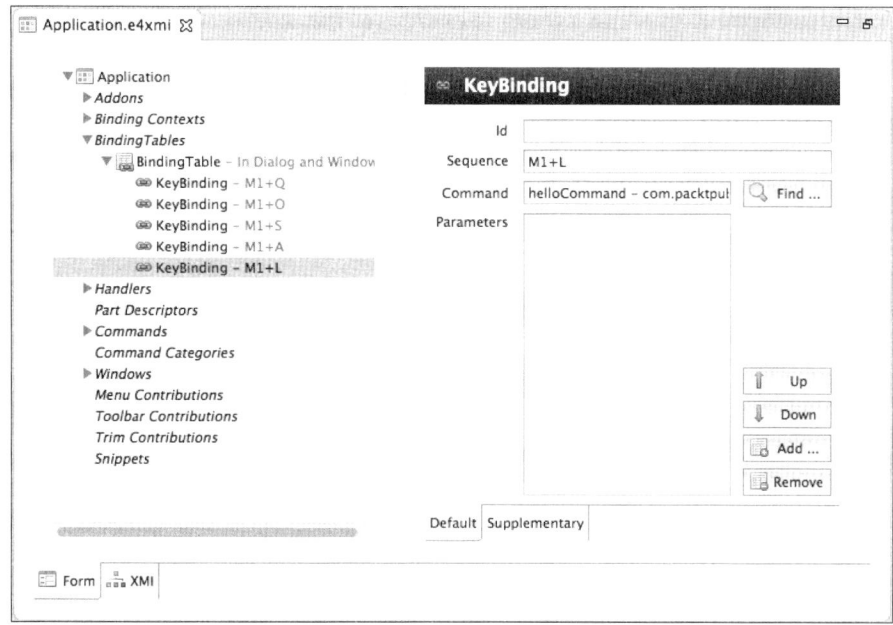

4 애플리케이션을 실행하고 M1 + L(OS X에서는 Cmd + L, 윈도우/리눅스에서는 Ctrl + L)를 누르면 Hello 커맨드가 실행돼야 한다.

보충 설명

다이렉트 메뉴 아이템은 별도의 커맨드와 핸들러를 정의하지 않고 메뉴 아이템과 실행 가능한 메소드를 연결하는 가장 간단한 방법이다. 다이렉트 메뉴 아이템은 애플리케이션 종료와 같이 애플리케이션 전반에 걸쳐 사용하는 연산에 적합하다.

다른 컨텍스트에서 커맨드를 처리하고 싶으면 다른 범위에서도 사용 가능한 핸들러를 정의하는 방법이 더 적합하다.

핸들 메뉴 아이템$^{Handled\ MenuItem}$과 달리 다이렉트 메뉴 아이템$^{Direct\ MenuItem}$은 커맨드 매개변수를 갖지 못하고 단축키를 설정할 수도 없다.

커맨드command에 단축키를 연결하려면 바인딩이 유효한 컨텍스트를 선택해야 한다. In Dialogs와 In Windows 같은 다른 컨텍스트를 선택해도 되지만, 일반적으로 In Dialogs and Windows 컨텍스트를 사용한다. 단축키 설정 정보는 Application. e4xmi 노드의 Binding Table에 표시된다.

단축키의 배열은 단일 문자이거나 문자 배열일 수 있다. M1, M2, M3, M4 등의 메타문자는 org.eclipse.ui.bindings 확장점에서 정의한다.

- M1는 OS X의 **Cmd** 키와 윈도우의 **Ctrl** 키다.
- M2는 모든 플랫폼의 **Shift** 키다.
- M3는 모든 플랫폼의 **Alt** 키다.
- M4는 OS X의 **Ctrl** 키다.

단축키를 누르면 목록에 정의한 커맨드를 실행한다. 핸들 메뉴 아이템Handled MenuItem과 같이 커맨드command는 매개변수를 가질 수 있다.

실습 예제 | 팝업 메뉴와 뷰 메뉴 생성

팝업 메뉴와 뷰 메뉴는 Application.e4xmi 파일에 선언적으로 정의한다. 두 메뉴는 특정 파트와 관련되므로, 파트 선언 밑에 정의한다.

1 Application.e4xmi 파일을 연다.

2 Application > Windows > Trimmed Window > Controls > Perspective Stack > Perspective > Controls > PartSashContainer > Part Stack > Part (Hello) > Menus로 이동한다.

3 Menus 노드에서 오른쪽 클릭해 Add child > Popup Menu를 선택한다. 그런 다음 Popup Menu에서 다시 오른쪽 클릭해 Add child > HandledMenuItem을 선택한다. 다른 메뉴도 마찬가지 방법으로 추가한다. 상세 정보로 다음 내용을 입력한다.

- 레이블(Label)   Hello
- 커맨드(Command)   helloCommand - com.packtpub.e4.application.command.hello

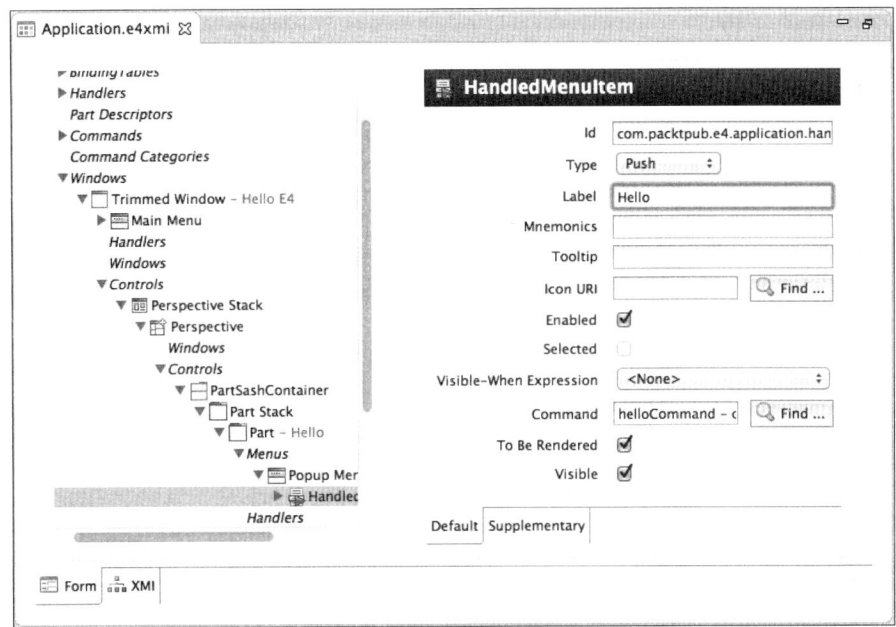

4 Menus 노드에서 다시 오른쪽 클릭하고 Add child > View Menu를 선택한다. 메뉴 레이블에 View Menu를 입력한 후 오른쪽 클릭해서 Add child > HandledMenuItem을 선택한다. 팝업 메뉴와 동일한 레이블과 커맨드를 사용한다.

5 애플리케이션을 실행한다. 오른쪽 상단에 삼각형 모양의 드롭다운 아이콘이 보이고, 드롭다운 목록에 뷰 메뉴가 있어야 한다. 식별자를 이용해서 SWT 컴포넌트에 팝업 메뉴를 연결하므로 아직 팝업 메뉴는 확인할 수 없다.

6 Application.e4xmi 파일의 Popup Menu 메뉴로 이동해서 ID로 `com.packtpub.e4.application.popupmenu.hello`를 설정한다.

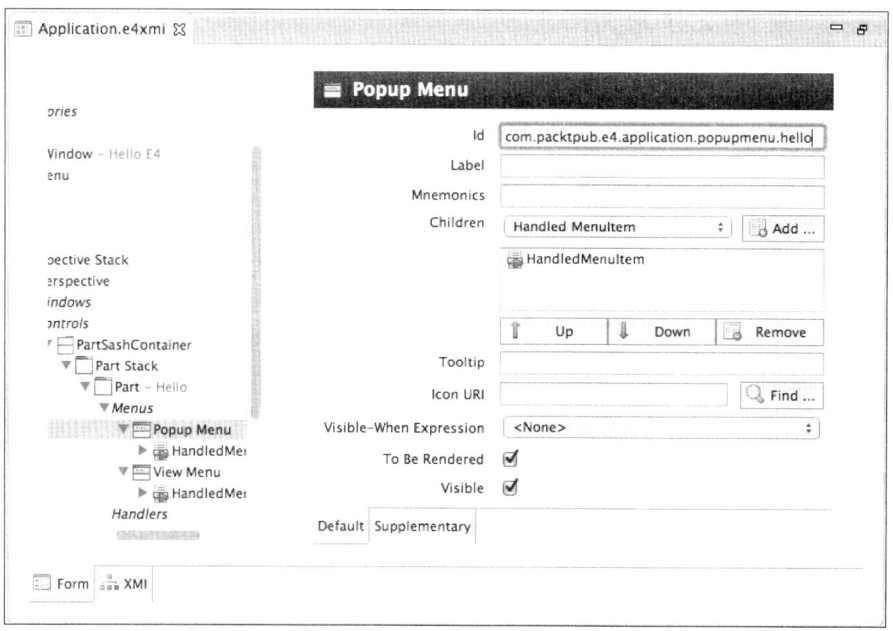

7 plugin.xml 편집기의 종속성 탭에서 `org.eclipse.e4.ui.workbench.swt`를 종속 관계에 추가한다.

8 Hello 클래스의 `create()` 메소드에 팝업 메뉴 ID로 컨텍스트 메뉴를 등록하는 코드를 추가한다. 메뉴를 등록하려면 `create()` 메소드가 `EMenuService menu`라는 새 매개변수를 전달받아 `registerContextMenu()`를 호출하게 한다.

```
public void create(Composite parent, EMenuService menu) {
  menu.registerContextMenu(parent,
      "com.packtpub.e4.application.popupmenu.hello");
```

9 애플리케이션을 실행한 다음 Hello 레이블이나 Hello 파트 어느 위치에서든 오른쪽 클릭한다. 팝업 메뉴가 보이고 `Hello` 커맨드를 실행할 수 있는지 확인한다 (팝업 메뉴가 나타나지 않을 경우 `menu.registerContextMenu(parent,`의 `parent` 대신 `button`이나 `label`을 지정하면 팝업 메뉴를 확인할 수 있다 - 옮긴이).

보충 설명

팝업 메뉴는 파트에 연결한 다음 SWT 위젯에 등록해야 화면에 표시된다. 팝업 메뉴를 파트 내의 모든 컴포넌트에서 동작하게 하거나 파트의 특정 컴포넌트에 대해서만 동작하게 할 수 있다.

EMenuService는 E4 메뉴에 대한 인터페이스로, 위젯을 생성할 때 주입돼 팝업 메뉴를 호출하는 마우스와 키보드 이벤트를 감지하는 기능을 제공한다.

메뉴를 표시하는 데 필요한 코드를 추가하는 작업을 제외하면 View Menu를 추가하는 방법은 Popup Menu 추가 방법과 같다.

주입 가능한 사용자 정의 클래스 생성

E4의 주입 프레임워크는 사용자가 정의한 클래스와 서비스도 주입해준다. OSGi 서비스 등록뿐만 아니라 POJO도 필요할 때 정의하고 인스턴스를 생성할 수 있다. 자동으로 인스턴스화할 수 있게 하려면 다음 규칙을 따라야 한다.

- 추상abstract 클래스가 아니어야 한다.
- 기본 생성자는 private이면 안 된다.
- @Creatable 어노테이션을 설정해야 한다.

실습 예제 | 간단한 서비스 작성

다른 클래스에 주입하거나 필요할 때 생성하는 등 POJO의 인스턴스를 생성해서 E4 컨텍스트에서 사용 가능하게 만들어보자. 이렇게 만들면 서비스에 강하게 연결하지 않는 유연한 애플리케이션을 작성할 수 있다.

1 com.packtpub.e4.application 패키지에 StringService라는 클래스를 생성한다. 클래스에 @Creatable 어노테이션을 설정하고 String 유형의 매개변수를 받아 대문자로 변환한 값을 반환하는 process() 메소드를 추가한다.

```
import org.eclipse.e4.core.di.annotations.Creatable;
@Creatable
public class StringService {
  public String process(String string) {
    return string.toUpperCase();
  }
}
```

2 Rainbow 클래스에 StringService를 주입받는 필드를 추가한다.

```
@Inject
private StringService stringService;
```

3 주입받은 서비스를 이용해서 이벤트 브로커에 이벤트를 게시하기 전에 선택한 색상 문자열을 대문자로 변경한다.

```
public void selectionChanged(SelectionChangedEvent event) {
  IStructuredSelection sel = (IStructuredSelection)
      event.getSelection();
  Object colour = sel.getFirstElement();
  broker.post("rainbow/colour",
      stringService.process(colour.toString()));
}
```

4 애플리케이션을 실행한다. Rainbow 파트로 이동해서 색상을 선택한 후 Hello 파트로 다시 돌아간다. 색상 문자열이 대문자로 보이는지 확인한다.

보충 설명

E4에서 의존성 주입 유형을 만족하는 POJO에 @Creatable를 표시해서 주입 요구 사항을 만족하는 클래스의 인스턴스를 생성할 수 있음을 나타낸다. 기본 생성자를 호출하고 객체를 주입받는 필드에 생성 결과를 할당한다.

생성한 인스턴스를 컨텍스트에 저장하지 않기 때문에 (동일한 파트나 다른 파트의 다른 필드에서) 인스턴스가 더 필요하면 의존성 주입은 각 필드에 대해 새로운 인스턴스를 생성한다.

일반적으로 주입 가능한 POJO는 상태 비보존형^{stateless} 서비스에만 제한적으로 사용해야 한다. 다양한 호출자 사이에서 공유해야 할 서비스 상태가 필요하면 OSGi 서비스를 등록하거나 컨텍스트에 주입된 싱글톤 서비스를 사용하라.

실습 예제 | 하위 유형 주입

POJO는 간단한 클래스를 생성하는 효과적인 방법이지만, 클래스 정의와 실제 구현체 클래스가 분산돼 존재하는 한계가 있다. 그런 경우 서비스 유형처럼 추상 클래스나 인터페이스를 사용하게 설계하는 편이 더 좋다.

1 com.packtpub.e4.application 패키지에 IStringService라는 새로운 인터페이스를 생성하고, process()라는 추상 메소드를 정의한다(StringService가 IStringService를 구현하게 수정한다 - 옮긴이).

```
public interface IStringService {
  public abstract String process(String string);
}
```

2 Rainbow가 StringService 클래스 대신 IStringService를 참조하게 수정한다.

```
@Inject
private IStringService stringService;
```

3 애플리케이션을 실행한 후 Rainbow 탭으로 이동하면 호스트 이클립스 인스턴스의 콘솔^{Console} 뷰에 의존성 주입 실패 메시지가 보인다.

```
org.eclipse.e4.core.di.InjectionException:
    Unable to process "Rainbow.stringService":
    no actual value was found for the argument "IStringService".
```

4 런타임은 StringService가 @Creatable 인스턴스라는 사실은 알지만, 아무런 정보 없이 인터페이스의 하위 유형을 찾지는 못한다. 인터페이스의 하위 유형을 주입하려면 다음 내용을 Activator에 추가한다.

```
public class Activator implements BundleActivator {
  public void start(BundleContext bundleContext) throws Exception{
    Activator.context = bundleContext;
    InjectorFactory.getDefault().
       addBinding(IStringService.class).
          implementedBy(StringService.class);
  }
}
```

5 애플리케이션을 실행하고 파트가 정상적으로 생성되는지 확인한다.

보충 설명

서비스 유형에 인터페이스를 사용하면 서비스 사용과 구현의 관계를 분리할 수 있어서 더 좋다. 의존성 주입 프레임워크가 추상 형식의 인스턴스(인터페이스나 추상 클래스, 심지어 @Creatable 어노테이션이 없는 구체적인 클래스)를 제공하게 하려면 연결 정보에 대한 바인딩을 생성해야 한다.

예제에서는 InjectorFactory에서 IStringService가 필요할 때 StringService의 인스턴스를 생성하는 바인딩을 생성했다.

도전 과제 | 브리지 도구 사용

이클립스 3.x의 파트는 이클립스 4 IDE에서도 실행되지만, E4 모델의 좋은 점을 활용하려면 E4 모델에 등록 가능한 POJO와 같은 형태로 코드를 구현해야 한다. E4 POJO를 Eclipse 3.x IDE에 맞추려면 E4 브리지^{bridge}를 사용해야 한다. E4 업데이트 사이트로부터 호환 가능한 뷰를 제공하는 'Eclipse E4 Tools Bridge for 3.x'를 설치한다.

이제 DIViewPart<Hello>를 확장한 HelloView 클래스를 생성하고 상위 클래스에 Hello.class의 인스턴스를 전달하는 생성자를 추가한다. 이클립스 3.x의 뷰처럼 plugin.xml에 HelloView를 등록한다. 이제 파트는 이클립스 E4에서 독립된 파트로도 보이고, 이클립스 3.x에서 래핑된 뷰로도 보인다.

> **깜짝 퀴즈 | E4 이해**
>
> Q1. 애플리케이션 모델은 무엇이고 왜 사용하는가?
>
> Q2. 파트와 뷰의 차이점은 무엇인가?
>
> Q3. 이클립스 4에도 사용하는 확장점이 있는가?
>
> Q4. 이클립스 4 파트는 어떻게 스타일을 정의하는가?
>
> Q5. 이클립스 4 컨텍스트는 무엇인가?
>
> Q6. 이클립스 4는 어떤 어노테이션을 사용하며, 사용하는 목적은 무엇인가?
>
> Q7. 이클립스 4에서는 어떻게 환경설정에 접근하는가?
>
> Q8. 이벤트 버스에서 어떻게 메시지를 주고받는가?
>
> Q9. 이클립스 4에서는 어떻게 선택 항목에 접근하는가

정리

이클립스 4는 이클립스 애플리케이션을 만드는 새로운 방법으로, 뷰/편집기와 같은 파트를 생성하고 서비스 참조를 얻으며 파트 간의 통신을 좀 더 쉽게 해주는 수많은 피처를 제공한다. 이클립스 기반의 RCP 애플리케이션을 개발 중이라면 이클립스 4 프레임워크를 사용해서 이런 피처들의 이점을 활용하지 않을 이유가 없다.

이클립스 3.x와 4.x에서 동작하는 플러그인을 개발한다면 이클립스 4로 이동하기 전에 하위 호환성 요건을 심도 있게 살펴봐야 한다. 두 모델을 모두 지원하는 방법에는 워크벤치 호환성 플러그인(SDK나 EPP 패키지 중 하나를 다운로드한 경우 이클립스 4.x가 사용하는 플러그인이다)을 사용하고, 계속해서 이클립스 3.x API를 사용하는 방법이 있다. 하지만 이 방법은 이클립스 4.x 메커니즘의 좋은 점을 사용해서 코드를 작성할 수 없다. 다른 방법은 이클립스 4 기반의 플러그인을 작성한 후 하위 호환성 계층에서 개발한 플러그인을 래핑하는 방법이다. 하위 호환성 계층은 'Eclipse E4 Tools

Bridge for 3.x' 피처에서 제공하며, 이 브리지 피처는 E4 도구 업데이트 사이트에서 다운로드 가능하다. 브리지는 이클립스 3.x 뷰 확장점에서 E4에 대한 어댑터를 제공하는 데 사용 가능한 클래스 `DIViewPart`와 `DISaveableViewPart`, `DIEditorPart`를 제공한다.

8장에서는 지금까지 작성한 플러그인을 다른 이클립스 애플리케이션에 제공해서 설치하게 해주는 피처와 업데이트 사이트를 만드는 방법을 살펴본다.

8

피처, 업데이트 사이트, 애플리케이션, 제품 생성

이클립스는 단순한 애플리케이션만이 아니라 플러그인 아키텍처를 이용해서 추가 기능을 설치해 확장 가능하다. 플러그인을 그룹으로 묶어 피처(feature)를 구성하며, 업데이트 사이트를 통해 플러그인과 피처를 제공한다. 업데이트 사이트를 통해 기존 애플리케이션에 기능을 추가 설치하지만, 자신만의 애플리케이션과 제품 구성도 가능하다.

8장에서는 다음과 같은 내용을 다룬다.

- 플러그인을 조합한 피처 제작
- 피처와 플러그인을 포함한 업데이트 사이트 생성
- 업데이트 사이트에 카테고리 지정
- 제품을 생성과 내보내기

피처로 플러그인 그룹 생성

플러그인을 사용해서 이클립스에 기능을 추가하지만, 보통 개별 플러그인을 분리해서 설치하지는 않는다. 예전부터 이클립스 플랫폼은 여러 플러그인을 그룹핑한 피처feature만을 처리했다. 이클립스 3.5부터 사용한 P2 업데이트 시스템은 플러그인의 개별 설치를 지원하지만, 이클립스 런타임에서 사용하는 대부분의 기능은 피처를 통해 설치한다.

실습 예제 | 피처 생성

피처를 생성하고 테스트하며 내보내기 위해 피처 프로젝트를 사용한다. 여러 플러그인을 의미 있는 단위로 그룹핑하는 데 피처를 사용한다. 예를 들어 JDT 피처는 26개의 플러그인으로 구성한다. 피처는 뒤에서 다룰 업데이트를 구성하는 데도 사용한다.

1 File > New > Project…로 이동한 후 Feature Project를 선택해서 피처 프로젝트를 생성한다.

2 com.packtpub.e4.feature를 프로젝트 이름으로 하고, 이 이름을 피처 식별자 Feature ID의 기본 값으로 사용한다. 플러그인 이름과 마찬가지로 피처 이름도 역도메인 이름 형식을 사용하지만, 일반적으로 피처를 대표하는 플러그인 이름과 구별하기 위해 맨 마지막에 feature를 붙인다. 버전은 기본 값인 1.0.0.qualifier를 사용한다. 피처 이름은 피처를 설치할 때 사용자에게 표시할 텍스트 이름으로, 프로젝트 이름의 마지막 부분을 기본 값으로 사용한다.

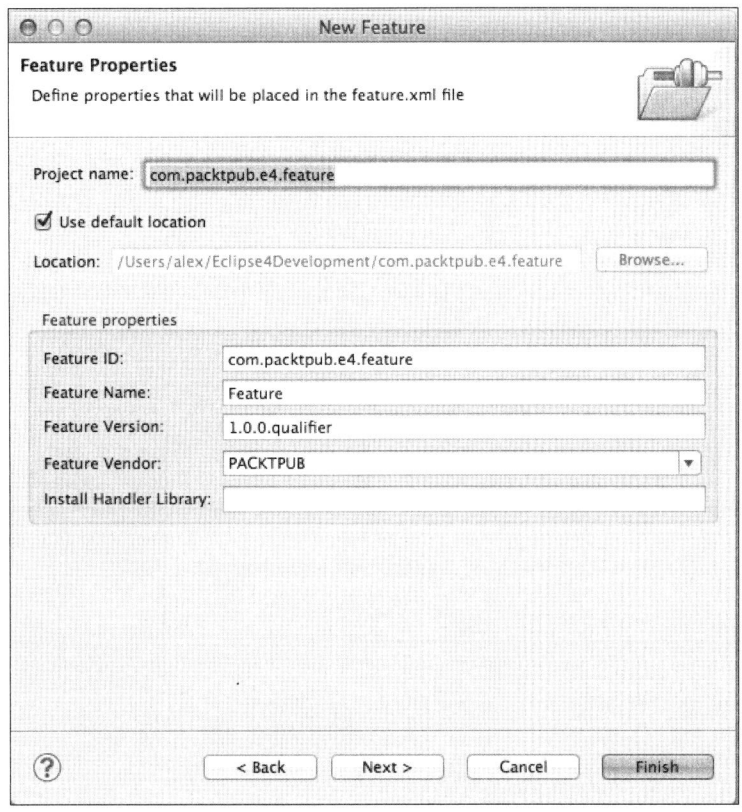

3 Next를 클릭하면 선택할 플러그인 목록이 화면에 표시된다. 목록에서 com.packtpub.e4.clock.ui를 선택한다.

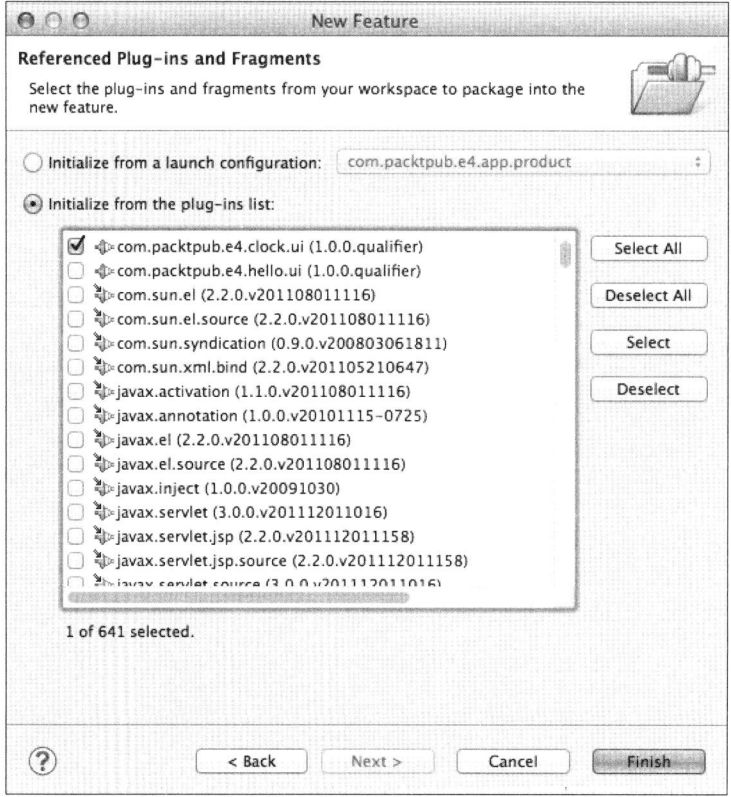

4   Finish를 클릭해서 피처 프로젝트를 생성한다.

5   feature.xml 파일을 더블 클릭해서 편집기로 연 후 플러그인$^{Plug-ins}$ 탭으로 이동한다. clock 플러그인이 피처의 부분으로 추가됐는지 확인한다.

6   피처 기술서$^{Feature\ Description}$, 저작권 공고$^{Copyright\ Notice}$, 라이선스 협의서$^{License\ Agreement}$ 같은 추가 정보를 정보^{Information} 탭에 추가한다.

보충 설명 |

com.packtpub.e4.feature라는 피처 프로젝트는 feature.xml 파일을 갖는다. 대화 상자에서 입력한 정보를 이 파일에서 확인할 수 있으며, 필요할 때 수정도 가능하다.

```
<feature id="com.packtpub.e4.feature"
    label="Feature"
    version="1.0.0.qualifier"
    provider-name="PACKTPUB">
  <plugin id="com.packtpub.e4.clock.ui"
    download-size="0"
    install-size="0"
    version="0.0.0"
    unpack="false"/>
</feature>
```

피처 ID는 이클립스와 P2가 피처를 설치할 때 사용하는 식별자이므로, 전체 영역에서 유일한 값이어야 한다. 피처 버전은 플러그인 버전 `major.minor.micro.qualifier`와 동일한 형식을 따른다.

- 메이저^{major} 버전은 하위 호환성을 지원하지 않는 변경이 있을 때 증가한다.
- 마이너^{minor} 버전은 하위 호환성을 지원하는 새로운 기능이 있을 때 증가한다.
- 마이크로^{micro} 버전은 새로운 기능 추가 없이 버그를 수정한 경우에 증가한다.

한정자^{qualifier}는 텍스트 형태의 어떤 값이든 가능하다. 이클립스는 빌드 번호를 대체하는 데 특별히 `qualifier`라는 키워드를 사용한다. 빌드 번호를 특별히 지정하지 않으면 날짜와 시간을 조합한 형태로 빌드 번호를 사용한다.

나열된 플러그인은 마법사에서 선택한 플러그인이다. 기본으로 0.0.0으로 표시되지만, 피처를 게시하면 사용 가능한 최상위 버전으로 플러그인의 버전 문자열을 교체한다.

`feature.xml` 파일에는 `license, description, copyright` 같은 다른 요소도 있다. 이런 항목은 선택 사항이지만, 값을 설정하면 피처를 설치할 때 업데이트 대화 상자에 표시된다.

실습 예제 | 피처 내보내기

피처를 생성하고 하나 이상의 플러그인을 추가하고 나면 워크벤치 밖으로 내보낼 수 있다. 다음 예제에서 설명하겠지만 내보낸 피처는 다른 이클립스 인스턴스에 설치 가능하다. 피처 내보내기를 수행하면 관련된 플러그인을 모두 빌드해서 내보낸다는 점을 명심하라.

1 플러그인을 내보내기 위해 File > Export > Plug-in Development > Deployable features로 이동한다. 작업 공간에서 내보낼 피처를 선택하는 옵션을 가진 대화상자가 보인다.

2 `com.packtpub.e4.feature`를 선택하고 적당한 디렉토리를 정한다.

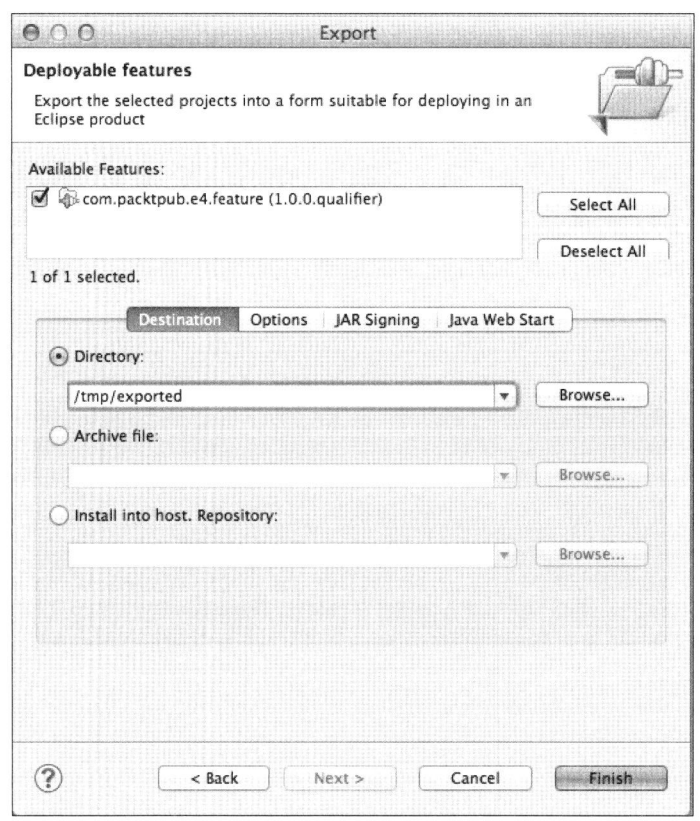

3 Finish를 클릭하면 피처와 피처에 포함된 모든 플러그인을 내보낸다.

4 파일 탐색기에서 내보낼 위치를 열고 다음 파일이 생성됐는지 확인한다.

- artifacts.jar
- content.jar
- features/com.packtpub.e4.feature_1.0.0.201305070958.jar
- plugins/com.packtpub.e4.clock.ui_1.0.0.201305070958.jar

보충 설명

File > Export > Plug-in Development > Deployable features는 내부적으로 많은 단계의 작업을 수행한다. 먼저 관련된 플러그인을 컴파일해서 JAR 파일을 생성하고, 그런 다음 피처 프로젝트의 콘텐츠를 압축한다. 마지막으로 생성한 파일을 목표 디렉토리 밑의 features와 plugins 디렉토리로 옮긴다.

피처를 내보낼 때 관련된 플러그인을 빌드하게 되고, 플러그인 컴파일 시 문제가 발생하면 내보내기에도 오류가 발생한다.

플러그인의 컴파일 문제를 해결하려면 build.properties 파일을 확인한다. PDE가 내부적으로 사용하는 ant 기반 빌드를 제어하기 위해 build.properties를 사용한다. PDE가 이 파일에 경고나 오류를 표시하는 경우가 있는데, 특히 프로젝트를 생성한 후 소스나 컴파일 폴더를 이동하거나 이름을 변경한 경우에 문제를 표시한다.

build.properties 파일은 다음과 같은 형태를 갖는다.

```
source.. = src/
output.. = bin/
bin.includes = plugin.xml,\
               META-INF/,\
               .,\
               icons/
```

build.properties에 문제가 있으면 각 항목의 플러그인 디렉토리상의 위치를 확인한다. `source..`는 현재 소스 디렉토리를 참조한다. 생성할 JAR 파일이 여러 개면 source.ajarsource.ajar와 source.anotherjar를 읽는다. 플러그인 소스를 내보내는 경우 소스 지시문을 사용한다. 클래스와 다른 컴파일 결과물은 `output` 속성에 지정한다. 결과 디렉토리의 이름을 target/classes 등으로 변경하면 build.properties 파일의 `output..` 속성도 변경했는지 확인한다.

함께 내보내야 할 자바 이외의 자산이 있다면 build.properties 파일에 정확히 기술해야 한다. icons/과 같은 디렉토리를 포함시키면 플러그인 JAR를 생성할 때 JAR 구조 내에 icons/ 경로를 생성한다. icons/ 폴더 밑의 개별 자산은 목록에 명시하지 않아도 된다.

OSX에서 오라클 Java 1.7 사용하기

OSX에서 오라클(Oracle)의 Java 1.7로 피처 내보내기를 수행하면 '/Library/Java/JavaVirtualMachines/.../Contents/Home/Classes does not exist'라는 오류가 발생할 수 있다. 오류를 해결하려면 오류 메시지에서 언급한 Home 디렉토리로 가서 sudo ln -s jre/lib Classes를 실행해서 폴더를 다시 생성한다.

실습 예제 | 피처 설치

이제 내보낸 피처를 이클립스에 설치해보자. 현재 작업 중인 인스턴스에 피처를 설치하거나 `eclipse` 실행 파일을 실행해서 다른 작업 공간을 사용하는 새로운 이클립스 인스턴스를 생성해도 된다(OS X에서는 Eclipse.app를 클릭하면 현재 실행 중인 이클립스 인스턴스를 다시 보여주므로, 새로 두 번째 인스턴스를 실행하려면 터미널을 실행하고 애플리케이션 홈 폴더에서 `eclipse`를 실행하라).

1 이클립스에 피처를 설치하기 위해 Help > Install New Software...로 이동한다.

2 대화상자가 나타나면 work with라는 입력 상자에 디렉토리 URL을 입력한다. 피처를 /tmp/exported에 내보냈으면 work with 필드에 file:///tmp/exported를 입력한다. 윈도우 운영체제에서 c:\temp\exported로 내보냈다면 file:///c:/temp/exported와 같이 URL을 입력한다. 윈도우에서는 URL에 디렉토리 구분자로 역슬래시(\)를 사용함을 명심하라.

3 URL을 입력한 후 Enter 키를 누른다. 'no categorized items'라는 메시지가 나타나지만, 아래에 있는 카테고리로 그룹핑하기^{Group items by category} 체크박스를 선택 해제하면 피처가 나타난다.

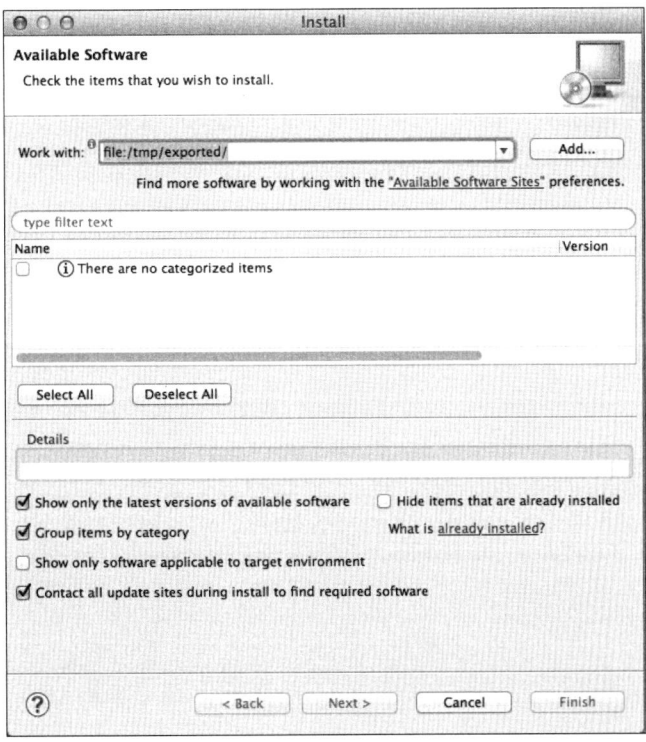

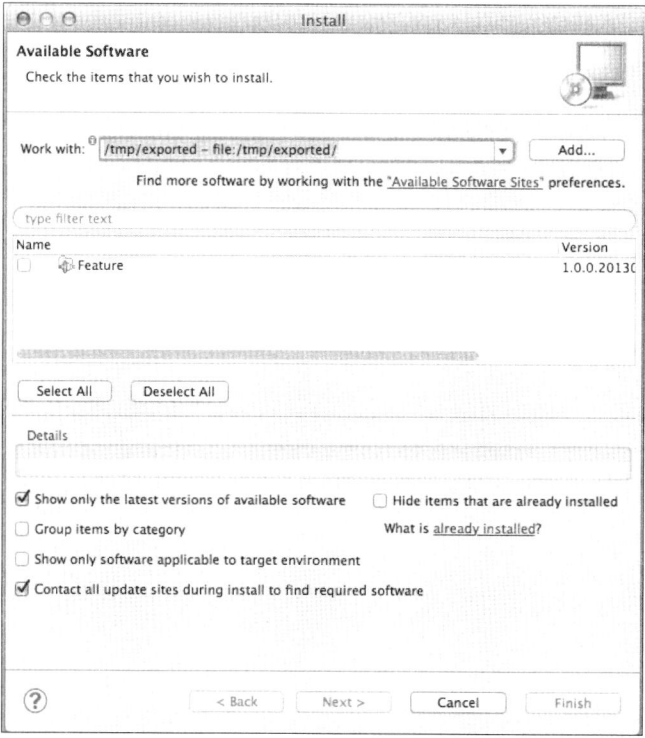

4 피처 옆의 체크박스를 선택하고 Next를 클릭해 마법사를 따라 진행한 후 Finish를 클릭해 피처와 그에 연관된 플러그인을 이클립스 작업 공간에 설치한다.

5 이클립스를 다시 시작해서 설치를 완료한다.

6 Window > Show View > Other > Timekeeping으로 이동해서 다양한 Clock 뷰를 확인한다.

보충 설명

앞에서 내보낸 피처를 동일한 위치로 가져왔다. 피처의 카테고리를 지정하지 않았다면 설치할 대상 목록에 피처가 보이지 않을 것이다. 그런 경우 **카테고리로 그룹핑하기**Group items by category 체크박스를 선택 해제해서 카테고리가 없는 피처도 모두 표시하게 한다.

피처^Feature 이름은 feature.xml에 지정한 기본 값으로, 원한다면 더 적절한 값으로 바꿔도 된다.

피처나 플러그인이 변경돼 이클립스 인스턴스에 설치할 피처가 표시되지 않으면 환경설정 페이지에서 Install/Update > Available Software Sites를 찾아 내보낸 리포지터리^repository를 선택한다. 오른쪽의 Reload 버튼이 활성화되면 버튼을 클릭해서 리포지터리의 콘텐츠를 새로 고친다.

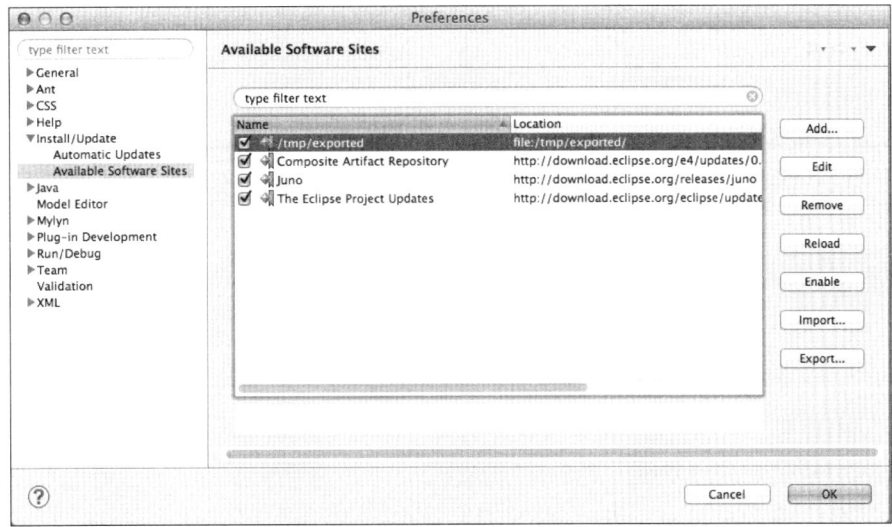

리포지터리를 다시 로드하고 나면 Help > Install New Software의 업데이트 항목에 피처가 표시돼야 한다. 여전히 피처가 보이지 않으면 피처와 플러그인의 버전이 .qualifier로 끝나는지 확인한다. 버전 번호를 단조롭게 증가시키지 않으면 이클립스는 혼동해서 플러그인이나 피처의 변경을 감지하지 못하고 재설치를 거부하게 된다. 내보낸 플러그인과 피처의 버전이 최근 날짜보다 늦은 날짜인지도 확인한다. 그래도 안 되면 내보낸 폴더의 내용을 지우고 다시 내보낸 후 다시 시도해본다.

실습 예제 | 업데이트 사이트에 카테고리 지정

카테고리로 그룹핑하기Group items by category 메커니즘은 카테고리로 그룹핑된 피처의 부분 집합을 설치 목록에 표시하게 해준다. 이클립스는 매우 잘 모듈화된 애플리케이션으로, 보통의 설치 파일에는 400개 이상의 피처와 600개 이상의 플러그인을 포함한다. 모든 피처를 1차원 목록으로 표시하면 상당히 많은 UI 공간을 차지하게 되고, 사용자가 사용하기도 불편하다. 많은 피처가 핵심 기능의 부분집합인 경우도 있다(Mylyn 자체만도 설치 대상에서 선택한 플러그인 조합에 따라 150개 이상의 피처를 설치한다).

카테고리는 site.xml이라고 알려진 category.xml 파일에 정의한다. category.xml 파일은 카테고리와 피처의 집합을 정의한다(이클립스 4.3 이후부터는 피처와 플러그인 모두를 정의한다). 카테고리로 그룹핑하기 체크박스를 선택하면 category.xml 파일에 정의한 그룹과 피처만 표시되고 나머지 피처와 플러그인은 보이지 않는다. 카테고리로 그룹을 묶는 작업은 별도의 업데이트 사이트 프로젝트Update Site Project를 이용해서 처리한다.

1. `com.packtpub.e4.update`라는 새로운 Update Site Project를 생성한다. 프로젝트 생성과 함께 site.xml 파일도 생성된다(파일의 이름을 site.xml에서 category.xml로 변경하면 동작하지 않으므로 변경하지 말라).

2. site.xml 파일을 더블 클릭해서 편집기를 연다.

3. New Category 버튼을 클릭하고 다음 내용을 입력한다.

    - **식별자**(ID)   com.packtpub.e4.category
    - **이름**(Name)   PacktPub Example E4 Category
    - **설명**(Description)   Contains features for the PacktPub E4 book by Alex Blewitt

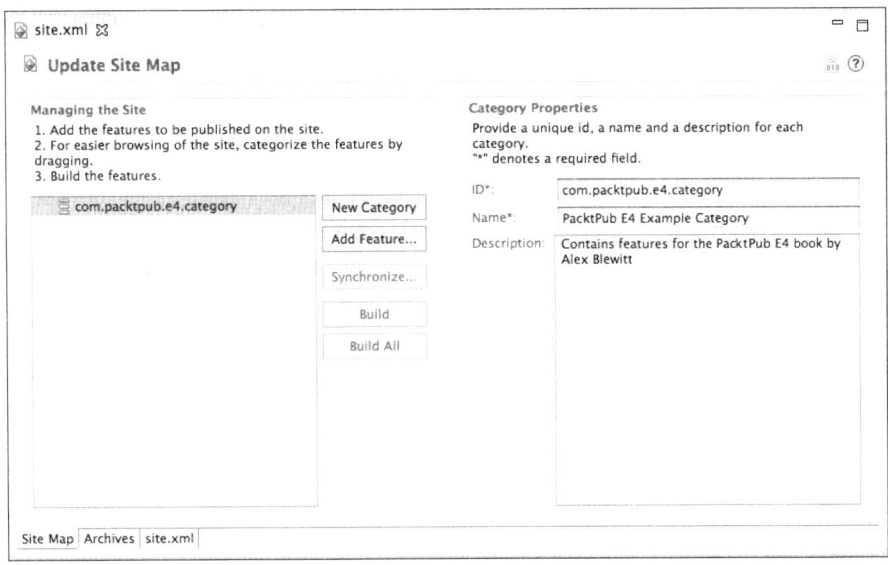

4 com.packtpub.e4.category를 선택하고 Add Feature 버튼을 클릭한다.

5 팝업 메뉴에서 com.packtpub.e4.feature를 선택하고 강조된 카테고리에 com.packtpub.e4.feature가 추가되는지 확인한다(앞의 예제에서 작업 중인 이클립스에 피처를 설치했다면 목록에 두 개의 com.packtpub.e4.feature가 보일 수 있다. 그럴 경우 버전이 .qualifier로 끝나는 피처를 선택한다 - 옮긴이).

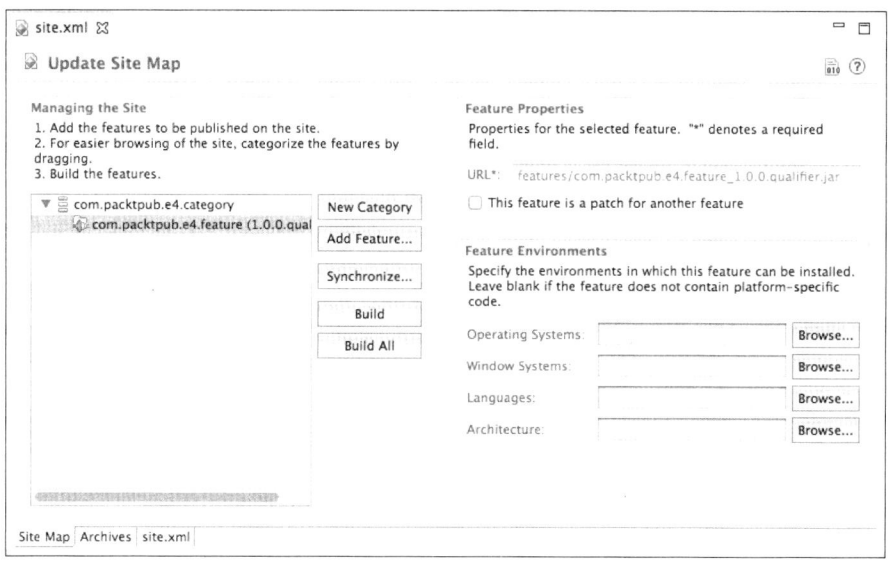

6 Build All 버튼을 클릭하면 업데이트 사이트가 프로젝트 폴더에 생성된다.

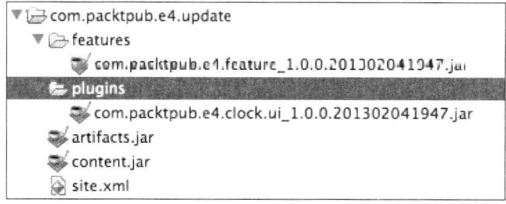

7 마지막으로 Help > Install New Software로 이동하고 사용 중인 작업 공간(업데이트 사이트 프로젝트 폴더를 work with 경로에 지정한다 - 옮긴이)으로 경로를 배치해서 카테고리를 제대로 설정했는지 확인한다.

8 카테고리로 그룹핑하기Group items by category 체크박스를 선택하고 피처를 포함한 카테고리가 보이는지 확인한다.

보충 설명

최신 이클립스 런타임에서는 site.xml 파일이 필요 없지만, artifacts.jar와 content.jar 파일에 P2가 설치 작업을 수행할 때 필요한 XML 파일을 포함한다. XML 파일은 피처와 플러그인 전체 목록과 번들을 내보내고 가져오기 하는 패키지 같은 설치 파일을 실행할 때 필요한 제약 사항을 담고 있다.

P2는 site.xml이나 category.xml 파일을 이용해서 카테고리를 생성한다. 근본적으로 두 파일은 같지만, 업데이트 사이트 xml은 필요한 콘텐츠를 편집하고 생성하기 위한 화려한 UI를 갖는다.

```xml
<site>
  <feature id="com.packtpub.e4.feature" version="1.0.0.qualifier"
      url="features/com.packtpub.e4.feature_1.0.0.qualifier.jar">
    <category name="com.packtpub.e4.category"/>
  </feature>
  <category-def name="com.packtpub.e4.category"
      label="PacktPub E4 Example Category">
    <description>
      Contains features for the PacktPub E4 book by Alex Blewitt
    </description>
  </category-def>
</site>
```

site.xml 파일은 플러그인을 포함한 피처 목록을 가지며 업데이트 사이트를 생성하는 데 사용된다. 업데이트 사이트의 최상위에는 feature와 plugins 디렉토리가 있다. artifacts.jar나 content.jar를 누락하거나 jar 파일 내에 site.xml 파일이 없으면 이클립스는 리포지터리로부터 콘텐츠를 설치하지 못한다.

 site.xml만 포함한 저장소로부터 콘텐츠를 로드하는 기능은 이클립스 4.3 이후 버전부터 사라졌다.

업데이트 사이트를 빌드하면 .qualifier는 빌드 식별자로 교체된다. 빌드 식별자는 년/월/일/시간으로 구성된다. 원하면 복잡한 값으로 버전을 변경해도 된다.

artifacts.jar와 content.jar는 하나의 xml 파일을 포함한 압축 파일이다. 이 xml 파일은 압축 파일에만 저장되며, 비효율적이긴 하지만 artifacts.xml이나 content.xml로도 제공 가능하다.

업데이트 사이트를 호스트에서 원격 서버로 옮겨서 다른 이클립스 인스턴스에서도 설치 가능하게 할 수 있다. 이클립스는 HTTP뿐만 아니라 FTP도 기본으로 지원하지만, 다른 프로토콜도 지원하게 확장 가능하다.

일반적으로 최상위 피처만 업데이트 사이트에 노출된다. 다른 피처나 플러그인을 포함해도 되지만 업데이트 사이트에는 최상위 피처만 보여주고, 이클립스에 설치된 자세한 목록은 Help > About > Installation Details에서 확인 가능하다.

실습 예제 | 다른 피처에 의존 관계 설정

다른 피처의 기능이 필요한 경우에는 feature.xml에 필요한 피처를 선언한다. 예를 들어 E4 피처 설치 파일에서 JGit에서 제공하는 몇 가지 런타임 컴포넌트가 필요한 경우 JGit 피처를 설치하면 E4 피처 설치에 필요한 모든 것이 존재하게 된다. E4 피처에 JGit와의 종속성을 정의하려면 다음 절차에 따라 수행한다.

1 feature.xml 편집기에서 종속성^{Dependencies} 탭으로 이동한다.

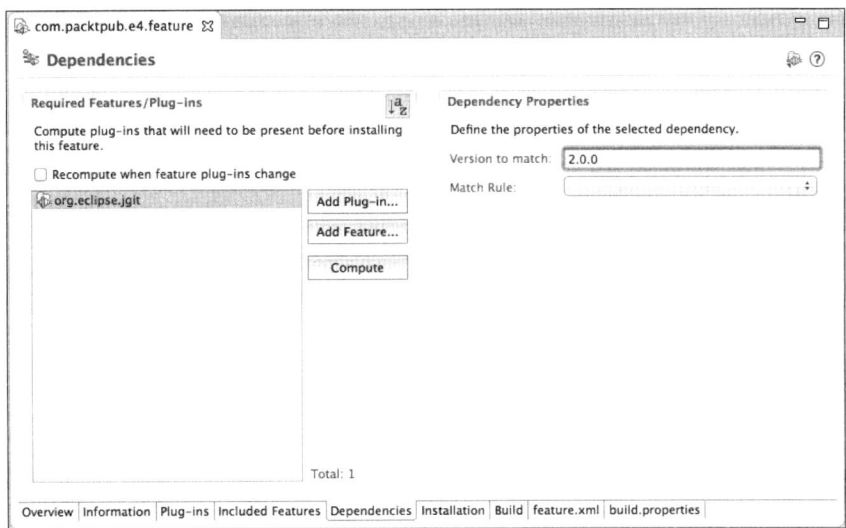

2 Add Feature를 클릭하고 목록에서 org.eclipse.jgit를 선택한다. 플러그인에 정의한 정확한 버전이 버전 범위에 채워진다. 다소 낮은 버전의 피처가 설치된 이클립스에 설치될 수도 있으므로, 버전은 낮은 버전 번호로 대체하는 편이 더 좋다. feature.xml 파일은 다음과 같은 내용을 포함한다.

```
<feature id="com.packtpub.e4.feature" label="Feature"
    version="1.0.0.qualifier" provider-name="PACKTPUB">
  <requires>
    <import feature="org.eclipse.jgit" version="2.0.0"/>
  </requires>
  <plugin id="com.packtpub.e4.clock.ui"
      download-size="0"
      install-size="0"
      version="0.0.0"
      unpack="false"/>
<feature/>
```

3 업데이트 사이트 프로젝트의 site.xml에서 Build All을 다시 실행한다. features/ 디렉토리에는 com.packtpub.e4.feature만 존재하고 plugins/ 디렉토리에는 com.packtpub.e4.clock.ui 플러그인만 있다.

4 피처를 다시 설치한다(또는 이전 이미 추가한 디렉토리라면 Help ▸ Check for Updates를 실행한다). 이번에는 E4 피처 설치와 함께 JGit도 설치된다는 메시지가 출력된다. JGit은 표준 이클립스 업데이트 사이트로부터 얻어와 설치한다.

보충 설명

다른 피처와의 종속성을 추가하면 실행 중인 이클립스 플랫폼에 피처를 설치할 때 해당 피처가 필요하다. 피처가 설치돼 있지 않고 현재 선택한 업데이트 사이트에서 찾을 수 없는 경우 다른 모든 업데이트 사이트에서 찾기Consult all update sites 체크박스를 선택하면 다른 업데이트 사이트를 참조해서 필요한 피처를 찾는다.

JGit 피처는 내보내기 한 사이트에 없다. 다른 곳에서 사용 가능한 피처를 중복해서 가질 필요 없으므로 바람직한 방식이다. 이상적인 방법이지만 종속성Dependency 탭에서 JGit의 종속성을 제거하고 **포함된 피처**Included features 탭에 추가하면 feature.xml 파일의 requires 종속성이 includes 종속성으로 바뀐다.

실습 예제 | 피처 브랜드 적용

보통의 피처는 이클립스 About 대화상자에 보이지 않고 일부 피처만 표시된다. 단지 피처와 관련된 브랜드 정보를 가진 최상위 피처만 About 대화상자에 표시된다.

1 Help > About(OS X에서는 Eclipse > About Eclipse)로 가면 설치된 피처의 최상위 브랜드로 구성된 아이콘들이 보인다. About 대화상자에 표시되는 피처는 정보를 제공하는 about.ini라는 파일을 가진 브랜드 플러그인을 갖는다.

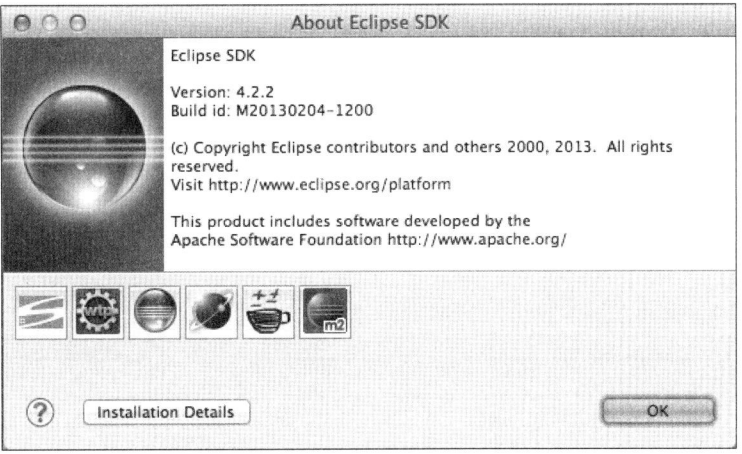

2 먼저 앞에서 작업한 com.packtpub.e4.clock.ui 플러그인을 이용해서 피처와 브랜드 플러그인에 대한 연결을 설정한다. feature.xml 파일을 열고 개요^{Overview} 탭으로 이동해서 브랜드 플러그인의 이름에 com.packtpub.e4.clock.ui를 추가한다.

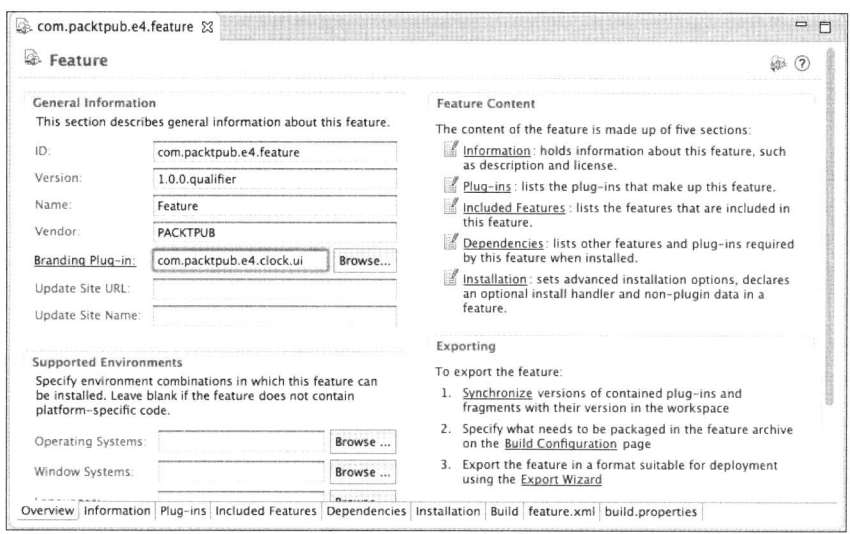

3 com.packtpub.e4.clock.ui 플러그인에 다음 내용을 포함한 about.ini라는 파일을 생성한다.

```
featureImage=icons/sample.gif
aboutText=\
Clock UI plug-in\n\
\n\
Example of how to use plug-ins to modularise applications\n
```

4 업데이트 사이트를 빌드하고 이클립스에 플러그인을 설치한다. 이클립스를 다시 시작한 후 Help > About 메뉴로 이동한다. 안타깝게도 정보^{about} 텍스트가 보이지 않는다. about.ini가 플러그인의 일부분인데도 플러그인 JAR 파일에 포함되지 않아 발생한 문제다. com.packtpub.e4.clock.ui 플러그인의 build.properties 파일에 about.ini 파일을 추가해야 한다.

```
bin.includes = plugin.xml,\
META-INF/,\
.,\
icons/,\
```

```
about.ini,\
    ...
```

5 업데이트 사이트를 다시 빌드해서 플러그인 JAR에 about.ini가 포함돼 있는지 확인한다.

6 Window > Preferences > Install/Update > Available Update Sites 창으로 이동한 다음 내보낸 리포지터리에 대해 Reload를 실행해서 업데이트 사이트를 다시 로드한다.

7 변경 사항을 설치하기 위해 Help > Check for Updates를 실행하고 이클립스를 다시 시작한다.

8 About 화면으로 가서 피처가 사용하는 아이콘이 표시되는지 확인한다.

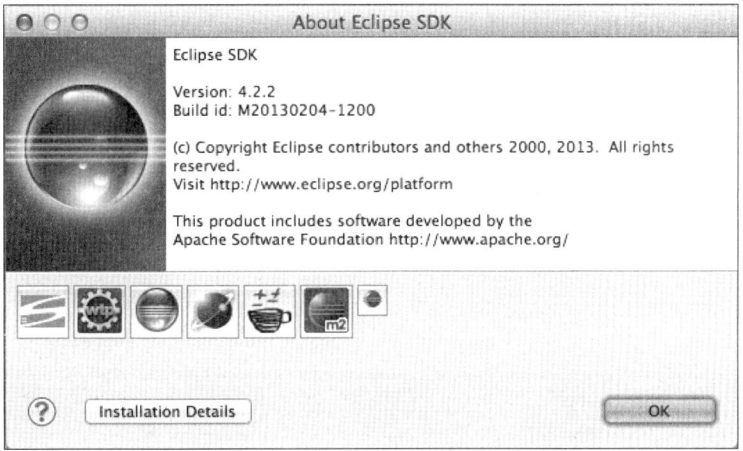

보충 설명

피처는 텍스트와 아이콘으로 구성된 브랜드 플러그인과 연관돼 있다. 피처의 브랜드는 브랜드 플러그인에 있는 about.ini 파일로 구성되며, 선택적으로 32×32 크기의 아이콘도 포함한다.

예제에서 사용한 아이콘은 마법사에서 생성한 16×16 아이콘이어서 목록의 다른 아이콘보다 작게 보인다. 피처 아이콘 크기는 32×32여야 하며, 크기가 다르면 일관돼 보이지 않는다. 32×32 크기의 피처 아이콘을 제공하는 일은 독자의 숙제로 남겨둔다.

도전 과제 | 콘텐츠를 원격으로 게시

업데이트 사이트는 웹을 통해 제공 가능하므로 업데이트 콘텐츠를 원격의 웹 서버에 업로드해서 원격 웹 서버로부터 플러그인을 설치한다. 아파치^{Apache} 같은 웹 서버를 사용하거나 운영체제에 내장된 웹 서버와 로컬 서비스를 통해 콘텐츠를 제공한다.

애플리케이션과 제품 빌드

이클립스 런타임은 플러그인의 그룹인 피처 그룹으로 구성되고, 플러그인을 포함한 애플리케이션을 제품^{product}이라고 한다. 제품은 최고 수준의 브랜드를 가지며, 애플리케이션 이름을 지정하고 필요한 운영체제의 특정 기능이 존재하는지를 확인하는 작업과 함께 코드를 어떤 플랫폼에서 실행할지 결정한다. 7장에서 E4 기반 제품을 생성했지만, 이클립스 3.x와 4.x에서 동일한 방식으로 동작하는 제품이었다.

실습 예제 | UI 없는 애플리케이션 작성

1 `com.packtpub.e4.headless.application`이라는 새 플러그인을 생성한다. 이 플러그인이 UI에 제공^{This plug-in will make contributions to the UI} 체크박스를 선택 해제하고 리치 클라이언트 애플리케이션을 작성하시겠습니까?^{Would you like to create a rich client application}를 No로 설정한다.

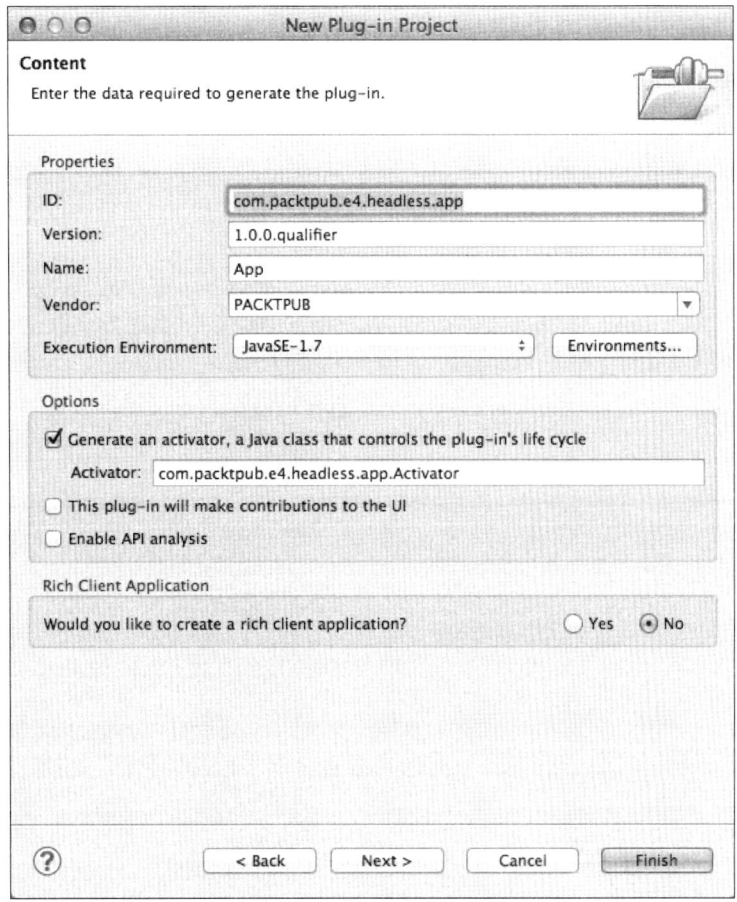

2 Finish를 클릭하고 프로젝트를 생성한다.

3 프로젝트의 Plug-in Tools > Open Manifest 메뉴를 선택한 후 확장Extensions 탭으로 이동한다. 확장 탭은 이클립스가 확장 목록을 관리하는 위치면서 애플리케이션을 정의하는 곳이다.

4 Add를 클릭한 후 applications를 입력한다. 필수 플러그인에서만 확장점 표시Show only extension points from the required plug-ins 체크박스가 선택 해제됐는지 확인한다. `org.eclipse.core.runtime.applications` 확장점을 선택한다.

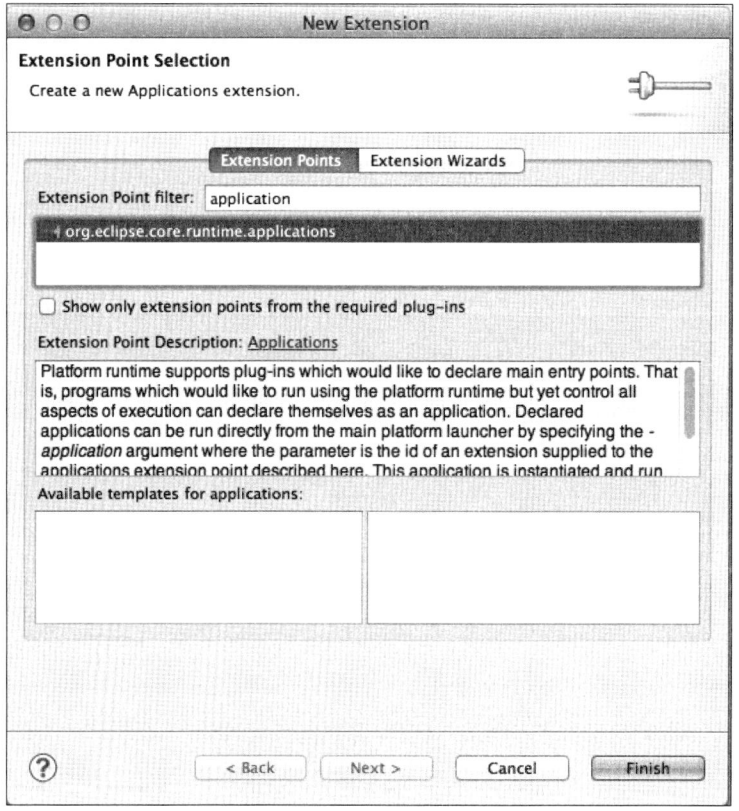

5 Finish를 선택하면 org.eclipse.equinox.app을 종속성에 추가할지 묻는 대화상자가 나타난다. 그렇게 하려면 Yes를 선택한다.

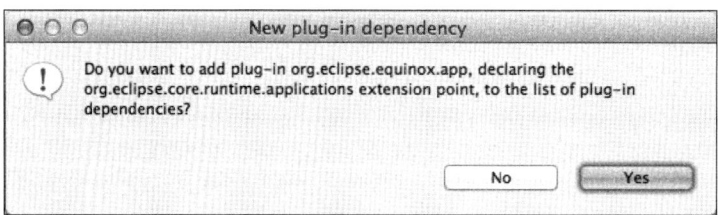

6 편집기가 트리 모양으로 바뀐다. (application)에서 오른쪽 클릭한 후 새 애플리케이션 참조를 생성하기 위해 New > run을 선택한다.

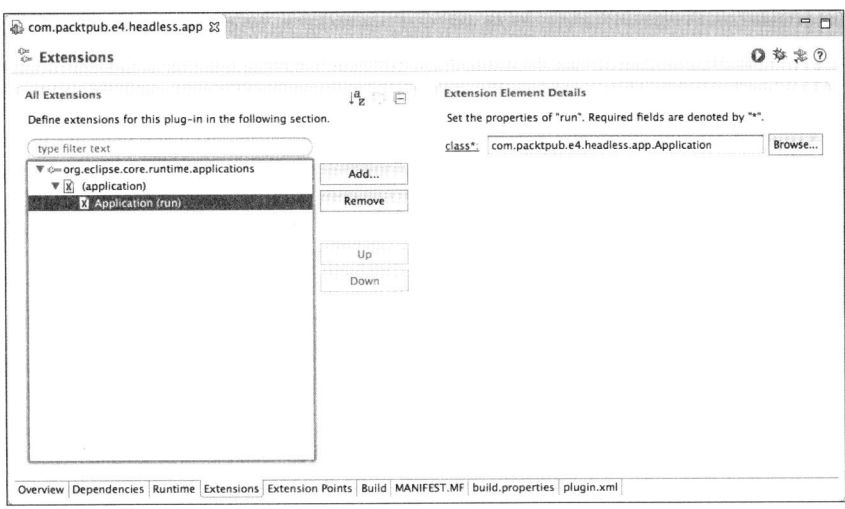

7 클래스 이름을 com.packtpub.e4.headless.application.Application으로 하고 왼쪽의 class* 링크를 클릭해서 새 클래스 마법사를 연다. 앞에서 입력한 클래스 이름이 미리 입력돼 보이고 IApplication 인터페이스도 설정돼 있다.

8 다음과 같이 클래스를 구현한다.

```
public class Application implements IApplication {
  public Object start(IApplicationContext c) throws Exception {
    System.out.println("Headless Application");
    return null;
  }
  public void stop() {
  }
}
```

9 매니페스트의 확장Extensions 탭으로 이동한 후 오른쪽 상단의 실행 버튼을 클릭하거나 이클립스 애플리케이션 실행Launch an Eclipse application 하이퍼링크를 클릭해서 애플리케이션을 실행한다. Headless Application이 콘솔 뷰에 표시된다.

보충 설명

애플리케이션을 생성하려면 확장점과 IApplication 인터페이스를 구현한 클래스가 필요하다. 마법사를 사용해서 애플리케이션을 생성하고 간단한 메시지를 화면에 출력하는 시작 메소드를 구현했다.

실행 버튼을 클릭할 때 이클립스는 애플리케이션에 맞는 새로운 실행 환경설정을 생성한다.

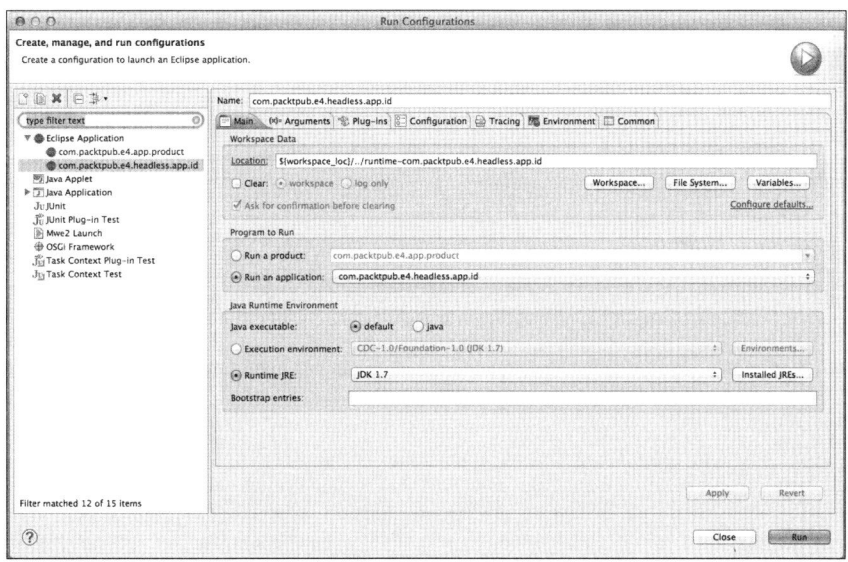

실행 환경설정은 plugin.xml에서 자동으로 생성한 애플리케이션 ID를 참조한다. 이클립스는 런타임을 시작할 때 런타임 환경을 가져와서 애플리케이션 인스턴스에 런타임 제어권을 넘겨준다. 시작 메소드 실행 후에 애플리케이션을 종료한다.

실습 예제 | 제품 생성

이클립스 제품^{product}은 애플리케이션에 대한 브랜드이며 참조다. 제품은 어떤 피처나 플러그인이 사용 가능한지를 제어하고 플러그인 실행 여부와 실행할 때의 순서를 결정한다.

7장에서 `org.eclipse.e4.ui.workbench.swt.E4Application`가 제공하는 E4 애플리케이션을 구동하는 제품을 생성했지만, 이번에는 앞에서 생성한 UI 없는 애플리케이션^{headless application}에 연결된 제품을 생성해서 제품과 애플리케이션 간의 연결이 어떻게 동작하는지 알아본다.

1. File > New > Other > Plug-in Development > Product Configuration을 사용해서 제품 마법사를 실행한다.

2. `com.packtpub.e4.headless.application` 프로젝트를 선택하고 파일 이름에 headless를 입력한다.

3. 기본 설정으로 환경설정 파일 생성하기^{Create a configuration file with the basic settings}를 선택한다.

4. Finish를 클릭하고 headless.product 파일을 연다.

5. 다음의 상세 정보를 입력한다.

    - **식별자(ID)**   com.packtpub.e4.headless.application.product
    - **버전(Version)**   1.0.0
    - **이름(Name)**   Headless Product

6. 제품 정의^{Product Definition} 섹션의 오른쪽에 있는 New를 클릭해서 제품을 생성하는 대화상자를 실행한다. 대화상자에 다음 내용을 입력한다.

    - **정의할 플러그인(Defining plug-in)**   com.packtpub.e4.headless.application
    - **제품 식별자(Product ID)**   product
    - **애플리케이션(Application)**   com.packtpub.e4.headless.application.id

애플리케이션(Application)은 앞 단계의 plugin.xml에 정의한 애플리케이션 ID 값으로, id1, id2 등이 된다.

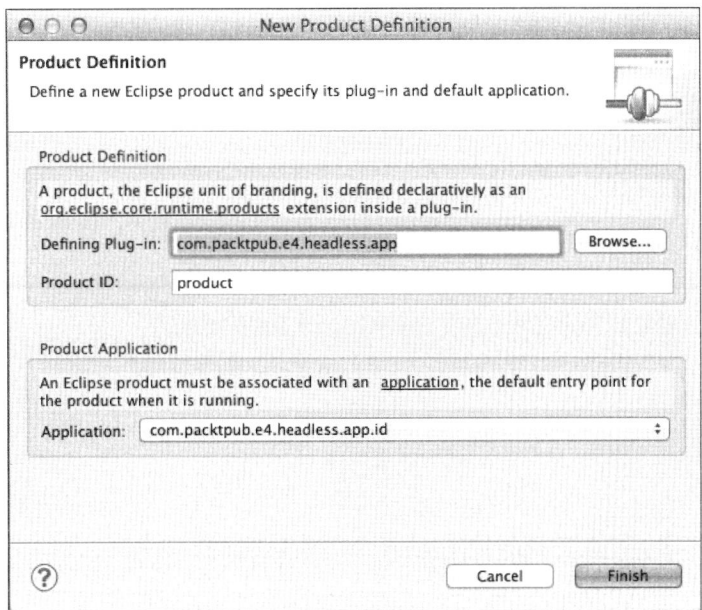

7 제품 정의의 오른쪽 상단 끝에 있는 실행^{Run}을 클릭해서 제품을 실행한다.

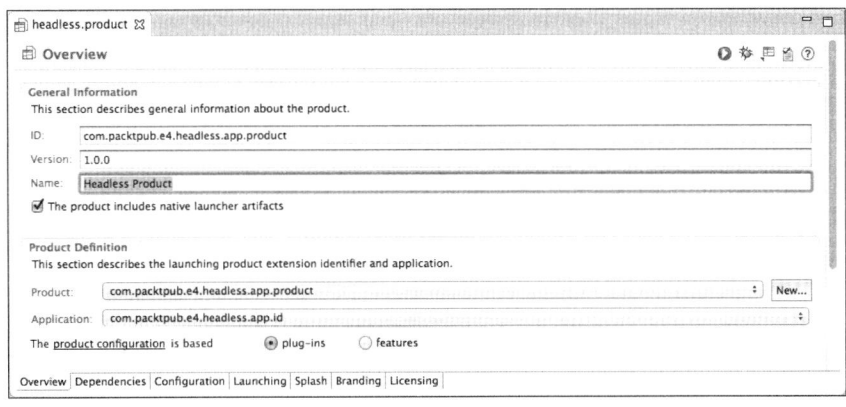

8 `java.lang.ClassNotFoundException: org.eclipse.core.runtime.adaptor.EclipseStarter`가 발생할 것이다. 런타임이 필요한 플러그인이 찾지 못해 발생한 문제로, 종속성Dependencies 탭으로 이동해서 다음을 추가한다.

    ○ com.packtpub.e4.headless.application

    ○ org.eclipse.core.runtime

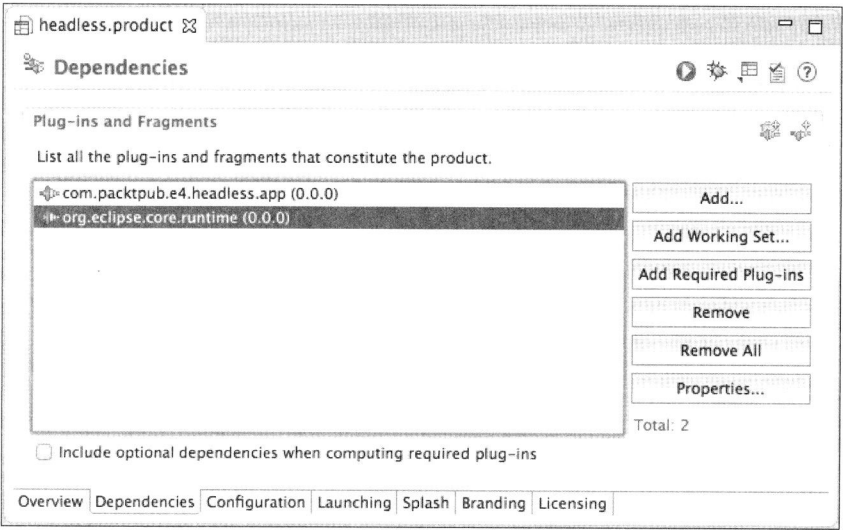

9 Add Required Plug-ins를 클릭해서 나머지 다른 필요한 플러그인을 추가한다.

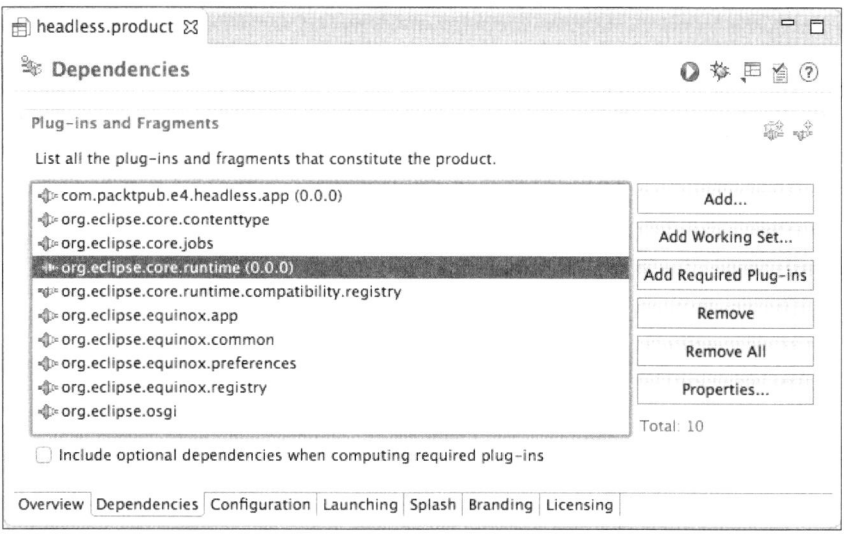

10 제품을 실행하면 이전과 동일한 Headless Application이 콘솔에 표시돼야 한다.

11 File > Export > Plug-in Development > Eclipse Product 또는 제품 편집기 상단의 Export 버튼을 클릭해서 제품을 로컬 디렉토리로 내보낸다.

12 제품을 내보낸 디렉토리에서 eclipse를 실행해 메시지가 출력되는지 확인한다. 윈도우에서는 eclipsec.exe를 실행하고 OS X에서는 Eclipse.app/Contents/MacOS/eclipse를 실행한다.

보충 설명

제품을 사용하고 실행하는 일은 애플리케이션을 실행하는 일과 크게 다르지 않지만, 애플리케이션은 시작점이고 기존 이클립스 런타임 안에 설치할 수 있는 반면 제품은 독립적으로 실행 가능한 독립형 시스템이다.

제품은 애플리케이션의 실행 아이콘의 룩앤필을 정의하고, 번들로 포함한 항목과 실행 방법을 지정한다. 그런 다음 제품은 런타임 코드를 실행하는 제어권을 애플리케이션에 넘긴다.

편집기는 제품 파일을 위한 GUI로, 제품 파일은 다음과 유사한 형태의 XML 파일이다.

```xml
<?xml version="1.0" encoding="UTF-8"?>
<?pde version="3.5"?>
<product name="Headless Product"
    uid="com.packtpub.e4.headless.application.product"
    id="com.packtpub.e4.headless.application.product"
    application="com.packtpub.e4.headless.application.id"
    version="1.0.0"
    useFeatures="false" includeLaunchers="true">
  <configIni use="default"/>
  <launcherArgs>
    <vmArgsMac>-XstartOnFirstThread
        -Dorg.eclipse.swt.internal.carbon.smallFonts</vmArgsMac>
  </launcherArgs>
  <launcher>
    <solaris/>
    <win useIco="false">
      <bmp/>
    </win>
  </launcher>
  <vm/>
  <plugins>
    <plugin id="com.packtpub.e4.headless.application"/>
    <plugin id="org.eclipse.core.contenttype"/>
    <plugin id="org.eclipse.core.jobs"/>
    <plugin id="org.eclipse.core.runtime"/>
    <plugin id="org.eclipse.core.runtime.compatibility.registry"
        fragment="true"/>
    <plugin id="org.eclipse.equinox.app"/>
    <plugin id="org.eclipse.equinox.common"/>
    <plugin id="org.eclipse.equinox.preferences"/>
    <plugin id="org.eclipse.equinox.registry"/>
```

```
    <plugin id="org.eclipse.osgi"/>
  </plugins>
</product>
```

도전 과제 | 피처 기반 제품 생성

앞서 생성한 제품은 코드를 실행하는 데 필요한 플러그인의 집합을 정의했다. 많은 이클립스 애플리케이션은 피처를 기반으로 하므로, 제품도 피처로 정의할 수 있다.

플러그인 종속성을 제품에서 피처로 옮기고, 제품에 피처에 대한 종속 관계를 정의한다. 이렇게 하면 제품 정의에 영향을 주지 않고 피처를 업데이트할 수 있다.

깜짝 퀴즈 | 피처와 애플리케이션, 제품 이해

Q1. 타임스탬프로 대체되는 버전 번호에 사용하는 키워드는 무엇인가?

Q2. 업데이트 사이트를 빌드하면 어떤 파일이 생성되는가?

Q3. 업데이트 사이트에 카테고리를 지정하는 파일의 이름은 무엇인가?

Q4. 피처에서 'requires'와 'includes'는 어떤 차이가 있는가?

Q5. 애플리케이션과 제품은 어떤 차이가 있는가?

Q6. 애플리케이션의 진입점은 무엇인가?

정리

8장에서는 플러그인을 내보내고 다른 이클립스 인스턴스에 설치 가능하게 해주는 피처와 업데이트 사이트 생성 방법을 알아봤다. 업데이트 사이트는 웹 서버를 통해 게시되고, 넓은 가시성을 위해 이클립스 마켓플레이스에도 등록 가능하다. 최상위 애플리케이션으로 내보내기 위해 사용하는 애플리케이션과 제품을 만드는 방법도 살펴봤다.

9장에서는 이클립스 테스트를 자동화하는 방법을 알아본다.

9
플러그인 테스트 자동화

JUnit은 이클립스 애플리케이션이 선택한 테스트 프레임워크로, 자바 테스트나 플러그인 테스트를 실행할 때 사용한다. 사용자 인터페이스를 테스트해야 한다면 이클립스 애플리케이션 위에 퍼사드(facade)를 제공하는 SWTBot을 이용해서 테스트할 때의 메뉴와 대화상자, 뷰를 구동한다.

9장에서는 다음과 같은 내용을 다룬다.

- 순수 자바 코드를 실행하는 JUnit 테스트 작성
- 플러그인을 실행하는 JUnit 테스트 작성
- SWTBot을 이용한 UI 테스트 작성
- 뷰 정보 얻기와 대화상자로 작업
- 계속하기 전에 발생할 조건 대기

테스트 자동화를 위한 JUnit 사용

이클립스는 초기 단위 테스트 자동화 프레임워크 중 하나인 JUnit을 10년 넘게 사용해왔다. 이클립스의 품질 일부는 UI와 non-UI 컴포넌트를 실행하는 자동화된 단위 테스트 덕분이다.

JUnit은 하나 이상의 테스트를 가진 테스트 케이스test case를 생성해서 실행하며, 테스트 케이스는 보통 테스트할 클래스나 메소드에 해당한다. 관습처럼 테스트 클래스 이름 뒤에 Test를 붙이지만 꼭 그럴 필요는 없다. 묵시적으로 프로젝트 자체가 하나의 테스트 스위트test suite가 되지만, 여러 테스트 케이스를 묶어 테스트 스위트로 통합할 수 있다.

실습 예제 | 간단한 JUnit 테스트 케이스 작성

이번 실습에서는 이클립스에서 간단한 JUnit 테스트 케이스를 작성하고 실행하는 방법을 알아본다.

1 com.packtpub.e4.junit.example이라는 자바 프로젝트를 생성한다.

2 com.packtpub.e4.junit.example에 MathUtil이라는 클래스를 생성한다.

3 int 값을 받아 값이 홀수인지 여부를 나타내는 boolean 값을 반환하는 isOdd()라는 public static 메소드를 생성한다(value % 2 == 1을 사용해서 홀수를 판단하라).

4 com.packtpub.e4.junit.example 패키지에 MathUtilTest라는 새 클래스를 생성한다.

5 testOdd()라는 메소드를 생성하고 @Test 어노테이션을 추가해서 JUnit 4가 이 메소드를 테스트 케이스로 인지하게 한다.

6 빌드 경로에 JUnit 4 라이브러리 추가Add JUnit 4 library to the build path라는 빠른 해결quick fix를 클릭하거나 이클립스의 plugins/org.junit_4.*.jar 파일을 빌드 경로에 직접 추가한다.

7 testOdd() 메소드는 다음과 같이 구현한다.

```
assertTrue(MathUtil.isOdd(3));
assertFalse(MathUtil.isOdd(4));
```

8 컴파일 오류를 수정하기 위해 static import로 org.junit.Assert.*를 추가한다.

9 프로젝트의 오른쪽 클릭 메뉴에서 Run As | JUnit Test를 선택하고 JUnit 테스트 뷰가 녹색의 테스트 결과를 표시하는지 확인한다.

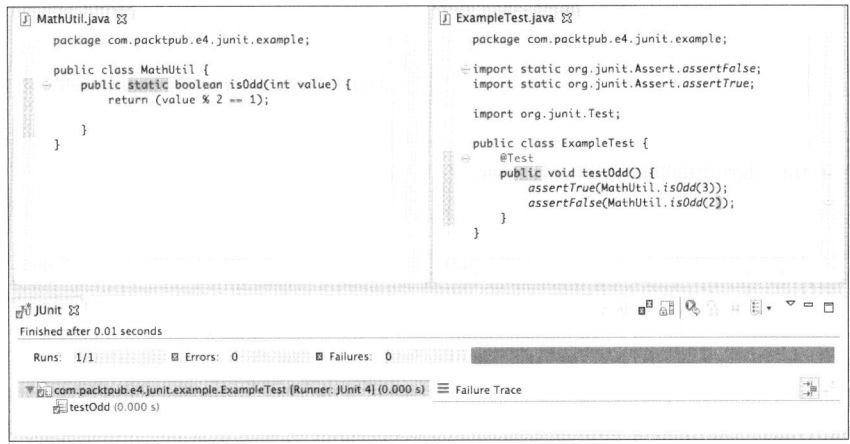

10 테스트가 잘 동작하는지 확인하기 위해 isOdd() 메소드가 false를 반환하게 수정한 후 테스트를 다시 실행한다. 녹색이 아닌 빨간색 테스트 결과가 표시돼야 한다.

보충 설명

예제 프로젝트를 통해 이클립스에서 JUnit 테스트를 작성하고 실행하는 방법을 설명했다. JUnit 테스트를 해석해서 실행 가능하다면 OSGi뿐만 아니라 OSGi가 아닌 프로젝트에서도 예제는 동작한다.

테스트 메소드에 @Test 어노테이션을 추가하지 않으면 메소드를 실행하지 않으므로 테스트 메소드에 어노테이션을 추가하는 일을 잊지 말라. 처음에는 일부러 실패하는 메소드를 작성하고, 테스트를 실행하면 테스트가 제대로 동작하는지 확인하는 데 도움이 된다. 실행되지 않는 테스트에 녹색 테스트 바는 아무런 의미가 없으며, 코드를 실행하면 실패하기 때문이다.

JUnit 뷰에서 테스트를 다시 실행할 수도 있다. 녹색 **실행** 버튼을 누르면 모든 테스트를 다시 실행하고 (앞의 예제 그림에서는 비활성화돼 있는) 빨간색 십자가를 가진 **실행** 버튼을 클릭하면 이전에 실패한 테스트만 다시 실행한다.

실습 예제 | 플러그인 테스트 작성

자바 프로젝트와 자바 플러그인 프로젝트 모두 자바와 JUnit을 사용해서 테스트하지만, 플러그인은 OSGi나 이클립스 환경에서 실행할 때만 사용할 수 있는 런타임 플랫폼에서 제공하는 자바와 JUnit을 사용한다.

1 `com.packtpub.e4.junit.plugin`이라는 새로운 플러그인 프로젝트를 생성한다.

2 `com.packtpub.e4.junit.plugin` 패키지에 `PlatformTest`라는 새 **JUnit** 테스트를 생성한다.

3 `testPlatform()`이라는 메소드를 생성하고 `Platform`이 실행 중인지를 확인하는 코드를 작성한다.

   ```
   @Test
   public void test() {
     assertTrue(Platform.isRunning());
   }
   ```

4 **빠른 해결**quick fix을 클릭해서 필요한 번들에 `org.junit`을 추가한다.

   ○ 프로젝트 매니페스트를 열거나 프로젝트에서 오른쪽 클릭한 후 메뉴에서 Plug-in Tools > Open Manifest를 선택한다.

- 종속성^{Dependencies} 탭으로 이동해서 Add를 클릭하고 대화상자에서 `org.junit`을 선택한다.
- 종속성에 `org.eclipse.core.runtime`도 있는지 다시 확인한다.

5 프로젝트에서 오른쪽 클릭하고 Run As | JUnit Test를 선택해서 테스트를 실행한다. `fail`이라는 오류 메시지가 표시돼야 한다.

6 프로젝트에서 오른쪽 클릭하고 Run As › JUnit Plug-in Test를 선택해서 플러그인으로 테스트를 실행하면 테스트가 성공한다.

보충 설명

동일한 테스트 코드지만 테스트를 실행하는 방법이 약간 다르다. 첫 번째 인스턴스에서는 표준 JUnit 테스트 러너^{runner}를 사용해서 단독 JVM으로 코드를 실행했다. 이 환경에는 이클립스 런타임 전체를 포함하지 않으므로 테스트가 실패한다.

플러그인 테스트는 다른 방법으로 실행한다. 새로운 이클립스 인스턴스를 생성하고 플러그인을 내보내서 런타임에 설치하며, 이클립스 구동에 필요한 다양한 OSGi 서비스를 가져온 후 테스트 러너가 플러그인을 실행한다.

결과적으로 플러그인 테스트 실행은 플랫폼을 먼저 구동해야 하기 때문에 테스트 프로세스가 느리다. 그래서 통합 테스트는 전체 플러그인 환경의 컨텍스트에서 실행하지만, 빠르게 테스트를 수행하기 위해 개별 테스트 케이스는 독립형 자바 테스트로 실행하는 경우도 있다.

OSGi와 플랫폼 서비스에 종속된 코드 섹션은 플러그인 테스트로 실행해야 한다.

사용자 인터페이스 테스트를 위해 SWTBot 사용

SWTBot은 이클립스의 사용자 인터페이스와 SWT 애플리케이션의 테스트를 지원하는 자동화된 테스트 프레임워크다. 테스트를 작성하고 애플리케이션 내부의 모델을 실행하는 일은 테스트의 기본이며, 경우에 따라 사용자 인터페이스와의 상호작용을 테스트해야 할 필요도 있다.

실습 예제 | SWTBot 테스트 작성

먼저 이클립스 업데이트 사이트에서 SWTBot을 설치한다. 예제는 http://download.eclipse.org/technology/swtbot/releases/latest/에서 다운로드한 SWTBot 2.1.0 버전으로 테스트했다. 이클립스 케플러Kepler(4.3)는 SWTBot 2.1.1 이상 버전을 사용한다.

1 Help > Install New Software로 이동해서 SWTBot 업데이트 사이트를 입력한다.
2 GEF 피처를 제외한 모든 항목을 선택한다.

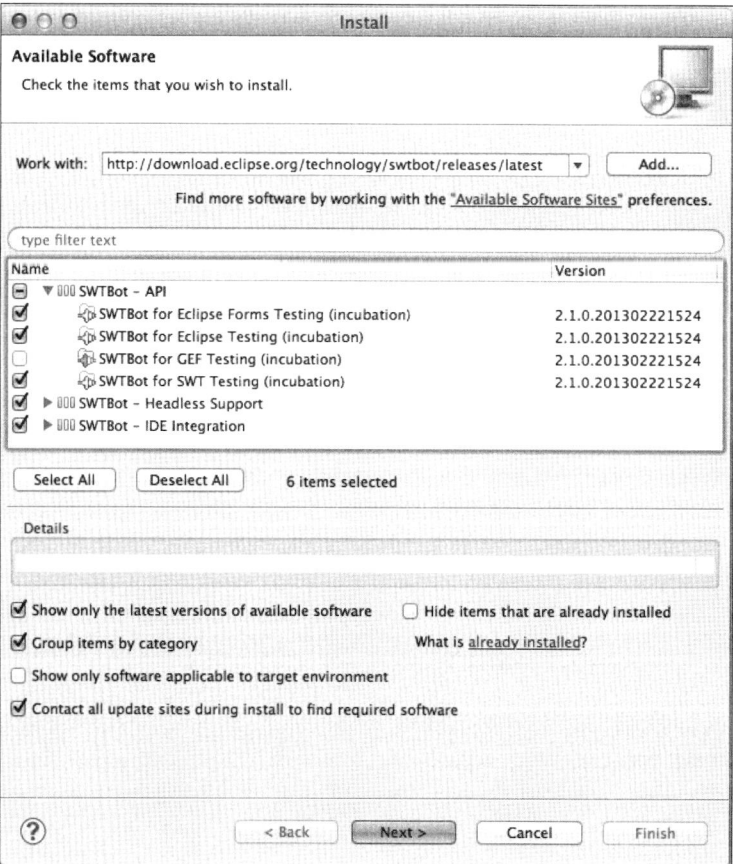

3 Next를 클릭해 SWTBot을 설치한다.

4 이클립스를 재 시작하라는 대화상자가 나타나면 Yes를 클릭해 이클립스를 재 시작한다.

5 `com.packtpub.e4.junit.plugin` 플러그인 매니페스트의 종속성에 다음 번들을 추가한다.

- `org.eclipse.swtbot.junit4_x`
- `org.eclipse.swtbot.forms.finder`
- `org.eclipse.swtbot.eclipse.finder`
- `org.eclipse.ui`

6 `com.packtpub.e4.junit.plugin` 패키지에 UITest라는 클래스를 생성한다.

7 클래스에 `@RunWith(SWTBotJunit4ClassRunner.class)`라는 어노테이션을 추가한다.

8 `testUI()`라는 메소드를 생성하고 `@Test` 어노테이션을 추가한다.

9 `testUI()` 메소드 내에서 `SWTWorkbenchBot` 인스턴스를 생성한다.

10 SWTBot의 `shells()` 메소드로 획득한 `shell`이 가시화됐는지와 `Java - Eclipse SDK`(이클립스 윈도우 제목으로, 환경에 따라 다를 수 있다)라는 제목을 갖는지 검사한다. 코드는 다음과 같다.

```
package com.packtpub.e4.junit.plugin;
import static org.junit.Assert.assertEquals;
import org.eclipse.swtbot.eclipse.finder.SWTWorkbenchBot;
import org.eclipse.swtbot.swt.finder.junit.SWTBotJunit4ClassRunner;
import org.eclipse.swtbot.swt.finder.widgets.SWTBotShell;
import org.junit.Test;
import org.junit.runner.RunWith;
@RunWith(SWTBotJunit4ClassRunner.class)
public class UITest {
  @Test
```

```java
public void testUI() {
  SWTWorkbenchBot bot = new SWTWorkbenchBot();
  SWTBotShell[] shells = bot.shells();
  for (int i = 0; i < shells.length; i++) {
    if (shells[i].isVisible()) {
      assertEquals("Java - Eclipse SDK", shells[i].getText());
    }
  }
}
```

11 프로젝트에서 오른쪽 클릭한 후 Run As > SWTBot Test를 선택해 테스트를 실행한다.

12 JUnit 테스트가 성공했는지 확인한다.

보충 설명

SWTBot은 프로그램적으로 사용자 인터페이스의 상태를 유도하는 UI 테스트 프레임워크다. 실습 예제에서는 이클립스 워크벤즈와 상호작용하기 위해 새로운 SWTWorkbenchBot을 생성했다(순수한 SWT 애플리케이션은 SWTBot 클래스를 사용한다).

작업 공간이 열리면 SWTBot은 활성화된 셸shell에 대해 반복적으로 테스트 작업을 시작한다. 하나 이상의 셸 중 가시화돼 화면에 표시된 하나의 셸을 찾는다. 셸의 제목은 getText() 메소드를 통해 얻으며, 이클립스 SDK 패키지가 자바 퍼스펙티브를 열고 있으면 Java - Eclipse SDK가 제목으로 반환된다. 하지만 사용 중인 퍼스펙티브와 이클립스 패키지에 따라 제목이 다를 수 있으므로, 테스트가 실패하면 윈도우의 제목을 확인해서 비교 구문을 수정한다.

SWTBot 테스트 애플리케이션은 이클립스 제품 런치와 유사해서 Run이나 Debug 환경설정 메뉴를 통해 플러그인 조합과 시작 속성, 제품이나 애플리케이션 선택을 구성한다. 보통의 JUnit 테스트와 마찬가지로, 런치는 디버그 모드로 호출 가능하며 중단점breakpoint을 설정할 수도 있다.

실습 예제 | 메뉴로 작업

모달 대화상자와 다른 사용자 인터페이스 관련 동작이 교착 상태[deadlock]에 빠지지 않게 SWTBot은 기본적으로 non-UI 스레드에서 동작한다. 그래서 특정 SWT 위젯과의 상호작용을 테스트해야 한다면 UI 스레드를 통해 `runnable`을 호출해야 한다.

SWTBot 프레임워크에는 버튼을 클릭하고 메뉴를 출력하는 능력뿐만 아니라 작업 공간에 대한 퍼사드를 제공하는 다양한 도우미 메소드가 있어 테스트를 좀 더 쉽게 해준다.

1. `UITest` 클래스에 `createProject()`라는 새 테스트 메소드를 생성하고 `@Test` 어노테이션을 추가한다.
2. 새로운 `SWTWorkbenchBot` 인스턴스를 생성한다.
3. 봇[bot]의 `menu()` 메소드를 이용해서 File > Project... 메뉴로 이동하고 `click()`을 실행한다.
4. 봇의 `shell()` 메소드를 사용해서 New Project라는 제목을 가진 셸을 새로 연다. 셸에 포커스가 이동하게 셸을 활성화한다.
5. 봇의 `tree()` 메소드를 이용해서 셸 안의 트리를 찾고 General 노드를 확장한다. 마지막으로 Project를 선택한다.
6. `click()` 메소드로 Next > 버튼을 클릭한다. Next와 > 부호 사이에는 공백문자가 있음을 명심하라.
7. 레이블 텍스트가 Project name:인 레이블 위젯을 찾아 SWTBot Test Project로 텍스트를 설정한다.
8. Finish 버튼을 클릭한다.
9. 앞의 단계를 완료한 코드는 다음과 같다.

```
@Test
public void createProject() {
    SWTWorkbenchBot bot = new SWTWorkbenchBot();
```

```
        bot.menu("File").menu("Project...").click();
        SWTBotShell shell = bot.shell("New Project");
        shell.activate();
        bot.tree().expandNode("General").select("Project");
        bot.button("Next >").click();
        bot.textWithLabel("Project name:").
            setText("SWTBot Test Project");
        bot.button("Finish").click();
    }
```

10 SWTBot Test로 테스트를 실행해서 `createProject()` 테스트가 성공하는지 확인한다.

보충 설명

작업 공간 봇[bot]을 생성한 후 File ▸ Project...로 이동하면 새로운 대화상자가 열리기 때문에 새로 생성한 셸에 대한 핸들을 알아야 한다.

셸의 핸들을 얻기 위해 화면에 출력된 셸에 대한 핸들인 새 `SWTBotShell`을 생성하고, 해당하는 셸을 찾기 위해 제목 텍스트를 사용했다. 현재 가시화된 셸이 하나도 없으면 셸을 찾거나 기본 타임아웃 시간(5초)이 지나 `WidgetNotFoundException`이 발생할 때까지 500밀리초마다 가시화된 셸이 있는지 확인한다.

`activate()` 메소드는 대화상자가 포커스를 획득할 때까지 기다린다. 대화상자의 내부를 확인하기 위해 `tree()`와 `textWithLabel()` 같은 메소드를 사용해 특정 요소를 UI에서 검색한다. 이때 해당 요소를 발견하지 못하면 예외가 발생한다. 대화상자에 특정 유형의 요소 하나만 존재한다면 `tree()`와 같이 간단한 접근자로도 충분하지만, 그렇지 않다면 특정 영역에서 원하는 요소를 찾기 위해 `xxxWithLabel()`과 `xxxWithId()`를 사용한다.

`withId()` 메소드를 사용해 객체를 찾으려면 `widget.setData(SWTBotPreferences.DEFAULT_KEY, "theWidgetId")`를 호출해서 객체에 식별자[ID]를 설정한다.

객체에 접근할 때 내부의 SWT 위젯에 직접 접근하지 못하고, 작업 공간에 대한 래퍼인 `SWTWorkspaceBot`과 같은 래퍼에 접근한다. 레이블에 텍스트를 설정하듯이 접근한 객체에 `setText()` 메소드를 호출하지만, 코드는 실제 non-UI 스레드에서 동작하기 때문에 텍스트를 설정하는 명령을 가진 UI 스레드에 `runnable`을 게시한다. 모든 작업은 SWTBot 내부에서 처리한다.

레이블 테스트를 통해 테스트가 제품의 지역화에 영향을 받는다는 점을 알 수 있다. 예를 들어 애플리케이션을 다른 언어 환경에서 실행하면 테스트는 실패한다. 테스트는 애플리케이션 구조에도 큰 영향을 받는다. UI가 상당히 많이 바뀌면 테스트 코드를 다시 작성하거나 업데이트해야 한다.

도전 과제 | 자원 사용

자동화된 테스트를 통해 코드의 처리 경로를 실행하지만, 사용자 인터페이스가 올바르게 동작하는지뿐만 아니라 문제가 없는지도 확인해야 한다.

프로젝트를 생성했는지를 확인하기 위해 `ResourcesPlugin`(org.eclipse.core.resources 번들에 있음)을 사용해서 작업 공간을 알아내고, 작업 공간의 루트에서 `IProject` 객체에 접근한다. 프로젝트의 `exists()` 메소드를 사용해서 프로젝트가 성공적으로 생성됐는지를 확인한다.

`createProject()` 메소드를 수정해서 메소드 시작부분에 프로젝트가 존재하지 않는지를 확인하고, 메소드 마지막에서 프로젝트가 존재하는지를 확인한다.

`IWorkspaceRoot`의 `getProject()` 메소드는 프로젝트의 존재 여부와 상관없이 `null`이 아닌 값을 반환한다.

SWTBot으로 작업

SWTBot 테스트를 작성할 때 테스트 코드를 구성하고 시작할 때 환영welcome 화면을 숨기는 등 테스트 결과를 왜곡하지 않게 도와주는 몇 가지 기술이 있다.

실습 예제 | 환영 화면 숨기기

일반적으로 이클립스를 시작할 때 환영welcome 페이지가 표시된다. 사용자 테스트를 자동화하기 위해 시작할 때 환경 화면을 닫으면 유용하다.

1 `createProject()` 메소드의 `try` 블록 내에서 `Welcome`이라는 제목을 가진 뷰를 찾는다.

2 `close()` 메소드를 호출한다.

3 변경한 코드는 다음과 같다.

```
SWTWorkbenchBot bot = new SWTWorkbenchBot();
try {
  bot.viewByTitle("Welcome").close();
}
catch (WidgetNotFoundException e) {
   // 무시
}
```

4 테스트를 실행해서 테스트 실행 전에 환영 화면이 닫히는지 확인한다.

보충 설명

IDE를 시작할 때 환영 화면이 나타난다. 환영 화면은 `Welcome`이라는 제목을 가진 뷰에 표시된다.

`viewByTitle()` 접근자를 사용해서 **SWTBot** 래퍼 뷰에 접근한다. 이때 뷰가 존재하지 않으면 예외가 발생한다. 즉, 환영 화면을 찾지 못하면 `WidgetNotFoundException` 예외가 발생한다.

환영 화면을 찾으면 `close()` 메소드를 호출해서 뷰를 닫는다.

실습 예제 | SWTBot 런타임 오류 방지

더 많은 테스트 메소드를 추가하면 런타임은 잘못된 오류를 내보내기 시작할 것이다. 테스트의 순서가 바뀌서 실행되고 전에 실행했던 테스트가 워크벤치의 상태를 변경해서 오류가 발생한다. 공통 설정 사항과 정리 작업을 단일 위치로 옮겨서 문제를 해결해보자.

1 static의 beforeClass() 메소드를 생성한다.
2 org.junit 패키지의 @BeforeClass 어노테이션을 메소드에 추가한다.
3 SWTWorkbenchBot를 생성하는 부분을 static 메소드로 옮기고, static 필드에 저장한다.
4 수정한 코드는 다음과 같다.

```
private static SWTWorkbenchBot bot;
@BeforeClass
public static void beforeClass() {
  bot = new SWTWorkbenchBot();
  try {
    bot.viewByTitle("Welcome").close();
  } catch (WidgetNotFoundException e) {
    // 무시
  }
}
```

5 테스트를 실행하고 모두 성공하는지 확인한다.

보충 설명 |

클래스 내의 다른 테스트를 실행하기 전에 JUnit의 @BeforeClass 어노테이션이 붙은 하나의 static 메소드를 실행한다. 이 메소드에서 클래스 내의 다른 테스트에서 사용하는 SWTWorkbenchBot 인스턴스를 생성한다. @BeforeClass가 붙은 메소드는 환영 뷰를 닫는 최적의 위치로, 환영 뷰가 없으면 다른 모든 테스트는 윈도우가 정리됐다고 인식한다.

`bot.resetWorkbench()`를 호출하면 다른 이어지는 테스트가 실패하므로 호출하지 말라.

뷰 테스트

메뉴와 대화상자와 마찬가지로, 생성한 뷰도 SWTBot를 통해 테스트할 수 있다.

실습 예제 | 뷰 보여주기

UI 테스트에서 다른 뷰를 보여주는 방법은 사용자가 뷰를 여는 방법과 동일한 메커니즘을 따른다. 즉, Window > Show View > Other 메뉴를 이용한다.

1 `@Test` 어노테이션을 가진 `testTimeZoneView()`라는 새로운 메소드를 생성한다.

2 봇에서 Window > Show View로 이동해서 Other 대화상자를 연다.

3 Show View라는 제목을 가진 셸을 찾아서 활성화시킨다.

4 Timekeeping 노드를 확장하고 Time Zone View 노드를 선택한다(2장, 'SWT로 뷰 작성'에서 생성한 뷰다).

5 OK 버튼을 클릭해서 뷰를 연다.

6 `bot.viewByTitle()` 메소드를 사용해서 뷰에 대한 참조를 획득한다.

7 획득한 뷰가 `null`이 아닌지 확인한다.

8 구현하면 코드는 다음과 같다.

```
@Test
public void testTimeZoneView() {
    bot.menu("Window").menu("Show View").menu("Other...").click();
    SWTBotShell shell = bot.shell("Show View");
    shell.activate();
```

```
        bot.tree().expandNode("Timekeeping").select("Time Zone View");
        bot.button("OK").click();
        SWTBotView timeZoneView = bot.viewByTitle("Time Zone View");
        assertNotNull(timeZoneView);
    }
```

9 테스트를 실행하고 성공 여부를 확인한다.

보충 설명

봇은 뷰를 전환하는 이클립스에 내장된 메커니즘을 이용해서 Window > Show View > Other > Timekeeping에 있는 Time Zone View 메뉴로 이동했다.

뷰를 열고나면 봇의 `viewByTitle()` 메소드를 사용해서 뷰에 대한 참조를 얻고 `null`이 아닌지 확인한다.

프로그램적으로 뷰를 선택하는 연산은 자주 발생하므로, 원하는 시점에 뷰를 여는 유틸리티 메소드가 있으면 큰 도움이 된다.

실습 예제 | 뷰 정보 획득

뷰에 대한 참조를 얻어왔으니, 다음 단계로 사용자 인터페이스의 특정 컴포넌트를 다뤄보자. 봇은 `Button`과 `Text` 레이블 같은 표준 컨트롤을 다루는 표준화된 방법을 제공한다. 다른 컴포넌트의 핸들을 얻기 위해 위젯 계층 구조를 직접 검사해야 한다.

1 `testTimeZoneView()` 메소드에서 반환한 `SWTBotView`로부터 `Widget`를 얻는다.

2 `widgetsOfType(CTabItem.class)`에 기반을 둔 `Matcher`를 생성한다.

3 `bot.widgets()`를 사용해서 뷰 위젯 중 `CTabItem` 인스턴스 목록을 검색한다.

4 18개 요소를 반환하는지 확인한다. 얼마나 많은 탭이 시간대 뷰에 존재하는지를 확인하기 위해 실행 중인 애플리케이션을 검사한다.

5 코드는 다음과 같다.

```
SWTBotView timeZoneView = bot.viewByTitle("Time Zone View");
assertNotNull(timeZoneView);
Widget widget = timeZoneView.getWidget();
org.hamcrest.Matcher<CTabItem> matcher =
    WidgetMatcherFactory.widgetOfType(CTabItem.class);
final java.util.List<? extends CTabItem> ctabs =
    bot.widgets(matcher,widget);
assertEquals(18,ctabs.size());
```

6 테스트를 실행해서 성공 여부를 확인한다.

보충 설명

사용자 인터페이스의 트리를 직접 확인하는 코드를 작성할 수 있지만, 위젯은 UI 스레드 내에서 검사해야 하기 때문에 자식 노드를 찾을 때는 주의를 기울여야 한다.

SWTBot은 특정 조건을 만족할 때 `true`를 반환하는 일반적인 `Matcher` 메커니즘을 제공한다. `widgetOfType()`을 통해 제공되는 `Matcher`는 특정 클래스 유형을 가진 항목을 찾는다. `withLabel()`과 `withId()` 같은 `withXxx` 호출을 통해 다른 많은 매처의 인스턴스도 생성 가능하다. 매처는 `allOf()`와 `anyOf()` 메소드를 AND/OR 논리 연산으로 조합해서 사용해도 된다.

`widgets()` 호출은 특정 조건을 만족하는 모든 위젯을 찾기 위해 트리 내의 모든 노드에 대해 반복적으로 연산을 수행한다. 하나의 매개변수를 가진 `widgets()` 메소드는 활성화된 셸의 모든 요소를 찾고, 매개변수가 두 개인 경우에는 예제의 `TimeZoneView`와 같이 특정 부모 위젯의 자식 요소를 찾는다.

마지막으로 목록의 크기와 시간대 그룹의 수를 비교한다. 예제의 경우는 목록의 크기가 18이다.

UI와 상호작용

UI에 접근하는 스레드를 사용할 때처럼 사용자 인터페이스에 대한 정보를 얻을 때는 각별히 주의를 기울여야 한다. 이번 절에서는 워크벤치가 비동기적으로 전달하는 결과를 기다려 값을 얻는 방법을 살펴본다.

실습 예제 | UI로부터 값 획득

반환된 위젯의 속성에 접근하는 테스트의 경우 스레드 접근이 잘못됐다는 오류가 발생할지 모른다. 예를 들어 `ctabs.get(0).getText()`는 Invalid thread access라는 SWT 오류를 발생시킨다.

위젯에 대해 테스트를 수행하기 위해서는 UI 스레드로 코드를 실행해야 한다. `Display.getDefault().syncExec()`나 그와 동일한 Synchronizer 클래스를 사용해도 되지만 SWTBot은 `StringResult`라는 범용적인 인터페이스를 제공한다. `StringResult`는 봇의 `syncExec()`를 통해 String 값을 반환하는 Runnable 메소드와 유사하다.

1 UITest 클래스의 마지막 `testTimeZone()` 메소드에서 `StringResult`를 생성하고 `UIThreadRunnable.syncExec()`에 전달한다.

2 `run()` 메소드에서 첫 번째 `cTabItem`을 얻은 다음 `cTabItem`의 텍스트를 반환한다.

3 Runnable 메소드를 실행하고 나면 값이 Africa인지 확인한다.

4 코드는 다음과 같다.

```
String tabText = UIThreadRunnable.syncExec(new StringResult() {
  @Override
  public String run() {
    return ctabs.get(0).getText();
  }
});
assertEquals("Africa", tabText);
```

5 테스트를 실행해서 성공 여부를 확인한다.

보충 설명

위젯과 상호작용하려면 UI 스레드에서 코드를 실행해야 한다. SWT에서 UI 스레드로 코드를 실행하려면 `Runnable` 내에 코드를 구현해야 한다. 디스플레이 객체(혹은 `Synchronizer`)에 `Runnable`을 연결하고 `Runnable` 내에서 코드를 실행한다.

`syncExec()`를 사용하면 테스트에 코드의 실행 결과를 사용할 수 있지만, `asyncExec()` 연산을 사용하면 다음 감사를 수행할 때 결과를 알지 못할 수도 있다.

non-UI 스레드가 UI 스레드로부터 값을 받으려면 값을 변수에 저장해야 한다. 변수는 클래스의 필드나 `final` 배열 내의 값이어야 한다. SWTBot 패키지의 `StringResult`는 UI 스레드에서 non-UI 스레드로 결과를 전달하기 위해 `UIThreadRunnable` 내에 `ArrayList`를 생성해서 값을 저장한다.

자바 8에서는 람다(lambda) 메소드를 실행해서 위와 같은 동작을 쉽게 구현할 수 있다. 이 책을 쓰는 현재 자바 8 문법이 완료되지 않아 기술하지 않았다.

실습 예제 | 조건 대기

일반적으로 액션은 테스트를 계속 진행하기 전에 사용자 인터페이스에 반영된 결과가 필요하다. SWTBot은 사람보다 빠르게 동작 가능하기 때문에 액션의 결과를 기다리게 만들 필요가 있다. 지금은 액션 결과를 기다리는 실습을 진행하기 위해 한 개의 소스 파일을 가진 자바 프로젝트를 생성하고, 클래스 파일을 컴파일할 때까지 기다리는 조건을 사용한다.

1 UITest 클래스에 `createJavaProject()`라는 새로운 메소드를 추가한다.

2 플러그인 종속성에 `org.eclipse.core.resources`를 추가한다.

3 `ResourcesPlugin.getWorkspace().getRoot().getProject()`에서 얻은 `IProject`를 반환하는 `getProject()` 메소드를 추가한다.

4 테스트 프로젝트에 대해 `getProject()`를 호출해서 src 폴더를 얻어온다.

6 폴더가 존재하지 않으면 src 폴더를 생성한다.

7 src로부터 Test.java라는 파일을 얻어온다.

8 `ByteArrayInputStream`으로 `"class {}".getBytes()`를 통해 콘텐츠를 얻어와 파일을 생성한다.

9 `bot.waitUntil()`을 이용해서 익명의 `DefaultCondition` 하위 클래스를 전달한다.

10 익명 조건 클래스의 `test()` 메소드는 `Test.class`라는 파일이 프로젝트의 bin 폴더에 존재하는지 여부를 반환한다.

11 익명 조건 클래스의 `getFailureMessage()`는 적당한 메시지를 반환한다.

12 코드는 다음과 같다.

```java
@Test
public void createJavaProject() throws Exception {
    String projectName = "SWTBot Java Project";
    bot.menu("File").menu("Project...").click();
    SWTBotShell shell = bot.shell("New Project");
    shell.activate();
    bot.tree().expandNode("Java").select("Java Project");
    bot.button("Next >").click();
    bot.textWithLabel("Project name:").setText(projectName);
    bot.button("Finish").click();
    final IProject project = getProject(projectName);
    assertTrue(project.exists());
    final IFolder src = project.getFolder("src");
    final IFolder bin = project.getFolder("bin");
    if (!src.exists()) {
        src.create(true, true, null);
    }
    IFile test = src.getFile("Test.java");
```

```
     test.create(new ByteArrayInputStream(
         "class Test{}".getBytes()), true, null);
     bot.waitUntil(new DefaultCondition() {
       @Override
       public boolean test() throws Exception {
         return project.getFolder("bin").
             getFile("Test.class").exists();
       }
       public String getFailureMessage() {
         return "File bin/Test.class was not created";
       }
     });
     assertTrue(bin.getFile("Test.class").exists());
   }
```

13 테스트를 실행하고 성공 여부를 확인한다(자바 프로젝트를 생성하는 데 시간이 소요돼 `assertTrue(project.exists());`에서 실패할 수 있다. 그럴 경우 `assertTrue(project.exists());`를 호출하기 전에 `Test.class`가 생성되기를 기다리는 `DefaultCondition`과 유사한 `DefaultCondition`을 추가해서 프로젝트가 존재할 때까지 기다리게 한다 - 옮긴이).

```
   bot.waitUntil(new DefaultCondition() {
     @Override
     public boolean test() throws Exception {
       return project.exists();
     }
     public String getFailureMessage() {
       return "Java Project was not created";
     }
   });
   assertTrue(project.exists());
```

14 `waitUntil()` 호출을 주석 처리한 후 테스트가 실패하는지 확인한다.

보충 설명

프로젝트에 Test.java 파일을 생성할 때 자바 컴파일러를 실행하는 이벤트가 발생한다. 이벤트의 결과로 bin 폴더뿐만 아니라 테스트할 Test.class 파일도 생성된다. 하지만 두 연산은 다른 스레드에서 동작하기 때문에 테스트를 실행하는 동안 파생된 파일에 대한 작업을 수행해야 하는 경우 파일을 생성할 때까지 기다려야 한다.

예제는 SWTBot으로 구현하지 않아도 되지만, 특정 조건을 만족할 때까지 실행을 멈추게 하는 간단한 방법을 제공하므로 SWTBot을 이용한다. 사용자 인터페이스가 오래 걸리는 작업을 수행 중이고 특정 대화상자의 메시지가 표시될 때까지 코드가 기다려야 하거나 파일의 존재 여부와 같이 프로그램으로 결정해야 하는 무언가를 기다려야 할 경우에 매우 유용하다.

다른 유형의 조건과 테스트도 가능하다. 예를 들어 봇의 waitUntil()과 유사하지만 반대되는 행동을 하는 waitWhile()이라는 메소드도 있다.

대기 조건을 주석 처리하면 테스트를 실행하는 스레드가 자바 컴파일러 실행이 끝나기 전에 검사를 수행하게 돼 테스트는 실패한다.

SWTBot에서 대기 코드를 사용할 경우 주어진 제한 시간 내에 해당 조건을 만족시키지 못하면 예외가 발생하고 테스트가 실패한다. 동일한 대기 조건을 SWTBot 내의 다른 위치에서 사용하기 때문에 지연을 발생시킬 수 있고 외부에서 변경이 가능하다.

도전 과제 | 새 클래스 마법사 열기

텍스트 파일을 소스 파일로 사용하는 대신 SWTBot을 통해 File 메뉴로 가서 새 클래스New Class 마법사를 사용해보자. 프로젝트와 패키지, 클래스 이름을 전달하며, 소스 파일과 클래스 파일은 백그라운드에서 생성해야 한다.

내부 라이브러리 동작만을 확인하는 테스트 대신 사용자 관점에서 애플리케이션이 어떻게 동작하는지를 확인하는 통합 테스트를 구현할 수 있다.

> **깜짝 퀴즈 | SWTBot 이해**

Q1. SWTBot이 필요한 JUnit 테스트 러너의 이름은 무엇인가?

Q2. SWTBot으로 뷰를 보여주려면 어떻게 해야 하는가?

Q3. 대화상자 내에 있는 필드의 텍스트 값을 알아내는 방법은 무엇인가?

Q4. `Matcher`는 무엇이며, 어떤 경우에 사용하는가?

Q5. 스레드와의 상호작용에 대한 걱정 없이 UI로부터 사용자가 반환한 값을 얻어 오려면 어떻게 해야 하는가?

Q6. 백그라운드에서 비동기로 이벤트가 발생할 경우 특정 조건을 만족할 때까지 테스트를 멈추지 않고 기다리게 하는 방법은 무엇인가?

정리

테스트 코드 자동화는 소프트웨어 품질의 핵심 요소다. 테스트가 내부 모델을 테스트하든 사용자 인터페이스를 테스트하든, 아니면 두 가지를 조합해서 테스트하든지에 상관없이 테스트 자동화는 더 많은 테스트가 내부 프레임워크를 변경하거나 종속 관계를 변경하고 예기치 못한 상황이 나타난 경우 발생하는 문제를 표시할 때 도움이 된다.

10장에서는 빌드 자동화로 모든 것을 통합하는 방법을 알아본다.

10 티코를 이용한 빌드 자동화

마지막으로 살펴볼 내용은 플러그인 빌드 자동화다. 최근 대부분의 플러그인은 이클립스 플러그인 빌드를 위한 메이븐(Maven) 플러그인 티코(Tycho)를 이용해 빌드한다.

10장에서는 다음과 같은 내용을 다룬다.

- 플러그인 빌드 자동화
- 피처 빌드 자동화
- 업데이트 사이트 생성
- UI와 non-UI 테스트 실행
- 플러그인 서명
- 업데이트 사이트 게시 방법 학습

티코로 플러그인 빌드하기 위한 메이븐 이용

메이븐Maven은 빌드 방법과 빌드 대상을 정의하는 pom.xml이라는 선언적인 파일을 사용하는 빌드 자동화 도구다. 메이븐 프로젝트는 메이븐 중앙 저장소Central repository 같은 리포지터리에서 프로젝트를 식별하기 위해 그룹group, 아티팩트artifact, 버전version을 가지며, 무엇을 빌드하는지를 나타내는 패키지 유형packaging type도 갖는다. 메이븐Maven은 자바 아카이브를 빌드하는 데 가장 많이 사용되므로, 기본 패키지 유형은 jar지만 티코Tycho에 대해서는 다양한 유형을 사용해야 한다.

메이븐 티코Maven Tycho는 이클립스 플러그인 빌드를 도와주는 플러그인의 집합이다. 티코는 메이븐 3.0 이상에서 동작하며, 10장의 예제는 메이븐 3.0.5와 티코 0.18.0을 기반으로 테스트했다.

실습 예제 | 메이븐 설치

이번 실습에서는 메이븐을 설치하고 간단한 자바 프로젝트를 빌드해서 도구를 제대로 설정했는지 확인해보자. 메이븐을 처음 실행할 때 중앙 리포지터리로부터 많은 JAR 파일을 다운로드해 기본 저장소인 ${user.home}/.m2/repository 폴더에 저장해 두고 다음번 실행할 때 사용함으로써 빠르게 빌드를 수행한다.

1. http://maven.apache.org/로 가서 윈도우는 Maven 3.0.5.zip을, Mac OS X/리눅스는 Maven 3.0.5.tgz를 다운로드한다.

2. 패키지의 압축을 풀고 편리한 디렉토리에 메이븐을 설치한 후 그 위치를 MAVEN_HOME으로 설정한다.

3. MAVEN_HOME/bin을 PATH 환경 변수에 추가하거나 메이븐 실행 JAR의 전체 경로를 지정한다. 제대로 설정했는지 확인하기 위해 mvn --version을 실행하고 버전 메시지가 출력되는지 확인한다.

4. 새 메이븐 프로젝트를 생성하기 위해 다음 명령을 실행한다.

```
mvn archetype:generate
    -DarchetypeGroupId=org.apache.maven.archetypes
    -DarchetypeArtifactId=maven-archetype-quickstart
    -DarchetypeVersion=1.1
```

5 groupId를 입력하라는 프롬프트가 표시되면 com.packtpub.e4를 입력한다.

6 artifactId로는 com.packtpub.e4.tycho를 입력한다.

7 버전과 패키지는 Enter 키를 눌러 기본 값인 1.0-SNAPSHOT과 com.packtpub.e4 를 설정한다.

8 마지막으로 Enter 키를 눌러 프로젝트를 생성한다.

```
Define value for property 'groupId' : : com.packtpub.e4
Define value for property 'artifactId' : : com.packtpub.e4.tycho
Define value for property 'version' : 1.0-SNAPSHOT: :
Define value for property 'package' : com.packtpub.e4: :
Confirm properties configuration:
groupId: com.packtpub.e4
artifactId: com.packtpub.e4.tycho
version: 1.0-SNAPSHOT
package: com.packtpub.e4
Y: : Y
```

9 생성된 com.packtpub.e4.tycho 디렉토리로 이동한 후 mvn package를 실행해서 테스트를 수행하고 패키지를 생성한다.

```
[INFO] Scanning for projects
[INFO]
[INFO] Building com.packtpub.e4.tycho 1.0-SNAPSHOT
[INFO]

T E S T S

Running com.packtpub.e4.AppTest
Tests run: 1, Failures: 0, Errors: 0, Skipped: 0, Time elapsed:
```

```
    0.009 sec

Results :

Tests run: 1, Failures: 0, Errors: 0, Skipped: 0

[INFO]
[INFO] Building jar: com.packtpub.e4.tycho-1.0-SNAPSHOT.jar
[INFO]
[INFO] BUILD SUCCESS
[INFO]
[INFO] Total time: 1.977s
[INFO] Final Memory: 15M/136M
```

보충 설명

메이븐 런처는 중앙 리포지터리에 접속하는 방법과 추가적인 플러그인을 다운로드하는 방법을 안다. 메이븐을 처음 실행할 때 프로젝트를 빌드하기 전에 JAR 파일 간의 종속 관계를 분석해서 필요한 플러그인 집합을 다운로드한다.

메이븐은 기본 위치가 ~/.m2/repository인 로컬 메이븐 리포지터리에 다운로드한 플러그인을 캐시해둠으로써 단 한 번만 다운로드를 수행한다. 리포지터리를 정리하거나 삭제할 수도 있으며, 그런 경우 다음번 메이븐을 실행할 때 다시 필요한 플러그인을 다운로드한다.

`mvn archetype:generate`를 실행하면 간단한 자바 프로젝트를 생성한다. 이때 `groupId`와 `artifactId`, `version`을 가진 pom.xml 파일을 생성하고 자바 프로젝트에 대한 설정을 구성한다.

`mvn package`는 프로젝트의 패키지 유형에 따라 다른 작업을 수행한다. 패키지 유형을 지정하지 않으면 jar가 패키지 유형이 되고, jar에 대한 기본 패키지 연산은 `compile`을 실행한 후 테스트를 실행하고 마지막으로 JAR 파일을 생성한다.

`maven quickstart` 플러그인은 pom.xml 파일을 생성하는 편리한 방법과 이클립스에 특화된 티코^{Tycho} 빌드를 진행하기 전에 외부와의 연결을 확인하는 방법을 제

공한다. 이 단계에서 문제가 발생하면 http://maven.apache.org/users/의 문제 해결 가이드를 확인하라.

실습 예제 | 티코로 빌드

메이븐을 설치했으니 티코로 플러그인을 빌드해보자. 티코는 이클립스가 사용하는 오래된 PDE 빌드를 본뜬 메이븐 3을 위한 플러그인 집합이다. 공통 빌드 인프라스트럭처Common Build Infrastructure라는 이름의 프로젝트(http://wiki.eclipse.org/CBI)를 기반으로 티코와 메이븐 3을 이용해서 이클립스 플랫폼을 빌드한다.

1 2장, 'SWT로 뷰 작성'에서 생성한 `com.packtpub.e4.clock.ui` 프로젝트로 이동한다(작업 공간에 프로젝트가 없으면 책의 깃허브 저장소에서 샘플 코드를 다운로드해 사용하라).

2 프로젝트 루트에 pom.xml을 생성한다. 파일의 내용은 다음과 같다.

```
<?xml version="1.0" encoding="UTF-8"?>
<project xsi:schemaLocation="http://maven.apache.org/
    POM/4.0.0 http://maven.apache.org/xsd/maven-4.0.0.xsd"
    xmlns="http://maven.apache.org/POM/4.0.0"
    xmlns:xsi="http://www.w3.org/2001/XMLSchema-instance">
  <modelVersion>4.0.0</modelVersion>
</project>
```

pom.xml은 모두 동일한 형태를 가지므로 이전 예제에서 생성한 pom.xml 파일을 복사해도 된다.

3 `modelVersion` 태그 뒤에 다음 내용을 추가해서 프로젝트에 유일한 `groupId`와 `artifactId`, `version`을 설정한다.

```
<groupId>com.packtpub.e4</groupId>
<artifactId>com.packtpub.e4.clock.ui</artifactId>
<version>1.0.0-SNAPSHOT</version>
```

version은 plugin.xml 파일의 버전과 일치해야 하며, 플러그인 버전의 .qualifier를 -SNAPSHOT으로 바꾼다.

artifactId는 MANIFEST.MF 파일의 Bundle-SymbolicName과 같이 전체 플러그인 이름이어야 한다.

4 eclipse-plugin으로 패키지 유형을 정의한다.

```xml
<packaging>eclipse-plugin</packaging>
```

5 mvn package로 빌드를 실행하면 Unknown packaging: eclipse-plugin이라는 오류 메시지가 표시된다. 오류를 해결하기 위해 빌드 플러그인으로 티코를 추가한다(메이븐 3.1.0 이상 버전은 티코 0.18.1 이상 버전과 동작한다 - 옮긴이).

```xml
<build>
  <plugins>
    <plugin>
      <groupId>org.eclipse.tycho</groupId>
      <artifactId>tycho-maven-plugin</artifactId>
      <version>0.18.0</version>
      <extensions>true</extensions>
    </plugin>
  </plugins>
</build>
```

6 다시 빌드를 실행한다. 이번에는 'unsatisfiable'이라는 빌드 오류가 발생한다.

```
[ERROR] Internal error: java.lang.RuntimeException:
    "No solution found because the problem is unsatisfiable.":
    ["Unable to satisfy dependency from
    com.packtpub.e4.clock.ui 1.0.0.qualifier to bundle
    org.eclipse.ui 0.0.0."] -> [Help 1]
```

7 juno(또는 kepler, luna) 버전에 맞는 리포지터리를 추가한다.

```xml
<repositories>
  <repository>
```

```xml
    <id>juno</id>
    <layout>p2</layout>
    <url>http://download.eclipse.org/releases/juno</url>
  </repository>
  <!-- repository>
    <id>kepler</id>
    <layout>p2</layout>
    <url>http://download.eclipse.org/releases/kepler</url>
  </repository -->
  <!-- repository>
    <id>luna</id>
    <layout>p2</layout>
    <url>http://download.eclipse.org/releases/luna</url>
  </repository -->
</repositories>
```

8 이제 `mvn clean package`를 실행하면 플러그인이 빌드돼야 한다.

보충 설명

모든 메이븐 프로젝트는 빌드 과정을 제어하는 pom.xml 파일을 가지며, 이클립스 플러그인도 마찬가지다. pom.xml 파일의 헤더는 바뀌지 않으므로, 보통 직접 타이핑하지 말고 기존의 파일이나 도구가 자동으로 생성한 파일의 헤더를 복사해서 사용한다.

모든 메이븐 pom.xml 파일은 유일한 `groupId/artifactId/version`을 가져야 한다. `eclipse-plugin` 프로젝트의 `artifactId` 이름은 MANIFEST.MF 파일의 `Bundle-SymbolicName`과 같아야 하며, 그렇지 않을 경우 다음과 같은 오류가 발생한다.

```
[ERROR] Failed to execute goal
    org.eclipse.tycho:tycho-packaging-plugin:0.18.0:validate-id
    (default-validate-id) on project com.packtpub.e4.clock.uix:
```

```
The Maven artifactId (currently: "com.packtpub.e4.clock.uix")
must be the same as the bundle symbolic name
(currently: "com.packtpub.e4.clock.ui") -> [Help 1]
```

pom.xml 파일의 버전도 MANIFEST.MF 파일의 버전과 일치해야 한다. 그렇지 않으면 조금 다른 다음과 같은 오류 때문에 빌드가 실패한다.

```
[ERROR] Failed to execute goal
    org.eclipse.tycho:tycho-packaging-plugin:0.18.0:validate-version
    (default-validate-version) on project com.packtpub.e4.clock.ui:
    Unqualified OSGi version 1.0.0.qualifier must match unqualified
    Maven version 1.0.1-SNAPSHOT for SNAPSHOT builds -> [Help 1]
```

패키지 유형을 eclipse-plugin으로 설정하면 티코는 이클립스 플러그인을 빌드한다. 하지만 메이븐이 eclipse-plugin 유형을 알게 하려면 빌드에 대한 메이븐 플러그인으로 티코를 설정해야 한다. 이때 확장으로 정의해야 함이 무엇보다 중요하다. 그렇지 않으면 패키지 유형을 추가할 수 없다.

```
<plugin>
  <groupId>org.eclipse.tycho</groupId>
  <artifactId>tycho-maven-plugin</artifactId>
  <version>0.18.0</version>
  <extensions>true</extensions>
</plugin>
```

앞의 예와 같이 티코 버전을 하드 코딩해도 되지만, 일반적으로 속성^{properties}을 사용한다. 나중에 부모 프로젝트를 생성할 때 속성으로 버전 번호로 교체해보자.

마지막으로 이클립스 리포지터리를 pom.xml에 추가해서 빌드에 필요한 플러그인과 피처를 해결한다. 이클립스 리포지터리는 메이븐 아티팩트를 저장한 default 유형과 구별하기 위해 p2 리포지터리 유형으로 정의해야 한다.

일반적으로 pom.xml에 리포지터리를 설정하지 않고 settings.xml 파일에 따로 설정한다. 이렇게 하면 소스의 변경 없이 동일한 프로젝트를 다른 버전의 이클립스로 빌드하거나 가까운 미러로 실행하기 쉽다. `mvn -s /path/to/settings.xml`로 설정 파일을 메이븐에 전달하며, 시간이 지나도 pom.xml 파일의 변경 없이 플러그인 종속성 변경이 가능하다.

도전 과제 | 타겟 플랫폼 사용

리포지터리를 지정해서 이클립스 기반 애플리케이션을 빌드할 수 있지만, 빌드의 재생산성reproducibility을 제공하지는 않는다. 예를 들어 케플러Kepler가 4.3.0으로 릴리스된 2013년 7월에 `Kepler` 릴리스 리포지터리를 기반으로 빌드하고 케플러 4.3.1이 릴리스된 2013년 12월에 동일한 빌드를 실행할 수 있다. 두 기간 사이에 소스코드를 변경하지 않았더라도 두 빌드의 결과는 다르다.

이클립스의 타겟 플랫폼은 Window > Preferences > Plug-in Development의 Target Platform 환경설정 페이지로 가서 정의한다. 새로운 타겟 정의를 생성하고 기본Base RCP로 구성한 후 Share를 클릭해서 .target 파일을 파일 시스템에 저장한다. 타겟 파일에 대한 GAV(GroupId, ArtifactId, Version - 옮긴이) 조합을 정의하는데 `eclipse-target-definition` 패키지 유형을 사용하고, `target-platform-configuration` 플러그인을 조합해서 해당 플랫폼의 컴포넌트에 대해서만 빌드하게 지정한다. 이와 관련된 더 많은 예제는 티코Tycho 문서나 이 책의 깃허브 리포지터리를 살펴보라.

티코로 피처와 업데이트 사이트 구성

피처와 업데이트 사이트를 빌드하는 절차는 패키지 유형을 제외하면 플러그인을 빌드하는 절차와 유사하다. 하지만 동일한 메이븐 빌드에서 피처와 플러그인을 빌드하는 일이 일반적이어서 프로젝트를 조금 조정해야 한다. 보통은 'parent' 프로젝트와 여러 개의 'child' 프로젝트로 재조정한다.

실습 예제 | 부모 프로젝트 생성

이클립스는 지금까지 작업 공간 내에 중첩된 프로젝트를 처리하지 않아 왔기 때문에 부모와 자식 프로젝트는 보통 작업 공간 외부에 위치한다. 모든 티코 환경설정 정보는 일반적으로 부모 프로젝트에 위치하기 때문에 자식 프로젝트 구성이 더 쉽다.

1 File > New > Project > General > Project를 선택해서 일반(General) 프로젝트를 생성한다.

2 기본 위치 사용^{use default location} 옵션을 해제한다.

3 이클립스 작업 공간 외부의 위치를 지정한다.

4 프로젝트 이름은 com.packtpub.e4.parent로 한다.

5 Finish를 클릭한다.

6 프로젝트 루트에 새 pom.xml 파일을 생성한다.

7 플러그인의 pom.xml 내용을 복사해서 부모 프로젝트의 pom.xml에 붙여 넣는다. 내용 중 artifactId를 com.packtpub.e4.parent로 바꾸고 packaging은 pom으로 변경한다.

8 pom.xml 파일에 properties 요소를 생성하고 tycho-version(값은 0.18.0)과 eclipse(값은 http://download.eclipse.org/releases/juno)라는 두 개의 자식 태그를 생성한다.

9 기존 Tycho 플러그인 설정의 0.18.0 대신 ${tycho-version}을 참조하게 수정한다.

10 기존 리포지터리 URL의 http://download.eclipse.org/releases/juno을 ${eclipse}로 변경한다.

11 부모 프로젝트 밑으로 com.packtpub.e4.clock.ui 플러그인을 이동한다.

12 pom.xml 파일에 modules 요소를 추가하고, 값이 com.packtpub.e4.clock.ui인 module 요소를 밑에 추가한다.

13 다음은 부모 pom.xml 파일이다.

```xml
<?xml version="1.0" encoding="UTF-8"?>
<project xsi:schemaLocation="http://maven.apache.org/
    POM/4.0.0 http://maven.apache.org/xsd/maven-4.0.0.xsd"
    xmlns="http://maven.apache.org/POM/4.0.0"
    xmlns:xsi="http://www.w3.org/2001/XMLSchema-instance">
  <modelVersion>4.0.0</modelVersion>
    <groupId>com.packtpub.e4</groupId>
  <artifactId>com.packtpub.e4.parent</artifactId>
  <version>1.0.0-SNAPSHOT</version>
  <packaging>pom</packaging>
  <properties>
    <tycho-version>0.18.0</tycho-version>
    <eclipse>http://download.eclipse.org/releases/
        juno</eclipse>
  </properties>
  <modules>
    <module>com.packtpub.e4.clock.ui</module>
  </modules>
  <build>
    <plugins>
      <plugin>
        <groupId>org.eclipse.tycho</groupId>
        <artifactId>tycho-maven-plugin</artifactId>
        <version>${tycho-version}</version>
        <extensions>true</extensions>
      </plugin>
    </plugins>
  </build>
  <repositories>
    <repository>
      <id>juno</id>
      <layout>p2</layout>
```

```
        <url>${eclipse}</url>
      </repository>
    </repositories>
</project>
```

14 com.packtpub.e4.clock.ui/pom.xml을 수정해서 부모 프로젝트의 `groupId`와 `artifactId`, `version`을 값으로 하는 부모 요소를 추가한다. 자식 pom.xml 파일의 `version`과 `groupId`는 기본적으로 부모의 `groupId`와 `version` 값을 따르므로 지정하지 않는다면 제거해도 된다.

```
<parent>
  <groupId>com.packtpub.e4</groupId>
  <artifactId>com.packtpub.e4.parent</artifactId>
  <version>1.0.0-SNAPSHOT</version>
</parent>
```

15 com.packtpub.e4.clock.ui의 pom.xml에서 `plugins`와 `repositories` 요소를 제거한다.

16 이제 부모 프로젝트로 이동해서 `mvn clean package`를 실행한다. 부모가 빌드되면서 부모 프로젝트의 모듈로 지정한 모든 모듈도 같이 빌드된다.

```
[INFO] Reactor Summary:
[INFO]
[INFO] com.packtpub.e4.parent ............ SUCCESS [0.049s]
[INFO] com.packtpub.e4.clock.ui .......... SUCCESS [1.866s]
[INFO]
[INFO] BUILD SUCCESS
```

보충 설명

모든 플러그인은 그 자체로 이클립스 프로젝트이며, 메이븐 프로젝트다. 프로젝트 집합을 함께 빌드하려면 통합자 역할을 하는 부모 pom.xml 파일이 필요하다.

빌드할 때 메이븐은 프로젝트의 빌드 순서를 계산해서 적절히 빌드 단계를 조정한다.

부모 pom.xml의 다른 장점은 표준 빌드 플러그인과 환경설정 정보를 지정 가능하다는 점이다. 실습 예제에서는 티코와 그 버전에 대한 링크를 부모에 정의한다. 이렇게 함으로써 부모 프로젝트 하위의 다른 플러그인과 피처의 구현이 간단해진다.

실습 예제 | 피처 빌드

패키지 유형은 `eclipse-feature`로 다르지만, 플러그인과 동일한 방법으로 피처도 빌드한다.

1 `com.packtpub.e4.parent` 프로젝트 밑으로 `com.packtpub.e4.feature` 프로젝트를 이동한다.

2 부모 pom.xml 파일에 `<module>com.packtpub.e4.feature</module>`을 추가한다.

3 `clock` 플러그인의 pom.xml 파일을 `feature` 프로젝트에 복사한다.

4 패키징 요소를 `<packaging>eclipse-feature</packaging>`으로 수정한다.

5 `artifactId`를 `com.packtpub.e4.feature`로 변경한다.

6 최종 pom.xml 파일은 다음과 같다.

```
<?xml version="1.0" encoding="UTF-8"?>
<project xsi:schemaLocation="http://maven.apache.org/
    POM/4.0.0 http://maven.apache.org/xsd/maven-
    4.0.0.xsd" xmlns="http://maven.apache.org/POM/4.0.0"
    xmlns:xsi="http://www.w3.org/2001/XMLSchema-instance">
  <modelVersion>4.0.0</modelVersion>
  <parent>
    <groupId>com.packtpub.e4</groupId>
    <artifactId>com.packtpub.e4.parent</artifactId>
```

```
    <version>1.0.0-SNAPSHOT</version>
  </parent>
  <groupId>com.packtpub.e4</groupId>
  <artifactId>com.packtpub.e4.feature</artifactId>
  <!-- version>1.0.0-SNAPSHOT</version -->
  <packaging>eclipse-feature</packaging>
</project>
```

7 부모 프로젝트에서 `mvn clean package`를 실행해서 플러그인과 피처 모두 빌드되는지 확인한다.

```
[INFO] Reactor Summary:
[INFO]
[INFO] com.packtpub.e4.parent .................. SUCCESS [0.070s]
[INFO] com.packtpub.e4.clock.ui ................ SUCCESS [1.872s]
[INFO] com.packtpub.e4.feature ................. SUCCESS [0.080s]
[INFO] BUILD SUCCESS
```

보충 설명

모듈 목록에 피처를 추가해서 다른 것들과 동시에 피처를 빌드한다. 이전에 빌드한 버전의 플러그인을 피처 콘텐츠를 구성하는 데 사용했다. 메이븐 빌드 모듈의 일부인 플러그인을 원격 저장소에서 찾을 수 없으면 빌드는 실패한다.

자식 모듈은 부모 프로젝트에 지정한 `groupId`와 `version`을 상속받는다. 따라서 자식 모듈의 버전을 주석 처리하거나 제거해서 쉽게 버전을 관리할 수 있다.

지금까지 피처와 플러그인을 빌드했지만 기본 이클립스 인스턴스에 설치는 쉽지 않다. 여기서는 **PDE**를 사용해 플러그인과 피처를 이클립스에서 직접 테스트 가능하다고 가정하므로, 빌드 결과인 플러그인이나 피처를 직접 설치할 필요 없다.

플러그인을 설치하거나 게시하려면 업데이트 사이트라는 추가 모듈을 정의해야
한다.

실습 예제 │ 업데이트 사이트 빌드

8장, '피처, 업데이트 사이트, 애플리케이션, 제품 생성'에서 생성한 업데이트 사이트와 제품을 사용해서 이클립스 플러그인과 피처에 대한 표준 호스팅 메커니즘을 제공한다. 물론 업데이트 사이트도 티코를 이용해 빌드할 수 있다.

1. `com.packtpub.e4.parent` 프로젝트 밑으로 `com.packtpub.e4.update` 프로젝트를 이동한다.
2. 부모 pom.xml 파일에 `<module>com.packtpub.e4.update</module>`을 추가한다.
3. `clock` 플러그인의 pom.xml 파일을 update 프로젝트에 복사한다.
4. 패키징을 `<packaging>eclipse-repository</packaging>`으로 변경한다.
5. `artifactId`를 `com.packtpub.e4.update`로 변경한다.
6. 변경한 pom.xml 파일이다.

```xml
<?xml version="1.0" encoding="UTF-8"?>
<project xsi:schemaLocation="http://maven.apache.org/
    POM/4.0.0 http://maven.apache.org/xsd/maven-
    4.0.0.xsd" xmlns="http://maven.apache.org/POM/4.0.0"
    xmlns:xsi="http://www.w3.org/2001/XMLSchema-instance">
  <modelVersion>4.0.0</modelVersion>
  <parent>
    <groupId>com.packtpub.e4</groupId>
    <artifactId>com.packtpub.e4.parent</artifactId>
    <version>1.0.0-SNAPSHOT</version>
  </parent>
  <groupId>com.packtpub.e4</groupId>
```

```
        <artifactId>com.packtpub.e4.update</artifactId>
        <!-- version>1.0.0-SNAPSHOT</version -->
        <packaging>eclipse-repository</packaging>
</project>
```

7 site.xml 파일의 이름을 category.xml로 변경한다(파일 형식은 완전히 동일하기 때문에 무의미한 변경이지만 p2에서 요구하는 사항이다).

8 category.xml 파일에 url 속성이 없는지, version 속성이 0.0.0인지 확인한다. 그렇지 않으면 "종속성을 만족하지 않는다 Unable to satisfy dependencies"는 메시지가 표시된다.

```
<feature id="com.packtpub.e4.feature" version="0.0.0">
```

9 부모 프로젝트에서 mvn package를 실행해서 이제 업데이트 사이트도 빌드하는지 확인한다.

```
[INFO] Reactor Summary:
[INFO]
[INFO] com.packtpub.e4.parent ................. SUCCESS [0.048s]
[INFO] com.packtpub.e4.clock.ui ............... SUCCESS [1.416s]
[INFO] com.packtpub.e4.feature ................ SUCCESS [0.074s]
[INFO] com.packtpub.e4.update ................. SUCCESS [2.727s]
[INFO] BUILD SUCCESS
```

10 Help > Install New Software로 가서 work with 필드에 file:///path/to/com.packtpub.e4.parent/com.packtpub.e4.update/target/repository를 입력한 후 표시되는 피처를 이클립스에 설치한다.

보충 설명

업데이트 사이트 생성은 플러그인이나 피처 프로젝트 생성과 다르지 않다. pom.xml 파일에 업데이트 사이트 이름을 정의하고, 업데이트 사이트를 생성하는 category.xml이라는 파일을 사용한다.

category.xml 파일은 이전에 생성한 site.xml 파일과 기능적으로 동일하며, 4~5년 전에 p2가 나오면서 이름을 변경했다. 하지만 업데이트 사이트 프로젝트는 여전히 site.xml로 파일을 생성하기 때문에 티코로 빌드하려면 site.xml을 category.xml로 변경해야 한다(여전히 site.xml을 사용하는 eclipse-update-site 패키지 유형도 있지만, 향후 버전에서 없어질 예정이다).

이클립스 업데이트 프로젝트와 마찬가지로 업데이트 사이트를 빌드할 때 category.xml 파일의 피처와 플러그인 버전은 이제 막 빌드한 피처와 플러그인의 버전으로 교체된다.

실습 예제 | 제품 빌드

제품(브랜드화된 이클립스 애플리케이션이나 커맨드라인에서 eclipse -application으로 실행하는 애플리케이션)도 티코 eclipse-repository 패키지 유형을 이용해서 빌드한다. 제품을 빌드하려면 애플리케이션 프로젝트를 티코로 빌드하고, 이 애플리케이션 프로젝트를 피처에서 사용 가능해야 하며, 제품을 위한 새 프로젝트를 생성해야 한다.

1 `com.packtpub.e4.parent` 프로젝트 밑으로 `com.packtpub.e4.application` 프로젝트를 옮긴다.

2 부모의 pom.xml 파일에 `<module>com.packtpub.e4.application</module>`을 추가한다.

3 `clock` 플러그인의 pom.xml 파일을 application 프로젝트에 복사한다.

4 `artifactId`를 `com.packtpub.e4.application`으로 변경한다.

5 최종 pom.xml 파일은 다음과 같다.

```
<?xml version="1.0" encoding="UTF-8"?>
<project
    xsi:schemaLocation="http://maven.apache.org/POM/4.0.0
    http://maven.apache.org/xsd/maven-4.0.0.xsd"
    xmlns="http://maven.apache.org/POM/4.0.0"
```

```xml
    xmlns:xsi="http://www.w3.org/2001/XMLSchema-instance">
  <modelVersion>4.0.0</modelVersion>
  <parent>
    <groupId>com.packtpub.e4</groupId>
    <artifactId>com.packtpub.e4.parent</artifactId>
    <version>1.0.0-SNAPSHOT</version>
  </parent>
  <groupId>com.packtpub.e4</groupId>
  <artifactId>com.packtpub.e4.application</artifactId>
  <!-- version>1.0.0-SNAPSHOT</version -->
  <packaging>eclipse-plugin</packaging>
</project>
```

6 com.packtpub.e4.feature/feature.xml에서 애플리케이션 플러그인을 참조하게 수정한다.

```xml
<feature>
  ...
  <plugin id="com.packtpub.e4.application" downloadsize="
    0" install-size="0" version="0.0.0"
    unpack="false"/>
</feature>
```

7 부모 프로젝트에서 `mvn clean package`를 실행해서 애플리케이션 플러그인도 함께 빌드하는지 확인한다.

8 이제 com.packtpub.e4.product라는 새로운 자바 플러그인 프로젝트를 생성한다. com.packtpub.e4.application 프로젝트에 있는 com.packtpub.e4.application.product 파일을 제품 프로젝트로 옮긴다.

9 com.packtpub.e4.product 프로젝트로 com.packtpub.e4.application/pom.xml을 복사하고 artifactId를 com.packtpub.e4.product로 수정한다. packaging은 `eclipse-repository`로 변경한다.

10 부모 pom.xml에 `<module>com.packtpub.e4.product</module>`을 추가한다.

11 부모에서 `mvn clean package`를 실행하면 다음과 같은 오류가 발생한다.

```
[ERROR] Failed to execute goal
  org.eclipse.tycho:tycho-p2-publisherplugin:
  0.18.0:publish-products
  (default-publish-products) on project
  com.packtpub.e4.application:
    The product file com.packtpub.e4.application.product does
    not contain the mandatory attribute 'uid' -> [Help 1]
```

12 com.packtpub.e4.product/com.packtpub.e4.application.product를 편집기에서 열고 `id` 속성의 복사본인 `uid`를 추가한다.

13 com.packtpub.e4.application.product를 피처 기반 빌드로 변경하고, 플러그인 요소를 제거한 후 `org.eclipse.rcp`와 `com.packtpub.e4.feature` 피처에 대한 종속 관계를 추가한다.

```
<product name="com.packtpub.e4.application"
    uid="com.packtpub.e4.application.product"
    id="com.packtpub.e4.application.product"
    application="org.eclipse.e4.ui.workbench.swt.E4Application"
    version="1.0.0.qualifier"
    useFeatures="true"
    includeLaunchers="true">
  <features>
    <feature id="com.packtpub.e4.feature" version="0.0.0"/>
    <feature id="org.eclipse.rcp" version="0.0.0"/>
  </features>
  <plugins/>
  ...
</product>
```

14 부모에서 다시 `mvn package`를 실행해서 빌드가 성공하는지 확인한다. 이제 com.packtpub.e4.product/target/repository에 실행 중인 타겟 플랫폼에 맞는 제품이 포함돼 있어야 한다.

15. 하나 이상의 플랫폼에 대해서 빌드하려면 제품의 pom.xml 파일이나 부모 pom.xml 파일에 다음을 추가한다.

```xml
<plugin>
  <groupId>org.eclipse.tycho</groupId>
  <artifactId>target-platform-configuration</artifactId>
  <version>${tycho-version}</version>
  <configuration>
    <environments>
      <environment>
        <os>win32</os>
        <ws>win32</ws>
        <arch>x86_64</arch> <!--arch>x86</arch-->
      </environment>
      <environment>
        <os>linux</os>
        <ws>gtk</ws>
        <arch>x86_64</arch> <!--arch>x86</arch-->
      </environment>
      <environment>
        <os>macosx</os>
        <ws>cocoa</ws>
        <arch>x86_64</arch> <!--arch>x86</arch-->
      </environment>
    </environments>
  </configuration>
</plugin>
```

16. 이제 빌드를 실행해서 OS별 제품을 생성한다. 예제에서는 64비트 아키텍처 기반의 윈도우와 리눅스, OS X에 대해 빌드를 생성한다. 32비트 버전으로 빌드하려면 environment 블록을 복사하고 `<arch>x86</arch>`로 변경한다.

17. 제품은 생성하지만 제품에 대한 p2 리포지터리는 제공하지 않으려면 com.packtpub.e4.application/pom.xml 파일에 빌드 목표로 `materialize-products`를 추가한다.

```xml
<build>
  <plugins>
    <plugin>
      <groupId>org.eclipse.tycho</groupId>
      <artifactId>tycho-p2-director-plugin</artifactId>
      <version>${tycho-version}</version>
      <configuration>
        <formats>
          <win32>zip</win32>
          <linux>tar.gz</linux>
          <macosx>tar.gz</macosx>
        </formats>
      </configuration>
      <executions>
        <execution>
          <id>materialize-products</id>
          <goals>
            <goal>materialize-products</goal>
          </goals>
        </execution>
        <execution>
          <id>archive-products</id>
          <goals>
            <goal>archive-products</goal>
          </goals>
        </execution>
      </executions>
    </plugin>
  </plugins>
</build>
```

18 부모에서 mvn clean package로 빌드를 실행해서 com.packtpub.e4.application/target/products/os/ws/arch와 함께 OS별 아카이브(ZIP 파일)를 생성한다.

19. 생성한 제품을 실행하면 다음 오류가 발생한다(eclipse -consoleLog를 실행하면 볼 수 있다).

    ```
    java.lang.IllegalStateException: Unable to acquire
      application service.
    Ensure that the org.eclipse.core.runtime bundle is
      resolved and started (see config.ini).
    ```

20. eclipse -application으로 이클립스 제품을 실행할 때 부팅 시점에 구동할 수많은 플러그인이 없어서 발생하는 이클립스 제품 오류다. com.packtpub. e4.application.product 파일에 다음을 추가한다.

    ```xml
    <configurations>
      <plugin id="org.eclipse.core.runtime"
          autoStart="true" startLevel="4"/>
      <plugin id="org.eclipse.equinox.common"
          autoStart="true" startLevel="2"/>
      <plugin id="org.eclipse.equinox.ds"
          autoStart="true" startLevel="2"/>
      <!-- for 'dropins' directory support  >
      <!-- plugin id="org.eclipse.equinox.p2.reconciler.dropins"
          autoStart="true" startLevel="4"/ -->
      <plugin id="org.eclipse.equinox.simpleconfigurator"
          autoStart="true" startLevel="1"/>
      <!-- disable old update manager -->
      <property name="org.eclipse.update.reconcile" value="false"/>
      <!-- for 'new' update manager support -->
      <!-- plugin id="org.eclipse.update.configurator"
          autoStart="true" startLevel="4"/ -->
    </configurations>
    ```

21. mvn clean package를 실행하고 제품을 다시 실행한다. 이제 모든 작업이 성공해야 한다.

> 보충 설명

이클립스 애플리케이션을 빌드해서 p2 리포지터리나 다운로드 가능한 아카이브로 만들었다. p2 리포지터리는 표준 업데이트 메커니즘을 이용해서 제품을 업데이트 가능하게 한다. 표준 업데이트 메커니즘은 4.2.0에서 4.2.1, 4.2.2로 업데이트한다. 아카이브는 http://download.eclipse.org에 있는 표준 패키지와 같이 직접적인 다운로드 링크를 제공해서 사용한다.

RCP 기반 애플리케이션 빌드는 SWT와 파일 시스템을 위해 플랫폼에 특화된 필수 프래그먼트를 제공하는 RCP 피처를 기반으로 빌드하는 방법이 가장 쉽다. 플러그인 기반으로 제품을 빌드할 수 있지만, 대부분의 RCP와 SDK 애플리케이션은 RCP 피처나 IDE 피처를 기반으로 빌드한다.

이클립스를 성공적으로 실행하려면 애플리케이션을 실행할 때 수많은 플러그인을 구동해야 한다. 이는 config.ini 파일을 이용해서 조정하며, 런타임 구동 시에 `simpleconfigurator`를 구동해서 이 파일을 읽고 확인한다. 뿐만 아니라 E4 플랫폼에서는 선언적 서비스[DS, Declarative Services]와 런타임 번들도 설치하고 구동해야 한다.

피처로 프로젝트를 분할하고 SWTBot과 제품을 정의할 때 같은 피처를 사용하면 새로운 콘텐츠는 해당 피처에만 추가하면 된다. 그러면 피처만 변경해도 제품과 자동화된 테스트, 업데이트 사이트에 변경 사항이 자동으로 반영된다.

> 도전 과제 | 메이븐 컴포넌트 사용

플러그인을 빌드할 때 보통의 메이븐 작업으로 빌드한 컴포넌트가 필요한 경우가 있다. 티코와 일반적인 메이븐 리액터[reactor] 빌드를 동일한 빌드에 혼합해서 사용할 수 없지만, 메이븐 컴포넌트를 타겟 플랫폼의 일부분으로 정의하면 티코가 처리할 수 있다.

일반적으로 메이븐에서 종속성은 `<dependencies>` 태그에 표시하므로, 티코 빌드가 사용하는 추가적인 종속성을 종속성 태그에 정의하면 된다. 보통의 티코는 메이븐의 종속성 정보를 사용하지 않지만, target-platform-configuration에 대한 환경설정 정보를 수정하고 <configuration> 요소에 <pomDependencies> consider</pomDependencies>를 추가하면 종속 관계의 컴포넌트를 OSGi 번들로 해석하고 사용 가능하게 만들어 이클립스를 빌드한다.

OSGi 번들만 종속성 목록에 추가되고, 다른 항목은 무시됨을 명심하라.

테스트와 릴리스

이클립스 빌드의 마지막 단계는 모든 자동화된 테스트를 실행하고, 코드를 게시하기 전에 릴리스 단계에 포함해야 할 모든 버전을 완료하는 일이다.

실습 예제 | 자동화된 테스트 실행

코드 기반 플러그인 테스트는 메이븐 빌드의 일부분으로 자동 실행되지만, UI와 같이 실행 중인 이클립스 애플리케이션에서 테스트해야 할 경우도 자주 발생한다. UI 테스트를 자동으로 실행하는 코드 작성법은 9장에서 다뤘으므로, 지금은 자동화된 빌드의 일무로 테스트를 실행해보자.

1 com.packtpub.e4.parent 프로젝트 하위로 com.packtpub.e4.junit.plugin 프로젝트를 이동한다.

2 부모 pom.xml 파일에 <module>com.packtpub.e4.junit.plugin</module>을 추가한다.

3 부모 pom.xml 파일에 SWTBot 리포지터리를 추가한다.

```
<properties>
  <swtbot>http://download.eclipse.org/technology
      /swtbot/releases/latest</swtbot>
</properties>
...
<repositories>
```

```xml
<repository>
  <id>swtbot</id>
  <layout>p2</layout>
  <url>${swtbot}</url>
</repository>
</repositories>
```

 케플러(Kepler)(4.3)에서는 SWTBot 버전 2.1.1 이상을 사용해야 한다.

4 clock 플러그인의 **pom.xml** 파일을 junit.plugin 프로젝트에 복사한다.

5 패키지 유형을 `<packaging>eclipse-test-plugin</packaging>`으로 변경한다.

6 artifactId를 com.packtpub.e4.junit.plugin으로 변경한다.

7 티코 테스트를 실행하기 위해 다음 빌드 플러그인을 추가한다.

```xml
<build>
  <sourceDirectory>src</sourceDirectory>
  <plugins>
    <plugin>
      <groupId>org.eclipse.tycho</groupId>
      <artifactId>tycho-surefire-plugin</artifactId>
      <version>${tycho-version}</version>
      <configuration>
        <useUIHarness>true</useUIHarness>
        <useUIThread>false</useUIThread>
        <product>org.eclipse.sdk.ide</product>
        <application>org.eclipse.ui.ide.workbench</application>
      </configuration>
    </plugin>
  </plugins>
```

```
    </build>
```

8 OS X가 아닌 운영체제에서 실행 중이라면 `mvn integration-test`로 테스트를 실행하고, OS X에서 실행 중이라면 JVM에 다음의 환경설정 정보를 추가해야 한다.

```
<configuration>
  <useUIHarness>true</useUIHarness>
  <useUIThread>false</useUIThread>
  <argLine>-XstartOnFirstThread</argLine>
  ...
</configuration>
```

JUnit 플러그인에 필요한 최소한의 종속 관계만 SWTBot 환경으로 제공했기 때문에 테스트를 실행해도 실패한다. 예제에서는 앞서 개발한 `clock` 플러그인조차 추가하지 않았다. 문제를 해결하지 위해 pom.xml 파일에 종속 관계를 추가해서 런타임이 제대로 된 작업 공간과 함께 `clock` 플러그인과 이클립스 SDK를 초기화하게 한다(테스트는 `Open View` 명령을 위한 워크벤치와 자바 프로젝트를 위한 JDT에 의존하기 때문이다),

```
<configuration>
  <useUIHarness>true</useUIHarness>
  <useUIThread>false</useUIThread>
  <dependencies>
    <dependency>
      <type>p2-installable-unit</type>
      <groupId>com.packtpub.e4</groupId>
      <artifactId>com.packtpub.e4.clock.ui</artifactId>
    </dependency>
    <dependency>
      <type>p2-installable-unit</type>
      <artifactId>org.eclipse.sdk.feature.group</artifactId>
    </dependency>
  </dependencies>
```

```
    ...
</configuration>
```

9 마지막으로 `mvn integration-test`를 실행해서 테스트를 수행하고 성공 여부를 확인한다.

보충 설명

`tycho-surefire-plugin`은 SWTBot 애플리케이션을 실행하며, 테스트를 실행 후 반환된 테스트 성공 여부를 확인해서 메이븐 빌드 프로세스에 알린다.

제품이나 애플리케이션을 지정하면 필요한 종속 관계의 번들을 가져올 것이라고 생각하지만, 그렇지 않다. SWTBot 테스트를 실행에서 종속성을 확인할 때 애플리케이션이나 제품에 대해서는 검토하지 않는다. 따라서 직접 pom.xml 파일에 필요한 번들을 추가해서 SWTBot이 테스트 실행에 적합한 환경을 설정하게 해야 한다.

워크벤치 윈도우의 제목을 확인하는 테스트에서부터 Show View 메뉴가 존재하는지 확인하는 테스트까지, 앞에서 작성한 SWTBot 테스트도 묵시적으로 SDK에 종속 관계를 가진다. 코드에 직접적인 연결은 없지만 실행은 되는 약결합 종속성^{loosely coupled dependencies}의 예로, 필요한 플러그인과 피처로 사전에 실행 가능한 환경을 마련해놔야 한다.

일반적으로 애플리케이션이나 피처를 개발할 때는 개별 플러그인 대신 애플리케이션이나 피처를 사용해서 필요한 종속 관계를 정의한다. 예제에서 `clock.ui` 플러그인을 추가하고 `org.eclipse.sdk.feature`도 추가했지만, p2 피처의 설치 가능한 단위^{installable units}의 이름 끝에 `.feature.group`을 붙이는 명명 규칙에 따라 `clock.ui` 플러그인 종속성은 `com.packtpub.e4.feature.feature.group`으로 교체 가능하다.

테스트 프로젝트는 피처에만 종속성을 갖고, 피처는 필요한 플러그인에만 의존하면 되기 때문에 피처를 사용해서 종속성을 정의하면 유지 보수가 쉬워진다. 종속성을 추가해야 할 경우 피처에만 추가해도 업데이트 사이트와 런타임, 테스트 프로젝트에 적용된다.

마지막으로 동적으로 Mac 기반 하드웨어에서 빌드가 실행 중인지 여부를 결정하고 -XstartOnFirstThread 인수에 대한 값을 변경할 수 있다. 이와 관련된 설정은 운영체제에 따라 자동으로 선택되는 프로파일을 이용한다.

```
<profiles>
  <profile>
    <id>OSX</id>
    <activation>
      <os>
        <family>mac</family>
      </os>
    </activation>
    <properties>
      <swtbot.args>-Xmx1024m -XstartOnFirstThread</swtbot.args>
    </properties>
  </profile>
  <profile>
    <id>NotOSX</id>
    <activation>
      <os>
        <family>!mac</family>
      </os>
    </activation>
    <properties>
      <swtbot.args>-Xmx1024m</swtbot.args>
    </properties>
  </profile>
</profiles>
```

OSX 프로파일은 Mac 운영체제에서의 빌드에서 자동으로 활성화되고 NoOSX 프로파일은 Mac이 아닌 운영체제(family 이름 앞에 부정을 의미하는 ! 문자를 가진) 빌드에서 자동으로 활성화된다.

실습 예제 | 버전 번호 변경

프로젝트의 새 버전을 릴리스할 때 플러그인과 피처 번호를 업데이트해야 한다. 수동으로 업데이트하거나 pom.xml 파일과 MANIFEST.MF의 버전 번호를 수정하거나 도구를 실행해서 업데이트한다.

1. 부모 디렉토리에서 다음을 실행한다(한 줄로 된 명령어다).

    ```
    mvn org.eclipse.tycho:tycho-versions-plugin:set-version
        -DnewVersion=1.2.3-SNAPSHOT
    ```

2. 부모 프로젝트는 SUCCESS지만, 다른 프로젝트는 SKIPPED로 결과가 나와야 한다.

    ```
    [INFO] Reactor Summary:
    [INFO]
    [INFO] com.packtpub.e4.parent ................ SUCCESS [5.569s]
    [INFO] com.packtpub.e4.clock.ui .............. SKIPPED
    [INFO] com.packtpub.e4.junit.plugin .......... SKIPPED
    [INFO] com.packtpub.e4.feature ............... SKIPPED
    [INFO] com.packtpub.e4.update ................ SKIPPED
    ```

3. 이제 빌드를 실행해서 버전이 정상적으로 업데이트됐는지 확인한다.

    ```
    [INFO] Building com.packtpub.e4.parent 1.2.3-SNAPSHOT
    [INFO] Building com.packtpub.e4.clock.ui 1.2.3-SNAPSHOT
    [INFO] Building com.packtpub.e4.junit.plugin 1.2.3-SNAPSHOT
    [INFO] Building com.packtpub.e4.feature 1.2.3-SNAPSHOT
    [INFO] Building com.packtpub.e4.update 1.2.3-SNAPSHOT
    [INFO] Reactor Summary:
    [INFO]
    [INFO] com.packtpub.e4.parent ........... SUCCESS [0.001s]
    [INFO] com.packtpub.e4.clock.ui ......... SUCCESS [0.561s]
    [INFO] com.packtpub.e4.junit.plugin ..... SUCCESS [0.176s]
    [INFO] com.packtpub.e4.feature .......... SUCCESS [0.071s]
    ```

```
[INFO] com.packtpub.e4.update ........... SUCCESS [2.764s]
```

4 마지막으로 개발을 완료한 다음 릴리스 버전으로 빌드한다.

```
mvn org.eclipse.tycho:tycho-versions-plugin:set-version
    -DnewVersion=1.2.3.RELEASE
```

보충 설명

티코의 `set-version` 플러그인은 메이븐의 `version:set` 플러그인과 매우 유사하지만, 티코는 이클립스에 필요한 `META-INF/MANIFEST.MF`와 메이븐에 필요한 `pom.xml` 모두를 변경한다.

메이븐에서 개발할 때 버전 번호가 변경 가능한 버전임을 의미하는 -SNAPSHOT로 끝나면 메이븐 빌드는 '가장 최근의' 스냅샷 버전을 얻어와 버전을 교체한다. 이클립스 빌드의 경우 동일한 의미로 `.qualifier`를 플러그인과 피처 빌드 끝에 붙인다.

하나의 플러그인과 피처를 가진 간단한 프로젝트에서는 플러그인과 피처의 버전을 동기화하는 편이 좋다. 동일한 피처 내에 밀접하게 관련된 두 개의 플러그인(예를 들어 JDT와 JDT UI)을 동기화해야 하는 경우도 있다. 한 번의 빌드로 다수의 모듈을 만드는 큰 프로젝트의 경우는 플러그인별로 버전 번호를 다르게 하는 편이 적합할 수 있다.

따라서 OSGi와 이클립스 플러그인의 버전 번호는 `major` 버전과 `minor` 버전, `micro` 버전, 그리고 선택적으로 `qualifier`로 구성되는 시맨틱 버전[semantic versioning]을 따른다. `major`, `minor`, `micro` 버전은 지정하지 않으면 기본적으로 0이고, `qualifier`는 빈 문자가 기본이다. 보통 `qualifier`는 빌드 타임스탬프나 최신의 버전 관리 시스템에서 `git describe`가 산출하는 값과 같은 빌드 개정 식별자를 인코딩해서 사용한다. `major`/`minor`/`micro` 버전은 숫자로 정렬하지만, 한정자는 알파벳순으로 정렬한다.

안타깝게도 OSGi 버전 번호와 메이븐 버전 번호는 '최고[highest]' 값을 이해하는 방식이 다르다. 메이븐은 `1.2.3.build` < `1.2.3`과 같이 빈 한정자를 가장 높은 버전으

로 인식하고, OSGi는 1.2.3.build > 1.2.3과 같이 인식한다. 따라서 스프링소스^{SpringSource} 같은 단체는 릴리스 빌드를 의미하는 RELEASE와 같은 한정자를 사용하며, 이런 방식은 사실상 표준처럼 사용돼 1.2.3.build < 1.2.3.RELEAS를 의미한다. 정식 릴리스 이전의 버전 중 마일스톤 릴리스에 대해서는 M1, M2, M3를 사용하고, 릴리스 후보에는 RC1, RC2를 사용하기도 한다. 정리하면 이클립스 빌드 단계에서 한정자는 -SNAPSHOT, M1, M2, RC1, RC2, RELEASE 순으로 바뀌는 경향이 있다.

도전 과제 | 다른 플러그인에 대해 빌드 활성화

동일한 pom.xml 빌드를 적용해서 다른 장에서 작성한 플러그인을 자동 빌드의 부분으로 포함시켜라. UI 없는 애플리케이션(제품을 동일한 제품으로 이동할 수 있다)과 Minimark 편집기를 추가한다. 독립적으로 실행하는 JUnit 테스트는 eclipse-plugin이 아니라 jar로 빌드해야 하고, 예제는 메이븐 홈페이지나 이 책의 깃허브 리포지터리에서 확인 가능하다.

업데이트 사이트에 서명 적용

리포지터리에 콘텐츠를 설치할 때 이클립스는 플러그인을 '서명^{signed}'했는지 여부를 알린다. 전자 서명은 플러그인 콘텐츠가 변경되지 않았고 서명자의 신원을 확인 가능함을 보장한다.

실습 예제 | 자체 서명 인증서 생성

콘텐츠에 서명을 적용하려면 개인 키^{private key}와 공개 키^{public key}를 사용해야 한다. 콘텐츠를 서명하는 데 개인 키를 사용하고, 콘텐츠가 변경되지 않았음을 확인하는 데 공개 키를 사용한다. 키 쌍은 커맨드라인에서 keytool 유틸리티를 사용해서 생성하면 된다.

1 `keytool`을 실행해서 옵션을 확인하고, `keytool`이 경로상에 존재하는지 확인한다.

2 새로운 키 쌍을 생성하기 위해 다음 코드를 실행한다(모두 한 줄로 된 명령어다).

```
keytool -genkey
    -alias packtpub
    -keypass SayK3ys
    -keystore /path/to/keystore
    -storepass BarC0der
    -dname "cn=packtpub,ou=pub,o=packt"
```

3 키 쌍이 정상적으로 생성됐는지 확인한다.

```
keytool -list -keystore /path/to/keystore -
    storepass BarC0der
```

4 디렉토리의 콘텐츠를 압축해서 테스트용 JAR 파일을 생성한다.

```
jar cf test.jar .
```

5 다음 명령을 실행해서 JAR 파일을 서명해 키 쌍이 제대로 동작하는지 확인한다(모두 한 줄의 명령어다).

```
jarsigner -keypass SayK3ys -storepass BarC0der
    -keystore /path/to/keystore test.jar packtpub
```

6 다음 명령을 실행해서 JAR 서명을 확인한다.

```
jarsigner -verify test.jar
```

보충 설명

자바 keytool 프로그램은 콘텐츠를 서명하려는 자바 프로그램을 위한 키와 인증서를 관리한다. 키 저장소(keystore)의 각 항목은 콘텐츠가 많은 경우 참조하기 쉽게 도와주는 별명(alias)과 키의 비밀번호, 저장소 비밀번호를 갖는다.

정해진 위치에 키 저장소^{keystore}를 생성하고 저장소 비밀번호 BarC0der로 보호한다. 키 저장소에서 키를 사용하려면 먼저 저장소 비밀번호로 잠금을 해제해야 한다.

개인 키를 사용하려면 SayK3ys와 같은 키 비밀번호가 있어야 한다. 키 비밀번호는 저장소 비밀번호와 다르다. 여러 개의 키를 사용할 경우 키마다 다른 비밀번호를 사용하는 것이 좋다.

고유 이름(dname)은 키 '소유자^{owner}'에 대한 LDAP 식별자로, 일련의 name=value를 콤마로 구별한 값으로 표시한다. 최소한 공통 이름(cn)과 일종의 조직 식별자가 필요하다. 이번 실습에서 조직 구성 단위^{organizational uni}(ou)는 pub이고, 조직^{organization}(o)은 packt다.

소유권을 표현하는 다른 방법은 도메인 컴포넌트^{domain components}(dc)를 사용하는 것으로, cn=pakcktpub, dc=packtpub, dc=com 같이 사용한다. 즉, 고유한 이름에서 packtpub.com 도메인의 각 요소를 dc 요소로 분할해 표시한다. 요소의 순서가 중요함을 명심하라.

JAR 파일을 서명하고 저장소와 저장소 비밀번호, 키 비밀번호에 접근해야 할 경우에는 jarsigner 도구를 사용한다. 별명을 제공할 경우 별명을 사용해서 키를 찾지만, 별명을 생략한 경우에는 비밀번호가 키에 고유한 값이라는 가정하에 체인 내에서 일치하는 키를 찾아 사용한다.

마지막으로 서명이 올바른지를 확인할 때도 -verify 인수를 사용한 jarsigner 도구를 사용한다.

실습 예제 | 플러그인 서명

티코로 서명을 통합하려면 빌드 스크립트에 플러그인을 추가하면 된다. 그리고 jarsigner 도구가 필요한 인수에 접근 가능하게 자바 속성을 전달해야 한다.

1 부모 pom.xml 파일에 플러그인을 추가한다.

```
<plugin>
  <groupId>org.apache.maven.plugins</groupId>
```

```
      <artifactId>maven-jarsigner-plugin</artifactId>
      <version>1.2</version>
      <executions>
        <execution>
          <id>sign</id>
          <goals>
            <goal>sign</goal>
          </goals>
        </execution>
      </executions>
    </plugin>
```

2 mvn package를 실행하고 다음 오류가 발생하는지 확인한다.

```
[ERROR] Failed to execute goal
    org.apache.maven.plugins:maven-jarsigner-
    plugin:1.2:sign (sign)
    on project com.packtpub.e4.parent:
    The parameters 'alias' for goal
    org.apache.maven.plugins:maven-jarsigner-plugin:1.2:sign
    are missing or invalid -> [Help 1]
```

3 오류를 해결하기 위해 jarsigner에 필요한 인수를 전달한다. 다음과 같이 jarsigner를 접두어로 하는 자바 시스템 속성을 전달하면 된다(모두 한 줄의 명령어다).

```
 mvn package
    -Djarsigner.alias=packtpub
    -Djarsigner.keypass=SayK3ys
    -Djarsigner.storepass=BarC0der
    -Djarsigner.keystore=/path/to/keystore
```

4 명령어가 성공하면 다음과 같은 결과가 출력된다.

```
[INFO] --- maven-jarsigner-plugin:1.2:sign (sign) @
    com.packtpub.e4.clock.ui ---
```

```
[INFO] 1 archive(s) processed
[INFO] --- maven-jarsigner-plugin:1.2:sign (sign) @
    com.packtpub.e4.feature ---
[INFO] 1 archive(s) processed
[INFO] --- maven-jarsigner-plugin:1.2:sign (sign) @
    com.packtpub.e4.update ---
[INFO] 1 archive(s) processed
```

5 상황에 따라 서명을 실행하려면 프로파일을 사용한다. pom.xml 파일의 서명 플러그인을 build에서 별도의 최상위 요소인 profiles로 분리한다.

```
<profiles>
  <profile>
    <id>sign</id>
    <build>
      <plugins>
        <plugin>
          <groupId>org.apache.maven.plugins</groupId>
          <artifactId>maven-jarsigner-plugin</artifactId>
            ...
        </plugin>
      </plugins>
    </build>
  </profile>
</profiles>
```

6 이제 mvn package로 빌드를 실행하고 빌드 과정에서 서명을 실행하지 않는지 확인한다.

7 sign 프로파일을 활성화하기 위해 mvn package -Psign로 빌드를 실행한다. 이전과 마찬가지로 별명을 물어본다.

8 jarsigner.alias 속성을 제공할 때 자동으로 서명 프로파일을 활성화하려면 프로파일에 다음을 추가한다.

```xml
<profile>
  <id>sign</id>
  <activation>
    <property>
      <name>jarsigner.alias</name>
    </property>
  </activation>
  <build>
  ...
  </build>
</profile>
```

9 이제 `mvn package -Djarstore.alias=packtpub ...`로 빌드를 실행해서 `-Psign` 인수를 지정하지 않고도 서명이 실행되는지 확인한다.

보충 설명

빌드에 `maven-jarsigner-plugin`을 추가해서 메이븐이 빌드한 JAR 파일(실제 서명이 필요 없는 content.jar와 artifacts.jar 파일도 포함)을 서명하게 했다. 메이븐에서 서명한 자바 콘텐츠를 빌드하는 표준화된 패턴으로, 티코나 이클립스에 특화된 것은 아니다.

`jarsigner`의 매개변수를 시스템 속성으로 설정한다. 메이븐에서 커맨드라인으로 시스템 속성을 지정할 때 자바와 같이 `-D` 플래그를 사용한다. `maven-jarsigner-plugin`은 `jarsigner`를 접두어로 하는 속성을 읽어서 별명을 `jarsigner.alias`로, 키 저장소를 `jarsigner.store`로 전달한다.

플러그인을 다른 위치(특히 빌드의 'target' 디렉토리)에서 실행하기 때문에 저장소의 위치는 전체 경로를 지정해야 한다. 상대 경로를 사용하면 실패할 것이다.

실습 예제 | 업데이트 사이트 제공

업데이트 사이트를 개발하고 테스트하고 자동 빌드했으니, 마지막으로 업데이트 사이트(com.packtpub.e4.update/target/repository 밑)에 콘텐츠를 업로드해서 웹사이트나 ftp 서버를 통해 다른 사용자가 콘텐츠를 설치할 수 있게 한다. 파이썬 2.7 이상 버전을 설치했다면 다음과 같이 간단한 웹 서버를 실행한다.

1 com.packtpub.e4.update/target/repository 디렉토리로 이동한다.

2 파이썬의 `SimpleHTTPServer`를 실행한다.

```
python -m SimpleHTTPServer 8080
Serving HTTP on 0.0.0.0 port 8080 ...
```

3 이클립스에서 원격 업데이트 사이트로 http://localhost:8080/를 추가해서 업데이트 사이트가 제대로 동작하는지 확인한다.

파이썬을 설치하지 않았다면 운영체제에서 제공하는 웹 기반 콘텐츠 제공 방법을 사용하거나 다른 웹 서버를 사용한다. OS X는 ~/Sites 밑의 파일에 대해 웹 공유 기능을 제공한다. 리눅스 시스템은 보통 사용자마다 ~/public_html를 통해 웹 공유가 가능한 아파치^{Apache}를 구성해서 제공한다. 마이크로소프트 윈도우는 c:\intepub\wwwroot를 기본 위치로 해서 IIS를 제공한다. 자세한 사항은 운영체제 문서를 확인하라.

보충 설명

업데이트 사이트는 plugins와 features 디렉토리를 가진 content.jar와 artifacts.jar 파일을 제공하는 간단한 HTTP 서버다.

파이썬 2.7을 설치했다면 update/target/repository 디렉토리에 있는 `SimpleHTTPServer`라는 모듈을 실행해서 http://localhost:8080/를 통해 업데이트 사이트를 제공한다. 리포지터리의 콘텐츠를 원격 웹사이트에 업로드하는 일은 독자에게 맡긴다. 파이썬 3에서는 명령어 `python3 -m http.server`를 사용해 서버를 실행한다.

마지막으로, 공개적으로 웹사이트를 게시하고 나면 이클립스 마켓플레이스 http://marketplace.eclipse.org에 업데이트 사이트의 위치를 등록해서 다른 이클립스 사용자가 마켓플레이스 클라이언트를 통해 업데이트 사이트를 찾을 수 있게 한다.

> **깜짝 퀴즈 | 자동 빌드와 업데이트 사이트 이해**
>
> Q1. GroupId, ArtifactId, Version(GAV)은 무엇인가?
>
> Q2. 플러그인과 피처, 제품, 업데이트 사이트를 빌드하는 데 필요한 4가지 패키지 유형은 무엇인가?
>
> Q3. 메이븐에서 플러그인과 피처의 버전 번호는 어떻게 업데이트하는가?
>
> Q4. 왜 JAR 파일을 서명하며, 어떻게 서명하는가?
>
> Q5. 파이썬에서 간단한 HTTP 서버를 실행하는 방법은 무엇인가?
>
> Q6. 다른 사용자가 이클립스 피처를 찾을 수 있게 등록하는 곳은 어디인가?

정리

10장에서는 이클립스 플러그인과 피처를 생성하는 방법을 알아봤다. 빌드하고 다른 사용자가 사용할 수 있게 하는 일이 마지막 단계이기 때문에 10장에서는 티코로 빌드를 자동화해서 공개된 웹사이트에 게시하고 다른 사용자에게 사용 가능하게 만드는 방법을 중점적으로 다뤘다.

깜짝 퀴즈 정답

1장 첫 번째 플러그인 작성

깜짝 퀴즈 | 이클립스 작업 공간과 플러그인

Q1	이클립스 작업 공간은 모든 프로젝트를 저장하는 위치다.
Q2	이클립스 플러그인 프로젝트의 명명 규칙은 com.packtpub와 같이 역도메인 이름을 접두사로 사용한다. UI 프로젝트는 이름에 UI를 포함한다.
Q3	이클립스 플러그인에서 세 가지 핵심 파일은 META-INF/MANIFEST.MF와 plugin.xml, build.properties다.

깜짝 퀴즈 | 이클립스 실행

Q1	1. File › Exit로 애플리케이션을 종료한다. 2. 디버그(Debug)나 콘솔(Console) 뷰의 중지(Stop) 버튼을 이용한다.
Q2	실행 환경설정은 프로그램을 실행하기 위한 상품화 이전의 스크립트와 같으며, 애플리케이션을 시작하고 작업 디렉토리와 환경을 설정하며 클래스를 실행한다.
Q3	실행 환경설정은 Run › Run Configurations...나 Debug › Debug Configurations... 메뉴를 이용해 수정한다.

깜짝 퀴즈 | 디버깅

Q1	Debug > Debug configurations나 Debug > Debug As... 메뉴를 이용한다.
Q2	특정 패키지 이름을 디버깅하지 않으려면 환경설정 메뉴에서 단계 필터(step filter)를 설정한다.
Q3	중단점은 조건부, 메소드 진입/종료 중단점, 활성/비활성 중단점, 많은 반복 연산(number of iterations) 중단점이 있다.
Q4	중단점을 설정하고 256번째 후에 중단점이 실행되게 설정한다.
Q5	조건부 중단점을 사용하고 조건으로 argument==null을 설정한다.
Q6	객체 검사는 객체의 값을 찾고 확장할 수 있게 객체를 뷰어에 표시한다.
Q7	표현식은 임의의 식을 설정할 수 있는 윈도우로 확인한다.

2장 SWT로 뷰 작성

깜짝 퀴즈 | 뷰의 이해

Q1	이클립스 3.x 모델에서 뷰는 ViewPart를 상속해야 하지만, 이클립스 4.x 모델에서 상속할 필요가 없다.
Q2	이클립스 3.x 모델에서 뷰는 plugin.xml 파일에 org.eclipse.ui.views 확장점으로 등록한다.
Q3	대부분의 SWT 객체가 갖는 두 가지 매개변수는 부모 Composite와 정수형의 flags 필드다.
Q4	위젯을 폐기할 때 운영체제에 네이티브 자원도 반환하기 때문에 계속해서 위젯에 액션을 실행하면 'Widget is disposed'라는 메시지를 포함한 SWTException이 발생한다.

Q5	Canvas는 다양한 그리기 연산을 제공한다. 원을 그릴 때는 drawArc()를 사용하고 전체 궤도를 지정한다.
Q6	그리기 이벤트를 받으려면 PaintListener를 생성한 후 addPaintListener 메소드를 이용해서 컨트롤에 연결한다.
Q7	UI 스레드가 아닌 스레드에서 UI를 업데이트하면 'Invalid thread access' 오류를 가진 SWTException이 발생한다.
Q8	non-UI 스레드에서 위젯 업데이트를 실행하려면 Display(3.x)나 UISynchronize(4.x)의 asyncExec()나 syncExec() 메소드 내에서 UI 스레드로 실행할 runnable을 처리한다.
Q9	SWT.DEFAULT는 SWT 위젯의 생성자에 전달되는 플래그 매개변수 중 기본 옵션이다.
Q10	정해진 크기의 RowData 객체를 생성한 후 각 Widget에 연결한다.

깜짝 퀴즈 | 자원 이해

Q1	SWT 자원을 OS로부터 획득한 후 객체를 가비지 콜렉트하기 전에 dispose() 메소드를 통해 반환하지 않으면 자원 누수가 발생한다.
Q2	Color, Cursor, Font, GC, Image, Path, Pattern, Region, TextLayout, Transform 등의 자원 유형이 있다.
Q3	org.eclipse.ui/debug와 org.eclipse.ui/trace/graphics 설정과 디버그 파일 지정, -debug 옵션으로 실행해서 추적 모드로 이클립스 인스턴스를 실행한다.
Q4	객체 배열을 획득하기 위해 화면의 데이터(Display 클래스의 DeviceData 객체)를 사용하고 배열에 대해 유형을 확인하는 반복 연산을 수행한다.
Q5	뷰에 폐기 리스너(dispose listener)를 등록하는 방법이 옳으며, dispose 메소드를 오버라이드하는 방법이 잘못된 방법이다.

깜짝 퀴즈 | 위젯 이해

Q1	특정 위젯에 포커스를 설정하려면 setFocus() 메소드를 사용한다.
Q2	redraw()를 호출하면 위젯 스스로 다시 그리기를 수행한다.
Q3	Combo는 SelectionListener를 가질 수 있다.
Q4	보통은 빈 값인 기본 값을 사용할 때 widgetDefaultSelected()를 호출한다.

깜짝 퀴즈 | SWT 사용

Q1	Tray와 TrayItem 위젯을 사용한다.
Q2	SWT.NO_TRIM 스타일은 윈도우의 가장자리를 표현하지 않거나 닫기/최대화/최소화 버튼을 표시하지 않는다.
Q3	setAlpha()를 사용해서 Shell을 포함한 위젯의 투명도를 조절한다.
Q4	형태를 묘사하는 경로와 함께 setRegion()을 이용한다.
Q5	그룹(group)은 표준 아이템을 하나로 묶을 때 사용한다.
Q6	대부분의 Composite는 기본으로 null인 LayoutManager를 사용하며, Shell과 Dialog만 기본 값이 아닌 값을 갖는다.
Q7	ScrolledComposite를 사용한다.

3장 JFace 뷰어 작성

깜짝 퀴즈 | JFace 이해

Q1	항목에 Image를 표시하기 위한 getImage()와 항목에 텍스트를 표시하기 위한 getText()가 있다.
Q2	hasChildren() 메소드는 확장 가능한 요소에서 보여줄 자식 요소가 있는지를 결정할 때 사용하고, getChildren()은 자식 목록을 처리할 때 사용한다.
Q3	ImageRegistry는 플러그인이나 플러그인 내의 다른 뷰 사이에서 이미지를 공유하기 위해 사용하며, 뷰를 폐기할 때 자원을 정리하는 방법도 제공한다.
Q4	IStyledLabelProvider를 사용해서 항목에 스타일을 적용한다.

깜짝 퀴즈 | 정렬과 필터 이해

Q1	ViewerComparator를 지정하면 기본 순서가 아닌 다른 순서대로 요소를 정렬할 수 있다.
Q2	select() 메소드를 사용해서 요소를 필터링한다. select라는 용어는 스몰토크(SmallTalk)에서 유래했다.
Q3	필터 배열을 설정하거나 두 개 이상의 필터를 조합한 필터를 작성해서 여러 필터를 조합한다.

깜짝 퀴즈 | 속성 이해

Q1	뷰에 DoubleClickListener를 추가한다.
Q2	사용자가 정의한 콘텐츠를 가진 대화상자를 만들기 위해 Dialog 하위 클래스를 사용한다.
Q3	특정 객체의 속성을 위한 키를 표현하기 위해 속성 기술서를 사용한다.
Q4	IAdaptable 인터페이스로 직접 변경이 가능하거나 IAdapterManager로 간접적인 변경이 가능한 객체를 가짐으로써 객체의 속성을 속성 뷰에 표시할 수 있다. 변경이 가능한 객체는 속성의 근원 인스턴스를 반환하고, 근원 인스턴스는 속성 기술서를 반환한다.

깜짝 퀴즈 | 테이블 이해

Q1	칼럼 제목을 표시하려면 Viewer로부터 Table 객체를 얻어온 후 setHeaderVisible(true)을 호출한다.
Q2	TableViewerColumn은 개별 칼럼에 속성을 설정하고 칼럼에 레이블 프로바이더를 연결하는 데 사용한다.
Q3	워크벤치에 선택 이벤트를 전달하기 위해 선택 제공자로 사이트를 등록하고, 발생하는 선택 이벤트를 감지해서 필요에 맞게 뷰를 조정해서 뷰를 동기화한다. 이때 선택에 대해 재귀 호출을 하지 않게 주의한다.

4장 사용자와 상호작용

깜짝 퀴즈 | 메뉴의 이해

Q1	Action은 메뉴 아이템에 실행 가능한 콘텐츠를 추가하는 오래된 방식이다. 커맨드는 UI 컴포넌트 없이 액션과 같은 효과를 나타내는 추상화된 표현이다. Action은 곧 없어질 예정이므로 사용하지 않은 편이 좋다.
Q2	커맨드는 핸들러를 연결해서 메뉴 아이템을 제공한다. 핸들러는 컨텍스트에 따라 동일한 메뉴를 다른 커맨드에 표시하는 간접적인 메커니즘이다. 간접적인 연결을 피하기 위해 메뉴에 연결되는 기본 커맨드 식별자(ID)를 가지기도 한다.
Q3	M1 키는 OS X의 Cmd와 다른 플랫폼에서의 Ctrl 키에 대한 별칭이다. 복사(M1 + C)와 같은 표준 커맨드를 정의하면 OS X의 Cmd + C와 다른 플랫폼의 Ctrl + C 모두 예상했던 동작을 수행한다.
Q4	단축키는 바인딩(binding)을 통해 커맨드에 연결한다. 바인딩은 호출할 때 필요한 키와 연결된 커맨드/핸들러 목록을 갖는다.
Q5	메뉴의 locationURI는 UI에 항목을 추가하는 위치다. 기존 메뉴나 공통의 additions 항목에 상대적인 경로를 지정한다. 사용자 정의 코드와 연관된 사용자가 정의한 위치를 지정해도 된다.
Q6	팝업 메뉴는 popup:org.eclipse.ui.popup.any라는 특별한 locationURI를 이용해서 생성한다. objectContribution도 사용 가능하지만 유연하지 않아 플랫폼에서 곧 사라질 예정이다.

깜짝 퀴즈 | 작업의 이해

Q1	syncExec() 메소드는 코드를 계속해서 진행하기 전에 작업이 완료될 때까지 멈추고 기다린다. asyncExec() 메소드는 작업을 실행한 후 작업이 끝나지 않았더라도 실행을 계속한다.
Q2	Display 클래스는 SWT UI 스레드에서 작업을 실행하지만, UISynchronize 인스턴스는 SWT가 아닌 UI 스레드에서도 작업을 실행한다. E4 애플리케이션에서는 UISynchronize를 더 선호한다.
Q3	UIJob은 항상 런타임의 UI 스레드에서 동작하고 위젯에 직접 접근해도 스레드 오류가 발생하지 않는다. 이클립스가 블록되지 않게 UI 스레드로 처리하는 시간을 최소화하도록 하라. Job은 non-UI 스레드에서 동작하므로 UI 스레드상의 객체를 얻거나 수정할 수 없다.
Q4	Status.OK_STATUS 싱글톤은 보통 성공을 의미할 때 사용한다. OK 코드를 가진 Status 객체 인스턴스를 생성할 수 있지만, Status 결과는 실행 후 보통 제거되기 때문에 가비지 콜렉션을 증가시킬 뿐이다.
Q5	CommandService는 클래스를 매개변수로 전달받아 해당 클래스의 인스턴스를 반환하는 PlatformUI.getWorkbench().getService() 호출을 통해 획득한다. 이와 동일한 기술을 통해 UISynchronize 인스턴스도 획득 가능하다.
Q6	IProgressConstants2.ICON_NAME이라는 이름으로 작업에 속성을 설정해서 아이콘을 표시한다.
Q7	전달받은 모니터가 작업에 맞게 적절히 분할됐음을 보장하기 위해 일반적으로 메소드의 시작부분에서 SubMonitor를 사용한다. SubProgressMonitor는 보통 사용하지 않는다.
Q8	사용자가 Job을 취소하자마자 Job을 중단하려면 취소 여부를 자주 검사해야 한다.

깜짝 퀴즈 | 오류 이해

Q1	정보 대화상자는 MessageDialog.openInformation()로 보여주고 경고 대화상자는 .openWarning(), 오류 대화상자는 .openError()로 보여준다. MessageDialog.openConfirmation()도 있으며, 사용자 응답에 따라 yes/no 값을 반환한다.
Q2	StatusManager는 이클립스 3.x 클래스로, UI에 강하게 결합돼 있다. StatusReporter는 동일한 기능을 제공하지만 UI와 관련이 없다.
Q3	상태 보고는 기본적으로 비동기며, BLOCK 옵션을 이용해서 동기로 처리할 수 있다.
Q4	한 번의 보고로 여러 결과를 조합해 표시하려면 MultiStatus 객체를 사용한다.

5장 환경설정과 설정 저장

깜짝 퀴즈 | 환경설정 이해

Q1	기본 스타일은 FLAT이지만, 환경설정 페이지를 예쁘게 꾸미기 위해 GRID를 사용해 오버라이드한다.
Q2	FieldEditor는 Boolean, Color, Combo, Font, List, RadioGroup, Scale, String, Integer, Directory, File을 편집할 수 있는 다양한 하위 클래스를 갖는다.
Q3	환경설정 페이지에 검색 기능을 제공하려면 키워드를 확장점으로 등록해야 한다.
Q4	어떠한 경우에도 IMemento는 사용하지 말라. 대신 IEclipsePreferences나 DialogSettings 등을 사용하라.
Q5	MessageDialogWithToggle 클래스가 "Do not show this message again" 기능을 제공한다.

6장 자원 다루기

깜짝 퀴즈 | 자원, 빌더, 마커 이해

Q1	편집기에서 문서 제공자가 없다는 오류가 발생하면 편집기의 setDocumentProvider() 메소드를 이용해서 TextFileDocumentProvider 인스턴스를 연결한다.
Q2	빌더는 IResource에 대한 래퍼를 제공하기 위해 IResourceProxy를 사용한다. IResource 이미지를 생성할 필요가 없을 때 사용한다.
Q3	IPath는 폴더나 프로젝트에 포함된 파일을 찾을 때 사용하는 일반적인 파일 구성 요소다.
Q4	네이처는 프로젝트의 특징으로, 프로젝트에 특정 동작을 활성화시킨다. 네이처는 프로젝트 기술서를 변경해서 설치한다.
Q5	자원에 대해 플러그인이 마커를 생성할 수 있지만, 일반적으로 빌더가 마커를 생성한다. 특정 유형의 마커를 생성하기 위해 사용하는 자원의 특정 함수가 있다.

7장 이클립스 4 모델

깜짝 퀴즈 | E4 이해

Q1	애플리케이션 모델은 e4xmi 파일에 저장되고 애플리케이션 UI 전체의 상태를 표시하는 방법을 제공한다. 애플리케이션 모델은 영구적으로 저장되고 구동 시 다시 로드돼 파트의 위치와 가시 여부를 결정한다. 모델은 MApplication과 MPart 같은 다양한 M 클래스를 통해 런타임 시에 접근 가능하며, 런타임 시에 질의와 변형도 가능하다.
Q2	파트는 뷰와 편집기의 좀 더 일반적인 형태로, 이클립스 3.x와 달리 모든 컴포넌트가 뷰나 편집기 카테고리에 맞춰질 필요가 없다. 뷰나 편집기는 UI 컴포넌트를 포함하는 파트일 뿐이고, 적절히 컴포넌트를 조정해 UI를 구성한다.

Q3	커맨드나 키 바인딩, 뷰와 같은 항목에서 확장점을 사용하지 않지만, 빌더와 마커 유형, 언어 분석기와 같이 이클립스에 확장을 정의하는 데 확장점을 여전히 사용한다.
Q4	이클립스 4 파트는 CSS를 이용해서 스타일을 꾸미고 내부의 기본 렌더러가 즉시 스타일을 적용한다. CSS 스타일을 변경하는 경우에도 마찬가지다. 이클립스 4에서는 테마 관리자를 이용함으로써 이클립스 3에서 불가능했던 여러 다른 색상 조합을 적용할 수 있다.
Q5	이클립스 4 컨텍스트는 근본적으로 키와 값(객체)을 포함한 일련의 HashMap이다. 컨텍스트는 주입 가능한 모든 서비스뿐만 아니라 현재 선택 항목과 같이 동적으로 변하는 콘텐츠를 포함하고 있으며, 파트는 이런 컨텍스트로부터 동적으로 콘텐츠를 획득해 표시한다. 묵시적으로 모든 파트에 컨텍스트가 존재하며 OSGi 런타임을 종료할 때 컨테인먼트 체인(containment chain)을 상속한다.
Q6	다음의 어노테이션뿐만 아니라 이클립스 4는 여러 가지 어노테이션을 사용한다. • @Inject(이클립스에 "여기에 값을 삽입하라(insert-value-here)"는 명령을 지시할 때 사용한다) • @Optional(null일 수 있음을 의미한다) • @Named(컨텍스트로부터 특정 이름의 값을 가져온다) • @PostConstruct(객체를 생성한 직후에 호출하라) • @PreDestroy(객체를 폐기하기 직전에 호출하라) • @Preference(환경설정 저장소나 특정 환경설정 값을 가져온다) • @EventTopic와 @UIEventTopic(이벤트 어드민 서비스와 UI 스레드를 통해 이벤트를 받는다) • @Persist와 @PersistState(데이터를 저장하고 조회한다) • @Execute와 @CanExecute (어떤 메소드를 실행할지를 표시하며, 실행 가능함을 나타내기 위해 boolean 값을 반환하는 boolean 조건식을 갖는다) • @Creatable(객체의 인스턴스 생성이 가능함을 의미한다) • @GroupUpdate(업데이트가 지연될 수 있음을 의미한다)
Q7	환경설정은 필드에 값을 주입해주는 @Preference 어노테이션을 통해 접근한다. 환경설정을 업데이트해야 할 경우에는 환경설정 값이 변경됐을 때 호출할 메소드의 매개변수로 값을 설정해야 한다.

Q8	메시지는 EventBroker를 통해 전달하고, EventBroker는 주입 컨텍스트를 통해 접근한다. 브로커는 데이터를 전달하기 위해 sendEvent()나 postEvent() 메소드를 갖는다. 메시지를 받는 쪽에서는 @UIEventTopic나 @EventTopic 어노테이션을 이용해서 편리하게 값을 받는다. 환경설정과 마찬가지로, 메시지를 메소드의 매개변수로 설정하면 변경이 공지된다.
Q9	선택 항목은 @Named(IServiceConstants.ACTIVE_SELECTION)을 이용해서 메소드 주입이나 값 주입을 위한 컨텍스트를 통해 접근한다.

8장 피처, 업데이트 사이트, 애플리케이션, 제품 생성

깜짝 퀴즈 | 피처와 애플리케이션 제품 이해

Q1	키워드 qualifier가 플러그인이나 피처를 빌드할 때 타임스탬프로 교체된다.
Q2	빌드한 피처/플러그인마다 하나의 artifacts.jar와 content.jar 파일이 생성된다.
Q3	예전에는 site.xml을 사용했지만, 이제는 사실상 site.xml과 동일한 category.xml을 사용한다.
Q4	피처가 다른 피처를 필요(require)로 함은 이클립스 인스턴스 내에 해당 피처가 있어야 설치가 가능함을 의미한다. 피처가 다른 피처를 포함(include)함은 빌드할 때 다른 피처의 복사본을 업데이트 사이트에 포함한다는 의미다.
Q5	애플리케이션은 그것을 설치한 어떤 이클립스 인스턴스에서도 실행 가능한 독립적인 애플리케이션이다. 제품은 런처와 아이콘, 기본으로 실행되는 애플리케이션을 교체하는 등 이클립스 인스턴스 전반에 영향을 미친다.
Q6	애플리케이션은 IApplication을 구현하고 start() 메소드를 갖는 클래스다. plugin.xml에서 애플리케이션을 참조하며, 커맨드라인에서 -application에 애플리케이션의 id를 지정해서 호출한다.

9장 플러그인 테스트 자동화

깜짝 퀴즈 | SWTBot 이해

Q1	SWTBot 실행에 필요한 JUnit Runner는 SWTBotJunit4ClassRunner로, @RunWith(SWTBotJunit4ClassRunner.class) 어노테이션을 이용해서 설정한다.
Q2	메뉴 Window > Show View > Other를 찾아 뷰를 여는 방식과 마찬가지의 연산을 실행해서 뷰를 열고 대화상자의 값을 찾아서 확인한다.
Q3	대화상자의 텍스트 값을 얻으려면 textWithLabel()을 사용해서 관련된 레이블 옆의 텍스트 필드를 찾은 다음, 텍스트 필드로부터 값을 얻어오거나 설정한다.
Q4	특정 제목의 뷰나 윈도우를 찾는 작업과 같이 어떤 특별한 조건을 작성할 때 Matcher를 사용한다. Matcher는 SWTBot 러너에게 전달돼 UI 스레드 내에서 실행하고 작업을 완료하면 결과를 반환한다.
Q5	UI로부터 값을 얻으려면 StringResult나 다른 동일한 유형의 객체를 사용하고, UIThreadRunnable의 syncExec()에 그 객체를 전달한다. 그런 다음 코드를 실행하고 반환된 결과를 받아 호출한 스레드에 전달한다.
Q6	봇(bot)의 waitUntil()이나 waitWhile() 메소드를 사용한다. 이 메소드는 특정 조건이 만족할 때까지 테스트 실행을 멈추고 기다린다.

10장 티코를 이용한 빌드 자동화

깜짝 퀴즈 | 자동 빌드와 업데이트 사이트 이해

Q1	GroupId와 ArtifactId, Version는 메이븐(Maven)에서 종속성과 플러그인을 식별하기 위해 사용하는 식별자의 집합이다. 그룹은 관련 있는 여러 아티팩트를 연결하는 방법이고 아티팩트는 개별적인 컴포넌트 이름이다. OSGi와 이클립스 빌드에서 그룹은 빌드 이름의 처음 몇 개 부분이고, 아티팩트는 번들 이름이다. 버전은 .qualifier를 -SNAPSHOT로 대체한다는 점만 제외하면 번들의 버전과 동일한 구문을 따른다.
Q2	부모 프로젝트를 위한 pom 유형과 플러그인을 위한 eclipse-plugin, 피처를 위한 eclipse-feature, 업데이트 사이트와 제품을 위한 eclipse-repository 유형이 있다.
Q3	버전 번호는 mvn org.eclipse.tycho:tychoversions-plugin:set-version -DnewVersion=version.number로 업데이트한다. mvn version:set은 플러그인 버전을 업데이트하지 않는다.
Q4	JAR 파일의 콘텐츠가 생성 후 변경되지 않았음을 보장하기 위해 JAR 파일을 서명한다. 이클립스는 런타임 시에 JAR 파일이 변경되지 않았는지 확인하고 JAR 파일에 서명이 없거나 서명이 유효하지 않은 경우 경고를 표시한다. JAR 파일을 서명하고 확인할 때 표준 JDK 도구인 jarsigner를 사용한다. JDK 도구인 keytool은 개인 키/공개 키 쌍을 조작하는 데 사용한다.
Q5	간단한 HTTP 서버는 python -m SimpleHTTPServer 명령을 이용해서 실행한다. 파이썬 3.0에서는 python3 -m http.server 명령을 사용한다.
Q6	이클립스 피처는 일반적으로 이클립스 마켓플레이스 http://marketplace.eclipse.org에 공개한다. 이클립스 마켓플레이스에는 오픈소스 플러그인과 상용 플러그인이 모두 존재한다.

찾아보기

숫자/기호

.metadata 디렉토리 36
.metadata/.log 파일 36
.project 파일 236
@BeforeClass 371
@Creatable 319, 320
@EventTopic 296
@Execute 307
@Inject 296
@Optional 287, 293
@Preference 300
@Test 360
@UIEventTopic 296
-consolelog 인수 36
32비트 JDK 33
64비트 JDK 33

ㄱ

가비지 콜렉션 87
가짜 자원 133
감시 표현식 63
감시 표현식 재평가 63
경고 마커 258
공통 빌드 인프라스트럭처 385
교착 상태 367
구성표 168
국제화 지원 기능 221
그래픽 컨텍스트 75, 76
그리드 스타일 212
깃허브 235

ㄴ

네이처 249
네이처 ID 254
네이티브 자원 87
네임스페이스 195

ㄷ

다이렉트 메뉴 아이템 313
단계 필터 51
단일 문자 168
단축키 167
드롭다운 목록 317
디버거 퍼스펙티브 47

ㄹ

라이선스 협의서 328
람다 표현식 183
런타임 번들 403
런타임 코드 355
레이블 프로바이더 122
레이아웃 관리자 86
레이아웃 데이터 객체 85
렌더러 212
로그 남기기 201
로그에 기록 200
로컬 메이븐 리포지터리 384
리포지터리 335

ㅁ

마커 255
마크다운 파서 235
마크업 문서 233
마크업 번역기 235
마크업 언어 233
메뉴 관리자 163
메멘토 패턴 224
메소드 시그니처 53
메소드 중단점 53
메소드 중단점 토글 53
메소드 필터 52
메시지 대화상자 183
메이븐 382
메이븐 중앙 저장소 235

메이븐 티코 382
메이븐 플러그인 388
모델-뷰-컨트롤러 101
모든 중단점 건너뛰기 57
목록 뷰어 292
문서 제공자 232
문자열 식별자 195
문제 뷰 257

ㅂ

바인딩 167
바인딩 목록 168
배경색 278
번들 심볼 70
변수 뷰 48
별명 412
부모 프로젝트 390
불리언 수식 57
불리언 인수 259
뷰 68
뷰 메뉴 180
뷰 생성 68
뷰 테스트 372
뷰어 120
뷰의 계층 구조 115
뷰의 정렬 기능 134
브랜드 플러그인 343
비교기 136
빌더 236
빌더 확장점 238
빌더를 추가 251

ㅅ

사용자 환경설정 204
샘플 콘텐츠 생성하기 267
서비스를 등록 300
선언적 서비스 403
선택 서비스 149, 290
선택 이벤트 138, 159
선택 항목 리스너 156
선택 항목 변경 알림 147
선택 항목 제공자 149

선택 항목을 동기화 291
설정 저장소 224
세터 164
속성 뷰 144
스타일 규칙 277
스타일 선택자 281
시맨틱 버전 410
시스템 Tray 106
실행 모드 50
실행 환경설정 42
실행 환경설정 목록 43
싱글톤 70

ㅇ

애플리케이션 모델 276
애플리케이션 생성 마법사 263
애플리케이션 편집기 273
애플리케이션을 생성 351
액션 162
액션 프레임워크 166
약결합 종속성 407
어노테이션 286
어댑터 146
어댑터 팩토리 146
업데이트 사이트 생성 396
업데이트 사이트 프로젝트 336
역 도메인 이름 297
오류 메시지 246
오류 보고 197
오프셋 135
유효성 검사기 208
의사 클래스 280
의존성 주입 261
의존성 주입 실패 메시지 321
이미지 기술서 195
이클립스 4 모델 262
이클립스 IDE 230
이클립스 SDK 32
이클립스 애플리케이션 44
이클립스 인스턴스 166, 173
이클립스 클래식 32
이클립스 표준 32

이클립스 플러그인 디버깅 45
이클립스 환경설정 파일 204
이클립스의 타겟 플랫폼 389
일반 텍스트 편집기 231

ㅈ

자동 빌드 50
자바 네이처 249
자바 스윙 40
자바 애플리케이션 44
자바 애플릿 44
자바 예외 중단점 57
자바 편집기 170
자바를 다운로드 32
자식 모듈 394
자원 누수 93
자원 델타 237, 245
자원 레지스트리 126
작업 API 181
작업 공간 34, 230
작업 공간 데이터 43
작업 공간 봇 368
작업 취소 186
저작권 공고 328
전달 에이전트 296
전역 레지스트리 126
전역 싱글톤 메소드 262
전자 서명 411
접근자 241
정적 파이널 변수 254
제어권 355
제품 346
조건부 중단점 55
종속성 탭 231
중단점 45
중단점 속성 54
증분 빌드 245
진입점 217
진행 상황 모니터 184, 185
진행 상황 뷰 182

ㅋ

카테고리 337
카테고리로 그룹핑 333
커맨드 162
커맨드 식별자 165
커맨드 핸들러 312
컨텍스트 169
컨텍스트 계층 구조 289
컨텍스트 범위 170
컨트롤 162
컴파일 폴더 331
컴포넌트 간의 통신 295
컴포넌트 파트 285
컴포지트 84
콘솔 뷰 44
콘텐츠 프로바이더 122
콤보 96
콤보 드롭다운 209
쿠바 162
키 저장소 412
키워드 217
키워드는 다국어 처리 219

ㅌ

테마 284
테마 관리 284
테스트 인스턴스 170
테스트 자바 클래스 169
테스트 케이스 360
텍스트 기반의 콘텐츠 230
텍스트 편집기 245
토픽 297
트레이 101
트리 뷰어 120
티코 385

ㅍ

파이프라인 243
파일 매니페스트 편집기 213
파일 이름 구분자 244
파트 271
파트 ID 279

팝업 메뉴 176, 319
팝업 메뉴 확장점 179
팝업 메시지 166
패키지 탐색기 53
페인트 메소드 74
편집기를 생성 231
평문 ASCII 텍스트 235
폐기 검사 302
폐기 리스너 109
표준 대화상자 201
표현식 173
표현식 뷰 63
표현식 프레임워크 172
프로젝트 기술서 254
플러그인 개발 환경 32
플러그인 마법사 110
플러그인 식별자 238
플러그인 유효성 검사하기 270
플러그인 테스트 363
플러그인 프로젝트 37
피처 326
피처 기술서 328
피처 설치 332
피처 프로젝트 326
피처를 선언 341
픽셀 282
필드 편집기 208
필터 136
필터링 메소드 136

ㅎ

하위 작업 187
한정자 329
한정자 키 168
핸들 메뉴 아이템 315
핸들러 162
호스트 OSGi 콘솔 102
확장 39
확장 탭 206
확장점 71
환경설정 검색 217
환경설정 저장소 207
환경설정 페이지 206
환영 화면 35
휴리스틱 기법 255

A

about.ini 344
AbstractDecoratedTextEditor 258
AbstractHandler 165
AbstractTextEditor 232
Action 162
Activator 204
addColumnTo() 154
addDoubleClickListener() 140, 143
addSelectionListener() 100
alias 412
AOL 32
Application.e4xmi 273
ArrayContentProvider 292
artifactId 386, 387
ASCII 텍스트 235
asyncExec() 79, 183
atch expression 63

B

binding 167
Boolean expression 57
boolean 인수 259
BooleanFieldEditor 215
breakpoint properties 54
breakpoint 45
bridge 322
build() 236
build.properties 40
buildCommand 236
builder 236
Bundle-SymbolicName 70

C

canUnrestrictedlyRedefineClasses() 50
Canvas 74
category.xml 336
checkDozen() 188, 189

circle() 108
Class URI 276
ClockWidget 83, 90, 113
collapseAll() 138
collapseToLevel() 138
ColorFieldEditor 215
ColorRegistry 132
ColumnLabelProvider 153, 156
Combo 96
ComboFieldEditor 209, 211
command 162
commandId 168
Common Build Infrastructure 385
comparator 136
Composite 84
computeSize() 83
conditional breakpoint 55
configure() 251
Console 뷰 44
Container 281
contains 연산 172
context 계층 구조 289
ContextFunction 299
context-sensitive menu 104
convert() 192
coolbar 162
Copyright Notice 328
CoreException 242
Create sample contents 267
createFromURL() 195
createPartControl() 73, 78, 90, 99, 121, 125, 137
CSS 277
CSS 문법 277
CSS 속성 281

D

deadlock 367
Declarative Services 300, 403
deconfigure() 251
DelegatingStyledCellLabelProvider 131, 132
delta 237

Dependencies 탭 231
dependency injection 261
DeviceData 90
DialogSettings 221
Direct MenuItem 313
DirectoryFieldEditor 215
Display 79
dispose listener 109
dispose 검사 302
dispose() 76, 88
DisposeListener 94
document provider 232
drawArc() 72, 76

E

E4 도구 262
E4 브리지 322
E4 애플리케이션 작성 265
E4 주입 285
E4 컨텍스트 287
e4xml 파일 편집기 263
Eclipse Classic 32
Eclipse Preference File 204
Eclipse Standard 32
eclipsec.exe 36
eclipse-feature 393
eclipse-plugin 386
eclipse-repository 395
eclipse-target-definition 패키지 유형 389
eclipse-test-plugin 405
EditorPart 233
Emacs 바인딩 168
EMenuService 318, 319
entry point 217
EPF 204
ESelectionService 290
EVENT_FILTER 297
EventAdmin 295
EventBroker 293, 295
execute() 55
exists() 244
expandAll() 138

expandToLevel() 138
expression 173
ExpressionContext 52
Expressions 뷰 63
expressions 프레임워크 172
extension 39
Extensions 탭 206

F

Feature Description 328
Feature Project 326
feature.xml 328
feature 326
field editor 208
FieldEditorPreferencePage 206, 207
FileFieldEditor 215
FileInfo 259
FillData 86
FillLayout 86, 106
Filter Simple Getters 52
Filters 136
final 클래스 166
focus() 272
FontRegistry 131
fullBuild() 237

G

garbage collection 87
GAV 389
GC 75
getApplicationContext() 52
getBoolean() 205
getChildren() 123
getDelta() 237
getElements() 123
getFieldEditorParent() 208
getInt() 205
getPreferenceStore() 204
getProject() 369
getResource() 241
getString() 205
getStyledText() 130

getVariable() 52
GitHub 235
global registry 126
GMT 126
graphics context 75
GRID 스타일 212
GridData 86
GridLayout 86

H

Handled MenuItem 315
handler 162
hasChildren() 123
HelloHandler 165
Host OSGi 콘솔 102
HTML 파일 230
HTML 편집기 245

I

IAdaptable 146
IAdapterFactory 146
IApplication 351
ICommandService 193
IContextFunction 299
IDoubleClickListener 140
IEclipsePreferences 219, 301
IFontProvider 131
IHandler 165
Image 127
ImageDescriptor 130, 195
ImageRegistry 127, 128
IMarker 256
IMemento 221
incrementalBuild() 237
IncrementalProjectBuilder 236
Indigo-like 283
InjectorFactory 322
IntegerFieldEditor 207
IPath 객체 242
IPreferencePage 206
IPreferenceStore 204, 226
IProgressMonitor 184

IProject 239
IProjectNature 250
IPropertySource 144, 149
IResource 239
IResourceDelta 245
IResourceProxyVisitor 242
IResourceVisitor 242
isDisposed() 88
ISelection 140, 143
ISelectionChangedListener 291
ISelectionListener 157
IServiceConstants.ACTIVE_SELECTION 293
IStatus 197
IStructuredSelection 140, 143
IStyledLabelProvider 130, 132
isValid() 209
iterate 연산 172
ITreeContentProvider 123, 124, 125
IWorkspaceRoot 239, 242

J

jarsigner 413
Java Exception breakpoint 57
JavaDoc 문서 95
JFace 131
Job 속성 192
jobs 77
Jobs API 181
Job에 Command를 연결 196
JRebel 50
JUnit 360
JUnit 플러그인 테스트 44
juno 386
JVMTI 50

K

keystore 412
keytool 411

L

LabelProvider 122
lambda 표현식 183

launch configuration 42
LayoutManager 86
License Agreement 328
list viewer 292
ListViewer 290
LocalResourceManager 128, 130
locationURI 165
LogService 286
loosely coupled dependencies 407

M

M1 168
MANIFEST.MF 39, 70
manifest 39
Markdown 파서 235
marker 255
Matcher 메커니즘 374
Maven 382
Maven Tycho 382
Maven 중앙 저장소 235
maven-jarsigner-plugin 416
MContext 289
Memento 패턴 224
Menu 객체 163
menuContribution 166, 176
MenuManager 162
MessageDialog 182
MessageDialogWithToggle 225
method breakpoint 53
minimark 230
MinimarkTranslator 234, 235
mock resource 133
modifier key 168
monitor.subTask() 187
MultiStatus 201
MVC 101
mvn integration-test 407
mvn package 384

N

native resource 87
nature 249

null 검사 302
NullPointerException 247
NullProgressMonitor 190

O

openError() 197, 201
OSGi EventAdmin 293
OSGi Preferences 서비스 219
OSGi 매니페스트 39
OSGi 메커니즘 285
OSGi 선언적 서비스 API 300
OSGi 프레임워크 44
OSGi 플랫폼 286

P

pack() 106
Package Explorer 53
packaging 390
paint 메소드 74
paintControl() 75
PaintEvent 75
PaintListener 74
ParameterizedCommand 193
PathEditor 215
PDE 32
PDE 네이처 36
performApply() 213
performOk() 213
Plain Old Java Objects 262
Plug-in Development Environment 32
Plug-in Project 37
plugin.properties 221
plugin.xml 39, 71
POJO 262
pom.xml 384
PreferenceStore 207
private key 411
Problems 뷰 257
processResource() 241, 246
product 346
progress monitor 185
Progress 뷰 182

Properties 뷰 144
pseudo 클래스 280
public key 411

Q

qualifier 329

R

RadioGroupFieldEditor 215
RAP 269
Re-evaluate Watch 63
Region 109
repository 335
requestResource() 241
Require-Bundle 70
Resource 88
resource delta 245
resource registry 126
reverse domain names 297
RowData 85
RowLayout 84
run() 163
runInUIThread() 184

S

saveState() 222
ScaleFieldEditor 215
scheme 168
select() 136
selection event 138
selection listener 156
selection provider 149
selection service 149
SelectionListener 99
selector 277
semantic versioning 410
setExpandPreCheckFilters 138
setFocus() 97
setInput() 154, 156
setSelectionProvider 147
setter 164
settings store 224

setValue() 205
set-version 플러그인 410
ShowTheTime 178
singleton 70
site.xml 336
Skip All Breakpoints 57
Spring 프레임워크 262
static final 변수 254
StatusManager 200
Step filters 51
StringResult 375
SubMonitor 190, 192
SubProgressMonitor 189, 190
subtask 187
SWT Color 객체 76
SWT 도구 업데이트 사이트 95
SWT 라이브러리 35
SWT 컴포넌트 317
SWT 트레이 아이콘 104
SWTBot 363
SWTBot 리포지터리 404
SWTWorkbenchBot 365, 369
syncExec() 79

T

TableTreeViewer 150
TableViewer 150
TableViewerColumn 153
test case 360
testOdd() 360
TextFileDocumentProvider 232
theme manager 284
TimeZone 100
tray 101
TrayItem 101
TreeViewer 120, 125
tycho-surefire-plugin 407

U

UI 스레드 78, 183
UIJob 181
UIPlugin 클래스 225
UISynchronize 303, 305
Update Site Project 336
USB 허브 71

V

Variables 뷰 48
version 386
View 68
viewByTitle() 373
viewer 120
ViewerComparator 134, 136
ViewerFilter 136
ViewFilter 138
visibleWhen 173
visit() 241

W

while 루프 116
widgetOfType() 374
widgets() 374
widgetSelected() 108
workspace 34, 230

X

XML 파일 224
XML 편집기 170

이클립스 4 플러그인 개발

인   쇄 | 2013년 11월 20일
발   행 | 2013년 11월 29일

지은이 | 알렉스 블루윗
옮긴이 | 신 은 정

펴낸이 | 권 성 준
엮은이 | 김 희 정
　　　　박 창 기
표지 디자인 | 한국어판_그린애플
본문 디자인 | 윤 설 희

인   쇄 | 한일미디어
용   지 | 다올페이퍼

에이콘출판주식회사
경기도 의왕시 내손동 757-3 (437-836)
전화 02-2653-7600, 팩스 02-2653-0433
www.acornpub.co.kr / editor@acornpub.co.kr

Copyright ⓒ 에이콘출판주식회사, 2013, Printed in Korea.
ISBN 978-89-6077-497-1
ISBN 978-89-6077-210-6 (세트)
http://www.acornpub.co.kr/book/eclipse4-plugin

이 도서의 국립중앙도서관 출판시도서목록(CIP)은 서지정보유통지원시스템 홈페이지(http://seoji.nl.go.kr)와
국가자료공동목록시스템(http://www.nl.go.kr/kolisnet)에서 이용하실 수 있습니다.(CIP제어번호: CIP2013024379)

책값은 뒤표지에 있습니다.

 에이콘출판의 기틀을 마련하신 故 정완재 선생님 (1935-2004)